Planung und Auswertung von Versuchen und Erhebungen

von
Dieter Rasch,
L. Rob Verdooren
und
Jim I. Gowers

2., überarbeitete und erweiterte Auflage

R. Oldenbourg Verlag München Wien

Die erste Auflage erschien im Oldenbourg Wissenschaftsverlag zweisprachig unter dem Titel Fundamentals in the Design and Analysis of Experiments and Surveys - Grundlagen der Planung und Auswertung von Versuchen und Erhebungen.

Bibliografische Information der Deutschen Nationalbibliothek

Die Deutsche Nationalbibliothek verzeichnet diese Publikation in der Deutschen Nationalbibliografie; detaillierte bibliografische Daten sind im Internet über <http://dnb.d-nb.de> abrufbar.

© 2007 Oldenbourg Wissenschaftsverlag GmbH
Rosenheimer Straße 145, D-81671 München
Telefon: (089) 45051-0
oldenbourg.de

Lektorat: Wirtschafts- und Sozialwissenschaften, wiso@oldenbourg.de
Herstellung: Anna Grosser
Satz: DTP-Vorlagen des Autors
Coverentwurf: Kochan & Partner, München
Gedruckt auf säure- und chlorfreiem Papier
Druck: Grafik + Druck, München
Bindung: Thomas Buchbinderei GmbH, Augsburg

ISBN 978-3-486-58300-7

Ja, mach nur einen Plan!
Sei nur ein großes Licht!
Und mach dann noch 'nen zweiten Plan
Gehn tun sie beide nicht.
Denn für dieses Leben
Ist der Mensch nicht schlecht genug.
Doch sein höhres Streben
Ist ein schöner Zug

aus Bertolt Brecht, Ballade von der Unzulänglichkeit menschlichen Planens in: Die Songs der Dreigroschenoper, Potsdam, Gustav Kiepenheuer Verlag 1928.

Inhalt

	Vorwort	1
1	Einführung	2
2	Planung von Versuchen und Erhebungen und Beschreibung einfacher Anlagen	7
2.1	Grundbegriffe	7
2.2	Einführung in die Prinzipien der Versuchsplanung	9
2.3	Mehrfache Messungen, das Prinzip der Wiederholung	12
2.4	Schichtung und Blockbildung zur Eliminierung der Effekte von Störfaktoren	13
2.4.1	Grundbegriffe	13
2.4.2	Prinzipien der Blockbildung und Schichtung	15
2.5	Randomisierung	19
2.5.1	Randomisierung bei Erhebungen - Zufallsauswahl	19
2.5.2	Randomisierung in Versuchsanlagen - zufällige Zuordnung	23
2.6	Blockanlagen	25
2.6.1	Grundbegriffe	25
2.6.2	Vollständig balancierte unvollständige Blockanlagen	27
2.7	Faktorielle Pläne	29
2.8	Optimale Wahl des Untersuchungsumfanges	31
3	Planung und Auswertung vollständig randomisierter Versuchsanlagen	32
3.1	Punktschätzung von Parametern	34
3.1.1	Punktschätzung der Parameter einer Normalverteilung	38
3.1.2	Punktschätzung des Parameters p einer Binomialverteilung	40
3.1.3	Punktschätzung bei Erhebungen	41
3.2	Intervallschätzung	46
3.2.1	Konfidenzintervalle für die Parameter einer Verteilung	47
3.2.1.1	Konfidenzintervalle für den Erwartungswert einer Normalverteilung	47
3.2.1.2	Konfidenzintervalle für den Erwartungswert einer Normalverteilung bei Einfluss eines Störfaktors	53
3.2.1.3	Konfidenzintervalle für Mittelwert und Summe aus Erhebungen	56
3.2.1.4	Konfidenzintervall für die Varianz einer Normalverteilung	56
3.2.1.5	Konfidenzintervalle für Wahrscheinlichkeiten	58
3.2.2	Konfidenzintervalle für die Differenz der Erwartungswerte zweier Normalverteilungen	62
3.2.2.1	Mittelwertdifferenzen von Normalverteilungen - gepaarte Beobachtungen	62
3.2.2.2	Mittelwertdifferenzen von Normalverteilungen - zwei unabhängige Stichproben	64
3.3	Auswahlverfahren	68
3.4	Hypothesenprüfung	72
3.4.1	Prüfung von Hypothesen über den Mittelwert einer Normalverteilung	76
3.4.2	Prüfung von Hypothesen über die Mittelwertdifferenz zweier Normalverteilungen	80
3.4.2.1	Gepaarte Beobachtungen	80
3.4.2.2	Unabhängige Stichproben	81
3.4.3	Vergleich der Varianzen zweier Normalverteilungen	88
3.4.4	Vergleich zweier Wahrscheinlichkeiten bei unabhängigen Stichproben	92

3.4.5	Äquivalenztests	98
4.	Varianzanalyse	100
4.1	Einfache Varianzanalyse	101
4.1.1	Einfache Varianzanalyse-Modell I	101
4.1.2	Einfache Varianzanalyse-Modell II	106
4.2	Zweifache Varianzanalyse	109
4.2.1	Zweifache Varianzanalyse - Kreuzklassifikation	109
4.2.1.1	Zweifache Varianzanalyse - Kreuzklassifikation - Modell I	111
4.2.1.2	Zweifache Varianzanalyse - Kreuzklassifikation - Modell II	115
4.2.1.3	Zweifache Varianzanalyse - Kreuzklassifikation - gemischtes Modell	119
4.2.1.4	Zweifache Varianzanalyse - Kreuzklassifikation - Blockanlagen	122
4.2.2	Zweifache Varianzanalyse - Hierarchische Klassifikation	125
4.2.2.1	Zweifache Varianzanalyse - Hierarchische Klassifikation - Modell I	128
4.2.2.2	Zweifache Varianzanalyse - Hierarchische Klassifikation - Modell II	132
4.2.2.3	Zweifache Varianzanalyse - Hierarchische Klassifikation - gemischtes Modell, A fest und B zufällig	135
4.2.2.4	Zweifache Varianzanalyse - Hierarchische Klassifikation - gemischtes Modell, B fest und A zufällig	135
4.2.3	Hinweise zur Bearbeitung höherer Klassifikationen	136
4.3	Multiple Mittelwertvergleiche	137
4.3.1	Paarweise Mittelwertvergleiche zwischen k Grundgesamtheiten	139
4.3.1.1	Multipler t-Test	140
4.3.1.2	Tukey-Test	143
4.3.2	Multiple Vergleiche mit einer Standardgrundgesamtheit	144
4.3.2.1	Multipler t-Test	145
4.3.2.2	Dunnett-Test	146
4.3.3	Übersicht über minimale Stichprobenumfänge	147
5.	Regressionsanalyse	148
5.1	Punktwolken	149
5.2	Modell I und Modell II der Regressionsanalyse	152
5.3	Parameterschätzung mit Hilfe der Methode der kleinsten Quadrate	154
5.4	Einfache lineare Regression	159
5.4.1	Konfidenzintervalle	160
5.4.2	Optimale Versuchspläne für Modell I	166
5.4.3	Hypothesenprüfung	169
5.4.4	Spezielle Probleme bei Modell II	173
5.5	Mehrfache lineare Regression	176
5.5.1	Parameterschätzung	177
5.5.2	Konfidenzintervalle und Tests	182
5.5.3	Spezielle Probleme bei Modell II	184
5.5.4	Optimale Versuchspläne für Modell I	186
5.6	Einfache polynomiale Regression	186
5.7	Mehrfache quadratische Regression	190
5.8	Eigentlich nichtlineare Regression	199
6.	Theoretische Voraussetzungen und deren praktische Bedeutung - Robustheit von Verfahren	205

Anhang A Symbolik   207

Anhang B Vorausgesetzte Grundkenntnisse der Statistik   210

B.1	Beschreibende Statistik	210
B.1.1	Grundgesamtheit	210
B.1.2	Populationsmittel und -varianz	210
B.1.3	Grafische Beschreibung	212
B.1.4	Faustregel	214
B.2	Häufigkeiten und Wahrscheinlichkeiten	214
B.2.1	Einleitung	214
B.2.2	Rechnen mit Häufigkeiten und Wahrscheinlichkeiten	215
B.2.2.1	Eigenschaften relativer Häufigkeiten	215
B.2.2.2	Wahrscheinlichkeiten	218
B.2.3	Wahrscheinlichkeitsverteilungen	219
B.2.3.1	Definitionen	219
B.2.3.2	Quantile	225
B.2.4	Der Erwartungswert	228
B.2.5	Die Varianz	230
B.2.6	Die Kovarianz	232
B.3	Stichprobenverteilungen	234
B.3.1	Das Stichprobenmittel $\bar{x}$	234
B.3.2	Die Stichprobenvarianz s^2	237

Anhang C Matrizen   239

Tabellen   244

Tabelle A1	P-Quantile der t-Verteilung mit f Freiheitsgraden (für $f = \infty$, P-Quantile der Standardnormalverteilung)	244
Tabelle A2	P-Quantile der χ^2-Verteilung	245
Tabelle A3	95%-Quantile der F-Verteilung	247
Tabelle A4	95%-Quantile der studentisierten Spannweite	249
Tabelle A5	95%-Quantile für den zweiseitigen Dunnett-Test in einer optimalen Anlage	251
Tabelle A6	95%-Quantile für den zweiseitigen Dunnett-Test in einer balancierten Anlage	253

Literatur   255

Sachwortverzeichnis   258

Vorwort

Nun liegt eine ausschließlich deutschsprachige Fassung des zweisprachigen Textes RASCH, VERDOOREN und GOWERS (1999) vor. Parallel erscheint aber im gleichen Verlag auch ein englischer Text.

Wir wenden uns mit diesem Buch an Studenten und empirisch arbeitende Wissenschaftler aus allen Fachbereichen und setzen nur elementare statistische Kenntnisse voraus. Diese vorausgesetzten Grundkenntnisse sind in Anhang B komprimiert zusammengefasst. Kenntnisse der Differential- und Integralrechnung sind für das Verständnis des Textes nicht erforderlich. Die notwendigen Kenntnisse der Matrizenrechnung enthält Anhang C.

Neben der Beseitigung von Fehlern unterscheidet sich der vorliegende Text von seinem Vorgänger durch die Einfügung einiger Abschnitte, wie 3.4.4 über den Vergleich zweier Wahrscheinlichkeiten und die Aufnahme einiger sequentieller Verfahren. Außerdem wurden natürlich alle Neuentwicklungen in SPSS und CADEMO einbezogen. Auch haben wir auf die verbliebenen Reste der neuen deutschen Rechtschreibung umgestellt.

Die Versuchsplanung wurde teilweise mit dem Programmpaket CADEMO durchgeführt. Wer CADEMO nicht besitzt kann die meisten Berechnungen nachvollziehen bzw. weitere Berechnungen durchführen wenn er unter www.biomath.de *CADEMO-light* bzw. CADEMO-TRIQ herunterlädt. Da es sich um Demo-Versionen handelt, ist die Nutzbarkeit eingeschränkt und es sind mitunter nur voreingestellte Konfigurationen aufrufbar.

Für die Datenbearbeitung verwenden wir das Programmpaket SPSS 15, wir danken SPSS-Deutschland für die Überlassung dieser Version.

Oft verweisen wir auf die Verfahrensbibliothek Versuchsplanung und –auswertung (RASCH u.a. 2007), sie wird im Text mit VB abgekürzt. Dort findet man auf knapp 2000 Textseiten weitaus mehr Methoden. Diejenigen die das Programm SAS lieber nutzen als SPSS, finden in VB auch die entsprechenden SAS-Programme.

Wir danken Herrn Karsten Schlettwein von FBN Dummerstorf für die Anfertigung der druckfertigen Vorlage.
Allen Lesern die Verbesserungsvorschläge haben, sind wir für Reaktionen dankbar, am besten mit e-Post an einen der Autoren:
dieter.rasch@boku.ac.at
rob.verdooren@numico-research.nl
jim@blaise.fsbusiness.co.uk

Die Autoren
Rostock/Wien, Bennekom und Bristol im Frühjahr 2007.

1   Einführung

Empirisch arbeiten heißt für einen Forscher, Erkenntnisse aus Beobachtungen (passiv) oder aus Experimenten (aktiv auf den Forschungsgegenstand einwirken und dann beobachten) zu gewinnen. Wie kann das bei ständig wachsenden Finanzproblemen der Forschungseinrichtungen so effizient wie möglich geschehen? Diese Frage zu beantworten, dazu möchte dieses Buch einen Beitrag liefern. Die Methoden sind vorhanden, sie werden nur nicht gerne eingesetzt. Das liegt einerseits in Traditionen der experimentellen Forschung und auch im Verhaltensmuster der Wissenschaftler selbst begründet. Optimale Forschungspläne aufstellen heißt, das Untersuchungsziel bis ins Detail vor dem Experiment oder der Erhebung festzulegen, Genauigkeitsvorgaben im Rahmen des geplanten Auswertungsverfahrens und des zu wählenden statistischen Modells zu machen und Umstände vorher zu bedenken, die die Forschungsarbeit negativ beeinflussen, verzerren oder stören könnten. Das alles macht Arbeit, kostet Zeit und ist sehr viel schwieriger, als einfach mit der Untersuchung anzufangen und bei Vorliegen der Daten das Untersuchungsziel zu formulieren und abzuwarten, welche Aussagesicherheit sich ergibt.

Immer weniger ist die Gesellschaft, die die Forschung ja finanziert, bereit, ein solches Vorgehen zu tolerieren. Vor allem in sehr sensiblen Forschungsbereichen wie in der klinischen Forschung, der Reaktorforschung, der toxikologischen Forschung oder der Forschung zur genetischen Modifikation oder Klonung von Organismen oder bei Tierversuchen, wird weltweit gefordert oder danach gestrebt, detaillierte Versuchspläne durch bestimmte Gremien vor dem Versuchsbeginn beurteilen zu lassen. Nur bei Zustimmung darf der Versuch begonnen werden. Was hier ein Problem der Erhaltung der Menschheit und der Natur ist, sollte anderswo analog als Problem der Kostendämpfung gesehen werden.
Erhebungen und Versuche unterscheiden sich hinsichtlich der Rolle, die der Forscher spielt. Bei Erhebungen greift er kaum in das Geschehen ein, er beobachtet. Das ist typisch für die ökonomische und die soziologische Forschung aber auch in Teilen der Forstwissenschaft, in der Ökologie und in der Populationsbiologie. In anderen Bereichen experimentiert man, düngt mit verschiedenen Mitteln, füttert unterschiedlich, vergleicht Therapien. In der industriellen Forschung muss man häufig den Einfluss verschiedener Faktoren auf die Qualität oder/und Quantität eines Endprodukts untersuchen oder Produktionsbedingungen optimal einstellen. Dies kann eine systematische Variation der Faktoren erfordern.

Für all diese Bereiche gibt es Grundprinzipien einer effizienten (optimalen) Vorgehensweise, die wir in diesem Band besprechen wollen. Die Hauptsache ist dabei, dass die Aufgabenstellung der empirischen Untersuchung klar formuliert wird. Das klingt selbstverständlich, in den Beispielen wird verdeutlicht, dass dies oft nicht einfach ist und Tage und Wochen in Anspruch nehmen kann. Da ein Versuch oft viel länger dauert als seine Auswertung, kann man eine falsche Auswertung richtig erhobener Daten sehr schnell korrigieren, einen unzureichend durchgeführten Versuch kann aber oft die raffinierteste Auswertung nicht retten, er muss dann mit hohem Kostenaufwand wiederholt werden.

Erkenntnisgewinnung in den empirischen Wissenschaften beginnt mit einer (prä-experimentellen) deduktiven Phase. Diese Phase umfasst neben einer allgemeinen Beschreibung des Problems die genaue Darlegung des Untersuchungszieles, die exakte

Definition der erforderlichen Genauigkeit, z.B. in Form der Wahrscheinlichkeit der Richtigkeit der Endaussage einer Untersuchung, sowie die Auswahl oder Konstruktion optimaler Versuchspläne bzw. Erhebungsstrategien.

Dann wird der Versuch bzw. die Erhebung durchgeführt. Dann folgt die (post-experimentelle) induktive Phase mit der statistischen Analyse der Ergebnisse und deren Interpretation. Letztere kann zur Formulierung neuer Hypothesen, zu neuen Ideen oder Modellen führen, die weitere empirische Forschung nach sich ziehen.

Insgesamt wollen wir die empirische Forschungsarbeit in folgende 7 Schritte unterteilen:

(i)   Formulierung des Problems,
(ii)   Angabe der Genauigkeitsforderungen,
(iii)   Auswahl des statistischen Modells für die Planung und Auswertung,
(iv)   (optimale) Planung des Versuches oder der Erhebung,
(v)   Durchführung des Versuches oder der Erhebung,
(vi)   Statistische Auswertung der Beobachtungsergebnisse,
(vii)   Interpretation der Ergebnisse.

Obwohl diese sieben Stufen die Mehrzahl empirischer Forschungen charakterisieren, gibt es in den meisten Anwendungsgebieten auch Situationen, in denen sequentielle Versuche oder Erhebungen besser geeignet sind. Bei ihnen wird der Versuchsumfang nicht in Abhängigkeit von der geforderten Genauigkeit zu Beginn festgelegt. Der Umfang der sequentiellen Untersuchung ergibt sich vielmehr im Laufe der Untersuchung. Die oben angegebenen Schritte (iv), (v) und (vi) werden sequentiell mehrfach nacheinander abgearbeitet, bis die gewünschte Genauigkeit erreicht wurde. Wir wollen diese Art von Untersuchungen am Beispiel des Vergleiches zweier Therapien A und B beschreiben. Nach Anwendung beider Therapien auf mindestens je zwei Patienten kann die Auswertung zu einem der folgenden Ergebnisse führen:

- A ist besser als B
- B ist besser als A
- A und B sind äquivalent
- die Untersuchung wird mit A fortgesetzt
- die Untersuchung wird mit B fortgesetzt.

In den drei ersten Fällen endet die Untersuchung, der Versuchsumfang ist immer vom Verlauf der Untersuchungen abhängig und damit zufällig.

Bei nichtsequentielle Untersuchungen wird zunächst der Versuchsumfang bestimmt, dann der Versuch durchgeführt und ausgewertet. Dann sind im Falle unseres Therapievergleiches nur folgende drei abschließende Entscheidungen nach einem Versuch mit vorher festgelegter Patientenanzahl für jede der Therapien möglich:

- A ist besser als B
- B ist besser als A
- A und B sind äquivalent.

Nichtsequentielle empirische Untersuchungen haben damit drei getrennte Phasen nämlich

1.   die Planung der Untersuchung (Schritte (i) bis (iv)),
2.   die Durchführung des Versuches bzw. der Erhebung (Schritt (v)),
3.   die Analyse der Ergebnisse (Schritte (vi) und (vii)).

Es ist unbedingt erforderlich, bereits in der Planungsphase eines Versuches oder einer Erhebung das zugrunde liegende Modell und auch das Auswertungsverfahren zu wählen weil die Genauigkeitsforderungen nur in Zusammenhang damit festzulegen sind und auch der minimale Stichprobenumfang davon abhängt. Bei sequentiellen Verfahren kommt man gar nicht darum herum, die Genauigkeitsforderungen vorher festzulegen, leider wird bei nichtsequentiellen Verfahren oft einfach angefangen zu messen und der Untersuchungsumfang nach Gutdünken festgelegt.

Angenommen, wir wollen den Erwartungswert μ einer Verteilung schätzen und den minimalen Stichprobenumfang so bestimmen, dass die Varianz der Schätzung nicht größer als $0,5\sigma^2$ ist, so ist es wichtig zu wissen, ob wir μ durch das Stichprobenmittel oder durch den Stichprobenmedian schätzen wollen, da die Varianzen dieser Schätzungen unterschiedlich sind.

Wir beschränken uns in diesem Buch ausschließlich auf so genannte parametrische Auswertungsverfahren der Schätzung, der Hypothesenprüfung und bei Auswahlverfahren.

Das bedeutet, dass wir stets eine Verteilungsfamilie wie die der Normal- oder Binomialverteilungen voraussetzen und die für diese Verteilungen als optimal (bzw. robust) bekannten Verfahren zur Beurteilung unbekannter Parameter verwenden.

Verfahren, die solch weitgehende Verteilungsannahmen nicht machen und z.B. nur kontinuierliche Verteilungen voraussetzen, heißen nichtparametrische Verfahren. Ein solches Verfahren ist z.B. der oft an Stelle des Zweistichproben -t-Tests verwendete Wilcoxon- (bzw. Mann-Whitney-) Test. Er wird oft dann verwendet, wenn man nicht weiß, ob Normalverteilung vorausgesetzt werden darf oder erst recht, wenn bekannt ist, dass die Normalverteilung kein adäquates Modell ist. Der entsprechende parametrische t - Test wurde unter der Normalverteilungsannahme abgeleitet, Robustheitsuntersuchungen (siehe RASCH und GUIARD 2004) haben aber gezeigt, dass er universell auch für nicht normale Verteilungen für den Vergleich zweier Erwartungswerte verwendbar ist.

Da es für nichtparametrische Verfahren keine so gut ausgearbeitete Versuchsplanung gibt, passen sie nicht in unser Konzept. Wie sie bei ordinal skalierten Merkmalen sinnvoll einsetzbar sind, kann man z.B. bei RASCH und ŠIMEČKOVA (2007) nachlesen.

Wir geben jetzt einige grundlegende Definitionen von Begriffen, die häufig in diesem Buch auftreten. Diese Begriffe werden in der Literatur oft unterschiedlich verwendet. Unsere Definitionen basieren auf "Elsevier's Dictionary of Biometry" (RASCH, TIKU und SUMPF, 1994), in dem man neben den englischsprachigen Erläuterungen die Übersetzung der 2700 definierten Begriffe in Deutsch, Französisch, Italienisch, Niederländisch, Russisch und Spanisch findet.

Definition 1.1

Als Grundgesamtheit bezeichnet man eine Menge von Objekten oder Individuen über die nach empirischen Untersuchungen bestimmter Merkmale in einer (Stichprobe genannten) Teilmenge eine Aussage zu treffen ist. Häufig werden aber nicht diese Merkmalsträger sondern die Menge der Merkmalswerte als Grundgesamtheit bzw. Stichprobe bezeichnet. Unter Statistik verstehen wir im folgenden die Mathematische Statistik, also die Lehre vom induktiven Schließen aus einer Stichprobe auf die Grundgesamtheit aus der diese Stichprobe entnommen wurde (im Gegensatz zur amtlichen Statistik, in der wie etwa im statistischen Jahrbuch lediglich Fakten (oft für die gesamte Grundgesamtheit) mitgeteilt werden).

In der folgenden Definition wollen wir die Begriffe Untersuchung, Versuch und

Erhebung einführen.

Definition 1.2

Mit dem Oberbegriff Untersuchung bezeichnen wir:
- die aktive Einflussnahme (im folgenden "Behandlung" genannt) des Menschen auf die objektive Realität mit dem Ziel, das Ergebnis dieser Einflussnahme zu beobachten und zu analysieren, das ist ein Versuch;
- die Beobachtung eines oder mehrerer Elemente einer exakt definierten Grundgesamtheit (ohne vorhergehende "Behandlung"), das ist eine Stichprobenerhebung oder kurz Erhebung.

Mitunter wird Versuch aber auch synonym mit Untersuchung verwendet. Besteht eine Untersuchung aus mehreren zeitlich aufeinander folgenden Teilen, die vom Ergebnis des vorangehenden Teiles abhängen, so nennen wir sie sequentiell (vor allem bei Versuchen) oder mehrstufig (vor allem bei Erhebungen). Hängen die Untersuchungsergebnisse auch vom Zufall ab, d.h. ergeben sich unter gleichen Bedingungen nicht stets die gleichen Ergebnisse, so heißt die Untersuchung eine statistische (stochastische) Untersuchung.

Definition 1.3

Als Versuchseinheit bezeichnen wir bei einem Versuch das Objekt oder Individuum, das im Versuch nach der Randomisation behandelt wird. Als Stichprobeneinheit bezeichnen wir die Elemente der Grundgesamtheit, die bei einem Stichprobenverfahren in die Stichprobe gelangen können. Die Versuchseinheit bzw. die Stichprobeneinheit ist die kleinste Einheit der in Kapitel 2 eingeführten Randomisation. Allgemein sprechen wir von Untersuchungseinheiten.

Für die Planung und Auswertung von Versuchen ist die exakte Festlegung der Versuchseinheiten äußerst wichtig. So ist bei Tierversuche nicht immer ein Tier eine Versuchseinheit. Bei einem Fütterungsversuch mit Gruppenfütterung ist z.B. die Gruppe die Versuchseinheit, da die aufgenommene Futtermenge nur per Gruppe ermittelt werden kann und die Gruppe und nicht das Tier die behandelte (d.h. mit unterschiedlichem Futter versorgte) Einheit darstellt. Andererseits können auch Teile eines Tieres die Versuchseinheiten sein (z.B. die Augen oder Schlachthälften). An den Versuchseinheiten werden Beobachtungen (Messungen) vorgenommen, das was beobachtet bzw. gemessen wird, nennen wir ein Merkmal, näheres hierzu in der folgenden Definition. Es sind die Messwerte an den Untersuchungseinheiten, die ausgewertet werden.

Definition 1.4

Sowohl die in einer Untersuchung an den Untersuchungseinheiten zu beobachtenden Größen als auch die Untersuchungsbedingungen definierenden Größen werden Merkmale genannt.

Die an den Untersuchungseinheiten beobachteten Werte eines Merkmales heißen Untersuchungsergebnis, Mess- oder Beobachtungswert. In statistischen Modellen werden diese Merkmale durch Zufallsvariable modelliert. Die Merkmalswerte entsprechen dann den Realisationen dieser Zufallsvariablen.

Definiert ein Merkmal einen Teil der Untersuchungsbedingungen, so wird es als ein Faktor bezeichnet.

Die möglichen Werte eines Faktors heißen Faktorstufen oder kurz Stufen, sie können in den Modellen durch Zufallsvariable oder durch nicht zufällige Größen modelliert werden.

In Abhängigkeit davon, wie ein Merkmal (ein Faktor) erfasst wird, unterscheiden wir diskrete und kontinuierliche, quantitative und qualitative Merkmale. Merkmale sind qualitativ, wenn sie in einer Nominalskala (jeder mögliche Wert des Merkmals ist ein Name (wie bei Farben: rot, blau, usw.) oder durch eine Ordinalskala (Schulnoten: "sehr gut oder 1","gut oder 2" usw.) erfasst werden. Merkmale sind quantitativ, wenn sie in höheren Skalen wie Intervall- oder Verhältnisskala erfasst werden, also durch Zählen oder Messen mit Instrumenten (Länge, Masse). Ein Merkmal heißt diskret wenn es nur endlich (oder abzählbar unendlich) viele Merkmalsausprägungen hat. Sind (überabzählbar) unendlich viele Merkmalswerte denkbar, so heißt das Merkmal kontinuierlich.

Wir möchten ausdrücklich darauf verweisen, dass zur Definition eines Merkmals nicht nur sein Name sondern auch seine Messung gehören. Das wurde in der obigen Definition schon bei den Schulnoten deutlich, die nominal oder als Ziffern, in beiden Fällen jedoch ordinal (sehr gut ist besser als gut) erfasst werden können. Farben können nominal (dann aber nicht ordinal, da z.B. zwischen rot, grün und blau keine Rangordnung besteht) aber auch kontinuierlich durch Messinstrumente über ihre Wellenlänge definiert und erfasst werden. Genau genommen handelt es sich dann um zwei verschiedene Merkmale. In unseren sieben Punkten gehört zur Präzisierung der Aufgabenstellung eines Versuches (unter (i)) auch die Angabe der zu erfassenden Merkmale einschließlich der Skala, in der sie erfasst werden sollen.

Weitere Definitionen findet der Leser in den folgenden Kapiteln.

Im 2. Kapitel wird in die Grundprinzipien empirischer Forschung

- Randomisierung
- Wiederholung
- Ausschaltung von Störgrößen (Blockbildung bzw. Schichtung)

und in die wichtigsten Versuchsanlagen und Stichprobenpläne eingeführt. Im 3. Kapitel werden Planung und Auswertung von Untersuchungen für sogenannte einfache Versuchsanlagen bzw. Stichprobenpläne (mit uneingeschränkter Randomisation) beschrieben. Darunter fallen die Punkt- und Intervallschätzung für Mittelwerte und Varianzen, die Auswahl bester Grundgesamtheiten sowie das Testen von Hypothesen im Ein- und Zweistichprobenproblem. Für das Zweistichprobenproblem werden auch sequentielle Verfahren behandelt.

Das 4. Kapitel stellt die Varianzanalyse vor allem für die einfache und zweifache Klassifikation vor während das 5. Kapitel die Regressionsanalyse beschreibt. In einem kurzen 6. Kapitel wird auf die praktische Bedeutung von für theoretische Ableitungen erforderliche Annahmen (wie Normalverteilung) eingegangen.

Dem Charakter des Buches entsprechend findet man keine Beweise dafür aber durchgerechnete Beispiele. Was dieses Buch von vielen anderen unterscheidet ist die Tatsache, dass zunächst die Planung (im einfachsten Falle die Bestimmung des Umfanges der Untersuchung) und dann erst die Auswertung beschrieben wird. Wir hoffen dadurch dazu beizutragen, dass die Planung von Versuchen und Erhebungen in Zukunft breitere Anwendung findet.

2 Planung von Versuchen und Erhebungen und Beschreibung einfacher Anlagen

2.1 Grundbegriffe

In diesem Kapitel betrachten wir verschiedene Aspekte der statistischen Versuchsplanung. Bereits LINDER (1959) wies darauf hin, dass man für die Planung eines Versuches unter anderem die folgenden Fragen zu beantworten hat:
- was will ich wissen?
- wie genau will ich es wissen?
- wofür (für welche Grundgesamtheit) will ich es wissen?

Derartige Fragen können bei der Präzisierung der Fragestellung (Schritt (i) aus Kapitel 1) sehr nützlich sein, wie die folgenden einfachen Beispiele zeigen werden. Man sollte nie vergessen, obige Fragen sorgfältig zu beantworten.

Merke!

Eine Voraussetzung für eine sorgfältige Versuchsplanung ist die genaue Formulierung der Versuchsfrage.

Wir veranschaulichen den Sachverhalt an einem Beispiel und zeigen dabei auch, wie die drei ersten der sieben Schritte von Kapitel 1 abgearbeitet werden.

Merke!

Wir unterscheiden stets zwischen Zufallsvariablen und ihren Realisationen. Wahrscheinlichkeitsaussagen gelten für Zufallsvariable. Zufallsvariable sind fett, ihre Realisationen normal gedruckt. Bei Schätzproblemen heißt eine Funktion der Zufallsstichprobe eine Schätzung, ihre Realisation ein Schätzwert.

Beispiel 2.1.
Für einen speziellen Lastwagentyp ist der durchschnittliche Benzinverbrauch (in 1 pro 100 Fahrtkilometer) bei der Einbringung der Ernte auf dem Feld zu bestimmen. Ist die Frage hinreichend genau formuliert? Sicher nicht, obwohl zumindest die Maßeinheit des zu beobachteten Merkmals "Benzinverbrauch" angegeben ist. Was wir wissen wollen, ist klar. Um angeben zu können, wie genau wir es wissen wollen, benötigen wir zunächst ein statistisches Modell (Schritt (iii) aus Kapitel 1). Wir beantworten Linders Frage "wofür will ich es wissen?" mit der Definition der Grundgesamtheit, aus der wir eine Stichprobe ziehen wollen. Dies ist die Gesamtheit aller produzierten und noch unter gleichen Bedingungen zu produzierenden Wagen des angegebenen Typs, deren Umfang ist unbekannt aber sehr groß. Im Modell betrachten wir die Anzahl als unendlich (Modelle sind stets nur näherungsweise Abbilder der Realität). Den Kraftstoffverbrauch y_i des i-ten Wagens modellieren wir durch eine Zufallsvariable. Was genau wollen wir wissen oder in der statistischen Terminologie schätzen? Sicher nicht $\mu_i = E(y_i)$, den Erwartungswert (Mittelwert) des Kraftstoffverbrauchs des i-ten Wagens, das interessiert ausschließlich den Besitzer dieses Wagens, seine Grundgesamtheit ist dieses eine Auto. Wir benötigen eine allgemeine Aussage für alle Bauern, die mit dem betrachteten Wagentyp ihre Ernte einbringen. Wir fahren in der

Modellierung fort und setzen voraus, dass der mittlere Kraftstoffverbrauch μ_i des i-ten Wagens um die Zufallsvariable a_i vom mittleren Verbrauch μ des Wagentyps abweicht. Diese Abweichung entsteht durch zufällige Schwankungen technischer Parameter während der Produktion. Einzelmesswerte y_{ij} bei der j-ten Fahrt mit dem i-ten Wagen variieren zufällig mit e_{ij} um μ_i (e_{ij} ist ein Zufallsfehler, der von Temperatur, Bodenfeuchtigkeit, Geschick des Fahrers u.a. abhängen kann). Dies führt uns schließlich zu folgender Modellgleichung für die Messwerte y_{ij}:

$$y_{ij} = \mu + a_i + e_{ij} \qquad\qquad (i = 1, ..., a; j = 1, ..., n_i) \qquad\qquad (2.1)$$

In (2.1) wurde vorausgesetzt, dass a der produzierten Wagen derart zu testen sind, dass mit dem i-ten Auto n_i Messwerte des Benzinverbrauchs vorliegen. Ferner sollen die Bedingungen

$$\mathrm{E}(a_i) = \mathrm{E}(e_{ij}) = 0 \ , \mathrm{var}(a_i) = \sigma_a^2, \mathrm{var}(e_{ij}) = \sigma^2$$

erfüllt sein und alle Zufallsvariablen der rechten Seite von (2.1) sollen voneinander (stochastisch) unabhängig sein.

Nach diesem ersten Schritt der Modellwahl können wir das Versuchsziel genauer umschreiben:

Unter weiteren Voraussetzungen über die Verteilung der a_i und der e_{ij} ist ein Konfidenzintervall (im Sinne von Kapitel 3) für μ in Modell (2.1) zu konstruieren. Ferner ist die Genauigkeitsforderung hierfür festzulegen. Dies kann auf unterschiedliche Art geschehen. Wir setzen voraus, dass alle Zufallsgrößen in (2.1) normal verteilt sind und fordern, dass bei einem Konfidenzkoeffizienten $1-\alpha = 0,95$ die halbe erwartete Länge des Konfidenzintervalles nicht größer als ein vorgegebener Wert d ist. Das Ziel der optimalen statistischen Versuchsplanung ist nun die Ermittlung von positiven ganzen Zahlen a; $n_1,..., n_a$ derart, dass die Versuchskosten bei Einhaltung der Genauigkeitsforderungen minimal sind.

Wir bezeichnen hierzu die Kosten für das Ausleihen eines Lastwagens für den Versuch mit c_1 und mit c_2 die Kosten einer Testfahrt.

Damit sind die in Kapitel 1 genannten Schritte (i) bis (iii) weitgehend abgearbeitet. Jetzt muss Schritt (iv), die Erarbeitung des kostenoptimalen Versuchsplanes folgen. Dazu benötigen wir aber Kenntnisse, die erst in den folgenden Kapiteln bereitgestellt werden und wir vertrösten den Leser hinsichtlich der optimalen Wahl von (a; $n_1, n_2,..., n_a$) auf Kapitel 4, in dem wir dieses Beispiel fortsetzen werden.

Wir fassen zusammen:

Merke!

Die Präzisierung der Versuchsfrage erfordert:
- *die Wahl des statistischen Modells*
- *die Formulierung der Genauigkeitsforderung für das Ergebnis der Versuchsauswertung*
- *falls optimale Pläne gesucht werden das Optimalitätskriterium (im Beispiel 2.1 die Versuchskosten).*

In diesem Buch behandeln wir bei der Planung eines Versuches ausschließlich die statistischen Aspekte und nicht die ebenso wichtigen technischen, finanziellen, personellen oder materiellen Probleme.

2.2 Einführung in die Prinzipien der Versuchsplanung

Wir wollen an Hand eines fiktiven Beispiels erläutern, welche Fehler ein unerfahrener Versuchsansteller machen kann. Erfahrene Versuchsansteller können diesen Abschnitt überspringen.

Beispiel 2.2

Ein angehender Wissenschaftler oder eine angehende Forscherin, wir nennen sie oder ihn Forsch, möchte in Erfahrung bringen, ob es zwischen der täglichen Milchleistung der Rassen Jerseys und Holstein-Friesen Unterschiede gibt. Forsch hat damit eine Erhebung vor (sie oder er will nur beobachten aber nicht auf die Tiere einwirken). Forsch kennt zwei Züchter, von denen einer ausschließlich Jerseykühe und der andere ausschließlich Holstein-Friesen-Kühe hält. Forsch ruft beide an und bittet um die Milchleistung eines ihrer Tiere an dem betreffenden Tag. Das Ergebnis ist:
1. Milchleistung einer Jersey-Kuh: 41 kg
2. Milchleistung einer Holstein-Friesen-Kuh: 29 kg.

Forsch schließt: "Jerseykühe geben pro Tag mehr Milch als Holstein-Friesen". Wir würden uns sehr freuen, wenn Sie als Leser dieses Vorgehen missbilligen würden. Was aber wurde alles falsch gemacht? Wir wollen versuchen, dies herauszufinden. Forschs Freund, ein Statistiker, erklärt, das Problem sei wie folgt zu formulieren: Kann das Merkmal durchschnittliche tägliche Milchleistung (in kg pro Tag) für Jerseys und für Holstein-Friesen durch das gleiche Modell beschrieben werden, das sich allenfalls im Mittelwert unterscheidet und welche der beiden Rassen hat im Falle unterschiedlicher Mittelwerte den größeren Wert? Für beide Rinderrassen sei zunächst eine wohldefinierte Grundgesamtheit festzulegen (z.B. alle zur Zeit lebenden Kühe dieser Rassen in einem geographisch definiertem Gebiet). Aus diesen Grundgesamtheiten sind dann Stichproben von Kühen zu entnehmen, deren Milchleistung zu messen ist.

Der Statistiker erklärt Forsch weiter, dass es nicht ungewöhnlich ist, dass selbst zwei Realisationen derselben Zufallsvariablen stark voneinander abweichen können. Etwa 99% der Werte einer normalverteilten Zufallsvariablen mit einem Erwartungswert von 35 kg (als Mittel von 41 kg und 29 kg)und mit einer Standardabweichung von 3 kg (das könnte ein Modell für das untersuchte Merkmal sein) liegen zwischen 26 kg und 44 kg. Forsch hat daher keinen Grund für den oben erwähnten Schluss.

Falls die Zahlen 29 bzw. 41 kg nicht Einzelmesswerte (also Leistungen von je einer Kuh) sondern Mittelwerte einer größeren Anzahl von Messwerten wären, käme der beobachteten Differenz zwischen den beiden Zahlen eine größere Bedeutung zu, denn Mittelwerte aus unabhängigen mit gleicher Standardabweichung verteilten Zufallsvariablen haben eine kleinere Standardabweichung als Einzelwerte. Um das genauer erläutern zu können, geben wir folgende Definition.

Definition 2.1

Wir gehen von einer Zufallsvariablen y aus, die mit dem Erwartungswert (Mittelwert) μ und der Varianz σ^2 (bzw. der Standardabweichung σ) verteilt ist. Sind die n Komponenten y_i des Vektors $(y_1, y_2, ..., y_n)$ voneinander unabhängig und genauso wie y verteilt, so heißt der Vektor eine (abstrakte) Zufallsstichprobe vom Umfang n.

Eine solche abstrakte Zufallsstichprobe ist ein Modell für das weiter unten definierte Zufallsstichprobenverfahren.

Merke!

Der arithmetische Mittelwert aus den mit Mittelwert μ und Varianz σ^2 verteilten Komponenten einer abstrakten Zufallstichprobe ist eine Zufallsvariable, deren Mittelwert gleich μ und deren Varianz σ^2/n ist.

Damit ist die Variabilität eines Mittelwertes kleiner als die von Einzelmesswerten und zwar umso kleiner, je größer die Anzahl der gemittelten Einzelwerte ist.
Dies führt uns zum ersten Prinzip der Versuchsplanung, dem "Prinzip der Wiederholung" oder dem "Prinzip mehrfacher Messung".

Beispiel 2.2 - Fortsetzung
Forsch schlägt daraufhin dem Statistiker vor, sich von den beiden Züchtern Milchleistungen der beiden Kühen von weiteren Tagen besorgen zu wollen. Der Statistiker verwirft diesen Vorschlag mit Hinweis darauf, dass die Voraussetzung der Unabhängigkeit der Elemente einer Zufallsstichprobe sicher   verletzt ist, wenn die Messwerte von den gleichen (oder verwandten) Tieren stammen.
Forsch bittet nun jeden seiner Freunde um Milchleistungen weiterer neun (unverwandter) Kühe aus ihrer Herde und berechnet die Mittelwerte wie folgt:
      1. mittlere tägliche Milchleistung von 10 Jerseys: 38 kg
      2. mittlere tägliche Milchleistung von 10 Holstein-Friesen: 33 kg.
Wieder schließt Forsch: "Jerseykühe haben höhere tägliche Milchleistung".
Wir sagen, dass Forsch einen Versuch mit 10 Wiederholungen (in der Versuchsplanung synonym mit 10 Messungen) durchgeführt hat.

Merke!

Im Allgemeinen wird der Stichprobenumfang mit n bezeichnet, die Anzahl von Wiederholungen in Versuchsanlagen wie Blockanlagen jedoch meist mit r (vom englischen replication).

Beispiel 2.2 - Fortsetzung
Forsch ist nun sehr stolz auf dieses Ergebnis. Ein Tierernährer, dem Forsch es vorlegt, meint, dass Holstein-Friesen gewöhnlich eine höhere tägliche Milchleistung als Jerseys haben. Er fragt Forsch, ob denn das Ernährungsniveau in beiden untersuchten Herden vergleichbar sei. Forsch fragt die beiden Bauern danach und erfährt, dass die Holstein-Friesen zur Untersuchungszeit den ganzen Tag auf der Weide stehen, die Jerseys dagegen im Stall Kraftfutter erhalten. Forsch ist nun klar, dass er seine Untersuchungen sorgfältiger planen muss und fragt einen Tierzüchter, was denn neben dem Ernährungsniveau sonst noch alles Einfluss auf die Milchleistung von Kühen haben könne. Er erfährt, dass die Milchleistung von Kühen abgesehen von der erblichen Veranlagung sehr stark vom "Laktationstag" (die Anzahl der Tage seit der Geburt des Kalbes) an dem die Milchleistung beobachtet wurde abhängt und auch davon, um die wievielte Laktationsperiode es sich bei den untersuchten Tieren handelt. Die Abhängigkeit der Milchleistung vom Laktationstag könne durch eine Funktion beschrieben werden, die bis zum 28-ten Laktationstag steil ansteigt (dort hat sie ihr Maximum) und dann nahezu linear bis zum 300-ten Tag abfällt. Es sei ferner

bekannt, dass die Milchleistung einer Kuh in der zweiten Laktationsperiode höher als in der ersten und als in den folgenden Perioden ist. Forsch fragt seine befreundeten Züchter weiter und erfährt, dass die Jerseys zwischen dem 25-ten und the 35-ten Laktationstag und dass die Holstein-Friesen zwischen dem 180-ten und dem 220-ten Laktationstag beobachtet wurden.

Nun ist Forsch entmutigt und fragt den Statistiker was zu tun sei. Dieser erklärt, dass die Ergebnisse nicht völlig wertlos seien, wenn es gelänge, zu den 20 Milchleistungen den jeweiligen Laktationstag zu erfahren und die Funktion, die die Abhängigkeit zwischen Laktationstag und der Milchleistung beschreibt, bekannt ist, da man dann über eine Standardisierung die 20 Milchleistungen vergleichbar machen könne. Die unterschiedlichen Ernährungniveaus dagegen seien kaum auszugleichen. Er schlägt Forsch daher vor, die gesamte Untersuchung zunächst vernünftig zu planen und dann noch einmal Werte zu sammeln. Dabei ist auch noch festzustellen, ob 10 Messwerte pro Rasse überhaupt ausreichend sind.

Dieses Beispiel zeigt, wie wichtig es ist, in der prä-experimentellen Phase einer Untersuchung die Schritte (i) bis (iv) von Kapitel 1 sorgfältig durchzugehen. Anderenfalls ist zu erwarten, dass ein Statistiker dem Versuchsansteller nach mühsamer Datenerfassung auch nicht helfen kann, die Versuchsfrage zu beantworten. Das Beispiel beschreibt eine Situation in der ein Faktor oder mehrere Faktoren Einfluss auf die Versuchsergebnisse haben können.

Solche Faktoren sind oft für die Versuchsansteller nicht von Interesse und daher auch nicht Bestandteil der Versuchsfrage. Die Vernachlässigung (Nichtberücksichtigung) eines solchen Faktors kann zu verfälschten Ergebnissen führen, wie das in unserem Beispiel für die Faktoren "Laktationstag", "Laktationsnummer" und "Ernährungsniveau" der Fall war. Wir nennen solche Faktoren Störfaktoren.

Merke!

Prinzipien der Versuchsplanung sind:

1. Wiederholung
2. Randomisierung
3. Reduktion möglicher Einflüsse bekannter Störfaktoren.

Weiterführende Literatur zur Versuchsplanung sind z.B. die Bücher von HINKELMANN und KEMPTHORNE (1994) oder COCHRAN und COX (1957).

2.3 Mehrfache Messungen, das Prinzip der Wiederholung

Im vorhergehenden Abschnitt haben wir gesehen, dass man wissenschaftliche Aussagen schwerlich aus einem Versuch mit nur einem Messwert ableiten sollte. Ein noch gar nicht erwähnter Umstand ist der, dass wir oft auch die Varianz als Maß der Variabilität des beobachteten Merkmals schätzen wollen und wir hierfür mindestens zwei Messungen (*Wiederholungen*) benötigen. Zwei Wiederholungen sind also die untere Schranke für die Anzahl der Wiederholungen.

Beispiel 2.3
Wir nehmen an, dass der erwartete Ertrag einer speziellen Weizensorte, gemessen in Dezitonnen pro Hektar (dt/ha), zu schätzen ist. Dazu baut man diese Sorte auf Teilstücken von kleiner Fläche auf Versuchsfeldern an und rechnet den Ertrag auf Hektar um. Der Ertrag variiert von Teilstück, zu Teilstück auf dem gleichen Feld und erst recht zwischen Feldern (Orten) und Jahren. Man muss als Bestandteil der Präzisierung der Aufgabenstellung zunächst die Grundgesamtheit für die die Aussage zu treffen ist, genau definieren. Angenommen wir haben den Ertrag der Sorte für Niedersachsen in einem bestimmten Jahr zu schätzen. Dann besteht unsere Grundgesamtheit aus allen Feldern, auf denen die Sorte in diesem Jahr angebaut wird. Nehmen wir weiter an, der Ertrag lasse sich in dieser Grundgesamtheit durch eine normalverteilte Zufallsvariable mit Erwartungswert $\mu = 50$ und Varianz $\sigma^2 = 64$, d.h. mit Standardabweichung $\sigma = 8$ modellieren.
Unabhängig von dieser Voraussetzung wollen wir für dieses Beispiel festlegen, dass ein Schätzwert des Erwartungswertes gut ist, falls er um nicht mehr als $1/8\ \sigma$ vom zu schätzenden Erwartungswert (μ) abweicht. Das bedeutet in unserm Beispiel, dass der Schätzwert $\hat{\mu}$ von μ im Intervall zwischen 49 und 51 dt/ha liegen sollte.

Tabelle 2.1 enthält die mit 100 multiplizierten Wahrscheinlichkeiten (als Funktion der Anzahl der Teilstücke) dafür, dass das arithmetische Mittel der Komponenten einer Zufallsstichprobe als Schätzfunktion $\bar{y}$ von μ um nicht mehr als $1/8\ \sigma$ vom zu schätzenden Erwartungswert (μ) abweicht. Die Werte sind unabhängig von unserem Beispiel. D.h. die Tabelle enthält ganz allgemein die Wahrscheinlichkeit $P(n)$ multipliziert mit 100 als Funktion des Stichprobenumfangs n dafür, dass die Schätzung $\bar{y}$ von μ im Intervall $(\mu - \sigma/8, \mu + \sigma/8)$ liegt.

Aus dieser Tabelle wird der Einfluss des Versuchsumfanges auf die erreichbare Genauigkeit deutlich. Mehr dazu findet der Leser vor allem im 3. Kapitel.

Tabelle 2.1 *Die Wahrscheinlichkeiten P(n) (in Prozent) dafür, dass der Mittelwert von n Messwerten aus einer Normalverteilung mit Erwartungswert μ und Varianz σ^2 um nicht mehr als $\sigma/8$ von μ abweicht.*

n	$100\,P(n)$	n	$100\,P(n)$
1	9,95	20	42,38
2	14,03	25	46,80
3	17,14	30	50,64
4	19,74	40	57,08
5	22,01	50	62,32
6	24,05	100	78,87
7	25,91	200	92,29
8	27,63	500	99,48
9	29,23	1000	99,99
10	30,74	10000	100,00

2.4 Schichtung und Blockbildung zur Eliminierung der Effekte von Störfaktoren

2.4.1 Grundbegriffe

Falls man während der Planungsphase für eine Untersuchung davon ausgehen kann, dass ein Faktor (wie etwa der Laktationstag in Beispiel 2.2) das Ergebnis einer Erhebung oder eines Versuches beeinflussen könnte, sollten wir Wege finden, den Einfluss eines solchen Faktors weitestgehend zu eliminieren.

In der Mathematischen Statistik gibt es Standardverfahren, um den Einfluss eines Störfaktors zumindest teilweise auszuschalten. Zunächst kann dies ähnlich wie im Beispiel im Fall der Laktationskurve durch Standardisierung der Messwerte geschehen, wenn der Störfaktor quantitativ ist und die Abhängigkeit des Beobachtungsmerkmals vom Störfaktor zumindest näherungsweise bekannt ist. Mit Hilfe der diese Abhängigkeit beschreibenden Funktion werden alle Messwerte so umgerechnet, als wenn sie alle zu demselben Wert des Faktors (Laktationstag) gemessen worden wären.

Bei einem quantitativen Störfaktor kann man auch die Kovarianzanalyse anwenden, hier muss nur der Typ der die Abhängigkeit beschreibenden Funktion bekannt sein (z.B. linear oder quadratisch), die Parameter werden aus den Beobachtungen der Wertepaare für das interessierende Merkmal und des Störfaktors geschätzt. Hierauf gehen wir in diesem Buch nicht weiter ein (siehe VB, 3/42/3001, 3/42/3002).

Eine allgemein, d.h. auch für qualitative Störfaktoren, anwendbare Methode ist die der Bildung von Blocks oder Schichten nach den Stufen der Störfaktoren (siehe Abschnitt 2.4.2).

Noch allgemeiner anwendbar ist die Randomisierung, sie ist weniger effektiv aber erfordert nicht einmal, dass man weiß, welches die Störfaktoren sein können.

Blockbildung (bei Versuchen) und die analoge Schichtung bei Erhebungen einerseits sowie die Randomisierung andererseits sind weitere Prinzipien der Versuchsplanung und werden im folgenden ausführlicher behandelt.

Definition 2.2

Die Versuchsergebnisse hängen von den Versuchsbedingungen ab, die durch *Faktoren* charakterisiert werden. Für die Planung von Versuchen sind die nichtzufälligen Faktoren, deren Werte durch die Versuchsansteller vor dem oder während des Versuches eingestellt werden können von besonderem Interesse, da die optimale Wahl dieser Werte oft Gegenstand der optimalen Planung des Versuches ist. Die möglichen Werte eines Faktors heißen *Faktorstufen* oder kurz *Stufen*. Ist ein Faktor während der Dauer eines Versuches fest, d.h. hat er nur eine Stufe, so bezeichnen wir ihn als *Konstantfaktor*. Er ist dann ein Bestandteil der Versuchsbedingungen. Besteht das Ziel eines Versuches darin, den Einfluss eines Faktors zu untersuchen indem man seine Stufen systematisch variiert, so nennen wir einen solchen Faktor einen *Planfaktor*. Ist die Ermittlung der möglichen Effekte eines Planfaktors Teil der (oder die) Versuchsfrage, so heißt ein solcher Planfaktor *Behandlungsfaktor*. Die übrigen Planfaktoren heißen *Blockfaktoren*. Alle übrigen Faktoren, die man nicht systematisch variieren kann, die aber Einfluss auf die Versuchsergebnisse haben, heißen *Restfaktoren*. Die Rest- und die Blockfaktoren zusammen bilden die *Störfaktoren*. Qualitative und quantitative Faktoren sind analog wie qualitative und quantitative Merkmale (Definition 1.4) definiert.

Randomisierung und Zufallsauswahl
Dieses Vorgehen ist angebracht, wenn wir die Störfaktoren nicht kennen. Der Begriff Randomisierung kann als Oberbegriff verwendet werden und somit die Zufallsauswahl mit einschließen. Im engeren Sinne verwendet man den Begriff Randomisierung bei Versuchen für die zufällige Zuordnung der Versuchseinheiten (die streng genommen vorher durch Zufallsauswahl aus der Grundgesamtheit aller Versuchseinheiten auszuwählen sind) zu den Behandlungen. Wir gehen darauf näher in Abschnitt 2.5 ein. Bei der Zufallsauswahl aus einer endlichen Grundgesamtheit, deren Elemente über die Stufen eines Störfaktors verteilt sind, erwartet man, dass sich diese Verteilung über die Stufen des Störfaktors in etwa auch in der Stichprobe wiederfindet (das führt zum unscharfen Begriff der repräsentativen Stichprobe). Man versucht auf diese Weise, die Wahrscheinlichkeit einer verzerrten Stichprobe, d.h. einer Stichprobe deren Zusammensetzung nach den Stufen des Störfaktors die Verhältnisse der Grundgesamtheit auch nicht annähernd widerspiegelt, klein zu halten. Methoden der Zufallsauswahl werden in Abschnitt 2.5 behandelt.

Blockbildung und Schichtung
Die Einstufung eines möglichen Störfaktors als Blockfaktor wird in Versuchen Blockbildung und in Erhebungen Schichtung genannt. Die Stufen heißen dann Blocks bzw. Schichten. Die irrtümliche Einbeziehung eines Faktors, der kaum Einfluss auf das Versuchsergebnis hat, als Störfaktor während der Versuchsplanung führt zu einer Verminderung der Aussagekraft des Versuches, wie z.B. zum Verlust von Freiheitsgraden in der Varianzanalyse, der dann nicht durch eine Verkleinerung der Restvarianz kompensiert wird.
Die Entscheidung zwischen vollständiger Randomisierung, Kovarianzanalyse (wie in Abschnitt 2.2 erwähnt) und eingeschränkter Randomisierung nach Blockbildung oder Schichtung ist ein wichtiger Teil der Modellwahl.
Im Folgenden behandeln wir vor allem die Blockbildung, die Schichtung wird zusammen mit den Stichprobenverfahren in Abschnitt 2.5 diskutiert.

2.4.2 Prinzipien der Blockbildung und Schichtung

Wir wollen uns in diesem Buch darauf beschränken, **einen** Störfaktor durch Blockbildung oder Schichtung auszuschalten. Die Ausschaltung von zwei Störfaktoren kann zu sogenannten Zeilen-Spalten-Anlagen führen, in denen die Zeilen den Stufen des einen und die Spalten den Stufen des anderen Blockfaktors entsprechen. (Näheres siehe VB, 1/21/4200 - 1/21/4250).

Vor allem qualitative Störfaktoren werden zur Blockbildung oder Schichtung herangezogen (hier ist die Kovarianzanalyse nicht anwendbar). Aber Blockbildung ist auch möglich wenn der Störfaktor quantitativ ist, indem man die möglichen Faktorwerte zu Klassen zusammenfasst und diese als die Stufen des Störfaktors definiert.

Wir erläutern das anhand des Störfaktors Laktationstag aus Beispiel 2.2.

Beispiel 2.2 - Fortsetzung

Der Laktationstag, an dem die Milchleistung erfasst wurde wird zusammen mit der Milchleistung registriert und kann zur (nachträglichen) Schichtung wie folgt verwendet werden.

Schicht	Tag	Schicht	Tag
1	1-10	5	51-90
2	11-22	6	91-140
3	23-35	7	141-220
4	36-50	8	mehr als 220

Natürlich benötigt man für die Wahl der Anzahl und Größe der Schichten oder Blocks vor Versuchsbeginn (das sollte der Regelfall sein) a-priori-Information.

Im Feldversuchswesen verschafft man sich derartige Informationen durch sogenannte Blindversuche. Solche Versuche werden mit nur einer Behandlung, d.h. mit nur einer Stufe des zu untersuchenden Behandlungsfaktors, durchgeführt (z.B. mit nur einer Sorte), um zu testen, ob die gewählten Stufen des Störfaktors das Ergebnis wesentlich beeinflussen. Näheres zu Feldversuchen siehe THOMAS (2006).

Bevor wir Blockanlagen näher betrachten, wollen wir ihre Stellung innerhalb der Versuchsanlagen klarstellen. Wir geben eine sehr allgemeine Definition der Versuchsanlagen auch wenn wir im vorliegenden Text nur wenige Spezialfälle behandeln.

Definition 2.3

Ein *statistischer Versuchsplan* ist eine Rahmenvorschrift für die praktische Durchführung eines Experiments. Aspekte die weder für die Auswertung noch für die Modellwahl und die erreichbare Genauigkeit bedeutsam sind, bleiben dabei unberücksichtigt.

Um den letzten Teil dieser Definition zu erläutern, betrachten wir eine Blockanlage. Wie wir sehen werden, ist in einer Blockanlage festgelegt, welche Behandlung in welchem Block auftritt und wie die Versuchseinheiten über die Blocks verteilt und die Behandlungen zufällig den Versuchseinheiten zuzuordnen sind. Andere wichtige zu planende Festlegungen wie wer die Arbeiten durchführt oder wann und wo der Versuch durchgeführt wird gehören nicht zur *statistischen* Versuchsplanung und werden folglich in diesem Buch auch nicht behandelt.

Nachdem wir dies festgestellt haben, werden wir im Folgenden den Begriff Versuchsplanung als Abkürzung für statistische Versuchsplanung verwenden und weisen außerdem daraufhin, dass wir hier nur Versuche mit einer nicht vernachlässigbaren stochastischen Komponente betrachten.

Definition 2.4

Die statistische Planung eines Versuches umfasst die Konstruktion der Versuchsanlage und die Bestimmung des minimalen Versuchsumfanges, der im Rahmen eines statistischen Modells für die Einhaltung vorgegebener Genauigkeitsforderungen an die Auswertung der Ergebnisse erforderlich ist. Das Ergebnis ist der Versuchsplan.

Definition 2.5

Ein statistisches Modell für das Ergebnis y eines statistischen Versuches ist durch eine Modellgleichung (gegebenenfalls mit Nebenbedingungen) und durch Verteilungsannahmen über die zufälligen Komponenten dieser Gleichung definiert.

Definition 2.6

Wir nennen einen Versuchsplan optimal oder kurz einen *optimalen Plan*, wenn durch ihn bei Einhaltung der Forderungen nach Definition 2.2 der Wert eines Optimalitätskriteriums minimal wird.

Beispiel 2.1 - Fortsetzung
Beispiel 2.1 kann dazu dienen, diese Definitionen zu erläutern. Ein Versuch zur Schätzung des durchschnittlichen Kraftstoffverbrauchs eines Wagentyps ist sicher ein *statistischer* Versuch. Jeder Vektor $(a; n_1, n_2,..., n_a)$ mit nichtnegativen ganzen Zahlen ist ein (statistischer) Versuchsplan, die Gleichung (2.1) mit ihren Nebenbedingungen ist ein statistisches Modell und der optimale Plan bei der Genauigkeitsforderung für dieses Problem ist der, für den der Vektor $(a; n_1,..., n_a)$ entweder $\sum_{i=1}^{a} n_i$ oder die Kosten $(a \cdot c_1 + (\sum_{i=1}^{a} n_i) \cdot c_2)$ minimiert.

Definition 2.7

Wird in einem Versuch nur ein Behandlungsfaktor untersucht, so heißen seine Stufen *Behandlungen*. Im Falle mehrerer Behandlungsfaktoren bezeichnet man die in den Versuch einzubeziehenden *Stufenkombinationen* der Behandlungsfaktoren als Behandlungen.

Definition 2.8

In einer Versuchsanlage sind N Versuchseinheiten den v Behandlungen entweder vollständig zufällig oder in eingeschränkter Form zufällig zuzuordnen. Eine Versuchsanlage heißt p-faktoriell oder faktoriell, wenn jede Behandlung eine Faktorstufenkombination von $p > 1$ Faktoren ist. Eine Versuchsanlage heißt Blockanlage, wenn ein Störfaktor durch Blockbildung berücksichtigt wird. Die Stufen des Störfaktors sind die Blocks. Die Anzahl k_i der Versuchseinheiten im i-ten Block heißt Blockgröße.

Bei der Konstruktion einer Blockanlage ist wie folgt vorzugehen. Zunächst müssen wir die $b \geq 2$ Stufen des Störfaktors, also die Blocks, definieren, wobei die Versuchseinheiten eindeutig den Blocks zugeordnet sein müssen. Bei natürlich definierten Blocks wie Zwillingspaaren, den Augenpaaren von Patienten oder den Mitgliedern von Vollgeschwistergruppen von Schweinen ist das unproblematisch. Bei künstlich geformten Blocks (bzw. Schichten bei Erhebungen) ist darauf zu achten, dass sie sich nicht überlappen und keine Versuchseinheiten übrigbleiben, die zu keinem der Blocks gehören. Die Anzahl b der Blocks ist im Rahmen der Versuchsplanung festzulegen.

Merke!

In diesem Buch setzen wir voraus, dass alle b Blocks einer Blockanlage die gleiche Anzahl k von Versuchseinheiten enthalten.

Beispiel 2.4

In einer Augenklinik soll der Effekt zweier Sorten von Augentropfen A und B untersucht werden. Man nimmt an, dass die Unterschiede der Effekte der Augentropfen zwischen verschiedenen Patienten größer sind als zwischen dem linken und rechten Auge jedes Patienten. Für den Versuch stehen 10 Patienten zur Verfügung. Folglich wird der Faktor Patient als Störfaktor definiert. Jeder Patient wird als ein Block mit zwei Versuchseinheiten, den zwei Augen, angesehen. Ferner setzt man voraus, dass die Position der Augen (links oder rechts) das Versuchsergebnis nicht beeinflusst. Damit stehen $b = 10$ Blocks je vom Umfang $k = 2$ zur Verfügung. Man beachte, dass hier nicht die 10 Patienten sondern deren $N = 20$ Augen die Versuchseinheiten sind. Im Versuch wird nun eines der Augen jedes Patienten mit A und das andere mit B behandelt (randomisiert, falls die Augenposition doch bedeutsam sein könnte). Die Reaktionen auf die Behandlungen werden gemessen, so dass die Differenz der Effekte der Augentropfen geschätzt werden kann.

In diesem Beispiel werden $v = 2$ Behandlungen (A,B) auf $b = 10$ Blocks (Patienten) mit der Blockgröße $k = 2$ (Augen) verteilt. Da jede Behandlung in jedem Block auftritt, heißt die Anlage eine vollständige Blockanlage und die Zuordnung der Behandlungen zu den Blocks ist unproblematisch. Neben den vollständigen Blockanlagen werden oft auch unvollständige Blockanlagen verwendet, in denen nicht jede Behandlungen in jedem Block auftritt. Die Notwendigkeit derartiger Anlagen folgt aus der Tatsache, dass die Anzahl v der Behandlungen größer sein kann als die Blockgröße k. Sollen beispielsweise $v = 5$ Arten von Augentropfen A, B, C, D, E an den 10 Patienten verglichen werden, so ist eine unvollständige Blockanlage zu konstruieren, da sich die Blockgröße $k = 2$ nicht vergrößern lässt. Die Anlage findet man in Tabelle 2.2.

Tabelle 2.2   *Unvollständige Blockanlage von Beispiel 2.4 mit v=5 Behandlungen A,B,C,D,E in 10 Blocks vom Umfang k=2.*

Nr. des Patienten	Behandlung
1	A,B
2	A,C
3	A,D
4	A,E
5	B,C
6	B,D
7	B,E
8	C,D
9	C,E
10	D,E

Eine unvollständige Blockanlage heißt balanciert, wenn jede Behandlung gleich oft (r mal) im Versuch auftritt und die Anzahl des Auftretens jedes der möglichen Behandlungspaare gleich (λ) ist.

In unserem Beispiel ist $\lambda = 1$, d.h. dass ein direkter Vergleich zwischen jedem Paar von Augentropfen möglich ist. Wir bezeichnen die Ergebnisse des Versuches für die Behandlung T (T kann A, B, C, D, oder E sein) für den i-ten Patienten mit $w_i(T)$. Dann kann die Differenz zwischen, z.B. A und B direkt durch $w_1(A)$ - $w_1(B)$ geschätzt werden. Wir können sie aber auch noch zusätzlich indirekt aus allen Blocks schätzen, in denen A und B in einem Block zusammen mit einer der anderen Behandlungen auftreten, wie das im Folgenden angedeutet wird:

$$\{w_2(A) - w_2(C)\} - \{w_5(B) - w_5(C)\}$$
$$\{w_3(A) - w_3(D)\} - \{w_6(B) - w_6(D)\}$$
$$\{w_4(A) - w_4(E)\} - \{w_7(B) - w_7(E)\}.$$

Wie genau zu verfahren ist, wird in Abschnitt 4.2.1.4 erläutert.
Wir fassen die in obigem Beispiel eingeführten Bezeichnungen in einer Definition zusammen.

Definition 2.9

Blockanlagen sind spezielle Versuchsanlagen zur Reduzierung des Einflusses von Störfaktoren durch Blockbildung. Eine relativ homogene Gruppe von Versuchseinheiten heißt ein Block. Wir sagen, dass ein Block vollständig ist, wenn jede der v Behandlungen zumindest einmal in diesem Block auftritt, sonst heißt der Block unvollständig. Eine Blockanlage heißt vollständig, wenn alle ihre Blocks vollständig sind und sie heißt unvollständig, wenn zumindest einer ihrer Blocks unvollständig ist.

2.5 Randomisierung

Unter Randomisierung versteht man die zufällige Auswahl von Stichprobeneinheiten aus einer Grundgesamtheit also die Zufallsauswahl aber vor allem bei Versuchen die zufällige Zuordnung von Versuchseinheiten oder Blocks zu den Behandlungen. Wie bereits oben erwähnt, dient die Randomisierung dazu, die Wahrscheinlichkeit von Verzerrungen bei einer Erhebung oder der Vermengung der zu beobachteten Behandlungseffekte mit Effekten bekannter oder unbekannter Störfaktoren so klein wie nur möglich zu halten. Die Randomisierung ist allgemeiner gesagt vor allem deshalb unumgänglich, um zu gewährleisten, dass statistische Modelle, die die Basis für alle Planungen und Auswertungen darstellen, den Sachverhalt bei Versuchen möglichst adäquat widerspiegeln.

2.5.1 Randomisierung bei Erhebungen - Zufallsauswahl

Wir wollen hier kurz beschreiben, wie die zufällige Auswahl von Elementen einer Grundgesamtheit praktisch durchgeführt werden kann. Das geschieht durch die Anwendung von Zufallsstichprobenverfahren. Dabei kommt es darauf an, dass Vorinformationen über mögliche Strukturierungen der Grundgesamtheit vorliegen und wie diese zu nutzen sind.

Angenommen, das Durchschnittseinkommen eines Landes ist zu ermitteln. Dann hängt es von der genauen Aufgabenstellung ab, ob bekannte Strukturen in der Gesellschaft bei der Planung der Erhebung zu berücksichtigen sind. Faktoren wie Geschlecht, Altersgruppe, Schulbildung könnten analog zu den Behandlungsfaktoren von Interesse sein und die Erhebung würde dann innerhalb der Faktorstufen bzw. - stufenkombinationen zu planen und durchzuführen sein. Soll aber lediglich das mittlere Einkommen des Landes ermittelt werden und dies nicht über eine Vollerhebung sondern an Hand einer Stichprobenerhebung geschehen, so muss man dafür sorgen, dass in solch einer Stichprobe möglichst nicht nur oder vorwiegend Personen einer Strukturgruppe enthalten sind. *Möglichst* bedeutet dabei, mit hoher Wahrscheinlichkeit. Zufallsstichprobenverfahren können extreme und das Ergebnis stark verzerrende Stichproben auch nicht vermeiden, sie machen aber die Wahrscheinlichkeit ihres Auftretens vertretbar klein.

Definition 2.10

Aus einer Grundgesamtheit vom Umfang N ist eine Stichprobe (Teilgesamtheit) verschiedener Elemente vom Umfang $n < N$ zu entnehmen. Jede Vorschrift zur Entnahme einer solchen Stichprobe, bei der jedes der N Elemente der Grundgesamtheit die gleiche Wahrscheinlichkeit besitzt, Element der Stichprobe zu werden, heißt Zufallsstichprobenverfahren, eine damit gezogene Stichprobe heißt Zufallsstichprobe ohne Zurücklegen. Haben alle $\binom{N}{n}$ möglichen Teilmengen die gleiche Wahrscheinlichkeit $\dfrac{1}{\binom{N}{n}}$, zur Stichprobe zu werden, so spricht man von einem reinen oder uneingeschränkten Zufallsstichprobenverfahren.

Ob eine Stichprobe eine Zufallsstichprobe ist oder nicht, kann man ihr nicht ansehen. Man muss vielmehr das Verfahren betrachten, mit dem sie gezogen wurde. Allerdings wird man sofort misstrauisch, wenn extreme Stichproben auftreten. Wird aus einer Grundgesamtheit mit 10000 Losen, der Hauptgewinn beim Kauf eines Loses gezogen, so ist das schon ungewöhnlich, kann aber, wie man im Volksmund sagt, schon mit rechten Dingen zugegangen sein, in unserer Terminologie also das Ergebnis eines Zufallsstichprobenverfahrens sein. Zieht dieselbe Person an drei aufeinanderfolgenden Verlosungen den Hauptgewinn und stellt sich dann noch heraus, dass es sich um den Bruder des Losverkäufers handelt, stellen sich berechtigte Zweifel ein. Wir weigern uns, Ereignisse mit solch geringer Wahrscheinlichkeit zu akzeptieren und vermuten, dass das zugrunde gelegte Modell falsch ist. In diesem Fall nehmen wir an, dass kein Zufallsstichprobenverfahren zugrundegelegt wurde und Betrug im Spiele ist. Trotzdem besteht eine ganz geringe Wahrscheinlichkeit für dieses Ereignis als Ergebnis eines Zufallsstichprobenverfahrens, nämlich 1/1000 000 000 000.

Nebenbei bemerkt bildet diese Art, Modelle (Sachverhalte) zu verwerfen, unter denen ein beobachtetes Ereignis eine sehr kleine Wahrscheinlichkeit hat und statt dessen solche Modelle zu akzeptieren, bei denen die Wahrscheinlichkeit dieses Ereignisses größer ist, die Basis für die statistischen Tests in den folgenden Kapiteln.

Für die praktische Realisierung eines Zufallsstichprobenverfahrens gibt es mehrere Möglichkeiten. Existiert eine Liste mit allen Elementen der Grundgesamtheit, die sogenannte Auswahlgrundlage, so kann man mit Hilfe eines Zufallszahlengenerators die Zufallsauswahl vornehmen. In älteren Lehrbüchern findet man auch noch Tabellen mit Zufallszahlen und Hinweise zu ihrer Nutzung (z.B. was zu tun ist, wenn eine Zahl abgelesen wird, die es in der Grundgesamtheit nicht gibt).

Eine mitunter praktisch einfacher zu realisierende Methode ist die systematische Auswahl mit Zufallsstart. Sie ist anwendbar, wenn die Elemente der Auswahlgrundlage von 1 bis N durchnummeriert sind und die Folge nicht mit dem Merkmal zusammenhängt. Wenn N/n ganzzahlig ist, wählt man zufällig eine Zahl i zwischen 1 und N/n aus und bildet die Stichprobe aus den Elementen i, $N/n + i$, $2N/n + i$, ..., $(n-1)N/n + i$ der Stichprobe zu. Näheres hierzu und was zu tun ist, wenn N/n nicht ganzzahlig ist siehe VB 1/31/1210.

Beispiel 2.5
Eine Grundgesamtheit umfasse $N = 100$ Elemente, es soll eine Zufallsstichprobe ohne Zurücklegen vom Umfang $n = 5$ gezogen werden. Bei einer uneingeschränkten Zufallsauswahl wird jedes der Elemente mit der Wahrscheinlichkeit 0,05 gezogen. (Nehmen wir z.B. das Element 8, es wird im ersten Zug mit Wahrscheinlichkeit 1/100 gezogen bzw. mit Wahrscheinlichkeit 99/100 nicht gezogen. Die Wahrscheinlichkeit, dass es im 2. Zug gezogen wird ist gleich 99/100·1/99 und das ist ebenfalls 0,01 usw. bis zum 5. Zug, die Summe der 5 Werte ergibt die Gesamtwahrscheinlichkeit, in die Stichprobe zu gelangen).

Wählen wir nun zufällig eine Zahl zwischen 1 und 100/5 = 20, z.B. 12 aus, so gelangen bei systematischer Auswahl mit Zufallsstart die Elemente 12, 32, 52, 72 und 92 in die Stichprobe. Jedes Element der Grundgesamtheit hat wieder die Wahrscheinlichkeit 1/20 in die Stichprobe zu gelangen.

In beiden Fällen handelt es sich um ein Zufallsstichprobenverfahren aber nur im ersten Fall um ein uneingeschränktes.

Wir wollen mit Hilfe des PC-Programms CADEMO-*light*, das wir im folgenden kurz CL nennen an diesem Beispiel demonstrieren, wie man mit diesem Programm Zufallsstichproben ohne Zurücklegen ziehen kann. Im CL-Eingangsmenü der Abbildung 2.1 wählt man dazu den Zweig "Versuchsanlagen" und dann den Zweig "Vollständig randomisierte Anlage".

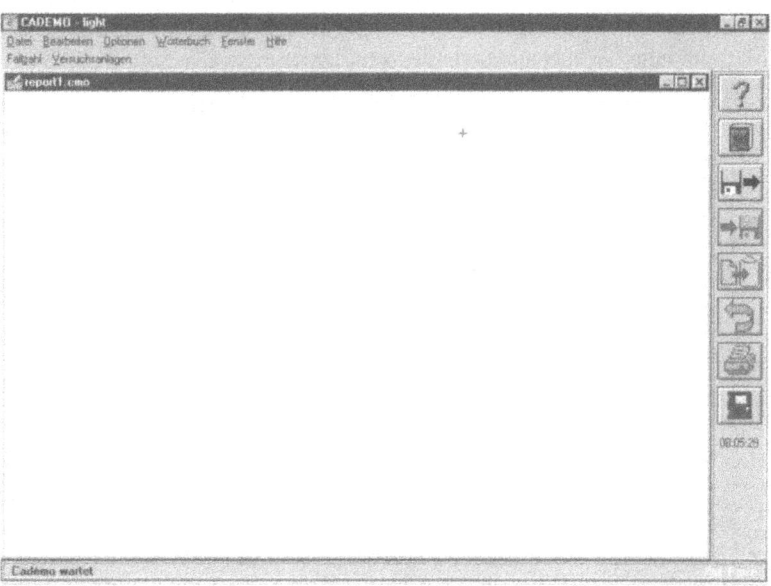

Abbildung 2.1 *Das Startbild von CADEMO-light*

Im folgenden Eingabefenster wurde eingetragen, dass wir 100 Einheiten zwei Behandlungen zuordnen wollen.

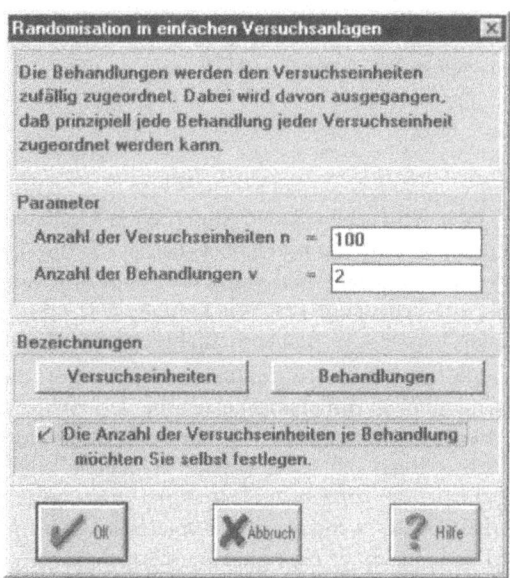

Abbildung 2.2 *Das Eingabefenster für das Randomisieren*

21

Die beiden Behandlungen bezeichnen wir mit "Stichprb" für Stichprobe bzw. mit "Rest". Nach Aktivierung der Möglichkeit, die Anzahlen für diese beiden Behandlungen festzulegen (5 in die Stichprobe, 95 in den Rest), muss man die Zahlen 5 und 95 eingeben. Ein Ergebnis findet man in Abbildung 2.3, es ist beim nächsten CL-Start mit hoher Wahrscheinlichkeit verschieden.

```
┌─────────────────────────────────────────────────────────────────────────┐
│  Zuordnungstabelle                                                        │
│  ┌──────────────┬────────────────────────────────────────┐               │
│  │ Behandlungen │ Versuchseinheiten                       │               │
│  │              │                                         │               │
│  │ 1Stichprb    │   16    53    58    87    89            │               │
│  │              │                                         │               │
│  │ 2Rest        │    1     2     3     4     5            │               │
│  │              │    6     7     8     9    10            │               │
│  │              │   11    12    13    14    15            │               │
│  │              │   17    18    19    20    21            │               │
│  │              │   22    23    24    25    26            │               │
│  │              │   27    28    29    30    31            │               │
│  │              │   32    33    34    35    36            │               │
│  │              │   37    38    39    40    41            │               │
│  │              │   42    43    44    45    46            │               │
│  │              │   47    48    49    50    51            │               │
│  │              │   52    54    55    56    57            │               │
│  │              │   59    60    61    62    63            │               │
│  │              │   64    65    66    67    68            │               │
│  │              │   69    70    71    72    73            │               │
│  │              │   74    75    76    77    78       +    │               │
│  │              │   79    80    81    82    83            │               │
│  │              │   84    85    86    88    90            │               │
│  │              │   91    92    93    94    95            │               │
│  │              │   96    97    98    99   100            │               │
│  └──────────────┴────────────────────────────────────────┘               │
└─────────────────────────────────────────────────────────────────────────┘
```

Abbildung 2.3 *Ergebnisfenster mit einer Zufallsstichprobe vom Umfang 5*

Wir wollen hier noch einen weiteren Typ eingeschränkter Zufallsstichprobenverfahren definieren. Weitere Verfahren, wie z.B. das für Erhebungen auf Flächen geeignete Linienstichprobenverfahren findet man in VB, Komplex 1/31.

Definition 2.11

Zerfällt die Grundgesamtheit vom Umfang N auf natürliche Weise in s Teilgesamtheiten vom Umfang N_1, N_2, ..., N_s oder wird sie nach den Stufen eines vermuteten Störfaktors in solche Teilgesamtheiten unterteilt, so bezeichnet man die Teilgesamtheiten als Schichten. Als geschichtete Stichprobenauswahl bezeichnet man Erhebungen, bei denen sich die Gesamtstichprobe aus Teilstichproben vom Umfang n_i ($i = 1, ...,s$) der s Schichten zusammensetzt. Die Größen n_i / N_i heißen Schichtgewichte. Geschichtete Stichprobenauswahl kann ein Zufallsstichprobenverfahren sein oder auch (manchmal gewollt) nicht (z.B bei unterschiedlichen Erhebungskosten in den Schichten sind kostenoptimale geschichtete Stichprobenverfahren oft keine Zufallsstichprobenverfahren, da Elemente in den billiger zu erfassenden Schichten eine höhere Auswahlwahrscheinlichkeit haben als andere Elemente). Ein geschichtetes Zufallsstichprobenverfahren erhält man, wenn man in den Schichten mit einer Wahrscheinlichkeit proportional zu ihrer Größe ein reines Zufallsstichprobenverfahren anwendet d.h. wenn alle Schichtgewichte gleich groß sind.

Beispiel 2.5 - Fortsetzung

Nehmen wir an, die in Beispiel 2.5 beschriebene Grundgesamtheit bestehe aus $N_1 = 60$ Frauen und $N_2 = 40$ Männern. Damit hat man zwei natürliche Schichten mit dem Größenverhältnis 3:2. Durch jeweils reine Zufallsauswahl wählt man nun $n_1 = 3$ weibliche und $n_2 = 2$ männliche Personen aus. Jede Person der Grundgesamtheit hat wieder die Wahrscheinlichkeit 3/60 = 2/40 = 0,05, in die Stichprobe zu gelangen.

2.5.2 Randomisierung in Versuchsanlagen - zufällige Zuordnung

Ebenso wie bei den Stichprobenverfahren unterscheiden wir auch bei den Versuchsanlagen reine und eingeschränkte Formen der Randomisierung. Wir setzen zunächst voraus, dass unser Versuchsmaterial nicht strukturiert ist, dass also keine Blocks betrachtet werden.

Definition 2.12

Falls in einer Versuchsanlage lediglich genau n_i Versuchseinheiten zufällig der i-ten von v Behandlungen ($\Sigma n_i = N$) zuzuordnen sind, nennen wir dies eine vollständige oder uneingeschränkte Randomisierung und wir nennen die Versuchsanlage eine einfache oder eine vollständig randomisierte Versuchsanlage.

Praktisch kann man die Versuchseinheiten durch Zahlen charakterisieren, z.B. durch 1 bis N. Dann wählt man nach einem reinen Zufallsstichprobenverfahen eine Zahl zwischen 1 und N zufällig aus und ordnet die entsprechende Versuchseinheit der Behandlung 1 zu. Aus den verbleibenden N-1 Zahlen wählt man wieder eine zufällig aus und ordnet die entsprechende Versuchseinheit der Behandlung 1 zu, falls $n_1 \geq 2$. Dies setzt man solange fort, bis n_1 Versuchseinheiten der Behandlung 1 zugeordnet wurden. Auf dieselbe Weise werden die n_2 Versuchseinheiten für Behandlung 2 ausgewählt und so fort bis die Versuchseinheiten für v-1 Behandlungen festliegen. Die restlichen Versuchseinheiten gehören dann automatisch zur Behandlung v.

Beispiel 2.6

Aus einer Grundgesamtheit männlicher Kälber eines bestimmten Alters wurden 16 zufällig ausgewählt. Von diese $N = 16$ Tieren sollen in einem Fütterungsversuch je 4 mit einem von 4 Futtermitteln gefüttert werden. Wir bezeichnen die $v = 4$ Futtermittel mit 1, 2, 3 und 4. Als Merkmal soll die durchschnittliche tägliche Zunahme in g/Tag im Laufe einer Woche ermittelt werden. Falls die 16 Kälber von 1 bis 16 durchnummeriert werden, liefert uns der Zweig Versuchsanlagen von CL, wenn wir in Abbildung 2.2 jetzt $N = 16$ und $v = 4$ setzen als Standard eine gleichmäßige Aufteilung der 16 Kälber auf die 4 Futtermittelgruppen (in Abbildung 2.2 die Werte 16 und 4 eingeben), und den Schalter für eigene Vorgabe der Aufteilung nicht aktivieren). Ein mögliches Ergebnis zeigt Abbildung 2.4.

```
Entscheidung:
Art der Versuchsanlage ist bekannt
vollständig randomisierte Versuchsanlage
Versuchseinheiten möglichst gleich auf die
Behandlungen verteilen


Zuordnungstabelle

Behandlungen    Versuchseinheiten

    1           2       4      13      15

    2           1       5       8      10

    3           3       6       7      14
                      +
    4           9      11      12      16
```

Abbildung 2.4 *Zufällige Zuordnung von 16 Versuchseinheiten*
auf 4 Behandlungen

In Blockanlagen ist die Randomisierung wie folgt durchzuführen: Die Versuchseinheiten in jedem Block sind zufällig den Behandlungen, die in diesem Block auftreten, zuzuweisen. Dabei wird das in 2.5.1 beschriebene Verfahren für jeden Block einzeln angewendet; wir müssen lediglich N in 2.5.1 durch die Blockgröße k und v durch die Anzahl der im Block auftretenden Behandlungen ersetzen.

Für vollständige Blockanlagen mit v Versuchseinheiten pro Block von denen jede genau einer der v Behandlungen zugeordnet wird, ist die Randomisierung damit beendet. Anders verhält es sich im Fall $k < v$. Bei unvollständigen Blockanlagen sind die abstrakten Blocks, wie sie durch die mathematische Konstruktion (etwa mit dem CL-Programm) entstehen, den realen Blocks zufällig zuzuordnen, dies geschieht ebenfalls mit dem in 2.5.1 beschriebenen Verfahren für $N = v = b$, wobei b die Anzahl der Blocks bezeichnet.

Beispiel 2.4 - Fortsetzung

Der Fall 1 von Beispiel 2.4 mit $v = 2$ Arten von Augentropfen A und B erfordert lediglich die zufällige Zuordnung von A zu einem der beiden Augen.

Im zweiten Fall waren $v = 5$ Behandlungen in 10 Blocks vom Umfang 2 anzuordnen. Es ergaben sich die abstrakten Blocks der unvollständigen Blockanlage in Tabelle 2.2, deren 10 Behandlungskombinationen sind zunächst zufällig den 10 Patienten zuzuordnen, anschließend sind für jeden Patienten die entsprechenden Behandlungen zufällig auf das linke und rechte Auge zu verteilen.

2.6 Blockanlagen

2.6.1 Grundbegriffe

Zur Beschreibung von Blockanlagen definieren wir eine *Inzidenzmatrix*.

Definition 2.13

Eine *Inzidenzmatrix* $N = (n_{ij})$ ist ein rechteckiges Schema mit v Zeilen und b Spalten angefüllt mit ganzen Zahlen n_{ij}, die angeben, wie oft die die i-te Zeile repräsentierende i-te Behandlung im die j-te Spalte definierenden j-ten Block auftritt. Sind alle n_{ij} entweder 0 oder 1 so heißen Inzidenzmatrix und die ihr entsprechende Blockanlage *binär*.

Die Elemente der Inzidenzmatrix einer vollständigen Blockanlage sind folglich alle positiv ($n_{ij} \geq 1$), in einer unvollständigen Blockanlage hat die Inzidenzmatrix wenigstens eine Null, sind alle Blocks unvollständig, so steht wenigstens eine Null in jeder Spalte.

Vor allem bei unvollständigen Blockanlagen ist es sinnvoll, anstelle der Inzidenzmatrix eine Kompaktschreibweise zur Charakterisierung zu verwenden. Dabei entspricht jedem Block ein Klammerausdruck, in dem die Nummern der im Block enthaltenen Behandlungen stehen.

Beispiel 2.7
Eine Blockanlage mit $v = 4$ Behandlungen und $b = 6$ Blocks sei durch folgende Inzidenzmatrix definiert:

$$
\begin{pmatrix}
1 & 0 & 1 & 0 & 0 & 0 \\
0 & 1 & 0 & 1 & 1 & 1 \\
1 & 0 & 1 & 0 & 0 & 0 \\
0 & 1 & 0 & 1 & 1 & 1
\end{pmatrix}
$$

Da diese Matrix Nullen enthält, handelt es sich um eine unvollständige Blockanlage. In Kompaktschreibweise lässt sie sich in der Form (1,3), (2,4), (1,3), (2,4), (2,4), (2,4) schreiben. Wie vereinbart repräsentiert z.B. die erste Klammer Block 1, in dem die Behandlungen 1 und 3 auftreten, da die den ersten Block definierende Spalte eine 1 in den Zeilen 1 und 3 hat und diese entsprechen den Behandlungen 1 und 3.

Definition 2.14

Eine Blockanlage mit symmetrischer Inzidenzmatrix heißt symmetrische Blockanlage. Treten in einer Blockanlage alle Behandlungen gleich oft auf, d.h. ist die Anzahl der Wiederholungen $r_i = r$, so heißt diese Anlage wiederholungsgleich. Ist in einer Blockanlage die Anzahl der Versuchseinheiten je Block gleich, so heißt diese Anlage blockgleich. Die Anzahl der Versuchseinheiten im j-ten Block wird mit k_j bezeichnet, für blockgleiche Anlagen gilt damit $k_j = k$.

Man kann nun leicht einsehen, dass sowohl die Summe aller Wiederholungen r_i als auch die Summe aller Blockgrößen k_j gleich der Anzahl der Versuchseinheiten einer Blockanlage sein muss. Damit gilt für jede Blockanlage:

$$\sum_{i=1}^{v} r_i = \sum_{j=1}^{b} k_j = N \qquad (2.4)$$

Speziell folgt daraus für wiederholungs- und blockgleiche Blockanlagen ($r_i = r$ und $k_j = k$):
$$vr = bk \qquad (2.5)$$
In symmetrischen Blockanlagen ist $b = v$ und $r_i = k_i$ ($i = 1,...,v$).

Definition 2.15

Eine unvollständige Blockanlage ist zusammenhängend falls es für jedes Paar (A_k, A_l) von Behandlungen A_1, ..., A_v eine Kette von Behandlungen gibt, die mit A_k beginnt und mit A_l endet, so dass aufeinander folgende Behandlungen in dieser Kette in mindestens einem Block gemeinsam auftreten. Anderenfalls heißt die Blockanlage unzusammenhängend.

Diese Definition erscheint sehr abstrakt und ihre Bedeutung mag nicht klar sein. Die Eigenschaft "zusammenhängend" ist aber von großer Bedeutung für die Auswertung. Unzusammenhängende Blockanlagen können nämlich nicht als Ganzes ausgewertet werden, sie werden wie 2 oder mehr unabhängigen Versuchsanlagen ausgewertet.

Beispiel 2.7 - Fortsetzung
In der Anlage des Beispiels 2.7 treten z.B. die erste und die zweite Behandlung nicht gemeinsam in einem der 6 Blocks auf. Zwischen ihnen lässt sich auch keine Behandlungskette im Sinne von Definition 2.15 finden, folglich ist die Anlage eine unzusammenhängende Blockanlage. Was dies bedeutet, wird deutlich, wenn wir die Blocks und die Behandlungen umnummerieren oder, was auf das gleiche hinausläuft, die Spalten und die Zeilen der Inzidenzmatrix geeignet vertauschen. Wir vertauschen die Blocks 2 und 3 und die Behandlungen 1 und 4. In der Inzidenzmatrix vertauschen sich damit die Spalten 2 und 3 und die Zeilen 1 und 4. Das Ergebnis ist die folgende Matrix:

$$\begin{pmatrix} 0 & 0 & 1 & 1 & 1 & 1 \\ 0 & 0 & 1 & 1 & 1 & 1 \\ 1 & 1 & 0 & 0 & 0 & 0 \\ 1 & 1 & 0 & 0 & 0 & 0 \end{pmatrix}$$

Man sieht nun, dass diese Versuchsanlage aus zwei Anlagen mit zwei getrennten Teilmengen von Behandlungen besteht. In der ersten Anlage haben wir 2 Behandlungen (1 und 2) in 4 Blocks. In der zweiten Anlage 2 weitere Behandlungen (3 und 4) in 2 anderen Blocks. Wie wir später in Kapitel 4 sehen werden, können wir den Gesamtversuch nicht durch *eine* Varianzanalyse auswerten, das kann lediglich für beide Versuchsteile getrennt geschehen.

In diesem Zusammenhang wollen wir für den Rest des Buches lediglich vollständige oder zusammenhängende unvollständige Blockanlagen betrachten, vor allem die im folgenden Abschnitt eingeführten BUB.

2.6.2 Vollständig balancierte unvollständige Blockanlagen

Definition 2.16

Eine (vollständig) balancierte unvollständige Blockanlage (BUB) ist eine block- und wiederholungsgleiche unvollständige Blockanlage mit der zusätzlichen Eigenschaft, dass jedes Paar von Behandlungen in gleich vielen, nämlich in λ, Blocks auftritt. Besitzt eine BUB v Behandlungen mit r Wiederholungen in b Blocks der Größe $k < v$, so bezeichnen wir sie mit $B(v, k, \lambda)$-Anlage.

Im Symbol $B(v, k, \lambda)$ treten nur drei der fünf Parameter v, b, k, r, λ einer BUB auf. Dies ist ausreichend, da nur drei der fünf Parameter frei wählbar sind, die beiden anderen liegen dann automatisch fest. Das sieht man wie folgt: Die Anzahl von mögliche Behandlungspaare in der Anlage ist gleich $\binom{v}{2} = \dfrac{v(v-1)}{2}$. Andererseits gibt es in jedem der b Blocks genau $\binom{k}{2} = \dfrac{k(k-1)}{2}$ Behandlungspaare und daher gilt:

$$\lambda v(v-1) = bk(k-1)$$

wenn jedes der $\binom{v}{2}$ Behandlungspaare λ mal in dem Versuch auftritt (nach Definition muss dies in einer BUB eine Konstante sein). Nach Formel (2.5) ersetzen wir bk durch vr und erhalten (nach Division durch v):

$$\lambda(v-1) = r(k-1) \tag{2.6}$$

Die Gleichungen (2.5) und (2.6) sind notwendige Bedingungen für die Existenz einer BUB. Diese notwendigen Bedingungen reduzieren die Menge möglicher Quintupel ganzer Zahlen v, b, r, k, λ auf eine Teilmenge solcher ganzer Zahlen für die die Bedingungen (2.5) und (2.6) erfüllt sind. Charakterisieren wir eine BUB durch drei dieser Parameter, z.B. durch $\{v, k, \lambda\}$, so können die restlichen Parameter mit Hilfe der Gleichungen (2.5) und (2.6) berechnet werden.

Wir weisen darauf hin, dass die notwendigen Bedingungen nicht immer hinreichend für die Existenz einer BUB sind. Um das zu zeigen, reicht ein Gegenbeispiel.

Beispiel 2.8

In diesem Beispiel wird gezeigt, dass die Bedingungen, die für die Existenz einer BUB notwendig sind, nicht auch hinreichend sein müssen. Die Werte $v = 16$, $r = 3$, $b = 8$, $k = 6$, $\lambda = 1$ erfüllen wegen $16 \cdot 3 = 8 \cdot 6$ und $1 \cdot 15 = 3 \cdot 5$ die notwendigen Bedingungen für die Existenz einer BUB, trotzdem gibt es keine BUB mit dieser Parameterkombination.

Neben (2.5) und (2.6) gibt es eine weitere notwendige Bedingung, die Fishersche Ungleichung, nach der stets

$$b \geq v \tag{2.7}$$

gelten muss.

Diese Ungleichung ist in Beispiel 2.8 nicht erfüllt. Aber auch wenn (2.5), (2.6) und (2.7) gelten, muss nicht immer eine BUB existieren.

Beispiel 2.8 - Fortsetzung

Benötigt man eine BUB für $v = 16$ Behandlungen, stehen Blocks mit $k = 6$ Versuchseinheiten zur Verfügung und sucht man eine BUB mit sowenig Blocks wie möglich, so kann man sich die "kleinste" BUB mit dem Zweig Versuchsanlagen von CL in Abbildung 2.1 erzeugen, indem wir mit "balancierte Blockanlage" fortsetzen. Wir füllen das dann erscheinende Eingabefenster entsprechend aus (Abbildung 2.5) und erhalten das Ergebnis in Abbildung 2.6.

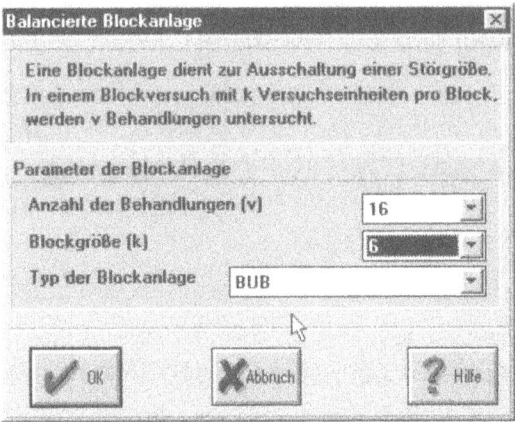

Abbildung 2.5 *Eingabefenster zur zufälligen Zuordnung von 16 Behandlungen in 16 unvollständige Blocks vom Unfang k=6*

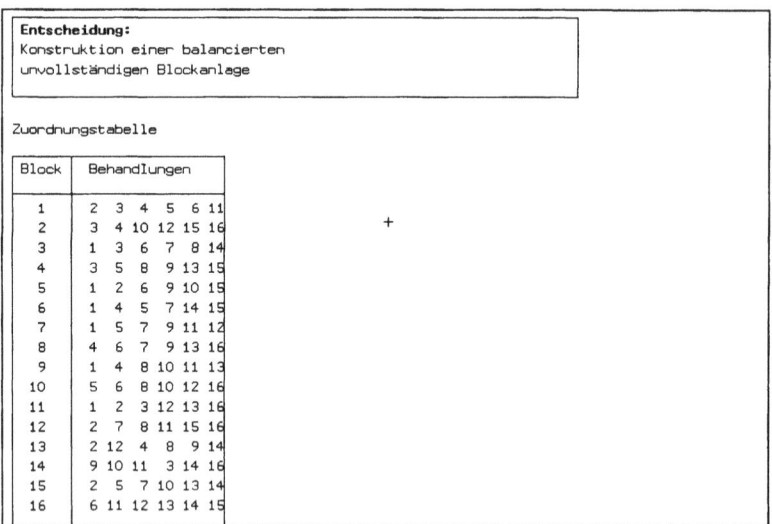

Abbildung 2.6 *Ergebnisbild zur Eingabe in Abbildung 2.5 mit b = 16, r = 6 und λ = 2*

28

Man kann stets eine BUB (eine sogenannte unreduzierte oder triviale BUB) für beliebige positive ganze Zahlen v und $k<v$ erhalten, indem man alle möglichen Kombinationen von v Elementen in k Klassen aufschreibt. Folglich ist dann $b = \begin{pmatrix} v \\ k \end{pmatrix}$, $r = \begin{pmatrix} v-1 \\ k-1 \end{pmatrix}$ und $\lambda = \begin{pmatrix} v-2 \\ k-2 \end{pmatrix}$. Meist lässt sich eine BUB mit weniger Blocks als Teilmenge einer solchen unreduzierten BUB finden. Ein Fall, für den eine solche Reduktion nicht möglich ist, ist der mit $v = 8$ und $k = 3$. Dies ist der einzige Fall für $v \leq 25$ und $2 < k < v\text{-}1$, für den keine kleinere BUB existiert als die triviale.

Mitunter verwendet man sogenannte teilweise balancierte unvollständige Blockanlagen (TBUB), die analog zu den BUB definiert sind aber zwei (oder auch mehrere) Klassen von Behandlungspaaren zulassen, die jeweils in gleich vielen Blocks auftreten. Sie lassen sich mit CL konstruieren, siehe auch VB 1/21/4150 - 1/21/4162.

2.7   Faktorielle Pläne

Die klassische Methode für die Untersuchung der Effekte mehrerer Faktoren besteht darin, einen Faktor zu variieren und die übrigen auf einer Stufe fest einzustellen. Abgesehen davon, dass solch ein Vorgehen viel Zeit und Geld kostet, können etwaige Wechselwirkungen zwischen den Faktoren nicht erkannt werden. Diese Tatsache veranlasste R.A. FISHER und F. YATES zur Entwicklung der Theorie sogenannter faktorieller Versuche. Versuche dieser Art gestatten die gleichzeitige Variation der Stufen mehrerer Faktoren. Wir geben zunächst ein Beispiel.

Beispiel 2.9
Es sollen die Effekte verschiedener Dosierungen von Phosphor- und Stickstoffdünger auf den Ertrag y einer Weizensorte untersucht werden. In einem Düngungsversuch wird der Faktor P (Phosphordünger) mit den Stufen P_1, P_2 und P_3, und der Faktor S (Stickstoffdünger) auf den Stufen S_1 und S_2 eingesetzt. Jedes von $6r$ Teilstücken eines Versuchsfeldes wird mit einer der Faktorstufenkombinationen P_1S_1, P_1S_2, P_2S_1, P_2S_2, P_3S_1 und P_3S_2 behandelt, d.h. wir haben $v = 6$ Behandlungen. Dabei wird r in Abhängigkeit von der Genauigkeitsvorgabe mit den Methoden von Kapitel 3 (bzw. 4 oder 5) bestimmt. Die $r{\cdot}6$ Teilstücke können darüber hinaus zu Blocks gleicher Bodenqualität im Sinne von Abschnitt 2.5 zusammengefasst werden, damit käme zu den Behandlungsfaktoren noch ein Störfaktor hinzu.

Wir wollen mit den Bezeichnungen von Beispiel 2.9 erklären, was man unter Wechselwirkungen versteht. Von einer Wechselwirkung spricht man immer dann, wenn die Wirkung, die der Übergang von einer Stufe zu einer anderen Stufe eines bestimmten Faktors auf das beobachtete Merkmal hat, davon abhängt, auf welchen Stufen die übrigen Faktoren eingestellt sind. Die Anzahl der an diesem Phänomen beteiligten (übrigen) Faktoren definiert die Ordnung der Wechselwirkung. In Beispiel 2.9 liegt zum Beispiel eine Wechselwirkung 1. Ordnung vor, wenn die Wirkung des Übergangs von P_1 nach P_2 auf den durchschnittlichen Ertrag davon abhängt, ob bei der Stickstoffdüngung die Stufe S_2 oder die Stufe S_1 angewendet wurde.

Allgemein treten in einem faktoriellen Versuch Kombinationen von mindestens zwei Behandlungsfaktoren auf, sie werden mit A, B, C, ..., und ihre Stufen mit A_1, A_2, ..., B_1, B_2, ..., und so weiter bezeichnet. Die Kombinationen der Stufen aller Behandlungsfaktoren sind die Behandlungen. Andere Faktoren, die nicht untersucht werden sollen, heißen Störfaktoren, die durch Blockbildung oder anderweitig berücksichtigt werden können. Ziel faktorieller Versuche ist die Schätzung von Behandlungseffekten und deren Komponenten in einem statistischen Modell, dessen Parameter ebenfalls geschätzt oder getestet werden sollen. Die Stufen der Faktoren werden fest vorgegeben, ebenso ihre Anzahl. Die Faktoren können qualitativ oder quantitativ sein.

Definition 2.17

Ein faktorieller Versuch mit $p > 1$ Faktoren A, B, ... und den entsprechenden Anzahlen von Faktorstufen s_a, s_b, ... heißt ein faktorieller Versuch vom Typ $s_a \cdot s_b \cdot ...$. Gilt $s = s_a = s_b = ...$, so heißt der Versuch ein symmetrischer faktorieller Versuch vom Typ s^p, anderenfalls ist er asymmetrisch.

Wir beschränken uns zur Vereinfachung der Darstellung im Folgenden auf $p = 3$ Faktoren A, B, C, für den allgemeinen Fall verweisen wir auf VB 1/21/4800-1/21/4825. Die Stufen von A, B bzw. C nennen wir A_i, B_j, bzw. C_k ($i = 1, ..., s_a$; $j = 1, ..., s_b$; $k = 1, ..., s_c$).

Definition 2.18

Die *Versuchsanlage* eines faktoriellen Versuches mit $p = 3$ Faktoren gibt für jede mögliche Kombination (A_i, B_j, C_k) der Stufen dieser Faktoren die Anzahl n_{ijk} der Versuchseinheiten an, die dieser Kombination von Stufen zugeordnet sind. Die Gesamtanzahl $N = \sum_{ijk} n_{ijk}$ von Versuchseinheiten ist der Versuchsumfang.

Definition 2.19

Ein faktorieller Versuch heißt vollständig falls alle $n_{ijk} > 0$ sind, fehlt mindestens eine der möglichen Faktorstufenkombinationen, so heißt er unvollständig.

Unter den unvollständigen faktoriellen Versuchen spielen bei qualitativen Faktoren die fraktionierten faktoriellen Versuche eine besondere Rolle, sie bestehen aus einem k-tel ($k = 2, 3, ...$) aller möglichen Faktorstufenkombinationen. Fraktionierte faktorielle Versuche werden eingesetzt, wenn viele Faktoren in einem Versuch auftreten. Da die Anzahl möglicher Stufenkombinationen schnell mit der Anzahl der Faktoren steigt, stehen meist nicht ausreichend viele Versuchseinheiten für einen vollständigen Versuch zur Verfügung. Ein unvollständiger faktorieller Versuch hat zur Folge, dass die Effekte nicht aller definierbaren Haupt- und Wechselwirkungen einzeln geschätzt werden können sondern teilweise nur Summen solcher Wirkungen. Man nennt dies Vermengen. Man ist bestrebt, möglichst keine Hauptwirkungen und keine Wechselwirkungen niedriger Ordnung miteinander zu vermengen. Man nimmt allgemein an, dass Wechselwirkungen höherer Ordnung vernachlässigbare Effekte besitzen und daher miteinander vermengt werden können.

Die Konstruktion fraktionierte faktorieller Versuche für vorgegebene Vermengungsstrukturen kann für bis zu $p = 9$ Faktoren mit 2 oder 3 Stufen mit dem CL-Programm durchgeführt werden, nach Wahl des Zweiges Versuchsanlagen findet man die entsprechende Wege.

Das statistische Modell faktorieller Versuche ist bei qualitativen Faktoren meist ein Modell I der Varianzanalyse nach Kapitel 4 und bei quantitativen Faktoren meist ein Modell I der Regressionsanalyse nach Kapitel 5.

Ein anderer Typ von unvollständigen faktoriellen Versuchen mit quantitativen Faktoren sind die zentral zusammengesetzten Pläne 2. Ordnung, siehe hierzu Abschnitt 5.7 und VB 4/33/1250.

2.8 Optimale Wahl des Untersuchungsumfanges

In Kapitel 3 wird bei der Beschreibung eines statistischen Verfahrens meist mit der Festlegung des Untersuchungsumfangs begonnen und anschließend die Auswertungsmethode beschrieben. Man strebt natürlich danach, mit möglichst wenigen Beobachtungen dennoch eine gewünschte Genauigkeit zu erreichen. Die Art der Vorgabe der Genauigkeit hängt sehr stark von der Art des Auswertungsverfahrens ab und sieht bei Punktschätzungen anders aus als bei der Konstruktion von Konfidenzintervallen oder bei Auswahlverfahren oder statistischen Tests.

An dieser Stelle wollen wir nicht auf Einzelheiten eingehen sondern auf ein allgemeines Problem hinweisen, vor dem ein Wissenschaftler steht, wenn er den Untersuchungsumfang berechnet hat. Wir empfehlen, diesen Abschnitt noch mal zu lesen, wenn man die folgenden Kapitel (zumindest teilweise) kennt und erlauben uns hier, etwas auf diese Kapitel vorzugreifen.

Selten verfolgt man bei einer Untersuchung nur ein Ziel. Man misst mitunter nicht nur ein Merkmal an den Untersuchungseinheiten sondern mehrere Merkmale gleichzeitig (oder kurz hintereinander). Auch hat man oft nicht nur eine Auswertung im Sinn. Neben der Berechnung von Abhängigkeiten zwischen Merkmalen etwa mit der Regressionsanalyse möchte man aber auch die Mittelwerte der Merkmale berechnen und eventuell unter verschiedenen Untersuchungsbedingungen vergleichen. In einer zweifachen Varianzanalyse mit zwei festen Faktoren mit z. B. 4 bzw. 6 Stufen ist es für die Größe des Untersuchungsumfangs wesentlich, festzulegen, ob man die 4 Stufen des einen oder die 6 Stufen des anderen festen Faktors auf gleiche Wirkung testen will.

Das alles führt meist dazu, dass sich für unterschiedliche Fragestellungen oder für verschiedene Merkmale auch **unterschiedliche** Untersuchungsumfänge ergeben. In einer Untersuchung muss man dann aber letztlich **einen** Umfang festlegen.

Um aus diesem Dilemma herauszukommen kann man einen der beiden folgenden Wege beschreiten.

- Man einigt sich entweder mit an der Untersuchung Beteiligten (den Auftraggebern) (zur Not auch mit sich selbst), welches der wichtigste Aspekt ist, dem sich der Gesamtumfang unterzuordnen hat und ermittelt den Versuchsumfang für eben diesen Aspekt
- Zunächst wird der Untersuchungsumfang für jedes Merkmal und jede Aufgabenstellung gesondert ermittelt. Dann arbeitet man mit dem Maximum und ist für alle Teilaspekte auf der sicheren Seite. Natürlich gibt es auch Fälle, in denen man auf teure Messungen eines Merkmals, wenn sie nicht erforderlich sind, bei einigen Untersuchungseinheiten verzichten kann.

31

3 Planung und Auswertung vollständig randomisierter Versuchsanlagen

In diesem Kapitel werden Stichprobenumfänge und Auswertungsverfahren für verschiedene Probleme und Genauigkeitsforderungen behandelt.

Dabei geben wir sowohl Formeln, die man für Handrechnungen benutzen kann als auch Lösungen mit Hilfe von Programmpaketen wie CADEMO-*light* und SPSS an. Wir werden die Formeln für die Auswertung meist mit numerischen Beispielen demonstrieren. Einige Beispiele verwenden Daten, die im folgenden beschrieben und als SPSS-Datei erfasst werden.

Beispiel 3.1 - Daten

Wir werden die folgenden Daten verwenden, um die Auswertung in einigen Teilen dieses Kapitels zu veranschaulichen. In Tabelle 3.1 findet man die Wurfgewichte in g von Labormäusen. Die Werte x_i und y_i werden auf zwei Arten interpretiert.

Erste Interpretation:

Die x_i sind die Wurfgewichte des ersten und die y_i die Wurfgewichte des zweiten Wurfes der gleichen 13 Mäuse, die als Zufallsstichprobe aus einer Mäusepopulation angesehen werden.

Zweite Interpretation:

Aus zwei Mäusepopulationen werden unabhängige Zufallsstichproben von je 13 Mäusen gezogen. Die x_i bzw. die y_i sind die Wurfgewichte des ersten Wurfes in Population 1 (x_i) und 2 (y_i).

Tabelle 3.1 Die Wurfgewichte von Labormäusen (in g).

i	x_i	y_i
1	7,6	7,8
2	13,2	11,1
3	9,1	16,4
4	10,6	13,7
5	8,7	10,7
6	10,6	12,3
7	6,8	14,0
8	9,9	11,9
9	7,3	8,8
10	10,4	7,7
11	13,3	8,9
12	10,0	16,4
13	9,5	10,2

Als erstes erzeugen wir eine SPSS-Datei. Hierzu wollen wir in der SPSS-Datenmatrix var der 1. Spalte in x und var der 2. Spalte in y umnennen. Wir benötigen drei Ziffern pro

Spalte, davon eine Dezimalstelle. Wir wechseln (siehe Abbildung 3.1 links unten) von Datenansicht in Variablenansicht.. Nun können wir die Variablennamen in x bzw. y und die Anzahl der Dezimalstellen in 1 ändern. Zurückgekehrt zur Datenansicht können nun die Zahlen eingegeben werden. Wir speichern die Daten unter dem Namen Wurfgewicht.sav ab. Die SPSS-Datei enthält Abbildung 3.1.

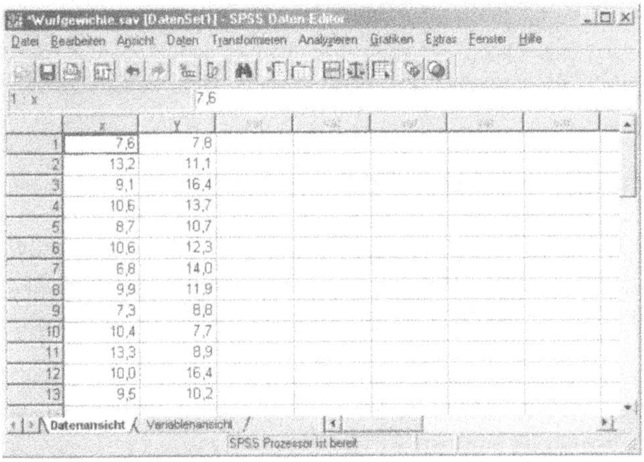

Abbildung 3.1 *SPSS-Datei von Beispiel 3.1*

Wir werden Beobachtungswerte aus einer einfachen Versuchsanlage mit reellen Zahlen $y_1, ..., y_n$ bezeichnen, die als Realisationen der Zufallsvariablen $y_1, ..., y_n$ angesehen werden, wobei vorausgesetzt wird, dass jede Gruppe von Zufallsvariablen identisch und unabhängig verteilte Elemente besitzt, also eine Zufallsstichprobe ist (bei 2 Gruppen verwenden wir x_i für die eine und y_j für die andere Gruppe, bei mehr als 2 Gruppen - wie vor allem in Kapitel 4-verwenden wir einen Index für die Gruppennummer). Diese Zufallsvariablen sind also Komponenten einer Zufallsstichprobe $y_1, ..., y_n$, d.h. wir verwenden die mathematische Definition der Zufallsstichprobe als Zufallsvektor mit identisch und unabhängig verteilten Komponenten. Mitunter nennt man die Realisation einer *Zufallsstichprobe* ebenfalls (Zufalls-) Stichprobe, wie dies auch für eine zufällig aus einer Grundgesamtheit ausgewählte Menge von Objekten oder Individuen der Fall ist.
In der so definierten Zufallsstichprobe unterstellen wir also die gleiche Verteilung für alle y_i aus einer bestimmten Familie von Verteilungen. In vielen Anwendungen unterstellen wir die Familie der Normalverteilungen mit Erwartungswert μ, wobei $-\infty < \mu < \infty$ gilt und Varianz $\sigma^2 > 0$ als die Parameter der Familie; der Parametervektor $\theta^T = (\mu, \sigma^2)$ liegt in der oberen Hälfte des R^2, des zweidimensionalen Euklidschen Raumes. (Wie in Anhang C beschrieben, ist θ^T ein transponierter Vektor, ein Vektor ist eine Spalte, seine Transponierte eine Zeile). Ein Versuch soll nun die Basis für statistische Schlussfolgerungen über den unbekannten Teil von θ bilden.
In diesem Kapitel werden wir uns mit einfachen Versuchsanlagen beschäftigen.

Beispiel 3.1 - Fortsetzung

Die zwei Interpretationen der Daten von Tabelle 3.1 haben Einfluss auf das Modell und die Art der Auswertung. Bei Interpretation 2 wird jede der beiden Gruppen als Realisation einer Zufallsstichprobe (der x bzw. der y) angesehen. Und weiter vorausgesetzt, dass **zwei** voneinander unabhängige Zufallsstichproben vorliegen. Bei der Interpretation 1 muss man annehmen, dass zwischen den beiden Würfen des gleichen Tieres eine (z.B. genetisch bedingte) Abhängigkeit besteht, stellen unabhängige Zufallsstichproben kein adäquates Modell dar. Die Daten werden, wie bereits erwähnt jetzt durch einen Beobachtungsvektor mit 2 Elementen (x und y) *aus* **einer** Stichprobe modelliert.

3.1 Punktschätzung von Parametern

Wir betrachten eine Situation in der wir einen Versuch zu planen und durchzuführen haben, um den oder die unbekannten Parameter einer Verteilung zu schätzen. Wir behandeln zunächst die so genannte Punktschätzung und in Abschnitt 3.2 die Intervallschätzung.

Bei der Punktschätzung wird aus den Versuchsergebnissen ein "Schätzwert" für den unbekannten Parameter einer Verteilung berechnet. Dabei hat das Wort "schätzen" in der Statistik nicht die subjektive und unexakte Nebenbedeutung wie in der Umgangssprache. Was ist eigentlich ein Parameter?

Die Normalverteilung mit Erwartungswert μ und Varianz σ^2 hängt nur von μ und σ^2 und von keiner weiteren Unbekannten ab, dies erkennt man an ihrer Dichtefunktion.

Die Dichtefunktion einer kurz als $N(\mu; \sigma^2)$ - Verteilung bezeichneten Normalverteilung mit Erwartungswert (Mittelwert) μ und Varianz σ^2 ist gegeben durch

$$f(y) = \frac{1}{\sigma\sqrt{2\pi}} \exp\left\{-\frac{1}{2\sigma^2}(y - \mu)^2\right\}, \quad (\sigma > 0)$$

Wir nennen μ und σ^2 die Parameter der Verteilung und den Vektor $\theta = (\mu, \sigma^2)^T$ den Parametervektor.

Die Menge aller möglichen Werte von θ heißt Parameterraum Ω. Im Falle der Normalverteilung ist μ eine reelle Zahl d.h. $-\infty < \mu < \infty$ und σ^2 is eine positive Zahl d.h. $0 < \sigma^2 < \infty$. Damit ist Ω die positive Halbebene Ω: $\{-\infty < \mu < \infty, \sigma^2 > 0\}$.

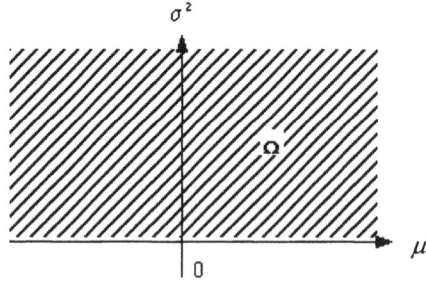

Abbildung 3.2 *Parameterraum Ω für den Parameter (-Vektor) $\theta = (\mu, \sigma^2)^T$ von Normalverteilungen*

Legen wie einen Punkt θ in Ω fest, so haben wir **eine** Normalverteilung aus der Menge aller Normalverteilungen (für irgendein $\theta \in \Omega$) ausgewählt, wir nennen die Menge aller Normalverteilungen eine Familie von Normalverteilungen.

Generell ist eine Familie von Verteilungen die Menge aller Verteilungen mit der gleichen Dichte-(oder Wahrscheinlichkeits-)funktion und beliebigem Parameter θ aus dem entsprechenden Parameterraum Ω

Wir verwenden in diesem Text die folgenden Verteilungsfamilien:

Name	θ	Ω	Symbol	P-Quantile
Normal	(μ, σ^2)	$\{-\infty < \mu < \infty, \sigma^2 > 0\}$	$N(\mu; \sigma^2)$	$u(P)$
Binomial	p	$(0,1)$	$B(n; p)$	-
t	f	$\{1,2,...\}$	$t(f)$	$t(f; P)$
χ^2(Chi-Quadrat)	f	$\{1,2,...\}$	$\chi^2(f)$	$\chi^2(f; P)$
F	f_1, f_2	$\{1,2,...\} \times \{1,2,...\}$	$F(f_1; f_2)$	$F(f_1; f_2; P)$

Ist eine Verteilung nicht näher (als Element einer Familie) charakterisiert, ist z.B. nur bekannt, dass sie kontinuierlich ist, so verwenden wir ihre Momente oder Funktionen der Momente zur Charakterisierung der Verteilung. Meist werden die ersten vier Momente benutzt. Das erste Moment ist der Erwartungswert $E(y) = \mu$ der Zufallsvariablen y. Das zweite zentrale Moment ist die Varianz $\text{var}(y) = \sigma^2$. Das dritte zentrale Moment ist $\mu_3 = E[(y-\mu)^3]$ und das vierte (zentrale) Moment ist $\mu_4 = E[(y - \mu)^4]$.

Die Stichprobenmomente einer Stichprobe $y_1, ..., y_n$ von Umfang $n \geq 4$ sind der Stich-probenmittelwert $\bar{y} = \dfrac{1}{n}\sum_{i=1}^{n} y_i$, die Stichprobenvarianz $s^2 = \dfrac{1}{n-1}\sum_{i=1}^{n}\left(y_i - \bar{y}\right)^2$,

$$m_3 = \frac{1}{n}\sum_{i=1}^{n}(y_i - \bar{y})^3 \quad \text{(drittes Stichprobenmoment)}$$

und

$$m_4 = \frac{1}{n}\sum_{i=1}^{n}(y_i - \bar{y})^4 \quad \text{(viertes Stichprobenmoment)}.$$

Häufig verwendet man auch die standardisierten Momente, die Schiefe ist

$$\gamma_1 = \frac{\mu_3}{\sigma^3}$$

und der Exzess ist

$$\gamma_2 = \frac{\mu_4}{\sigma^4} - 3.$$

Die Stichprobenschiefe (Schätzwert von γ_1) ist in SPSS

$$g_1 = \frac{m_3 n^2}{s^3(n-1)(n-2)}, \qquad \text{deren} \qquad \text{geschätzte} \qquad \text{Varianz} \qquad \text{ist}$$

$$\text{var}(g_1) = \frac{6n(n-1)}{(n-2)\cdot(n+1)\cdot(n+3)}$$

und der Stichprobenexzess (Schätzwert von γ_2) ist in SPSS

$$g_2 = \frac{[(n+1)m_4 - 3(n-1)^3 s^4/n^2]n^2}{(n-1)(n-2)(n-3)s^4}$$

er wird dort Kurtosis genannt. Seine geschätzte Varianz ist

$$\text{var}(g_2) = \frac{24n(n-1)^2}{(n-3)\cdot(n-2)\cdot(n+3)\cdot(n+5)}.$$

Beispiel 3.1 - Fortsetzung

Wir berechnen nun mit SPSS und den Daten der Tabelle 3.1 die Stichprobenmomente, die wir gerade eingeführt haben. Hierfür wählen wir die Befehlsfolge: Analysieren - Deskriptive Statistiken - Deskriptive Statistiken, aktivieren den Schalter "Optionen", und markieren Mittelwert, Varianz, Schiefe und Kurtosis. Abbildung 3.3 enthält die Ergebnisse. Der dort aufgeführte Standardfehler ist die Wurzel aus der geschätzten Varianz der jeweiligen Maßzahl, eine Bezeichnung die bei allen Maßzahlen üblich ist.

Deskriptive Statistik

	N	Mittelwert	Varianz	Schiefe		Kurtosis	
	Statistik	Statistik	Statistik	Statistik	Standardfehler	Statistik	Standardfehler
x	13	9,769	3,947	,412	,616	-,090	1,191
y	13	11,531	8,714	,409	,616	-,840	1,191
Gültige Werte (Listenweise)	13						

Abbildung 3.3 *SPSS-Ergebnisse für die Werte der Tabelle 3.1*

Nach diesen Vorbemerkungen über Parameter und Momente von Verteilungen kehren wir zu unserem Hauptanliegen, der Schätzung dieser Größen zurück.

Zu schätzen sind also Parameter θ oder eine Funktion $\psi = g(\theta)$ von θ. Solche Funktionen sind für:

$N(\mu; \sigma^2)$: $g_1(\theta) = \mu$, $g_2(\theta) = \sigma^2$, $g_3(\theta) = \sigma$ oder $g_4(\theta) = \sigma/\mu$ (der Variationskoeffizient).

$B(n; p)$: $g(\theta) = p$

Statistische Schlüsse basieren auf abstrakten Zufallsstichproben $(y_1, y_2, ..., y_n)$ vom Umfang $n > 1$. Die Realisation $(y_1, y_2, ..., y_n)$ von $(y_1, y_2, ..., y_n)$ ist ein Modell für die Versuchsergebnisse, die ebenfalls mit $(y_1, y_2, ..., y_n)$ bezeichnet werden (für y kann natürlich auch x oder ein anderes Symbol verwendet werden).

Die Punktschätzung ist eine Methode zur Berechnung eines Schätzwertes für den Parameter (-vektor) θ oder für eine Funktion $g(\theta)$ aus den Beobachtungswerten $y_1, ..., y_n$ an den Versuchseinheiten. Wir müssen sorgfältig zwischen dieser Methode, der Schätzfunktion $\hat{\psi}$ kurz "Schätzung" (oder auch Schätzer) als einer Funktion des zufälligen Vektors $(y_1, ..., y_n)$, und dem Wert der Realisation von $\hat{\psi}$ für gegebene Messwerte $y_1, ..., y_n$

unterscheiden. Letzterer heißt "Schätzwert" $\hat{\psi}$.

Die Genauigkeitsforderung für die Schätzung von $\psi = g(\theta)$ wird gewöhnlich als obere Grenze für den Abstand der Schätzung vom Wert $\psi = g(\theta)$ angegeben. Soll ψ durch eine erwartungstreue Schätzung geschätzt werden, d.h. soll der Erwartungswert der Schätzung gleich dem zu schätzenden Parameter sein $(E(\hat{\psi})=\psi)$, besteht die Genauigkeitsforderung oft in der Forderung, dass die Varianz var($\hat{\psi}$) der Schätzung unter einer oberen Grenze liegt. Ist unbekannt, ob die Schätzung erwartungstreu ist oder nicht oder wenn bekannt ist, dass die Schätzung verzerrt (bedeutet nicht erwartungstreu) ist, so verwendet man an Stelle der Varianz die mittlere quadratische Abweichung MQA($\hat{\psi}$). Ist $E(\hat{\psi})-\psi$ die Verzerrung der Schätzung $\hat{\psi}$, so gilt:

$$MQA(\hat{\psi}) = var(\hat{\psi}) + \{E(\hat{\psi}) - \psi\}^2 \qquad (3.1)$$

Folglich sind für eine erwartungstreue Schätzung beide Kriterien - mittlere quadratische Abweichung und Varianz - identisch, da $E(\hat{\psi}) - \psi = 0$ gilt.

Anstatt Varianz oder MQA zu beschränken, wird oft als Genauigkeitsforderung verlangt, dass die Wahrscheinlichkeit dafür, dass $|\psi - \hat{\psi}|$ größer als ein vorgegebener Wert d ist kleiner gleich einen vorgegebenen Wert α ist, d.h., dass $P(|\psi - \hat{\psi}| \geq d) \leq \alpha$ gilt.

Der Unterschied zwischen Schätzung und Schätzwert ist vergleichbar mit dem zwischen einem Gewehr und einem Schuss mit einem Gewehr. Ein anderer Vergleich ist der zwischen einer Waage (Schätzung) und dem Ergebnis einer Wägung (Schätzwert). Eine ungeeichte (verzerrte) Waage wiegt systematisch zu hoch oder zu niedrig.
In Abbildung 3.4 zeigen wir die Variabilität von wiederholten Wägungen des gleichen Objekts durch drei Waagen. Welche der drei Waagen würden Sie wählen? Waage 1 und 2 sind erwartungstreu aber Waage 1 hat eine größere Variation.
Waage 3 hat die kleinste Variation, zeigt aber im Mittel das falsche Gewicht an. Die Entscheidung für eine der Waagen ist ebenso wie die zwischen Eigenschaften von Schätzfunktionen dem Anwender überlassen.

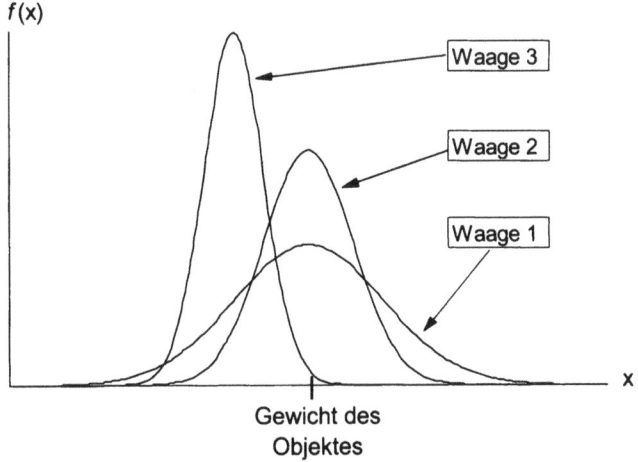

Abbildung 3.4 *Eigenschaften von drei Waagen*

3.1.1 Punktschätzung der Parameter einer Normalverteilung

Bei Normalverteilungen mit den Parametern $\theta^T = (\mu, \sigma^2)$ sagen wir kurz, die y_i sind $N(\mu; \sigma^2)$-verteilt. Falls die Funktion $E(y) = \mu = \psi = g(\theta)$ zu schätzen ist, so ist mit einer Zufallsstichprobe mit $E(y_i) = \mu$, $\mathrm{var}(y_i) = \sigma^2$ der arithmetische Mittelwert (er wird ebenso wie der Erwartungswert kurz Mittelwert genannt, die Bedeutung geht aus dem jeweiligen Zusammenhang hervor)

$$\hat{\mu} = \bar{y} = \frac{1}{n} \sum_{i=1}^{n} y_i$$

eine erwartungstreue Schätzung von μ (diese Aussage gilt allgemein für alle Verteilungen, die einen Erwartungswert besitzen). Da in einer abstrakten Zufallsstichprobe die y_i unabhängig sind, gilt

$$\mathrm{var}(\bar{y}) = \mathrm{MQA}(\bar{y}) = \frac{1}{n} \sigma^2 \tag{3.2}$$

Wie kommt man dazu, $\hat{\mu}$ als Schätzwert von μ zu verwenden?

In diesem Buch betrachten wir zwei Methoden zur Konstruktion von Schätzfunktionen, die Maximum-Likelihood-Methode und die Methode der kleinsten Quadrate. Die Methode der kleinsten Quadrate wird vor allem in den Kapiteln 4 und 5 verwendet.

Wir beschreiben hier die Methode der kleinsten Quadrate (die MKQ-Methode) und in 3.1.2 die Maximum-Likelihood-Methode.

Für die Methode der kleinsten Quadrate (MKQ-Methode) benötigen wir keine Kenntnisse über die Form der Verteilung. Wir benötigen aber ein Modell für die Zufallsvariable, in dem der zu schätzende Parameter auftritt. Das einfachste Modell für die Komponenten y_i der Zufallsstichprobe ist durch

$$y_i = \mu + e_i \qquad (i = 1, ..., n)$$

gegeben, wobei $\mu = E(y_i)$ der Erwartungswert der y_i ist und $\mathrm{var}(e_i) = \sigma^2$ konstant ist. Mit e_i bezeichnen wir die Abweichung der y_i von diesem μ. Man schätzt nun μ, indem man die beobachteten Abweichungen

$$y_i - \mu$$

quadriert und summiert und die Summe der Abweichungsquadrate

$$S = \sum_{i=1}^{n} (y_i - \mu)^2$$

minimiert. Der Wert $\hat{\mu}$, der S minimiert heißt Schätzwert von μ nach der Methode der kleinsten Quadrate oder kurz MKQ-Schätzwert. Da

$$\frac{dS}{d\mu} = -2\sum_{i=1}^{n}(y_i - \mu)$$

ist, folgt aus

$$\sum_{i=1}^{n}(y_i - \hat{\mu}) = 0 \quad \text{bzw} \quad \sum y_i - n\hat{\mu} = 0$$

die Lösung $\hat{\mu} = \dfrac{\sum\limits_{i=1}^{n} y_i}{n} = \bar{y}$ als *MKQ*-Schätzwert.

Übergang zu Zufallsvariablen ergibt $\hat{\mu} = \bar{y} = \dfrac{1}{n}\sum\limits_{i=1}^{n} y_i$ als *MKQ*-Schätzung.

Da $\dfrac{d^2 S}{d\mu^2} = 2n > 0$ ist, handelt es sich wirklich um ein Minimum.

Wird die Genauigkeitsforderung in der Form

$$\text{var}(\bar{y}) = \frac{1}{n}\sigma^2 \le K,$$

mit einer positiven Schranke K vorgegeben, so folgt:

$$n \ge \frac{\sigma^2}{K}.$$

Ist der Quotient σ^2/K ganzzahlig, so verwenden wir ihn als Stichprobenumfang n. In allen anderen Fällen runden wir σ^2/K auf die nächstgrößere ganze Zahl auf, d.h. wir schreiben $n = \text{CEIL}(\sigma^2/K)$.

Wir werden das Symbol CEIL (vom englischen ceiling) öfter nutzen und geben

Definition 3.1

Mit dem Symbol CEIL(x) für eine nichtnegative reelle Zahl x definieren wir die ganze Zahl

$$\text{CEIL}(x) = \begin{cases} x, \text{ falls } x \text{ ganzzahlig ist} \\ 1 + \text{ganzzahliger Anteil von } x, \text{ falls } x \text{ nicht ganzzahlig ist} \end{cases} \tag{3.3}$$

Zum Beispiel ist für $x = 8{,}001$ CEIL(8,001) $= 9$; aber für $x = 8$ ist CEIL(8) $= 8$.

Angenommen wir wollen in einer $N(\mu, \sigma^2)$-Verteilung $\psi = g(\theta) = \sigma^2$ so schätzen, dass var($\hat{\psi}$) $\le K$ gilt. Nun ist

$$s^2 = \sum_{i=1}^{n}(y_i - \bar{y})^2/(n-1) \text{ eine erwartungstreue Schätzung von } \sigma^2 \text{ und } \bar{y} = \frac{1}{n}\sum_{i=1}^{n} y_i \text{ ist}$$

eine erwartungstreue Schätzung von μ.

Da $(n-1)s^2/\sigma^2$ eine zentrale χ^2-Verteilung mit $(n-1)$ Freiheitsgraden (RASCH, 1995) hat, gilt var(s^2) $= 2\sigma^4/(n-1)$. Aus der Forderung var(s^2) $\le K$ folgt

$$n = \text{CEIL}(2\sigma^4/K) + 1 \tag{3.4}$$

Wollen wir $\psi = \sigma^2$ so schätzen, dass $MQA(\hat{\psi}) \leq K$ gilt, dann ist die erwartungstreue Schätzung s^2 nicht MQA-optimal das soll heißen, s^2 ist nicht die Schätzfunktion, die von allen Schätzfunktionen mit gleichem n den Wert von MQA minimiert. In diesem Falle sollte man die Schätzung[1]

$$\tilde{\sigma}^2 = \frac{1}{n+1} \sum_{i=1}^{n} (y_i - \bar{y})^2 = \frac{n-1}{n+1} s^2$$

verwenden. Da die Varianz dieser Schätzung

$$\mathrm{var}(\tilde{s}^2) = \frac{(n-1)^2}{(n+1)^2} \mathrm{var}(s^2) = \frac{2\sigma^4(n-1)}{(n+1)^2}$$

ist und ihre Verzerrung

$$E(\tilde{\sigma}^2) - \sigma^2 = \frac{-2s^2}{n+1}$$

ist, folgt, dass

$$MQA(\tilde{\sigma}^2) = \frac{2\sigma^4(n-1)}{(n+1)^2} + \frac{4\sigma^4}{(n+1)^2} = \frac{2\sigma^4}{n+1} \tag{3.5}$$

gilt und das ist kleiner als $MQA(s^2) = \mathrm{var}(s^2) = 2\sigma^4/(n-1)$ und daraus folgt, dass

$$n = \mathrm{CEIL}\left(\frac{2\sigma^4}{K} \right) - 1 \tag{3.6}$$

bei dieser Schätzung für die Einhaltung der Genauigkeitsforderung ausreicht.
Stichprobenplanung und Auswertung zur Schätzung des Mittelwertes einer gestutzten Normalverteilung siehe VB 3/21/0052 bzw. 3/21/0053, bei zensierten Stichproben siehe 3/21/0161. Robuste Schätzungen findet man in den Verfahren 3/21/3400, 3/21/3401 (getrimmtes Mittel), 3/21/3402 (winsorisiertes Mittel), 3/21/3403 (M-Schätzung von Andrews), 3/21/3404 (Huber-Schätzung) und 3/21/3405 (Hampel-Schätzung). Die Schätzung des Mittelwertes einer Lognormalverteilung beschreibt Verfahren 3/21/3121.

3.1.2 Punktschätzung des Parameters p einer Binomialverteilung

Eine Zufallsvariable x mit Wahrscheinlichkeitsfunktion

$$P(x = k) = \binom{n}{k} p^k (1-p)^{n-k} , \tag{3.7}$$

---

[1]   In diesem Buch bezeichnen wir eine erwartungstreue Schätzung durch ^ und jede andere durch ~.

$k = 0,1,2, ...,n$, $0 < p < 1$ heißt binomialverteilt mit Parameter p, oder man sagt, x habe eine Binomialverteilung. Betrachten wir unabhängige Versuche in denen dasselbe Ergebnis (Ereignis) die gleiche Wahrscheinlichkeit p hat, dann ist die Anzahl des Auftretens dieses Ereignisses in allen n Versuchen mit diesem p als Parameter binomialverteilt. Die Binomialverteiluing hat den Erwartungswert np und die Varianz $np(1-p)$.

Wir wollen nun hier die Maximum-Likelihood-Methode beschreiben nach der man den Parameterwert als Schätzwert wählt, der die Likelihoodfunktion im Parameterraum maximiert. Die Likelihoodfunktion ist die als Funktion des Parameters bei gegebenem Wert des anderen Arguments aufgefasste Wahrscheinlichkeits- (im diskreten Fall) oder Dichtefunktion (im kontinuierlichen Fall) der Zufallsstichprobe. Man setzt also die Beobachtungswerte in diese Funktion ein und betrachtet den Parameter als unbekannt. Anstelle der Likelihoodfunktion kann man auch deren Logarithmus maximieren. Wir erhalten dann anschließend die Schätzung im Falle einer expliziten Lösung in Form einer Formel, indem wir in dieser Formel die Beobachtungswerte durch die Elemente der Zufallsstichprobe ersetzen. Wir demonstrieren nun diese Methode für die Binomialverteilung.

Der natürliche Logarithmus der Wahrscheinlichkeitsfunktion (3.7) ist mit $k = x$ als beobachtete Häufigkeit für das Auftreten des Ereignisses

$$\ln L = \text{Konstante} + x\ln(p) + (n-x)\ln(1-p), \tag{3.8}$$

wobei die Konstante unabhängig von p ist. Wir differenzieren nach p und setzen die Ableitung gleich Null. Das ergibt wegen $\dfrac{d \ln L}{dp} = \dfrac{x}{p} - \dfrac{n-x}{1-p} = 0$ und

$(1- \hat{p})x = (n-x)\,\hat{p}$ den Schätzwert $\hat{p} = x/n$ und die Schätzung ist

$$\hat{p} = x/n. \tag{3.9}$$

Da $d^2 \ln L/dp^2 = -x/p^2 - (n-x)/(1-p)^2 < 0$ ist, gibt $\hat{p}$ wirklich ein Maximum.

Wir schätzen also die Wahrscheinlichkeit dafür, dass ein Ereignis auftritt, durch seine relative Häufigkeit.

Die Schätzung des Parameters einer Poissonverteilung enthält VB 3/21/3201-3205.

3.1.3 Punktschätzung bei Erhebungen

Bei Versuchen modellieren wir die Grundgesamtheit, aus der die Versuchseinheiten stammen als praktisch unendliche Menge. In Stichprobenerhebungen stammt die Stichprobe oft aus relativ kleinen Grundgesamtheiten.

Das an den Stichprobeneinheiten beobachtete Merkmal soll für jedes Element der Grundgesamtheit erfassbar sein, es wird dort mit Y bezeichnet, die Grundgesamtheit der Merkmalswerte ist damit $\{Y_1, Y_2, ..., Y_N\}$. Die Verteilung der N Werte dieser Grundgesamtheit besitzt ein Populationsmittel

$\mu = \overline{Y} = \sum_{i=1}^{N} Y_i / N$, das auch Erwartungswert genannt wird und die Populationsvarianz

$\sigma^2 = \sum_{i=1}^{N} (Y_i - \overline{Y})^2 / N$, die Schiefe $\gamma_1 = \mu_3/(\sigma^2)^{3/2}$ mit dem dritten (Populations-) Moment

$$\mu_3 = \sum_{i=1}^{N} (Y_i - \overline{Y})^3 / N \quad \text{und den } \textit{Exzess } \gamma_2 = \mu_4/(\sigma^2)^2 \text{ -3 mit dem vierten Moment}$$

$$\mu_4 = \sum_{i=1}^{N} (Y_i - \overline{Y})^4 / N .$$

Wir behandeln hier nur die Schätzung des Erwartungswertes μ, der Gesamtsumme $\Sigma Y_i = N\overline{Y}$ und der Varianz σ^2. Hierfür entnehmen wir der Grundgesamtheit eine Stichprobe mit n Stichprobeneinheiten.

Die Gesamtsumme $\Sigma Y_i = N\overline{Y}$ können wir einfach durch Multiplikation des Schätzwertes für μ mit N erhalten.

Die Stichprobe soll natürlich wieder eine Zufallsstichprobe sein, aus endlichen Grundgesamtheiten können wir diese entweder mit Zurücklegen (mZ) oder ohne Zurücklegen (oZ) ziehen.

Bei einer Zufallsstichprobe mZ wird ein einfaches Stichprobenverfahren verwendet, also jedes Element hat die Wahrscheinlichkeit $1/N$, ein Element der Stichprobe zu werden. Falls die Elemente mZ gezogen werden, wird jedes gezogene und beobachtete Element in die Grundgesamtheit zurückgelegt, bevor das nächste Element gezogen wird. Das geht nur bei zerstörungsfreier Beobachtung, d.h. in solchen Fällen, bei denen sich die Stichprobeneinheit durch die Beobachtung nicht verändert (Beispiele, bei denen ein Zurücklegen nicht möglich ist sind Zerreißproben, Untersuchungen an geschlachteten Tieren, Fällen von Bäumen, Abernten u.a.). Dieses Verfahren heißt einfaches Zufallsstichprobenverfahren mit Zurücklegen. Bei Zufallsstichprobenverfahren ohne Zurücklegen erhält man $n<N$ verschiedene Elemente, beim Zufallsstichprobenverfahren mit Zurücklegen kann dasselbe Element mehrfach in der Stichprobe auftauchen und es kann auch $n>N$ sein.

Wir bezeichnen die Beobachtungswerte der Stichprobe mit y_1, y_2, ..., y_n. Aus den Stichprobenwerten wird das Stichprobenmittel $\overline{y} = \sum_{i=1}^{n} y_i / n$ und die Stichproben-varianz

$$s^2 = \sum_{i=1}^{n} (y_i - \overline{y})^2 / (n-1) = [\sum_{i=1}^{n} y_i^2 - (\sum_{i=1}^{n} y_i)^2 / n] / (n-1) \qquad (3.10)$$

berechnet.

Sowohl für Stichprobenentnahme mZ als auch für Stichprobenentnahme oZ ist $\overline{y}$ erwartungstreu für μ.

Die Verteilung von $\overline{y}$ hat im Falle der Stichprobenentnahme mZ die Varianz $\text{var}(\overline{y}) = \sigma^2/n$ und im Falle der Stichprobenentnahme oZ die Varianz $\text{var}(\overline{y}) = (\sigma^2/n)[(N-n)/(N-1)]$.

Die Verteilung der Stichprobenvarianz s^2 hat im Falle der Stichprobenentnahme mZ den Erwartungswert $E(s^2) = \sigma^2$ und die Varianz $\mathrm{var}(s^2) = \sigma^4[(\mu_4/(\sigma^2)^2 - 3)/n + 2/(n-1)]$.
Damit ist s^2 bei Stichprobenentnahme mZ eine erwartungstreue Schätzung für σ^2 und s^2/n ist eine erwartungstreue Schätzung für $\mathrm{var}(\bar{y})$.
Die Verteilung der Stichprobenvarianz s^2 hat im Falle einer Stichprobenentnahme oZ den Erwartungswert $E(s^2) = \sigma^2(N/(N-1)) = S^2$ und die Varianz $\mathrm{var}(s^2) = \sigma^4[\{(\mu_4/(\sigma^2)^2 - 3)/n\} \cdot c_1 + (2/(n-1)) \cdot c_2]$ mit

$$c_1 = \frac{N}{N-1}\left(1 - \frac{N-1}{n-1} \cdot \frac{n-2}{N-2} \cdot \frac{n-3}{N-3}\right) \text{ und}$$

$$c_2 = \frac{N}{N-1}\left(1 - \frac{1}{2} \cdot \frac{n-1}{N-1} - \frac{1}{2} \cdot \frac{N}{n} \cdot \frac{n-2}{N-2} \cdot \frac{n-3}{N-3}\right).$$

Für Stichprobenentnahme oZ ist

$$s^2(N-1)/N \tag{3.11}$$

eine erwartungstreue Schätzung für σ^2 und eine erwartungstreue Schätzung für $\mathrm{var}(\bar{y}) = (S^2/n) \cdot (N-n)/N$ ist $(s^2/n) \cdot (N-n)/N = (s^2/n) \cdot (1 - n/N)$ wobei $1 - n/N$ der Faktor der Endlichkeitskorrektur genannt wird.
In der Praxis wird meist das einfache Zufallsstichprobenverfahren ohne Zurücklegen verwendet.

Beispiel 3.2
Die Grundgesamtheit sei $\{Y_1 = 10, Y_2 = 12, Y_3 = 16, Y_4 = 18, Y_5 = 24\}$ mit $N = 5$. Dann ist:

$$\mu_1 = \mu = \sum_{i=1}^{N} Y_i/N = 16 \qquad \text{der Erwartungswert und}$$

$$\mu_2 = \sigma^2 = \sum_{i=1}^{N} (Y_i-\mu)^2/N = 24 \text{ die Varianz der Grundgesamtheit}$$

$$\mu_3 = \sum_{i=1}^{N} (Y_i-\mu)^3/N = 48$$

$$\text{und } \gamma_1 = \mu_3/(\sigma^2)^{3/2} = 0{,}40825$$

$$\mu_4 = \sum_{i=1}^{N} (Y_i-\mu)^4/N = 1132{,}8$$

$$\text{und } \gamma_2 = \mu_4/(\sigma^2)^2 - 3 = 1{,}96667 - 3 = -1{,}0333.$$

Für ein Zufallsstichprobenverfahren mit Zurücklegen mit $n = 2$ gibt es 25 mögliche Stichproben

geordenete Stichprobe	$\bar{y}$	s^2	geordenete Stichprobe	$\bar{y}$	s^2
(10,10)	10	0	(16,18)	17	2
(10,12)	11	2	(16,24)	20	32
(10,16)	13	18	(18,10)	14	32
(10,18)	14	32	(18,12)	15	18
(10,24)	17	98	(18,16)	17	2
(12,10)	11	2	(18,18)	18	0
(12,12)	12	0	(18,24)	21	18
(12,16)	14	8	(24,10)	17	98
(12,18)	15	18	(24,12)	18	72
(12,24)	18	72	(24,16)	20	32
(16,10)	13	18	(24,18)	21	18
(16,12)	14	8	(24,24)	24	0
(16,16)	16	0			

Mit ungeordnete Stichprobe bezeichnen wir die Menge aller Stichproben mit den gleichen Elementen in allen möglichen Reihenfolgen. Z.B. bedeutet {10,24} entweder (10,24) oder (24,10), während {16,16} nur (16,16) enthält.

Direkte Berechnung aus obiger Tabelle oder aus den Formeln ergibt dieselben Ergebnisse:

$$E(\bar{y}) = \bar{\bar{y}} = \sum_{i=1}^{25} \bar{y}_i / 25 = 16 \;\; ; \;\; E(\bar{y}) = \mu = 16;$$

$$\text{var}(\bar{y}) = \sum_{i=1}^{25} (\bar{y}_i - \bar{\bar{y}})^2 / 25 = 12 \;\; ; \;\; \text{var}(\bar{y}) = \frac{\sigma^2}{n} = \frac{24}{2} = 12;$$

$$E(s^2) = \bar{s}^2 = \sum_{i=1}^{25} s_i^2 / 25 = 24 \;\; ; \;\; E(s^2) = \sigma^2 = 24;$$

$$\text{var}(s^2) = \sum_{i=1}^{25} (s_i^2 - \bar{s}^2)^2 / 25 = 854,4;$$

$$\text{var}(s^2) = \sigma^4 \left(\frac{1}{n}(\gamma_2) + \frac{2}{n-1} \right) = 24^2 \left(\frac{1}{2}\left(\frac{1132,8}{24^2} - 3 \right) + \frac{2}{2-1} \right) = 854,4.$$

Die erwartungstreue Schätzung für μ ist $\bar{y}$, für σ^2 ist sie s^2 und für var ($\bar{y}$) ist sie s^2/n. Zufallsstichprobenverfahren ohne Zurücklegen vom Umfang $n = 2$ ergibt 20 mögliche Stichproben, nämlich bis auf die 5 Stichproben (10,10), (12,12), (16,16), (18,18) und (24,24) alle Stichproben aus der Stichprobenentnahme mit Zurücklegen mit $n = 2$.

Direkte Berechnung oder die Verwendung der Formeln ergeben folgende Werte.

$$E(\bar{y}) = \bar{\bar{y}} = \sum_{i=1}^{20} \bar{y}_i / 20 = 16 \;\; ; \;\; E(\bar{y}) = \mu = 16$$

$$\text{var}(\bar{y}) = \sum_{i=1}^{20} (\bar{y}_i - \bar{\bar{y}})^2/20 = 9 \;\;; \;\; \text{var}(\bar{y}) = \frac{\sigma^2}{n}\left(\frac{N\text{-}n}{N\text{-}1}\right) = \frac{24}{2}\left(\frac{5-2}{5-1}\right) = 9;$$

$$E(s^2) = \bar{s}^2 = \sum_{i=1}^{20} s_i^2/20 = 30 \;\;; \;\; E(s^2) = \frac{N}{N-1}\sigma^2 = \frac{5}{4}\cdot 24 = 30;$$

$$\text{var}(s^2) = \sum_{i=1}^{20}(s_i^2 - \bar{s}^2)^2/20 = 888;$$

$$\text{var}(s^2) = \sigma^4\left(\frac{1}{n}(\gamma_2)c_1 + \frac{2}{n-1}c_2\right)$$

mit $\gamma_2 = \mu_4/(\sigma^2)^2 - 3 = 1132{,}8/24^2 - 3 = -1{,}0333, \quad n = 2,$

$$c_1 = \frac{N}{N-1}\left(1 - \frac{N-1}{n-1}\cdot\frac{n-2}{N-2}\cdot\frac{n-3}{N-3}\right) = \frac{5}{4}(1-0) = \frac{5}{4},$$

$$c_2 = \frac{N}{N-1}\left(1 - \frac{1}{2}\frac{n-1}{N-1} - \frac{1}{2}\frac{N}{n}\cdot\frac{n-2}{N-2}\cdot\frac{n-3}{N-3}\right) = \frac{5}{4}(1-\frac{1}{2}\frac{1}{4}-0) = \frac{35}{32},$$

und damit

$$\text{var}(s^2) = 24^2\left(\frac{1}{2}(\frac{1132{,}8}{24^2} - 3)\frac{5}{4} + \frac{2}{1}\cdot\frac{35}{32}\right) = 888 .$$

Die erwartungstreuen Schätzungen sind:
für μ: $\bar{y}$,
für σ^2: $s^2(N-1)/N$
und für var($\bar{y}$): $(s^2/n)(1-n/N)$.

Ziehen wir eine Zufallsstichprobe ohne Zurücklegen vom Umfang $n = 4$, so sind die folgenden Stichproben möglich:

ungeordnete Stichprobe	Häufigkeit f	$\bar{y}$	s^2
{10,12,16,18}	24	14	13,33333
{10,12,16,24}	24	15,5	38,33333
{10,12,18,24}	24	16	40
{10,16,18,24}	24	17	33,33333
{12,16,18,24}	24	17,5	25

Die ungeordnete Stichprobe {10,12,16,18} umfasst nun die 24 geordneten Stichproben (10,12,16,18), (10,12,18,16), ..., (18,16,12,10). Es gilt:

$$E(\bar{y}) = \bar{\bar{y}} = \sum f_i\bar{y}_i/\sum f_i = 16 \;\;; \;\; E(\bar{y}) = \mu = 16$$

$$\text{var}(\bar{y}) = \sum f_i(\bar{y}_i - \bar{\bar{y}})^2/\sum f_i = \frac{\sum f_i\bar{y}_i^2 - (\sum f_i\bar{y}_i)^2/120}{120} = 1{,}5$$

$$\text{var}(\bar{y}) = \frac{\sigma^2}{n}(\frac{N-n}{N-1}) = \frac{24}{4}\cdot\frac{5-4}{5-1} = 1{,}5.$$

$$E(s^2) = \overline{s}^2 = \sum f_i s_i^2 / 120 = 30.$$

$$E(s^2) = \frac{N}{N-1}\sigma^2 = \frac{5}{4}\cdot 24 = 30.$$

$$\text{var}(s^2) = \sum f_i (s_i^2 - \overline{s}^2)^2 / 120 = 96{,}66667.$$

$$\text{var}(s^2) = \sigma^4 \left(\frac{1}{n}(\gamma_2)c_1 + \frac{2}{n-1}c_2 \right)$$

mit $\gamma_2 = -1{,}0333$, $n = 4$,

$$c_1 = \frac{N}{N-1}(1 - \frac{N-1}{n-1}\cdot\frac{n-2}{N-2}\cdot\frac{n-3}{N-3}) = \frac{5}{4}(1 - \frac{4}{3}\cdot\frac{2}{3}\cdot\frac{1}{2}) = \frac{5}{4}\cdot\frac{5}{9} = \frac{25}{36}$$

$$c_2 = \frac{N}{N-1}(1 - \frac{1}{2}\frac{n-1}{N-1} - \frac{1}{2}\frac{N}{n}\cdot\frac{n-2}{N-2}\cdot\frac{n-3}{N-3}) = \frac{5}{4}(1 - \frac{1}{2}\cdot\frac{3}{4} - \frac{1}{2}\cdot\frac{5}{4}\cdot\frac{2}{3}\cdot\frac{1}{2})$$

$$= \frac{5}{4}\cdot\frac{10}{24} = \frac{5}{4}\cdot\frac{5}{12} = \frac{25}{48}$$

wird $\text{var}(s^2) = 24^2 \left(\frac{1}{4}(\frac{1132{,}8}{24^2} - 3)\frac{25}{36} + \frac{2}{3}\cdot\frac{25}{48} \right) = 96{,}66667.$

Soll der Umfang n einer Erhebung so bestimmt werden, dass $\text{var}(\hat{\mu}) \le K$ gilt, so ergibt sich für eine Stichprobenerhebung mit Zurücklegen

$$n = \text{CEIL}\left(\frac{\sigma^2}{K} \right)$$

und für eine Stichprobenerhebung ohne Zurücklegen

$$n = \text{CEIL}\left[\frac{N}{N-1}\frac{\sigma^2}{K + \frac{\sigma^2}{N-1}} \right] \approx \text{CEIL}\left[\frac{\sigma^2}{K + \frac{\sigma^2}{N}} \right]$$

Weiter Spezialfälle sind in VB 3/21/5000 - 3/21/5090 beschrieben.

3.2   Intervallschätzung

Intervallschätzung bedeutet die Konstruktion eines zufälligen Bereiches im Parameterraum (eines Intervalls, falls der Parameterraum die Zahlengerade ist) mit Grenzen, die Funktionen der y_i derartig sind, dass die Wahrscheinlichkeit dafür, dass dieser Bereich den unbekannten Parameter θ oder eine Funktion $\psi = g(\theta)$ überdeckt gleich $1-\alpha$ ist. Die Wahrscheinlichkeit $1-\alpha$ heißt Konfidenzkoeffizient.

Berechnet man ein Intervall, indem man die zufälligen Grenzen durch die aus Versuchs-ergebnissen berechneten Realisationen ersetzt, so müsste man das entstehende Konfi-denzintervall ein "realisiertes " Konfidenzintervall nennen. Für ein solches Intervall ist nach unserem Verständnis keine Wahrscheinlichkeitsaussage über das Überdecken des unbekannten Parameters möglich. Es überdeckt als reelles Intervall eine reelle, wenn auch unbekannte Zahl, den Parameter, entweder oder es überdeckt ihn nicht. Verwendet ein Forscher solche Konfidenzintervalle mit dem Konfidenzkoeffizienten 0,95 häufig und behauptet stets, es schlösse den entsprechenden Parameter ein, so hat er nach der Häufig-keitsinterpretation in etwa 95% der Fälle recht, in etwa 5% der Fälle irrt er sich. Das ist vergleichbar mit einer Klinik, die bei einer bestimmten Operation eine Heilungschance von 95% verspricht, man wird sie einer Klinik vorziehen, die eine Chance von 80% hat, obwohl für einen bestimmten Patienten in beiden Fällen ein Misserfolg möglich ist und ihn dann nicht mehr interessiert, ob er den in einer guten oder schlechten Klinik erlebt hat.

3.2.1 Konfidenzintervalle für die Parameter einer Verteilung

Ist ψ eine reelle Funktion, dann ist der Konfidenzbereich ein Intervall, ein so genanntes Konfidenzintervall. Wir beschränken uns hier auf solche Fälle, d.h. auf Konfidenzinter-valle für ψ, wobei ψ durch geeignete Wahl von $g(\theta)$ stets eine reelle Größe ist.

Ist nur eine der beiden Intervallgrenzen zufällig und damit vom Versuch abhängig und die andere Grenze gleich einer der beiden Grenzen des Parameterraumes, so heißt das Konfidenzintervall einseitig, sonst zweiseitig. Wir behandeln in diesem Buch meist nur den oft praktisch bedeutsameren zweiseitigen Fall, die Verfahren der VB geben neben dem zweiseitigen Intervall jeweils auch die beiden einseitigen (oberes bzw. unteres genannt) Intervalle an.

Wir gehen im Folgenden bei den Formeln für die Auswertung davon aus, dass jeweils eine Zufallsstichprobe vom Umfang n aus der jeweiligen Verteilung vorliegt. Bei der Versuchsplanung wird das n einer solchen Zufallsstichprobe bestimmt.

3.2.1.1 Konfidenzintervalle für den Erwartungswert einer Normalverteilung

Fall (a) σ^2 bekannt

In einer Normalverteilunge sei σ^2 zunächst bekannt und wir suchen ein Konfidenzinter-vall für μ. Für die Konstruktion eines solchen Intervalls verwenden wir die Tatsache, dass

$$u = \frac{\bar{y}-\mu}{\sigma}\sqrt{n} \tag{3.12}$$

nach $N(0;1)$ verteilt ist. Mit $u(1-\alpha/2)$ bezeichnen wir das $(1-\alpha/2)$-Quantil der standar-disierten Normalverteilung, wir haben dann

$$P\{-u(1-\frac{\alpha}{2}) \leq u \leq u(1-\frac{\alpha}{2})\} = 1-\alpha$$

und damit (unter Verwendung von $u = \frac{\bar{y}-\mu}{\sigma}\sqrt{n}$) folgt, dass das Intervall

$$[\bar{y} - u(1-\frac{\alpha}{2})\frac{\sigma}{\sqrt{n}} \quad ; \quad \bar{y} + u(1-\frac{\alpha}{2})\frac{\sigma}{\sqrt{n}}] \tag{3.13}$$

ein $(1-\alpha)$-Konfidenzintervall für μ ist.

Dieses Intervall ist optimal, es hat unter obigen Voraussetzungen die kleinste erwartete Länge aller $(1-\alpha)$-Konfidenzintervalle. Die halbe erwartete Länge ist

$$E(\boldsymbol{H}) \;=\; u(1-\frac{\alpha}{2})\frac{\sigma}{\sqrt{n}} \;.$$

Lautet die Genauigkeitsanforderung so, dass n für gegebenes α so zu bestimmen ist, dass

$$u(1-\frac{\alpha}{2})\frac{\sigma}{\sqrt{n}} \;\leq\; d$$

gilt, folgt, dass

$$n \;=\; \mathrm{CEIL}\!\left(u^2(1-\frac{\alpha}{2})\,\frac{\sigma^2}{d^2} \right) \;, \tag{3.14}$$

ist mit d als obere Grenze für die halbe erwartete Länge.

Lautet die Genauigkeitsforderung dagegen, dass jede der $(1-\alpha)$-Intervallgrenzen mit vorgegebener Wahrscheinlichkeit 1-β höchstens um d vom Parameter μ abweicht, so ist (BOCK, 1998)

$$n = \mathrm{CEIL}\!\left[\frac{\sigma^2}{d^2}\cdot\big[u\left(1-\alpha/2\right)+u\left(1-\beta/2\right)\big]^2 \right] \tag{3.14a}$$

zu wählen.

Fall (b) σ^2 nicht bekannt

Ist nun σ^2 unbekannt und soll unter der obigen Genauigkeitsanforderung ein Konfidenzintervall für μ konstruiert werden, so kann man wie folgt verfahren. Das unbekannte σ im Nenner von $\boldsymbol{u}$ ersetzt man durch die Wurzel s der Stichprobenvarianz s^2. Die daraus entstehende Größe

$$t \;=\; \frac{\bar{y}-\mu}{s}\sqrt{n}$$

hat eine (zentrale) t-Verteilung mit n-1 Freiheitsgraden. Ist $t(n$-$1;1$-$\alpha/2)$ das $(1$-$\alpha/2)$-Quantil der zentralen t-Verteilung mit n-1 Freiheitsgraden, so ist ein $(1$-$\alpha)$-Konfidenzintervall für μ gegeben durch

$$[\,\bar{y} - t(n-1;1-\frac{\alpha}{2})\frac{s}{\sqrt{n}} \;\;;\;\; \bar{y} + t(n-1;1-\frac{\alpha}{2})\frac{s}{\sqrt{n}}\,] \tag{3.15}$$

Auch dieses Intervall ist, wie (3.13), optimal. Seine halbe erwartete Länge ist

$$t(n-1;\;1-\frac{\alpha}{2})\frac{E(\boldsymbol{s})}{\sqrt{n}} \tag{3.16}$$

Wir verwenden die Approximation $E(s) \cong \sigma$, die für $n \geq 20$ recht gut ist.

Für die Einhaltung unserer ersten Genauigkeitsforderung haben wir die kleinste ganze Zahl n so zu bestimmen, dass

$$t(n\text{-}1;\;1-\frac{\alpha}{2})\cdot\frac{\sigma}{\sqrt{n}} \;\leq\; d \tag{3.17}$$

gilt.

Das Programm CL verwendet die exakte Formel für $E(s)$.

Für die Berechnung des Stichprobenumfangs n haben wir zwei Probleme zu lösen:

Problem 1:
Die Ungleichung (3.17) kann nicht explizit nach n aufgelöst werden. Wir schreiben (3.17) als

$$n \geq h(n) \qquad (3.18)$$

mit

$$h(n) = \text{CEIL}\left(\frac{\sigma^2}{d^2} \cdot t^2(n-1; 1-\frac{\alpha}{2}) \right) \qquad (3.19)$$

Wir suchen den kleinsten Wert von n (beginnend mit $n = 2, 3, ...$), der die Genauigkeitsanforderung (3.18) und gleichzeitig (3.17) erfüllt. Das kann ineffizient und zeitraubend sein. Wir schlagen den iterativen Algorithmus A vor. Da $h(n)$ monoton fallend in n ist, führt dieser Algorithmus immer zum Ziel.

Algorithmus A
Wähle einen Anfangswert n_0 und berechne iterativ die Werte $n_1, n_2, n_3, ...$ aus der Beziehung $n_{i+1} = h(n_i)$ solange, bis entweder $n_i = n_{i-1}$ oder $| n_i - n_{i-1} | \geq | n_{i-1} - n_{i-2} |$ gilt. Im ersten Fall ist $n = n_i = n_{i-1}$ die Lösung. Im zweiten Fall finden wir die Lösung durch systematisches Suchen beginnend mit $n = \min(n_{i-1}, n_{i-2})$.

Dieser Algorithmus konvergiert oft nach zwei oder drei Schritten, wir werden ihn auch in anderen Abschnitten und Kapiteln verwenden.

Problem 2:
Das kleinste n für Ungleichung (3.17) hängt von der unbekannten Varianz σ^2 ab.

Um Problem 2 zu lösen, verwenden wir Algorithmus B.

Algorithmus B
1. Wir haben Vorinformationen (zurückliegende Versuchsergebnisse, Zahlen aus der Literatur) $\tilde{\sigma}^2$ über σ^2 und verwenden diese als Schätzwert von σ^2. Das führt natürlich auch nur zu einem Schätzwert des Stichprobenumfanges n.
2. Wir können einen Schätzwert der unbekannten Varianz aus Angaben über den kleinsten möglichen und den größten möglichen Beobachtungswert berechnen, indem wir die Differenz zwischen dem größten und dem kleinsten Wert durch 6 (oder 4 bzw. 5, wie manche Autoren empfehlen) teilen und das Ergebnis quadrieren.
3. Sind die beiden ersten Vorschläge nicht realisierbar, so sollte man ein zweistufiges Verfahren wählen, das auf STEIN (1945) zurückgeht. In der ersten Stufe wird aus einem Versuch mit zwischen 10 und 30 Elementen die Varianz σ^2 geschätzt. Der Schätzwert wird dann zur Berechnung des Gesamtstichprobenumfangs benutzt. Ist dieser kleiner oder gleich dem Umfang in der ersten Stufe, ist dieser Umfang bereits ausreichend und man ist fertig, anderenfalls muss der Rest der Versuchseinheiten in einer zweiten Versuchsstufe beschafft werden.
Dieses Prinzip setzt voraus, dass sich die Versuchsbedingungen zwischen den Stufen nur unwesentlich ändern. Auch auf Algorithmus B greifen wir im Folgenden zurück.
Oft ist es schwierig, die erwartete Länge d eines Konfidenzintervalles zu berechnen. In unserem Fall ersetzten wir (3.16) durch Verwendung der Approximation

$$H(E[s]) = t(n-1;1-\frac{\alpha}{2})\sqrt{\frac{s^2}{n}}\,.$$

Diese Approximation haben wir bereits weiter oben benutzt: $E(s) \approx \sigma$.

Für die zweite Genauigkeitsforderung, ergibt sich analog zu (3.14a) approximativ

$$n = \text{CEIL}\left[\frac{\sigma^2}{d^2} \cdot \left[t\left(n-1;1-\alpha/2\right)+t\left(n-1;1-\beta/2\right)\right]^2\right] \tag{3.19a}$$

Beispiel 3.1 - Fortsetzung

Unter Benutzung der Daten in Tabelle 3.1 berechnen wir ein (realisiertes) 0,95-Konfidenzintervall ($\alpha = 0,05$) für den Stichprobenmittelwert der Population aus der die y_i stammen.

Aus Abbildung 3.3 lesen wir

$$\bar{y} = 11,531$$

ab und berechnen den Standardfehler des Mittelwertes $\dfrac{s}{\sqrt{n}}$ $=$ $\dfrac{2,952}{\sqrt{13}}$ $= 0,819$.

Aus Tabelle A1 lesen wir

$$t(12; 0,975) = 2,1788$$

ab und das (realisierte) 0,95-Konfidenzintervall ist

$$[11,531 - 0,819 \cdot 2,1788;\ 11,531 + 0,819 \cdot 2,1788] = [9,75;\ 13,31].$$

Mit SPSS verwenden wir "Analysieren - Mittelwerte vergleichen - T-Test bei einer Stichprobe" und wählen y als Testvariable (auf den Test gehen wir in Abschnitt 3.3 ein). Mit dem Schalter Option könnten wir $1-\alpha = 0,95$ verändern, was hier nicht nötig ist. Das Ergebnis findet man (nach Streichung hier nicht interessierender Angaben in Abbildung 3.5.

Test bei einer Stichprobe

Merkmal	Mittlere Differenz	95% Konfidenzintervall der Differenz	
		Untere	Obere
y	11,53077	9,7469	13,3146

Abbildung 3.5 *Konfidenzintervall für den Erwartungswert der y-Werte von Tabelle 3.1*

Die halbe erwartete Länge des $(1-\alpha)$-Konfidenzintervalls werde mit $E(H)$ bezeichnet, dann schreiben wir die Genauigkeitsforderung als $E(H) \leq d$ oder

$$t(n-1; 1-\frac{\alpha}{2}) \cdot E(s)/\sqrt{n} \leq d.$$

Hier ist s wieder die Stichprobenstandardabweichung. Ersetzen wir deren Erwartungswert wieder näherungsweise durch σ, so erhalten wir für n

$$n = \text{CEIL}\left[\frac{t^2(n-1;1-\frac{\alpha}{2})\sigma^2}{d^2}\right] \tag{3.20}$$

Hierbei müssen d, α, und σ^2 bekannt sein. Für α wählen wir gewöhnlich einen der Werte: $\alpha = 0,01$; $0,05$; $0,1$ und damit $(1-\alpha) = 0,99$; $0,95$; $0,90$. Zur praktischen Lösung mit Handrechnung verwenden wir wieder den iterativen Algorithmus A.

Aus (3.20) folgt, dass n mit σ^2 wächst und mit d^2 fällt. Es hängt nur von dem Quotienten d/σ ab. Mitunter kann man die Genauigkeitsforderung in Abhängigkeit von d/σ relativ angeben. Das hat den Vorteil, dass σ nicht bekannt sein muss, und wir Algorithmus B nicht benötigen. Setzen wir $d = c \cdot \sigma$, ist der minimale Stichprobenumfang aus

$$n = \text{CEIL}\left[\frac{t^2(n-1;1-\frac{\alpha}{2})}{c^2}\right] \tag{3.21}$$

zu berechnen. Tabelle 3.2 gibt *minimale Stichprobenumfänge* n für verschiedene Werte von α und $d = c \cdot \sigma$ an. In Klammern finden wir die Werte von n nach (3.19a) für $\beta = 0,2$.

Tabelle 3.2   *Stichprobenumfang n für einige α und c.*

$d = c \cdot \sigma$	$\frac{1}{2}\sigma$	$\frac{1}{3}\sigma$	$\frac{1}{4}\sigma$	$\frac{1}{5}\sigma$
$\alpha = 0,01$	31(63)	64(137)	110(242)	170(375)
$\alpha = 0,05$	18(45)	38(97)	64(171)	99(265)
$\alpha = 0,10$	13(36)	27(79)	46(139)	70(216)

Beispiel 3.3
Wir berechnen den Wert 64 in Tabelle 3.2 für $\alpha = 0,05$ und $d = 0,25\sigma$. Aus Tabelle A1 lesen wir für $n_0 = \infty$ den Wert

$t(\infty; 0,975) = 1,96$

ab und aus (3.21) erhalten wir

$$n_1 = \text{CEIL}\left[\frac{1,96^2}{0,25^2}\right] = \text{CEIL}[61,47] = 62 .$$

Nun ist

$t(61; 0,975) = 1,9996$

und das gibt

$$n_2 = \text{CEIL}\left[\frac{1,9996^2}{0,25^2}\right] = \text{CEIL}[63,97] = 64 .$$

Mit

$t(63, 0,975) = 1,9983$

wird n_3

51

$$n_3 = \text{CEIL}\left[\frac{1,9983^2}{0,25^2}\right] = \text{CEIL}[63,89] = 64$$

und $n = 64$ ist die Lösung.

Der CEIL-Operator beschleunigt die Konvergenz der Iteration.
Wir werden nun diesen Wert der Tabelle 3.2 mit CL berechnen. Wenn man CL startet, muss man sich entscheiden, ob man einen Stichprobenumfang berechnen will oder ob man einen Versuchsplan konstruieren will. Wir wählen den ersten Weg (Fallzahl) und haben dann die Wahl zwischen:

> Einstichprobenproblem
> Zweistichprobenproblem mit unabhängigen und
> > mit abhängigen Stichproben[2]
> Mehrstichprobenproblem.

Wir wählen die Folge Einstichprobenproblem - Mittelwert - Schätzung und   erhalten für die obigen Genauigkeitsforderungen ebenfalls das Ergebnis 64 für den erforderlichen Stichprobenumfang.

Beispiel 3.1 - Fortsetzung
Als Varianzschätzwert für die Wurfmasse im ersten Wurf verwenden wir den aus Abbildung 3.3 ($s^2 = 3,947$). Wir wollen für einen weiteren Versuch den Stichprobenumfang berechnen, der für ein 0,9-Konfidenzintervall für den Mittelwert dieses Merkmals mit einer erwarteten halben Länge von maximal 2 g benötigt wird, wie in Abbildung 3.6 angegeben.

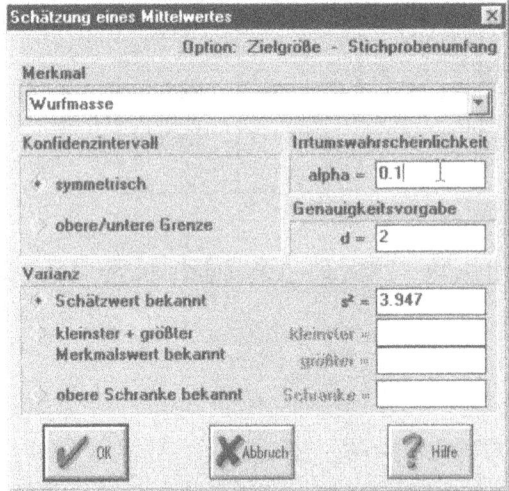

Abbildung 3.6 *Berechnung des Stichprobenumfanges mit CL*

Das Ergebnis zeigt Abbildung 3.7.

---

[2] Sowohl SPSS als auch CADEMO verwenden für Zufallstichproben mit gepaarten Beobachtungen den irreführenden Ausdruck „abhängige Stichproben".

```
Entscheidung:
Einstichprobenproblem
Schätzung eines Mittelwertes
Bestimmung des Stichprobenumfanges


Merkmal:
Wurfmasse

Für die vorgegebenen Parameter
        s² = 3.9470,
        d = 2.0000,
        α = 0.1000
und ein symmetrisches Konfidenzintervall
ergibt sich ein notwendiger Stichprobenumfang von
        n = 5.



                    +
```

Abbildung 3.7 *Stichprobenumfang in Abhängigkeit von d*

Das Programm CL berechnet auch die obere Grenze für die erwartete Länge eines 0,9-Konfidenzintervall für z.B. $s = 2$ und $n = 13$ aus Beispiel 3.1. Hierzu muss man in der Menüleiste den Zweig "option" aktivieren und die erwartete Länge an Stelle des Stichprobenumfangs als Zielfunktion angeben. Für $s^2 = 3,947$, $n = 13$ und $\alpha = 0,1$ wie in Beispiel 3.1 ergibt sich ein d-Wert von 0,9821.

3.2.1.2 Konfidenzintervalle für den Erwartungswert einer Normalverteilung bei Einfluss eines Störfaktors

Der Mittelwert μ einer Normalverteilung ist zu schätzen, wenn die Beobachtungswerte durch einen Störfaktor beeinflusst werden. Wir demonstrieren das an einem Beispiel.

Beispiel 3.4
Wir betrachten die in Beispiel 2.1 beschriebene Situation. Der mittlere Kraftstoffverbrauch eines Lastwagentyps ist durch mehrere Fahrten mit a Wagen dieses Typs zu schätzen. Der Faktor "Wagen" ist ein zufälliger Störfaktor (Blockfaktor). In die Untersuchungen ist eine Zufallsstichprobe aus der Menge der produzierten Autos einzubeziehen. Ein adäquates Modell für diese Situation ist das Modell (2.1), wir setzen zusätzlich Normalverteilung aller Zufallsvariablen voraus (in Kapitel 4 wird dieses Modell als Modell II der einfachen Varianzanalyse bezeichnet, dort ist (4.7) die Modellgleichung).
Planung:
Zu bestimmen sind die Anzahl a von Wagen und die Anzahl n_i von Fahrten mit Wagen i ($i = 1, ..., a$). Die geforderte Genauigkeit für die Schätzung des Mittelwertes μ ist eine obere Schranke d für die halbe erwartete Länge des Konfidenzintervalls für μ zum Konfidenzkoeffizienten $(1-\alpha)$.
Wir benötigen noch Schätzwerte s_a^2 und s_R^2 der Varianzkomponenten σ_a^2 (zwischen den Wagen) und σ_R^2 (Restvarianz) oder einen Schätzwert $\hat{\theta}$ des Intraklasskorrelationskoeffizienten $\theta = \sigma_a^2/(\sigma_a^2+\sigma_R^2)$.
Wir definieren einen Versuchsplan als optimal, falls $N = \Sigma n_i$ so klein wie möglich ist.

53

Ohne Einschränkungen für n_i und a führt dies zu $n_i = n = 1$ und $N = a$ aus

$$N = \text{CEIL}\left[\frac{t^2(N-1;1-\frac{\alpha}{2})}{c^2}\right] \qquad (3.22)$$

mit

$$c = \frac{d}{\sqrt{s_a^2 + s_R^2}} \qquad (3.23)$$

Besteht eine untere Schranke n_0 für n_i, so ist $n_i = n_0$, $(i = 1,...,a)$ zu setzen und a iterativ aus

$$a = \text{CEIL}\left[\frac{\left(\hat{\theta} - \frac{1-\hat{\theta}}{n_0}\right)t^2(a-1;1-\frac{\alpha}{2})}{c^2}\right]$$

zu berechnen mit c aus (3.23) und $\hat{\theta} = s_a^2/(s_a^2+s_R^2)$.

Ist a vorgegeben (bzw. eine obere Schranke), so prüft man zunächst, ob die Bedingung

$$c^2 > \frac{\hat{\theta}}{a} \cdot t^2(a\text{-}1;1-\frac{\alpha}{2})$$

erfüllt ist. Falls ja, wird n^* aus

$$n^* = \text{CEIL}\left[\frac{(1-\hat{\theta})t^2\left(a-1;1-\frac{\alpha}{2}\right)}{c^2 a - \hat{\theta}t^2\left(a-1;1-\frac{\alpha}{2}\right)}\right]$$

berechnet.

Einen kostenoptimalen Versuchsplan findet man bei HERRENDÖRFER und SCHMIDT (1978).
Mit CADEMO-MIWA können Versuchsumfänge und kostenoptimale Pläne berechnet werden.

Auswertung:
Ein exaktes Konfidenzintervall kann berechnet werden, wenn die Anzahl n der Fahrten je Wagen konstant ist. Mit

$$\bar{y}.. = \frac{1}{an}\sum_{i=1}^{a}\sum_{j=1}^{n} y_{ij} \qquad (3.24)$$

dem Mittelwert aller $N = an$ Beobachtungswerte ergibt sich das Konfidenzintervall

$$[\overline{y}_{..} - t(a-1; 1-\frac{\alpha}{2})\sqrt{\frac{MQ_A}{N}}; \overline{y}_{..} + t(a-1; 1-\frac{\alpha}{2})\sqrt{\frac{MQ_A}{N}}] \qquad (3.25)$$

mit MQ_A aus Tabelle 4.2 in Kapitel 4.

Beispiel 3.4 - Fortsetzung
Wir wollen den optimalen Versuchsplan für die Schätzung des mittleren Kraftstoff-
verbrauch für Beispiel 3.4 konstruieren. In Gleichung (2.1) is a die Anzahl der Wagen,
die in den Versuch einbezogen werden und n_i die Anzahl der Fahrten mit dem i-ten
Wagen. Wir wollen ein 95%-Konfidenzintervall für μ berechnen, das eine halbe erwartete
Breite nicht größer als 0,3 l (y_{ij} = Benzinverbrauch in l auf 100 km) hat.
Es sei eine Vorinformation von 0,36 über die Summe der Varianzkomponenten bekannt,
damit ist nach (3.23) $c = 0,5$. Es wird der Plan (a, n_1,..., n_a) gesucht, der $N = \Sigma n_i$
minimiert.
Wie wir gesehen haben, müssen wir dann mit jedem der in den Versuch einzubeziehenden Wagen je einmal fahren und die Anzahl der Wagen iterativ aus (3.22)
bestimmen. Wir beginnen mit $a = \infty$ und erhalten wegen $t(\infty; 0,975) = 1,96$ $a = 16$ und
wegen $t(15; 0,975) = 2,1314$ den Wert $a = 19$ und wegen $t(18; 0,975) = 2,1009$ $a = 18$ und
wegen $t(17; 0,975) = 2,1098$ den Endwert $a = 18$.
Wir wollen obiges Beispiel mit CADEMO-MIWA berechnen.
In MIWA wählen wir Schätzung –eines Mittelwertes –unter Störfaktoreinfluss und
erhalten nach Eintragen der Vorgaben des Beispiels (Abbildung 3.8), wobei wir die
Summe der Varianzkomponenten als 0,3+0,06 angesetzt haben (jede andere Aufspaltung
führt zum gleichen Ergebnis)

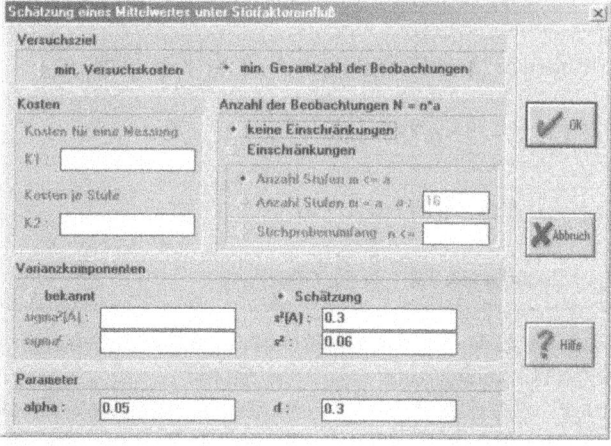

Abbildung 3.8 *Genauigkeitsvorgaben für Beispiel 3.4*

Nach OK ergeben sich 18 Stufen mit je einer Beobachtung. Können wir maximal 16
Stufen realisieren und geben das in Abbildung 3.8 nach Aktivierung des Schalters
„Einschränkungen" (wie bereits schwach zu sehen) ein, so sind 16 Stufen mit je 4
Wiederholungen erforderlich. Will man die Versuchskosten minimieren, wählt man den
Zweig auf der linken Seite der Abbildung 3.8.

3.2.1.3 Konfidenzintervalle für Mittelwert und Summe aus Erhebungen

Für Zufallsstichprobenverfahren ohne Zurücklegen mit Stichproben vom Umfang n wissen wir aus 3.1.3, dass $\bar{y}$ eine erwartungstreue Schätzung für den Erwartungswert $\mu = \bar{Y}$ ist und für die Varianz var($\bar{y}$) die erwartungstreue Schätzung gleich $\text{vâr}(\bar{y}) = (s^2/n)(1-n/N)$ ist. Der Standardfehler dieser Schätzung ist $SF(\bar{y}) = \sqrt{(s^2/n)(1-n/N)}$. Für $n < 0{,}1 \cdot N$ setzen wir $1-n/N$ näherungsweise gleich 1 und erhalten das approximative $(1-\alpha)$-Konfidenzintervall für $\mu = \bar{Y}$ aus

$$[\bar{y}-SF(\bar{y}) \cdot t(n-1; 1-\alpha/2); \bar{y} + SF(\bar{y}) \cdot t(n-1; 1-\alpha/2)] \qquad (3.26)$$

Für die Gesamtsumme $N\bar{Y} = N\mu$ lautet die erwartungstreue Schätzung $N\bar{y}$. Der Standardfehler von $N\bar{y}$ ist $SF(N\bar{y}) = \sqrt{N^2 \text{vâr}(\bar{y})} = N \cdot SF(\bar{y})$. Das approximative $(1-\alpha)$-Konfidenzintervall für die Summe ist dann durch

$$[N\bar{y} - N \cdot SF(\bar{y}) \cdot t(n-1; 1-\alpha/2); N\bar{y} + N \cdot SF(\bar{y}) \cdot t(n-1; 1-\alpha/2)] \qquad (3.27)$$

gegeben.

Wir wollen nun für ein Zufallsstichprobenverfahren ohne Zurücklegen mit Hilfe einer Vorinformation über $S^2 = \sigma^2 N/(N-1)$ in der Form s^2 den erforderlichen Stichprobenumfang so bestimmen, dass der *relative* Fehler r wie folgt beschränkt ist. Für $\bar{Y} > 0$ soll

$$P(|(\bar{y} - \bar{Y})/\bar{Y}| \geq r) = P(|\bar{y} - \bar{Y}| \geq r\bar{Y}) = \alpha \quad \text{oder} \quad P(|\bar{y} - \bar{Y}| < r\bar{Y}) = 1-\alpha.$$

gelten. Aus dem approximativen $(1-\alpha)$-Konfidenzintervall für $\bar{Y}$ in (3.26) folgt

$$P[(|\bar{y} - \bar{Y}| < SF(\bar{y}) \cdot t(n-1; 1-\alpha/2))] = 1-\alpha$$

und damit

$$r\bar{Y} = \sqrt{[(s^2/n)(1-n/N)]} \cdot t(n-1; 1-\alpha/2).$$

Wir lösen iterativ (Algorithmus A aus 3.2.1.1) die Gleichung
$n = \text{CEIL}\{[t(n-1; 1-\alpha/2)]^2 \cdot s^2/(r\cdot\bar{Y})^2\}$.
Wollen wir die erwartete Breite des Konfidenzintervalls durch $2d$ beschränken, so ergibt sich der minimale Stichprobenumfang aus $n = n_0/[1+(n_0/N)]$ mit
$n_0 = \text{CEIL}[t(n-1; 1-\alpha/2)]^2 \cdot s^2/d^2$ oder $d = r\bar{Y}$, wenn die obere Schranke für die halbe erwartete Breite des $(1-\alpha)$-Konfidenzintervalls als r-faches von $\bar{Y}$ geschrieben wird.

3.2.1.4 Konfidenzintervall für die Varianz einer Normalverteilung

Der Parameterraum der Varianz ist die positive Halbachse. Die Genauigkeitsforderung für diesen Parameter weicht etwas von der für Lageparameter ab. Zunächst arbeiten wir mit der Länge und nicht mit der halben Länge, da auf Grund der Eigenschaft der Chi-Quadrat-Verteilung das Intervall nicht symmetrisch um den unbekannten Parameter liegt.

Außerdem betrachten wir den Quotienten dieser Länge zum erwarteten Mittelpunkt des Intervalls, der näherungsweise dem Parameterwert entspricht.

Ein Konfidenzintervall für σ^2 kann man aus der Zufallsstichprobe vom Umfang n über die Stichprobenvarianz und aus dem $(1-\alpha)$-Quantil einer Chi-Quadrat-Verteilung mit $n-1$ Freiheitsgraden (Tabelle A2) wie folgt berechnen; wenn s^2 die Stichprobenvarianz ist.

$$\left[\frac{(n-1)s^2}{\chi^2\left(n-1; 1-\frac{\alpha}{2}\right)}; \frac{(n-1)s^2}{\chi^2\left(n-1; \frac{\alpha}{2}\right)} \right] \tag{3.28}$$

Dieses Intervall hat nicht die kleinste erwartete Länge τ wie die Intervalle (3.13) bzw. (3.15). Um das zu erreichen, müsste man α in zwei Summanden α_1 und α_2 so zerlegen, dass die relative erwartete Länge minimal wird. Da die Verbesserung unwesentlich, der Rechenaufwand aber hoch ist (und bei Handrechnungen die entsprechenden Tabellen nicht verfügbar sind), wird allgemein (3.28) verwendet (auch in den Programmpaketen, wo dies nicht nötig wäre).

In Abhängigkeit von $1-\alpha$ und der relativen erwarteten Länge τ berechnet man den erforderlichen Stichprobenumfang durch systematisches Suchen aus

$$\tau = \frac{\chi^2(n-1; 1-\frac{\alpha}{2}) - \chi^2(n-1; \frac{\alpha}{2})}{\chi^2(n-1; 1-\frac{\alpha}{2}) + \chi^2(n-1; \frac{\alpha}{2})} \tag{3.29}$$

Beispiel 3.1 - Fortsetzung

Wir wollen wieder annehmen, dass die Normalverteilungsannahme für unsere Wurfgewichte gerechtfertigt ist und wollen für die Varianz σ^2 der x-Werte ein 90%-Konfidenzintervall konstruieren. Die erwartete relative Abweichung der Konfidenzgrenzen von der Intervallmitte soll nicht größer als ± 0,25 sein. Wie groß muss der Stichprobenumfang sein? Wir verwenden hier CL (die Handrechnung ist sehr mühsam) mit der Befehlsfolge: Fallzahl - Einstichprobenproblem - Varianz - Schätzung und erhalten nach Eingabe der Parameter Abbildung 3.9.

```
Entscheidung:
Einstichprobenproblem
Schätzung der Varianz
Bestimmung des Stichprobenumfanges


Merkmal:
Wurfmasse

 Für die vorgegebenen Parameter
    dr = 0.2500
    α = 0.1000
 ergibt sich ein notwendiger Stichprobenumfang von
    n = 85.

               +
```

Abbildung 3.9 *Berechnung des Stichprobenumfanges für die Schätzung der Varianz*

und damit $n = 85$, einen Wert, den wir auch in Tabelle 3.3 finden. Wenn man mit $n = 85$ in (3.29) beginnt, findet man schnell heraus, dass für $\tau = 0,25$ die Gleichung (3.29) approximativ am besten erfüllt ist.

Für die $n = 13$ x-Werte des Beispiels 3.1 erhält man wegen $s^2 = 3,947$ aus Abbildung 3.3 und $\chi^2(12; 0,05) = 5,226$ bzw. $\chi^2(12; 0,95) = 21,03$ [Tabelle A2] das 90 %-Konidenzintervall

$$\left[\frac{12 \cdot 3,947}{21,03}, \frac{12 \cdot 3,947}{5,226}\right] = [2,25 \; ; \; 9,06],$$

dessen Mittelpunkt 5,66 ist, die relative Abweichung der Grenzen von diesem Mittelpunkt ist 0,6, also sehr groß.

Tabelle 3.3 enthält für einige α und τ die Lösung n von (3.29).

Tabelle 3.3 *Der Stichprobenumfang n in Abhängigkeit von α und τ.*

τ	α 0,05	0,10	τ	α 0,05	0,10	τ	α 0,05	0,10
0,04	4800	3382	0,24	131	93	0,44	37	27
0,05	3071	2164	0,25	120	85	0,45	35	25
0,06	2132	1503	0,26	111	79	0,46	34	24
0,07	1566	1104	0,27	103	73	0,47	32	23
0,08	1199	843	0,28	95	68	0,48	31	22
0,09	945	665	0,29	89	63	0,49	29	21
0,10	764	538	0,30	83	59	0,50	28	20
0,11	631	444	0,31	77	55	0,51	27	19
0,12	530	373	0,32	72	52	0,52	26	19
0,13	450	318	0,33	68	48	0,53	25	18
0,14	388	274	0,34	64	45	0,54	24	17
0,15	337	239	0,35	60	43	0,55	23	16
0,16	297	210	0,36	57	40	0,60	18	14
0,17	263	185	0,37	53	38	0,65	15	11
0,18	234	165	0,38	50	36	0,70	13	10
0,19	210	149	0,39	48	34	0,75	11	8
0,20	189	134	0,40	45	32	0,80	9	7
0,21	171	121	0,41	43	31	0,85	7	6
0,22	156	110	0,42	41	29	0,90	6	5
0,23	143	101	0,43	39	28	1,00	2	2

3.2.1.5 Konfidenzintervalle für Wahrscheinlichkeiten

Wir wissen aus Abschnitt 3.1.2, dass der Parameter p einer Binomialverteilung nach der Maximum-Likelihood-Methode als relative Häufigkeit $\frac{y}{n}$ des Auftretens eines Ereignisses A in n unabhängigen Versuchen zu schätzen ist. Die absolute Häufigkeit y des Auftretens des Ereignisses A, dessen Wahrscheinlichkeit $p = P(A)$ ist, folgt in n unabhängigen Versuchen gerade einer Binomialverteilung. Dabei geht man entweder davon aus, dass es eine unendliche Grundgesamtheit von Objekten gibt, die jedes mit Wahrscheinlichkeit p das Ereignis A zeigen (und mit Wahrscheinlichkeit $1-p$ nicht zeigen) oder, dass eine endliche Grundgesamtheit vom Umfang N vorliegt, in der Np Objekte das Ereignis A zeigen und $N(1-p)$ nicht. Allerdings ist y nur dann binomialverteilt, wenn wir die Elemente mit Zurücklegen aus dieser endlichen Gesamtheit entnehmen. Nur dieser Fall wird hier betrachtet. Es soll nun ein Konfidenzintervall für den Parameter p einer Binomialverteilung zum Koeffizienten $1-\alpha$ angegeben werden. Ein exaktes $(1-\alpha)$-Konfidenzintervall hat die Form:

$$[P_u(n, y, \alpha), P_o(n, y, \alpha)] \tag{3.30}$$

wobei P_u die untere und P_o die obere Grenze ist.

Ferner ist n der Stichprobenumfang und y die Anzahl der Elemente der Stichprobe, die das Ereignis A zeigen.

Es gilt

$$P_u(n, y, \alpha) = \frac{y}{y + (n - y + 1)F[2(n - y + 1); 2y; 1 - \frac{\alpha}{2}]} \tag{3.31}$$

bzw.

$$P_o(n, y, \alpha) = \frac{(y + 1)F[2(y + 1); 2(n - y); 1 - \frac{\alpha}{2}]}{n - y + (y + 1)F[2(y + 1); 2(n - y); 1 - \frac{\alpha}{2}]} \tag{3.32}$$

wobei $F(f_1, f_2, P)$ das P-Quantil der F-Verteilung (Tabelle A3) ist.

Dieses Intervall ist exakt aber oft unnötig groß.

In allgemeinen ist ein für großes n und p nahe $0{,}5$ approximativ berechnetes $(1-\alpha)$-Konfidenzintervall

$$[P_{Au}, P_{Ao}] \tag{3.33}$$

kürzer, wobei

$$P_{Au} = \frac{y + \frac{1}{2}u^2(1 - \frac{\alpha}{2}) - K}{n + u^2(1 - \frac{\alpha}{2})} \tag{3.34}$$

bzw.

$$P_{Ao} = \frac{y + \frac{1}{2}u^2(1 - \frac{\alpha}{2}) + K}{n + u^2(1 - \frac{\alpha}{2})} \tag{3.35}$$

mit

$$K = \sqrt{\left(y + \frac{1}{2}u^2\left(1 - \frac{\alpha}{2}\right)\right)^2 - \frac{y^2}{n}\left(n + u^2\left(1 - \frac{\alpha}{2}\right)\right)}$$

ist.

Soll der Mindeststichprobenumfang so bestimmt werden, dass bei einem festgelegten α das Intervall eine maximale erwartete Breite $2d$ haben soll, so sollte man eventuelle Kenntnisse über p nutzen. Der Wert von p, der den maximalen Mindeststichprobenumfang liefert, ist $p = 0,5$. In beiden Fällen kann man n mit dem Programm CL berechnen.

Beispiel 3.5

Es ist für die Wahrscheinlichkeit $p = P(A)$ des Ereignisses A: ein gusseisernes Werkstück ist fehlerhaft ein Konfidenzintervall zum Koeffizienten 0,90 anzugeben, dessen erwartete Breite

a) nicht größer als $2d = 0,1$ ist, wenn über p nichts bekannt ist. Wie viele Werkstücke sind hierfür zu prüfen?

b) nicht größer als $2d = 0,1$ ist, wenn man weiß, dass maximal 10% fehlerhafte Teile auftreten können. Wie viele Werkstücke sind hierfür zu prüfen?

Ferner wollen wir wissen:

c) Welches Intervall ergibt sich für $\alpha = 0,1$, wenn sich unter 300 geprüften Werkstücken $y = 25$ fehlerhafte befinden?

Im Falle a) ergibt sich mit CL mit Fallzahl - Wahrscheinlichkeit - Schätzung der Wert $n = 270$.

Kann man wie in Fall b) für p die obere Grenze $p = 0,1$ vorgeben, so ergibt sich ein kleinerer Mindeststichprobenumfang von $n = 116$ nach Abbildung 3.10.

Wir sehen, wie nützlich es ist, wenn man Vorinformationen hat, der Versuchsumfang hat sich in unserem Beispiel auf weniger als die Hälfte reduziert.

In Fall c) ist nun $n = 300$ und $y = 25$. Wir erhalten als exaktes Intervall wegen (der mit einem Programm berechneten exakten F-Quantile, die man näherungsweise auch durch Interpolation aus Tabelle A3 erhält).

$$F[552; 50; 0,95] = 1,455 \text{ und } F[52; 550; 0,95] = 1,367$$

aus (3.30), (3.31) und (3.32)

$$\left[\frac{25}{25 + 276 \cdot 1,455}; \frac{26 \cdot 1,367}{276 + 26 \cdot 1,367}\right] = [0,0586 ; 0,1145]$$

```
Entscheidung:
Einstichprobenproblem
Schätzung einer Wahrscheinlichkeit
Bestimmung des Stichprobenumfanges


Merkmal:
Qualität von Werstücken

 Für die vorgegebenen Parameter
       p* = 0.1000
       α = 0.1000
       d = 0.0500
 ergibt sich ein notwendiger Stichprobenumfang von
       n = 116.

Bemerkung:
 Die zu schätzende Wahrscheinlichkeit P soll kleiner p* sein.

                        +
```

Abbildung 3.10 *CL-Ausgabe mit Stichprobenumfang*

Das approximative Intervall (3.33) ist wegen $u(0,95) = 1,645$ und

$$K = \sqrt{(25 + \frac{1}{2}1,645^2)^2 - \frac{625}{300}(300 + 1,645^2)} = 7,990$$

gleich

$$\left[\frac{25 + \frac{1}{2}1,645^2 - 7,99}{300 + 1,645^2} ; \frac{25 + \frac{1}{2}1,645^2 - 7,99}{300 + 1,645^2} \right] = [0,0606 ; 0,1135]$$

und damit etwas kürzer. Es sollte hier aber nicht verwendet werden. Der Grund besteht darin, dass man für kleine p-Werte ($p < 0,1$) besser mit der Poissonverteilung als mit der Normalverteilung approximiert.

Bei Stichprobenerhebungen aus endlichen Grundgesamtheiten vom Umfang N mögen N_A Elemente das Ereignis A aufweisen oder die Eigenschaft A besitzen und $N - N_A$ nicht. Dann verwenden wir folgende Bezeichnungen:

Anzahl der Elemente mit der Eigenschaft A		Relative Häufigkeiten der Elemente mit der Eigenschaft A	
Grundgesamtheit N_A	Stichprobe n_a	Grundgesamtheit $P = p = N_A/N$	Stichprobe $\hat{p} = n_a/n$

Wir setzen Y_i (bzw. y_i) gleich 1, wenn das Element der Grundgesamtheit (bzw. der Stichprobe) die Eigenschaft A besitzt und gleich Null anderenfalls. Dann ist

$$p = \frac{N_A}{N} = \frac{1}{N}\sum_{i=1}^{N} Y_i \quad \text{bzw.} \quad \hat{p} = \frac{1}{n}\sum_{i=1}^{n} y_i$$

und $\hat{p}$ ist eine erwartungstreue Schätzung für p. Bei Stichprobennahme oZ gilt

$$\text{vâr}(\hat{p}) = \frac{\hat{p}(1-\hat{p})}{n-1}(1 - \frac{n}{N})$$ und die geschätzte Standardabweichung $SA(\hat{p})$ ist $\sqrt{\text{vâr}(\hat{p})}$. Durch

$$[\hat{p} - SA(\hat{p}) \cdot u(1-\alpha/2); \ \hat{p} + SA(\hat{p}) \cdot u(1-\alpha/2)]$$

ist ein $(1-\alpha)$-Konfidenzintervall für p gegeben.

Bei Stichprobenentnahme mZ ergeben sich die gleichen auf der Binomialverteilung basierenden Formeln wie bei unendlichen Grundgesamtheiten.
Da die Länge eines $(1-\alpha)$-Konfidenzintervalls für p im Falle der Stichprobennahme oZ durch

$$2\sqrt{\frac{\hat{p}(1-\hat{p})}{n-1}(1-\frac{n}{N})} \cdot u(1-\frac{\alpha}{2})$$

gegeben ist, errechnet sich der minimale Stichprobenumfang, für den die erwartete Länge maximal gleich $2d$ ist näherungsweise wie im Falle unendlicher Grundgesamtheiten.

3.2.2 Konfidenzintervalle für die Differenz der Erwartungswerte zweier Normalverteilungen

In Beispiel 3.1 gaben wir zwei mögliche Interpretationen der Daten. Da man bei der ersten Interpretation annehmen muss, dass die Massen aus dem ersten und dem zweiten Wurf der gleichen Maus voneinander abhängig sind, wird man diesen Sachverhalt im statistischen Modell berücksichtigen und durch abhängige Zufallsvariablen modellieren.
Angenommen, zwei Zufallsvariablen y_1 und y_2 entsprechen Beobachtungswerten am gleichen Objekt zu verschiedenen Zeitpunkten, wie das bei der ersten Interpretation in Beispiel 3.1 der Fall ist. Dann müssen wir davon ausgehen, dass zwischen den beiden Zufallsvariablen eine Abhängigkeit besteht. Wir modellieren y_1 und y_2 als Komponenten eines zweidimensional normalverteilten Zufallsvektors mit Varianzen σ_1^2 und σ_2^2 und gegebener Kovarianz $\text{cov}(y_1, y_2)$. Dann hat die Differenz $\Delta = y_1 - y_2$ die Varianz:

$$\sigma_\Delta^2 = \sigma_1^2 + \sigma_2^2 - 2cov(y_1, y_2) = \sigma_1^2 + \sigma_2^2 - 2\sigma_{12} = \sigma_1^2 + \sigma_2^2 - 2\rho \cdot \sigma_1 \cdot \sigma_2.$$

Hier ist ρ der Korrelationskoeffizient, wie er in Kapitel 5 und in Anhang B 2.6 definiert ist.
Für die zweite Interpretation ist die Unabhängigkeit zwischen den zwei Variablen eine vernünftige Voraussetzung.
Für die Konstruktion von Konfidenzintervallen (und auch von Tests in Abschnitt 3.3) ist es wesentlich, ob die Variablen abhängig oder unabhängig sind.

3.2.2.1 Mittelwertdifferenzen von Normalverteilungen – gepaarte Beobachtungen

Für die Mittelwertdifferenz $\mu_1 - \mu_2$ der beiden Komponenten einer zweidimensional normal verteilten Zufallsvariablen mit unbekannter Kovarianzmatrix

$$\Sigma = \begin{pmatrix} \sigma_1^2 & \rho \cdot \sigma_1 \cdot \sigma_2 \\ \rho \cdot \sigma_1 \cdot \sigma_2 & \sigma_2^2 \end{pmatrix}.$$

ist ein Konfidenzintervall zu konstruieren. Zur Bestimmung des Stichprobenumfanges ist die Genauigkeitsforderung durch die halbe erwartete Länge d des Konfidenzintervalls für die Differenz $\mu_1 - \mu_2$ und den Konfidenzkoeffizienten $(1-\alpha)$ gegeben.

Für die Bestimmung des minimalen Stichprobenumfang wird ein Schätzwert s_d^2 für die Varianz σ_Δ^2 der Differenz y_1-y_2, mit

$$\sigma_\Delta^2 = \sigma_1^2 + \sigma_2^2 - 2\rho \cdot \sigma_1 \cdot \sigma_2$$

benötigt. Gegebenenfalls verwende man sinngemäß Algorithmus B aus Abschnitt 3.2.1.1. In Abhängigkeit von d und α wird der Stichprobenumfang n unter Verwendung von Algorithmus A aus 3.2.1.1 für die erste Form der Genauigkeitsforderung analog zu (3.14) iterativ aus:

$$n = \text{CEIL}\left[\frac{t^2\left(n-1;1-\frac{\alpha}{2}\right) \cdot \sigma_\Delta^2}{d^2}\right]$$

und für die zweite Form der Genauigkeitsforderung analog zu (3.14a) aus

$$n = \text{CEIL}\left[\frac{\left[t\left(n-1;1-\frac{\alpha}{2}\right)+t\left(1-\frac{\beta}{2}\right)\right]^2 \cdot \sigma_\Delta^2}{d^2}\right]$$

berechnet.

Das Konfidenzintervall für μ_1-μ_2 wird dann aus den Messwerten wie folgt berechnet:
Wir benötigen zunächst die Größen

$$d_i = x_i - y_i, \quad \overline{d} = \frac{1}{n}\sum_{i=1}^{n} d_i, \quad s_d^2 = \frac{1}{n-1}\sum_{i=1}^{n}(d_i - \overline{d})^2 \quad \text{und das } (1-\alpha)\text{-Konfidenzintervall für}$$

μ_1-μ_2 ist dann gegeben durch

$$\left[\overline{d} - t\left(n-1;1-\frac{\alpha}{2}\right)\frac{s_d}{\sqrt{n}}; \overline{d} + t\left(n-1;1-\frac{\alpha}{2}\right)\frac{s_d}{\sqrt{n}}\right] \tag{3.36}$$

Beispiel 3.1 - Fortsetzung
Wir wollen ein $(1-\alpha)$-Konfidenzintervall mit $\alpha = 0{,}1$ für die Daten der Tabelle 3.1 unter Verwendung der ersten Interpretation berechnen. Die 13 Differenzen
$d_i = x_i - y_i$ zwischen den x- und y- Werten sind: -0,2; 2,1; -7,3; -3,1; -2; -1,7; -7,2; -2; -1,5; 2,7; 4,4; -6,4; -0,7. Zunächst ist $\overline{d} = \overline{x} - \overline{y} = -1{,}7615$ mit der Standardabweichung $s_d = 3{,}653$.
Mit $t(12; 0{,}95) = 1{,}7823$ von Tabelle A1 ergibt sich aus (3.36)
$$[-1{,}7615 - 1{,}7823 \cdot \frac{3{,}653}{\sqrt{13}}; -1{,}7615 + 1{,}7823 \cdot \frac{3{,}653}{\sqrt{13}}]$$
bzw. [-3,567; 0,044] als das gesuchte Konfidenzintervall.
Das Ergebnis erhält man mit SPSS über die Zweige "Analysieren - Mittelwerte vergleichen - T-Test bei gepaarten Stichproben" nach Veränderung von $(1-\alpha)100\%$ über die Taste "Optionen" von 95% in 90%.
(Wie bereits erwähnt, verwenden SPSS und CADEMO den Begriff „gepaarte (abhängige) Stichproben", es ist aber **eine** Stichprobe mit gepaarten Beobachtungen gemeint).

	Gepaarte Differenzen				
	Mittelwert	Standardabw eichung	Standardfehl er des Mittelwertes	90% Konfidenzintervall der Differenz	
				Untere	Obere
Paaren 1 x - y	-1,76154	3,65252	1,01303	-3,56704	,04397

Abbildung 3.11 *SPSS-Ausgabe von Beispiel 3.1*

Angenommen, wir wollen unter sonst gleichen Voraussetzungen den Umfang eines weiteren Versuches so bestimmen, dass die halbe erwartete Länge des Intervalls nicht größer als 1,2 ist, wobei wir den aus Abbildung 3.11 stammenden Schätzwert der Standardabweichung $s_d = 3,653$ der $d_i = x_i - y_i$ als Vorinformation benutzen, so erhält man mit CL mit der Folge Fallzahl - Zweistichprobenproblem - abhängige Stichproben - Mittelwerte - Schätzung das Ergebnis von Abbildung 3.12

```
Entscheidung:
Zweistichprobenproblem - abhängige Stichproben
Schätzung der Mittelwertsdifferenz zweier abhängiger Stichproben
Bestimmung des Stichprobenumfanges

Merkmal:
Wurfmassendifferenz

  Für die vorgegebenen Parameter
        s²(δ) = 13.3400,
        d = 1.2000
        α = 0.1000
  und für ein symmetrisches Konfidenzintervall
  ergeben sich notwendige Stichprobenumfänge von
        n₁ = n₂ = 27.



           +
```

Abbildung 3.12 *CL-Ausgabe*

bzw. mit Hand mit $n_0 = \infty$, $t(\infty;0,95)=1,6449$, $n_1= 26$, $t(25;0,95)=1,7081$, $n_2=28$, $t(27;0,95)=1,7033$, $n_3=27$; $t(26;0,95)=1,7056$; $n_4=27$, so dass nach beiden Verfahren 27 Wertepaare benötigt werden.

3.2.2.2 Mittelwertdifferenzen von Normalverteilungen - zwei unabhängige Stichproben

Wir betrachten nun zwei Normalverteilungen mit Mittelwerten μ_1 und μ_2 und Varianzen σ_1^2 und σ_2^2. Die Umfänge n_1 und n_2 zweier unabhängiger Zufallsstichproben aus diesen Verteilungen sind so zu bestimmen, dass sie die Konstruktion eines $(1-\alpha)$-Konfidenzintervalls für die Differenz $\mu_1 - \mu_2$ mit gegebener halber erwarteter Länge d erlauben. Ein $(1-\alpha)$-Konfidenzintervall für $\mu_1-\mu_2$ ist für gleiche Varianzen $\sigma_1^2 = \sigma_2^2 = \sigma^2$

$$\left[\bar{x} - \bar{y} - t\left(n_1 + n_2 - 2; 1 - \frac{\alpha}{2}\right)s\sqrt{\frac{n_1 + n_2}{n_1 n_2}}; \bar{x} - \bar{y} + t\left(n_1 + n_2 - 2; 1 - \frac{\alpha}{2}\right)s\sqrt{\frac{n_1 + n_2}{n_1 n_2}}\right], \quad (3.37)$$

wobei $\bar{x}$ und $\bar{y}$ die zwei Stichprobenmittelwerte sind. Für $s = \sqrt{s^2}$ verwenden wir die gemittelte Schätzung $s^2 = \dfrac{1}{n_1 + n_2 - 2}[\Sigma(x_i - \bar{x})^2 + \Sigma(y_i - \bar{y})^2]$ der gemeinsamen Varianz.

Wir wollen an dieser Stelle demonstrieren, wie man einseitige Konfidenzintervalle konstruieren kann. Bei einem oberen (unteren) Konfidenzintervall ist die obere (untere) Intervallgrenze gleich der Begrenzung des Parameterraumes also gleich ∞ ($-\infty$).

Oberes $(1-\alpha)$-Konfidenzintervall

$$[\bar{x} - \bar{y} - t(n_1 + n_2 - 2; 1 - \alpha)s\sqrt{\frac{n_1 + n_2}{n_1 n_2}}, \infty) \quad (3.38)$$

Unteres $(1-\alpha)$-Konfidenzintervall

$$(-\infty, [\bar{x} - \bar{y} + t(n_1 + n_2 - 2; 1 - \alpha)s\sqrt{\frac{n_1 + n_2}{n_1 n_2}}] \quad (3.39)$$

Bei gleichen Varianzen ist es im Sinne eines kleinstmöglichen Gesamtumfanges optimal, beide Stichprobenumfänge n_1 und n_2 gleich zu wählen, also $n_1 = n_2 = n$, wobei n, falls die erwartete halbe Breite unterhalb von d liegen soll unter Nutzung der Algorithmen A bzw. B iterativ aus

$$n = \text{CEIL}[2\sigma^2 \frac{t^2(2n-2; P)}{d^2}] \quad (3.40)$$

errechnet wird.

Lautet die Genauigkeitsforderung dagegen, dass jede der Intervallgrenzen mit vorgegebener Wahrscheinlichkeit $1-\beta$ höchstens um d von der Parameterdifferenz $\mu_1 - \mu_2$ abweicht, so ist

$$n = \text{CEIL}\left[\frac{[t(2n-2; 1-P) + t\left(2n-2; 1-\frac{\beta}{2}\right)]^2 \cdot \sigma^2}{d^2}\right] \quad (3.40a)$$

Bei zweiseitigen $(1-\alpha)$-Konfidenzintervallen setzt man in (3.40) und in (3.40a) $P = 1 - \alpha/2$ und bei einseitigen $P = 1 - \alpha$. Bei zweiseitigen Intervallen ist d die obere Grenze für die halbe erwartete Breite des Intervalls. Bei einseitigen Intervallen ist die Genauigkeitsforderung durch

$$P\{\mu_1 - \mu_2 \geq \bar{y}_1 - \bar{y}_2 - d\} = 1 - \alpha$$

bzw.

$$P\{\mu_1 - \mu_2 \leq \bar{y}_1 - \bar{y}_2 + d\} = 1 - \alpha$$

definiert und damit die Bedeutung von d festgelegt.

Bei der zweiten Genauigkeitsforderung ist bei einseitigen Intervalle neben $P = 1-\alpha$ noch $1-\beta/2$ durch $1-\beta$ zu ersetzen und die Wahrscheinlichkeitsaussage bezieht sich lediglich auf den Abstand der endlichen Grenze von $\mu_1 - \mu_2$.

Sind die Varianzen ungleich, so verwenden wir die üblichen Schätzungen s_1^2 bzw. s_2^2 von σ_1^2 bzw. σ_2^2. Das Konfidenzintervall (3.41) ist nur ein approximatives $(1-\alpha)$-Konfidenzintervall, siehe auch WELCH (1947).

$$\left[\bar{x} - \bar{y} - t\left(f^*; 1 - \frac{\alpha}{2}\right)\sqrt{\frac{s_1^2}{n_1} + \frac{s_2^2}{n_2}}, \bar{x} - \bar{y} + t\left(f^*; 1 - \frac{\alpha}{2}\right)\sqrt{\frac{s_1^2}{n_1} + \frac{s_2^2}{n_2}}\right] \tag{3.41}$$

mit f^* aus (3.42)

$$f^* = \text{CEIL}\left[\frac{\left(\frac{s_1^2}{n_1} + \frac{s_2^2}{n_2}\right)^2}{\frac{s_1^4}{(n_1 - 1)n_1^2} + \frac{s_2^4}{(n_2 - 1)n_2^2}}\right] \tag{3.42}$$

Um die Stichprobenumfänge n_1 und n_2 zu bestimmen, benötigen wir Informationen über beide Varianzen. Angenommen, dass Schätzwerte s_1^2 und s_2^2 für die Varianzen σ_1^2 und σ_2^2 bekannt sind, so berechnen wir n_1 und n_2 iterativ aus

$$n_1 = \text{CEIL}\left[\frac{s_1(s_1 + s_2)}{d^2} \cdot t^2\left(f^*; 1 - \frac{\alpha}{2}\right)\right] \text{ und}$$

$$n_2 = \text{CEIL}\left[\frac{s_2}{s_1} \cdot n_1\right]$$

mit f^* aus (3.42).

Beispiel 3.1 - Fortsetzung
Wir berechnen ein 95%-Konfidenzintervall für unsere Daten nach Interpretation 2 d.h. für zwei unabhängige Zufallsstichproben (aus Normalverteilungen). Wir wissen bereits (Abbildung 3.3), dass $\bar{x} = 9{,}7692$, $\bar{y} = 11{,}5308$, $s_1^2 = 3{,}947$ und $s_2^2 = 8{,}714$ ist und wir wissen, dass $n_1 = n_2 = 13$ ist. Angenommen, $\sigma_1^2 = \sigma_2^2$ wäre eine vernünftige Modellannahme (wie man das testet, findet man in Abschnitt 3.4.3), so folgt aus (3.37) wegen

$$s^2 = \frac{12 \cdot 3{,}947 + 12 \cdot 8{,}714}{24} = 6{,}33$$

mit $s = 2{,}516$

$$\left[9{,}77 - 11{,}53 - t(24; 0{,}975)\sqrt{\frac{26}{169}} \cdot 2{,}516; 9{,}77 - 11{,}53 + t(24; 0{,}975) \cdot \sqrt{\frac{26}{169}} \cdot 2{,}516\right]$$

Da $t(24; 0{,}975) = 2{,}0639$ ist, erhalten wir das Intervall $[-3{,}80; 0{,}28]$.
Mit SPSS ordnen wir die 26 Beobachtungswerte in einer Spalte (beginnend mit den 13 x-

Werten und gefolgt von den 13 y-Werten an und nennen das "Wert" und definieren eine Variable „Gruppe" mit den Werten 1 (für die *x*-Werte) bzw. 2 (für die *y*-Werte). Wir markieren dafür die *y*-Werte mit der linken Maustaste gehen zu "Bearbeiten - Ausschneiden" setzen dann den Kursor unter den letzten *x*-Wert und wählen "Bearbeiten - Einfügen". Anschließend speichern wir die Daten unter „Wurfgewicht II" ab. Einen Ausschnitt aus dieser neuen Datei zeigt Abbildung 3.13.

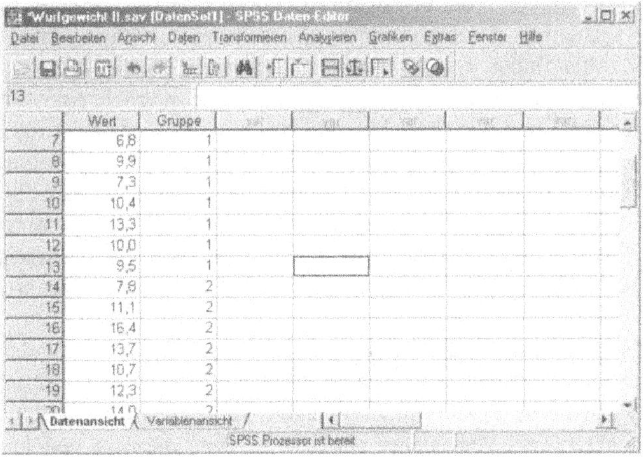

Abbildung 3.13 *SPSS-Datei für Beispiel 3.1 mit Gruppenzugehörigkeit*

Mit "Analysieren - Mittelwerte vergleichen - T-Test bei unabhängigen Stichproben" kommen wir zu einem Bild, in dem wir Wert als Testvariable und Gruppe als Gruppenvariable definieren. Unter "Gruppen def." definieren wir die *x*-Werte als Gruppe 1 und die *y*-Werte als Gruppe 2. Das Ergebnis zeigt (nach Streichung im Moment nicht interessierender Spalten folgendes Schema.

		df	95% Konfidenzintervall der Differenz	
			Untere	Obere
Wert	Varianzen sind gleich	24	-3,7984	,2753
	Varianzen sind nicht gleich	21,021	-3,8138	,2907

Im oberen Teil findet man das Konfidenzintervall nach (3.37) für gleiche Varianzen in beiden Mäusepopulationen [-3,80 ; 0,28]. Das Intervall in der Zeile darunter ist das Konfidenzintervall nach (3.41) für ungleiche Varianzen, [- 3,81 ; 0,29], mit den Freiheitsgraden (*FG*) f^* aus (3.42) nämlich f^* = 21,02). (In SPSS wurde die englische Abkürzung *d.f.* nicht ins Deutsche übersetzt).

3.3   Auswahlverfahren

Häufig ist es das Ziel wissenschaftlicher Untersuchungen, die beste aus einer Anzahl gegebener Möglichkeiten auszuwählen. Dies kann in einer klinischen Studie diejenige von mehreren Therapien sein, die mit der größten Wahrscheinlichkeit zur Heilung führt oder es kann das wirksamste aus einer Menge von Arzneimitteln sein. In der industriellen Forschung geht es oft darum, die beste von mehreren Technologien zu bestimmen und in der Agrarforschung sucht man die beste Sorte, das wirksamste Düngeverfahren oder Pflanzenschutzmittel. Man findet in allen Forschungsgebieten Beispiele, wo das Ziel eines Experimentes darin besteht die "beste" von mehreren Möglichkeiten herauszu-finden. Was wir unter "gut" und das "beste" verstehen, muss als Teil der Aufgabenstel-lung genau definiert werden. Wenn wir im statistischen Modell jede der Möglichkeiten durch eine Grundgesamtheit modellieren und das interessierende Merkmal durch eine Zufallsvariable, deren Verteilung sich zwischen den Grundgesamtheiten nur durch einen der Parameter unterscheidet, so kann die beste Grundgesamtheit die mit der größten Wahrscheinlichkeit für ein Ereignis, die mit dem größten Erwartungswert oder die mit der kleinsten Varianz sein.

Obwohl viele praktische Fragestellungen genau auf die Frage der Auswahl der besten Grundgesamtheit bzw. der zugehörigen Verteilung hinauslaufen, werden meist weder das gerade beschriebene statistische Modell noch die eigens dafür entwickelten statistischen Auswahlverfahren benutzt. Das liegt sicher auch daran, dass diese in den letzten 50 Jahren entstandenen Methoden (siehe MIESCKE und RASCH, 1996) in den meisten Statistikbücher nicht behandelt, ja teilweise nicht einmal erwähnt werden.

Wir behandeln die Auswahlverfahren hier vor den Tests, um herauszustellen, dass wir sie in vielen Fällen als der Fragestellung besser angepasst halten als die multiplen Mittelwert-vergleiche, die in Abschnitt 4.3 zu finden sind.

Statistische Auswahlverfahren kann man in zwei Gruppen einteilen:

Die erste Gruppe der Verfahren geht von der Indifferenzbereichformulierung aus und wählt genau die t besten von a gegebenen Grundgesamtheiten aus, auf diese Methoden wollen wir uns hier beschränken.

In die zweite Gruppe fallen Verfahren, die aus der Menge von a Grundgesamtheiten eine Teilmenge zufälligen Umfangs auszuwählen gestatten, die die beste Grundgesamtheit (mit vorgegebener Wahrscheinlichkeit) enthält. Hinsichtlich dieser Gruppe verweisen wir auf GUPTA und PANCHAPAKESAN (1972, 1979).

Die Indifferenzbereichformulierung stammt von BECHHOFER (1954). Sie lautet wie folgt: Gegeben seien a "unabhängige" Behandlungen, Verfahren oder Populationen, die durch eine endliche Menge $S = \{P_{\theta 1}, ..., P_{\theta a}\}$ vom Umfang a mit Elementen aus einer Familie von Verteilungen modelliert werden. "Unabhängig" bedeutet dabei, dass die Stichproben, die aus den diesen Verteilungen entsprechenden Grundgesamtheiten entnommen werden, unabhängig voneinander sein sollen. Aus dieser Menge S haben wir die t "besten" Elemente auszuwählen. Um zu definieren, was wir mit "beste" meinen, kommen wir auf die Parametertransformation $\psi = g(\theta)$ aus Abschnitt 3.1 zurück. Wir beschränken uns auf reelle Funktionen g und sagen, dass $P_{\theta i}$ besser ist als $P_{\theta j}$, falls

$$\psi_i = g(\theta_i) > \psi_j = g(\theta_j)$$

gilt.

In diesem Sinne sind, da die Parameter unbekannt sind, auf Grund eines Versuches die t besten der a Verteilungen mit $1 \leq t < a$ mit einer vorgegebenen Wahrscheinlichkeit $P(RA)$ für eine richtige Auswahl auszuwählen.

Eine absolut richtige Auswahl wäre nur möglich, wenn die Parameter bekannt wären, dann braucht man aber auch keinen Versuch. Wir verdeutlichen das an einem Beispiel.

Beispiel 3.6

Wir wählen eine Situation in der wir den wahren Sachverhalt kennen. Mit Hilfe eines Würfels definieren wir zwei Populationen, indem wir uns je einen "fünfseitigen" Würfel definieren. In der ersten Population negieren wir jeden Wurf mit einer "6" und erhalten damit einen Würfel mit den Zahlen {1,2,3,4,5} und in der zweiten Population negieren wir Würfe mit einer "1" und haben damit einen Würfel mit den Zahlen {2,3,4,5,6}. Hat nun jede Seite der so definierten Würfel die gleiche Wahrscheinlichkeit (ein Fünftel) in einem Wurf aufzutreten, so ist der Erwartungswert der ersten Population "3" und in der zweiten ist er "4".

Wir wollen nun zufällig Stichproben vom Umfang 2 aus den beiden so definierten Grundgesamtheiten ziehen, indem wir mit den beiden Würfeln zwei mal würfeln (Natürlich, kann man auch Stichproben aus 2 Verteilungen mit dem Zufallsgenerator eines Rechners erzeugen, dieses Beispiel kann man aber auch im Praktikum durchführen, wenn kein Rechner vorhanden ist). Aus den Würfelergebnissen berechnen wir das Stichprobenmittel und bezeichnen den Würfel als den besten, der den größeren Mittelwert ergibt (Natürlich wissen wir bei einem echten Problem nicht, welches die beste Population ist). Um die Wahrscheinlichkeit einer richtigen Auswahl zu berechnen, brauchen wir nur zu wissen, wie oft die 2. Population (zu recht) als die bessere bezeichnet wird. Wir schreiben alle möglichen Ergebnisse (a,b) auf, dabei ist "a" das Ergebnis im ersten und "b" das im zweiten Wurf:

Grundgesamtheit 1: (1,1); (1,2); (1,3); (1,4); (1,5);
(2,1); (2,2); (2,3); (2,4); (2,5);
(3,1); (3,2); (3,3); (3,4); (3,5);
(4,1); (4,2); (4,3); (4,4); (4,5);
(5,1); (5,2); (5,3); (5,4); (5,5);

Grundgesamtheit 2: (2,2); (2,3); (2,4); (2,5); (2,6);
(3,2); (3,3); (3,4); (3,5); (3,6);
(4,2); (4,3); (4,4); (4,5); (4,6);
(5,2); (5,3); (5,4); (5,5); (5,6);
(6,2); (6,3); (6,4); (6,5); (6,6).

In jeder Grundgesamtheit hat jedes der Ereignisse (a,b) die gleiche Wahrscheinlichkeit aufzutreten. Außerdem kann jedes Ergebnis der ersten mit jedem der zweiten Grundgesamtheit kombiniert als **ein** mögliches Versuchsergebnis auftreten. Dass falsche Auswahl nicht unmöglich ist, zeigt obiges Beispiel. Wirft man in der Grundgesamtheit 1 den 14. Wurf (3,4) und in der anderen Grundgesamtheit den 6. Wurf (3,2), so wird die erste Grundgesamtheit nach diesem Versuch fälschlich als die bessere bezeichnet. Der Leser kann als Übung ausrechnen, in wie vielen der 25·25 möglichen Versuchsergebnisse der Mittelwert der 2 Zahlen der Grundgesamtheit 2 größer als der der 2 Zahlen der Grundgesamtheit 1 ist, diese Anzahl geteilt durch 25·25 ergibt die Wahrscheinlichkeit einer richtigen Auswahl (Hinweis: Man muss dazu die Stichprobenmittel nicht ausrechnen, beginnt man mit (6,6); (6,5) und (5,6) aus Grundgesamtheit 2, so führen diese jeweils in allen 25 Fällen der Grundgesamtheit 1 zur richtigen Auswahl usw. bis zu (2,2) aus Grundgesamtheit 2, das nur noch für (1,1); (2,1) und (1,2) aus Gesamtheit 1 zur richtigen Auswahl führt).

Wie kann man die Wahrscheinlichkeit für eine richtige Auswahl erhöhen? In unserem

Beispiel - aber auch ganz allgemein - dadurch, dass man den Stichprobenumfang erhöht, ganz ähnlich also, wie bei der Punkt- oder Intervallschätzung.

Nun hängt aber die Wahrscheinlichkeit für eine richtige Auswahl nicht nur vom Stichprobenumfang sondern auch vom Abstand zwischen den t besten und den a-t nichtbesten ab. Diese Tatsache ist der Grund, warum der Begriff des Indifferenzbereichs von BECHHOFER eingeführt wurde. Er forderte, dass die Wahrscheinlichkeit einer falschen Auswahl $P(FA)$ also dafür, dass eine der a-t nichtbesten Populationen irrtümlich als eine der t besten Populationen bezeichnet wird, nicht größer als ein vorgegebenes β ist, solange die Differenz zwischen der schlechtesten von den t besten Populationen und der besten von den a-t übrigen Populationen größer als ein vorgegebenes d ist. Dieses d ist die den Versuchsansteller praktisch interessierende Mindestdifferenz, sie charakterisiert den Indifferenzbereich als Mindestabstand zwischen den t besten und den a-t "nichtbesten" Populationen.

Nehmen wir einmal an, die ψ-Werte sind bekannt. In diesem Fall bezeichnen wir mit $\psi_{[1]} < \psi_{[2]} < ... < \psi_{[a]}$ die geordneten Werte von ψ, eine Population heiße besser als eine andere, wenn sie den größeren Parameterwert hat. Der Wert $\psi_{[a-t+1]}$ gehört dann zur schlechtesten der t besten Populationen, und $\psi_{[a-t]}$ gehört zur besten der übrigen Populationen. Wenn $\psi_{[a-t+1]} - \psi_{[a-t]} < d$ ist, liegt der Abstand zwischen beiden Gruppen im Indifferenzbereich in dem die Wahrscheinlichkeit für eine falsche Auswahl von BECHHOFER nicht beschränkt wurde (es gibt aber einen Vorschlag von GUIARD (1996) auch für eine Aussage in diesem Fall).

Die Genauigkeitsforderung der Bechhoferschen Indifferenzbereichformulierung ist damit: Im Fall, dass $\psi_{[a-t+1]} - \psi_{[a-t]} \geq d$ gilt, ist die Wahrscheinlichkeit einer falschen Auswahl nicht größer als β.

Durch die 4 Werte (a, t, d, β) ist die Genauigkeitsforderung gegeben, sie dient zur Bestimmung des minimalen Umfangs jeder der a Stichproben. Da die Formeln hierfür komplizierter sind als in den vorherigen Abschnitten, verweisen wir vorwiegend auf CADEMO AUWA, mit dem sich die Stichprobenumfänge u.a. für folgende Fälle berechnen lassen:

- Auswahl von t Normalverteilungen mit dem größten (kleinsten) Erwartungswert bei bekannten oder unbekannten, gleichen oder ungleichen Varianzen,
- Auswahl der Normalverteilung mit der größten (kleinsten) Varianz (mit modifizierter Genauigkeitsforderung für Quotienten an Stelle von Differenzen)
- Auswahl der t Binomialverteilungen mit der größten (kleinsten) Wahrscheinlichkeit p_i für ein bestimmtes Ereignis.

Beispiel 3.7

Aus a Normalverteilungen mit bekannten und gleichen Varianzen $\sigma_i^2 = \sigma^2$ und unbekannten Erwartungswerten μ_i ist die beste ($t = 1$), d.h. die mit dem größten Erwartungswert auszuwählen, d.h. es ist $\psi_i = \mu_i$. Aus jeder Population ist je eine Zufallsstichprobe $(y_{i1}, y_{i2}, ..., y_{in_i})$ vom Umfang n_i ($i=1, ..., a$) (unabhängig voneinander) zu erheben, wie sind die Stichprobenumfänge bei durch $(a, 1, d, \beta)$ vorgegebener Genauigkeitsforderung zu wählen, wenn die BECHHOFERsche Auswahlregel: "Wähle die Population als beste aus, für die sich der größte Stichprobenmittelwert ergibt!" angewendet wird? Hier ist die Auswertung denkbar einfach, ein Grund, warum Auswahlverfahren in den meisten Auswertungsprogrammsystemen nicht auftauchen. Was Mühe macht, ist die Bestimmung der n_i ($i=1, ..., a$).

Wir wählen $n_i=n$ und berechnen mit dem $(1-\beta)$-Quantil $u_{[a-1]}(1-\beta)$ der $(a-1)$-dimensionalen Normalverteilung zunächst

$$c^2 = \frac{d^2}{2(u_{(a-1)}(1-\beta))^2} \qquad (3.43)$$

und daraus n aus

$$n = \text{CEIL}(\sigma^2/c^2) \qquad (3.44)$$

Tabellen mit den Quantil $u_{[a-1]}(1-\beta)$ sind z.B. in VB, 1/51/1012 zu finden.

Wählen wir $d = \sigma$, $\beta = 0,05$ um den erforderlichen Mindeststichprobenumfang für die Auswahl aus $a=5$, $a=10$ bzw. $a = 20$ Grundgesamtheiten zu berechnen, so lesen wir zunächst die Quantile $u_{[4]}(0,95)=2,16$; $u_{[9]}(0,95) = 2,417$ und $u_{[19]}(0,95) = 2,631$ ab und erhalten die n-Werte $n = 10$; 12 bzw. 14. Je größer die Anzahl der Grundgesamtheiten ist, aus der die beste auszuwählen ist, um so höher wird in diesem Falle der minimale Stichprobenumfang. Im CADEMO-Modul AUWA geben wir, wie in Abbildung 3.14 gezeigt, die Vorgaben ein und erhalten das Ergebnis der Abbildung 3.15.

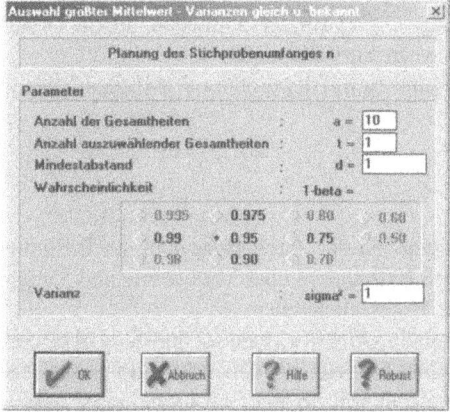

Abbildung 3.14 *Genauigkeitsvorgaben in AUWA*

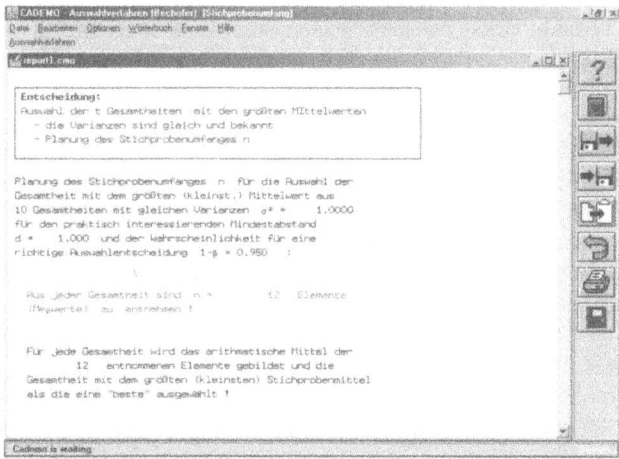

Abbildung 3.15 *Erforderlicher Umfang jeder Stichprobe im Fall a = 10*

In VB findet man Auswahlverfahren für folgende Probleme:

3/27/1101 -   Auswahl des größten Mittelwertes von a Normalverteilungen mit gleichen Varianzen,

3/27/1102 -   Auswahl der t größten Mittelwerte von a Normalverteilungen mit gleichen, bekannten Varianzen,

3/27/1202 -   Sequentielle Auswahl des größten Mittelwertes von a Normalverteilungen mit unbekannten gleichen Varianzen,

3/27/1301 -   Auswahl der t größten Mittelwerte von a Normalverteilungen mit beliebigen unbekannten Varianzen,

3/27/3101 -   Auswahl einer Teilmenge aus a Normalverteilungen, die den größten Mittelwert enthält (gleiche, bekannte Varianzen).

3/27/3201 -   Auswahl einer Teilmenge vom Umfang $r \geq t$ aus a Normalverteilungen, die den größten Mittelwert enthält (gleiche, bekannte Varianzen).

3/27/4201 -   Auswahl einer Teilmenge aus a Normalverteilungen, die alle Grundgesamtheiten enthält, die besser als ein Standard sind.

3/31/0001 -   Auswahl der t Grundgesamtheiten mit den kleinsten Varianzen.

3/33/0010 -   Auswahl einer Teilmenge aus a Grundgesamtheiten, die die Grundgesamtheit mit der kleinsten Varianz enthält.

3/63/0001 -   Auswahl der Grundgesamtheit mit der größten Wahrscheinlichkeit.

3.4 Hypothesenprüfung

Dieser Abschnitt beschreibt die Probleme bei der Auswertung und der Bestimmung des Stichprobenumfangs für das Prüfen von Hypothesen über Mittelwerte und Varianzen von Normalverteilungen und auch über Wahrscheinlichkeiten.

Zunächst wollen wir einleitend die Grundbegriffe der Hypthesenprüfung beschreiben:

Hypothesen über Parameter statistischer Modelle werden mit Hilfe statistischer Tests geprüft. Ein statistischer Test ist eine Regel, mit der man auf Grund einer oder mehrerer Zufallsstichproben eine Wahl zwischen zwei sich ausschließenden (aber zusammen alle Möglichkeiten umfassenden) Hypothesen über den Parameter θ der Verteilung der Elemente der Zufallsstichprobe trifft. Einen statistischen Test, oder kurz einen Test kann man auch als die Lösung eines Zweientscheidungsproblems ansehen. In der Mathematischen Statistik und speziell in ihren Anwendungen werden oft auch Drei- und Mehrentscheidungsprobleme als Tests bezeichnet. Beispiele hierfür sind der Tukey-Test oder der Dunnett-Test in Kapitel 4.

Wir weisen hier ausdrücklich daraufhin, dass das Ergebnis eines statistischen Tests keine Aussage über die Wahrheit einer der zwei Hypothesen ist. Eine Hypothese wird durch einen Test entweder angenommen oder abgelehnt - es wird damit eine Handlungsempfehlung ausgesprochen und nichts darüber ausgesagt, ob die Hypothese, die angenommen wurde, wirklich gilt oder nicht. Das kommt daher, dass wir Wahrheitsaussagen nicht aus empirisch erhaltenen Realisationen einer Zufallsstichprobe herleiten können. Die Annahme einer Hypothese kann also zu Recht oder zu Unrecht erfolgen. Daraus folgt aber, dass zwei Arten von Fehlern möglich sind, in Abhängigkeit davon, welche der zwei Hypothesen zu Unrecht angenommen wurde. Wir bezeichnen diese Fehler als Fehler erster und zweiter Art. Dies spiegelt ein gewisses Ungleichgewicht zwischen den zwei Hypothesen wider. Wir nennen eine von ihnen die Nullhypothese H_0 und die andere die Alternativhypothese H_A.

Der Name Nullhypothese ist darauf zurückzuführen, dass man häufig die Hypothese fehlender Unterschiede zwischen Parametern, z.B. Mittelwerten (also, dass die Differenz zweier Mittelwerte gleich "Null" ist) zur Nullhypothese erklärt. Die Wahrscheinlichkeit dafür, die Nullhypothese zu Unrecht zu verwerfen, kann durch einen Test sehr leicht kontrolliert werden.

Die Tatsache, dass eine Nullhypothese verworfen wird, obwohl sie richtig ist, bezeichnen wir als Fehler erster Art. Nehmen wir dagegen die Nullhypothese an oder, was dasselbe bedeutet, lehnen wir die Alternativhypothese ab, wenn die Nullhypothese falsch ist, so bezeichnen wir diesen Fehler als Fehler zweiter Art.

Beispiel 3.8

Angenommen, eine Zufallsvariable y mit Erwartungswert μ und bekannter Varianz σ^2 ist normalverteilt (kurz nach $N(\mu, \sigma^2)$ verteilt). Mit irgendeinem Wert μ_0 wollen wir die Nullhypothese

$\qquad H_0 : \mu = \mu_0$

gegen die Alternativhypothese

$\qquad H_A : \mu \neq \mu_0$

testen. Der Fehler erster Art tritt auf, wenn $\mu = \mu_0$ ist und die Nullhypothese abgelehnt wird. Der Fehler zweiter Art tritt auf, wenn die Nullhypothese angenommen wird und $\mu \neq \mu_0$ gilt. Letzterer Fehler ist sicher um so schwer wiegender, je größer der Unterschied zwischen μ und μ_0 ist. Wie wir später sehen werden, ist die Wahrscheinlichkeit dafür, dass dieser Fehler auftritt, umso kleiner, je größer $|\mu - \mu_0|$ ist.

Definition 3.2

Eine Hypothese heißt einfach, wenn sie nur aus einem Punkt des Parameterraumes besteht, ansonsten heißt sie zusammengesetzt. Liegt der Alternativhypothesenbereich bei reellen Parametern ausschließlich auf einer Seite des Nullhypothesenbereiches, so heißt die Hypothese und der entsprechende Test einseitig, ansonsten zweiseitig.

Die (fälschliche) Ablehnung einer gültigen Nullhypothese wird als Fehler erster Art und die (fälschliche) Ablehnung einer gültigen Alternativhypothese wird als Fehler zweiter *Art* bezeichnet. Die Wahrscheinlichkeit für einen Fehler erster Art nennen wir das Risiko erster Art $\alpha(\theta)$, das Maximum α von $\alpha(\theta)$ im Nullhypothesenbereich heißt Signifikanzniveau. Die Wahrscheinlichkeit für einen Fehler zweiter Art nennen wir das Risiko zweiter Art $\beta(\theta)$.

Die Wahrscheinlichkeit $\pi(\theta)$ für die Ablehnung der Nullhypothese (egal, ob sie gültig ist oder nicht) als Funktion des unbekannten Parameter θ einer Verteilung über den die Hypothesen formuliert wurden, heißt Gütefunktion.

Beispiel 3.8 - Fortsetzung

Unter den Annahmen von Beispiel 3.8 soll die (einfache) Nullhypothese gegen eine (einseitige aber zusammengesetzte) Alternativhypothese geprüft werden, d.h.:

$\qquad H_0 : \mu = \mu_0$ (Nullhypothese)

ist gegen die einseitige Hypothese

$\qquad H_A : \mu > \mu_0$ (Alternativhypothese),

mit bekanntem σ^2 zu prüfen. Ist $\bar{y}$ der Mittelwert der n Elemente y_i der Zufallsstichprobe $y^T = (y_1, ..., y_n)$, wobei die y_i nach $N(\mu, \sigma^2)$ verteilt sind, so kann der Test mit der

Prüfzahl $\qquad u = \dfrac{\overline{y} - \mu_0}{\sigma}\sqrt{n}$

bei einem vorgegebenem Signifikanzniveau α durchgeführt werden. Um das für ein bestimmtes Signifikanzniveau, das in diesem Fall gleich dem eindeutigen Wert des Risikos erster Art α ist (da der Bereich der Nullhypothese nur aus dem Punkt μ_0 besteht) tun zu können, müssen wir die Verteilung von u kennen. Da aber nach obiger Voraussetzung die Elemente der Zufallsstichprobe einer N(μ, σ^2)-Verteilung folgen, ist

$\overline{y}$ N(μ, σ^2/n)-verteilt und u ist $N(\dfrac{\mu - \mu_0}{\sigma}\sqrt{n}; 1)$-verteilt.

Wir nennen

$$\lambda = \frac{\mu - \mu_0}{\sigma}\sqrt{n} \tag{3.45}$$

den Nichtzentralitätsparameter der Verteilung der Prüfzahl u.

Falls die Nullhypothese gilt, ist der Nichtzentralitätsparameter gleich Null.

Unter der Nullhypothese haben Prüfzahlen oft eine einfachere Verteilung als unter der Alternativhypothese und Tabellen ihrer Quantile sind einfach verfügbar (wie z.B. die Tabellen A1 - A6 im Anhang). In unserem Fall ist u $N(0,1)$-verteilt, falls die Nullhypothese gilt. Die Wahrscheinlichkeit dafür, dass eine $N(0,1)$-verteilte Zufallsvariable größer als das $(1-\alpha)$-Quantil $u(1-\alpha)$ der Standardnormalverteilung ist, ist gerade gleich α. Lehnen wir nun H_0 ab, wenn $u > u(1-\alpha)$ ist, so ist die Wahrscheinlichkeit dafür, dass die Nullhypothese abgelehnt wird, wenn sie gilt, ist gleich dem vorgegebenem Risiko erster Art α..

Wir wollen nun die Gütefunktion dieses Tests berechnen und setzen dafür vereinfachend voraus, dass σ^2 ganzzahlig ist und $n = \sigma^2$ gewählt wurde. Ferner sei $\mu_0 = 6$. Dann kann die Wahrscheinlichkeit $\pi(\mu) = P(u > u)$ für jedes reelle u einfach als Funktion vom μ dargestellt werden. (Tabelle 3.4) .

Tabelle 3.4 *Werte der Gütefunktion $\pi(\mu) = P(u > u(1-\alpha))$ von Beispiel 3.8 (μ_0=6).*

μ	$\pi(\mu)$
6	0,05
7	0,26
8	0,64
9	0,91
10	0,99
11	$\cong 1,00$

In diesem Beispiel wächst $\pi(\theta)$ von seinem kleinsten Wert $\alpha = 0,05$ an der Stelle $\mu = 6$ monoton in μ. Für μ-Werte außerhalb des Nullhypothesenbereiches aber innerhalb des Bereiches der Alternativhypothese ist $\pi(\theta) = 1 - \beta(\theta)$ die Wahrscheinlichkeit für die Ablehnung der Nullhypothese wenn sie gilt. Man beachte, dass $\pi(\theta)$ nur in der Vereinigung der Bereiche beider Hypothesen definiert ist. Je stärker die μ-Werte vom Nullhypothesenwert 6 abweichen, desto kleiner ist $\beta(\theta)$, d.h. die Gefahr, große Abweichungen nicht zu bemerken, ist relativ gering.

Die letztere Bemerkung des Beispiels gilt für alle Tests, die wir in diesem Buch behandeln, derartige Tests heißen unverfälscht. Es gibt aber Tests, bei denen die Gütefunktion ihren kleinsten Wert im Gebiet der Alternativhypothese annimmt, solche Tests heißen dann verfälscht.

Tests mit einer monotonen Gütefunktion gestatten es uns folgende Genauigkeitsforderungen als Basis für die Bestimmung von Stichprobenumfängen zu formulieren:

- Das Risiko erster Art für eine zusammengesetzte Nullhypothese darf eine Obergrenze α nicht überschreiten oder im Falle einer einfachen Nullhypothese soll es gleich α sein.
- Das Risiko zweiter Art darf den Wert β_0 nicht überschreiten, solange (für einen vorher definierten Abstand) der Abstand zwischen dem tatsächlichen Wert des Parameters (im Bereich der Alternativhypothese) und dem Wert des Parameters unter der Nullhypothese mindestens gleich einem Wert d ist, d.h., falls $d \leq |\mu - \mu_0|$. Das Symbol d wird meist bei Hypothesen über Lageparameter, wie den Erwartungswert benutzt, dann nennt man d die praktisch relevante Mindestdifferenz. Für Skalenparameter, wie die Varianz, benutzt man oft die Symbole dr oder τ.

Die Genauigkeitsvorgabe ist damit durch das Tripel (α, β_0, d) und eventuell durch a-priori-Kenntnisse über Parameter der Verteilung (z.B. σ^2) angegeben.

Wir diskutieren das anhand von Beispiel 3.8.

Beispiel 3.8 - Fortsetzung

Mit $\mu_0 = 6$, wie wir das bei der Berechnung von Tabelle 3.4 angenommen hatten, fordern wir neben $\alpha = 0,05$ noch $\pi(\theta) \geq 0,8 = 1 - \beta_0$, falls $\mu \geq 8$ gilt (und folglich $\beta(\theta) \leq 0,2$ falls $\mu \geq 8$). Das bedeutet, wir fordern, dass $\beta(\theta) \leq 0,2$ falls zwischen μ und μ_0 ein Mindestabstand von $d=2$ besteht. Wegen der Monotonie der Gütefunktion ist diese Forderung erfüllt, falls $\beta(8) \leq 0,2$ ist. Es ist damit ausreichend, einen minimalen Stichprobenumfang n zu bestimmen, der garantiert, dass $\beta(8) = \beta_0 = 0,2$ ist. Wir müssen also n so wählen, dass für $\mu = 8$ die Wahrscheinlichkeit einer fälschlichen Annahme der Nullhypothese gleich 0,2 ist und das bedeutet, dass $\beta(8) = P(u < u(1-\alpha)| \mu=8) = 0,2$ sein muss. Für $\alpha = 0,05$ ist $u(0,95) = 1,645$ und wir erhalten

$$\beta(8) = P(u < 1,645|\mu=8) = 0,2 \ .$$

Aus $\mu = 8$ ergibt sich

$$u = \frac{\bar{y} - \mu_0}{\sigma}\sqrt{n} = \left(\frac{\bar{y} - 8}{\sigma} + \frac{8 - 6}{\sigma}\right)\sqrt{n} = u_0 + \frac{2}{\sigma}\sqrt{n} \ ,$$

wobei u_0 eine Zufallsvariable mit $N(0;1)$-Verteilung ist. Unsere Forderung können wir in der Form:

$$\beta(8) = P(u_0 < 1,645 - \frac{2}{\sigma}\sqrt{n}) = 0,2$$

schreiben. Dies aber bedeutet, dass die Größe nach dem < -Zeichen in obiger Klammer gleich dem 0,2-Quantil der Standardnormalverteilung also gleich -0,842 sein muss. Nehmen wir an, es sei σ gleich 2, dann können wir die Gleichung

$$1,645 - \sqrt{n} = -0,842$$

ganzzahlig unter Verwendung des CEIL-Operators lösen:

$$n = \text{CEIL}\left[(1,645 + 0,842)^2\right] = 7.$$

Allgemein gilt für $d = \mu - \mu_0$ wegen $u(\beta) = -u(1-\beta)$ die Gleichung für n:

$$n = \text{CEIL}\{[u(1-\alpha) - u(\beta)]^2 \frac{\sigma^2}{d^2}\} = \text{CEIL}\{[u(1-\alpha) + u(1-\beta)]^2 \frac{\sigma^2}{d^2}\}. \tag{3.46}$$

Im Falle einer zweiseitigen Alternativhypothese ersetzen wir in (3.46) α durch $\alpha/2$.

3.4.1   Prüfung von Hypothesen über den Mittelwert einer Normalverteilung

Wir wollen eine Zufallsstichprobe $y_1, y_2, ..., y_n$ vom Umfang n aus einer normalverteilten Grundgesamtheit mit Mittelwert μ und Varianz σ^2 erheben, um die Nullhypothese
   $H_0 : \mu = \mu_0$ (μ_0 ist eine gegebene Konstante)
gegen eine der folgenden Alternativhypothesen:
   a) $H_A : \mu > \mu_0$ (einseitige Alternative)
   b) $H_A : \mu < \mu_0$ (einseitige Alternative)
   c) $H_A : \mu \neq \mu_0$ (zweiseitige Alternative)

zu prüfen.
Für den Fall bekannter Varianz wurde das Vorgehen bereits einleitend beschrieben.
Ist σ **unbekannt**, so ersetzen wir die Prüfzahl u durch die Studentsche Prüfzahl t, die wir formal aus u erhalten, indem wir σ durch die Stichprobenstandardabweichung s ersetzen. Diese Prüfzahl ist

$$t = \frac{\bar{y} - \mu_0}{s}\sqrt{n} \tag{3.47}$$

Für ein Risiko erster Art α wird H_0 abgelehnt falls
in Fall a), $t > t(n-1;1-\alpha)$,
in Fall b) $t < t(n-1; \alpha) = -t(n-1; 1-\alpha)$
in Fall c) $|t| > t(n-1; 1-\alpha/2)$ gilt und sonst angenommen.
SPSS berechnet stets für die zweiseitige Alternative (Fall c) den so genannten Signifikanz- oder P-Wert (in der Ausgabe Sig.(2-seitig) genannt) das ist der Wert der Wahrscheinlichkeit $P(t(n-1) < -|t|) + P(t(n-1) > |t|) = 2* P(t(n-1) > |t|)$. Danach wird H_0 verworfen, sofern der P-Wert kleiner als das gewählte α. ist. Bei einseitigen Alternativhypothen verdoppeln wir einfach unser gewähltes α, vergleichen also einfach 2α mit Sig.(2-seitig).
Die Prüfzahl (3.47) ist nichtzentral t-verteilt mit $n-1$ Freiheitsgraden und dem gleichen Nichtzentralitätsparameter $\lambda = [(\mu - \mu_0)\sqrt{n}]/\sigma$ wie bei bekannter Varianz. Unter der Nullhypothese $\mu = \mu_0$ ist wieder $\lambda = 0$. Mit dem $(1-\alpha)$-Quantil $t(n-1;1-\alpha)$ der zentralen t-Verteilung mit $n-1$ Freiheitsgraden und dem β-Quantil der entsprechenden nichtzentralen t-Verteilung $t(n-1;\lambda;\beta)$ erhalten wir in Analogie zu Beispiel 3.8 für Fall a) aus

$$1 - \pi(\theta) = P(t < t(n-1;1-\alpha)|\lambda) = \beta$$

die Forderung:

$$t(n-1;1-\alpha) = t(n-1;\lambda;\beta) \qquad (3.48)$$

In Worten: Das $(1-\alpha)$-Quantil der zentralen t-Verteilung (der Verteilung bei Gültigkeit der Nullhypothese) muss gleich dem β-Quantil der nichtzentralen t-Verteilung mit Nichtzentralitätsparameter λ sein, wobei λ von der Mindestdifferenz d abhängt. Wir veranschaulichen dies durch Abbildung 3.16

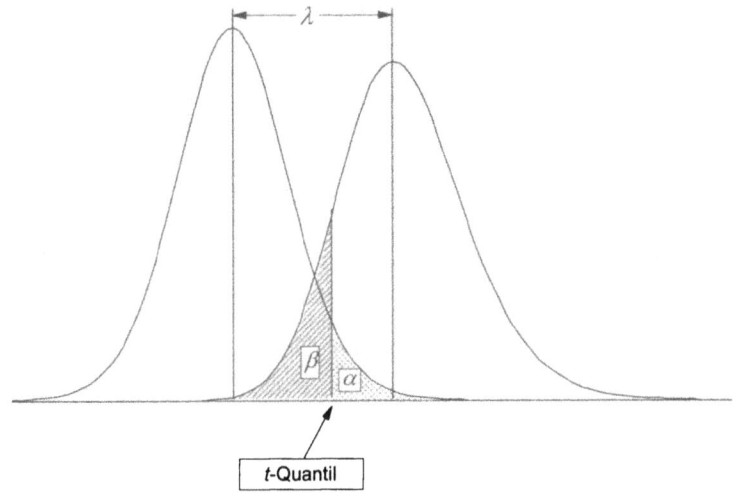

Abbildung 3.16   *Graphische Darstellung der zwei Risiken (α und β) von (3.48)*

Wir verwenden eine Approximation, die zur Bestimmung von Stichprobenumfängen hinreichend genau ist und zwar

$$t(n-1;\lambda;\beta) \approx t(n-1;\beta) + \lambda = t(n-1;\beta) + \frac{\mu-\mu_0}{\sigma}\sqrt{n} \qquad (3.49)$$

Aus der Forderung (3.48) ergibt sich analog zu (3.46) für das minimale n:

$$n = \mathrm{CEIL}\{[t(n-1;1-\alpha) - t(n-1;\beta)]^2 \frac{\sigma^2}{d^2}\}$$
$$= \mathrm{CEIL}\{[t(n-1;1-\alpha) + t(n-1;1-\beta)]^2 \frac{\sigma^2}{d^2}\} \qquad (3.50)$$

Beispiel 3.1 - Fortsetzung

Wir verwenden die Werte des ersten Wurfes von Beispiel 3.1 (die x-Werte der Tabelle 3.1), die wir jetzt mit y_i bezeichnen, um die Hypothese zu prüfen, dass der Mittelwert der Wurfmasse in der Mäusepopulation gleich 8 g ist und zwar gegen jede der drei Alternativhypothesen (dies aber nur, um für alle drei Fälle ein Beispiel zu rechnen, bei praktischen Problemen führt die Aufgabenstellung zu genau einer Alternativen!). Wir wählen $\alpha = 0{,}05$. In Abbildung 3.3 finden wir

$\bar{y} = 9{,}769$ und $s^2 = 3{,}947$, so dass $s_{\bar{y}} = \dfrac{\sqrt{3{,}947}}{\sqrt{13}} = 0{,}551$ und

$$t = \frac{9{,}769 - 8}{1{,}987}\,\sqrt{13} = \frac{9{,}769 - 8}{0{,}551} = 3{,}21 \text{ gilt.}$$

Mit SPSS wählen wir die Folge Analysieren - Mittelwerte vergleichen - T-Test bei einer Stichprobe und erhalten eine Abbildung der Form von Abbildung 3.5. Setzen wir für μ_0 den Wert 8 ein und nicht wie in Abbildung 3.5 den Wert 0 für Testwert, so erhalten wir wieder $t = 3{,}21$.

Da $t(12; 0{,}95) = 1{,}7823$ und $t(12; 0{,}975) = 2{,}1788$ ist, ergeben sich folgende Entscheidungen:

Fall a: verwirf H_0 (3,21 > 1,78)

Fall b: nimm H_0 an (3,21 nicht < -1,78)

Fall c: verwirf H_0 (3,21 > 2,18).

Angenommen α und β seien die Risiken erster bzw. zweiter Art. Wir wollen den minimalen Umfang n einer Stichproben für gegebenes α so bestimmen, dass β als Funktion von $(\mu - \mu_0)$ für

$\mu - \mu_0 \geq d$ im Fall der Alternativhypothese (a)

$\mu - \mu_0 \leq -d$ im Fall der Alternativhypothese (b) und

$|\mu - \mu_0| \geq d$ im Fall der Alternativhypothese (c)

einen vorgegebenen Wert β_0 nicht überschreitet.

Der Wert d ist die praktisch interessierende Mindestdifferenz.

Die Bestimmung von n erfolgt also in Abhängigkeit von den Genauigkeitsforderungen, die durch α, β_0 und d gegeben sind und einem Schätzwert s^2 für die Varianz σ^2 der Verteilung (bzw. die Anwendung von Algorithmus B)

Der optimale Stichprobenumfang wird dann iterativ mit Hilfe von Algorithmus A aus

$$n = \text{CEIL}\left[\frac{\sigma^2}{d^2} \cdot \left[t(n-1; P) + t(n-1; 1-\beta_0)\right]^2\right] \tag{3.51}$$

berechnet, wobei $P = 1 - \alpha$ für die einseitige Alternativhypothesen und $P = 1 - \alpha/2$ für die zweiseitige Alternative zu wählen sind. Ist kein Schätzwert von σ^2 vorhanden und ein zweistufiges Vorgehen nach Algorithmus B nicht möglich, so kann d auch relativ zu σ durch $d = c \cdot \sigma$ vorgegeben werden. Dies ergibt:

$$n = \text{CEIL}\left[\frac{\left[t(n-1; P) + t(n-1; 1-\beta_0)\right]^2}{c^2}\right] \tag{3.52}$$

In Tabelle 3.5 findet man *Stichprobenumfänge* für $\alpha = 0{,}05$, $\beta_0 = 0{,}20$ und für einige Werte von c.

Tabelle 3.5 *Werte von n in Abhängigkeit von d = c·σ für α = 0,05, β₀ = 0,20; im Fall der zweiseitigen Alternative (d.h. P = 1 - α/2).*

d	$0{,}04 \cdot \sigma$	$1/10 \cdot \sigma$	$1/5 \cdot \sigma$	$1/4 \cdot \sigma$	$1/3 \cdot \sigma$	$1/2 \cdot \sigma$	$1 \cdot \sigma$
n	4908	787	199	128	73	34	10

Bemerkung: Da $t(\text{FG}, 0{,}5) = 0$ für alle Werte von FG gilt, besteht folgender Zusammenhang zwischen einem zweiseitigen $(1-\alpha)$-Konfidenzintervall KI für μ und einem zweiseitigen Test von H_0: $\mu = 0$ mit ein Risiko erster Art α:

(i) Die Formeln (3.20) und (3.51) sind identisch, falls $P = 1 - \alpha/2$ und $\beta_0 = 0,5$.

(ii) H_0 wird genau dann angenommen, wenn das KI die Null enthält.

(iii) verwenden wir (ii) als Test, so ist die Güte des Tests $1-\beta = 0,5$ falls $\mu = 2d$ oder
$\mu = -2d$ mit $2d$ als die erwartete Länge des KI.

Beispiel 3.9

Wir wollen den Wert 73 in Tabelle 3.5 für $d = 1/3\sigma$ berechnen. Beginnend mit $n^{(0)} = \infty$ erhalten wir $t(\infty; 0,975) = 1,96$ und $t(\infty, 0,8) = 0,84162$ und damit
$$n^{(1)} = \text{CEIL}[70,64] = 71.$$
Da $t(70; 0,975) = 1,9944$ und $t(70; 0,8) = 0,8448$ gilt, erhalten wir
$$n^{(2)} = \text{CEIL}[72,65] = 73$$
und dieser Wert ändert sich im nächsten Schritt nicht mehr (CEIL(72,60) = 73).

Mit CADEMO-*light* CL erhalten wir mit der Befehlsfolge Fallzahl - Einstichprobenproblem - Mittelwert - Test das gleiche Ergebnis.

Beispiel 3.1 - Fortsetzung

Wir wählen wieder die Wurfgewichte von Mäusen in der ersten Spalte von Tabelle 3.1 und testen die Hypothese

$$H_0: \mu = E(x_i) = 10$$

gegen

$$H_A: \mu \neq 10$$

mit dem Signifikanzniveau $\alpha = 0,05$.

Der Stichprobenumfang der Daten steht mit $n = 13$ bereits fest. Wenn wir bei $\alpha = 0,05$ ein Risiko zweiter Art von 0,2 tolerieren, welches ist die Differenz $d = |\mu - 10|$, die dann mit einer Wahrscheinlichkeit $1-\beta = 0,8$ erkannt wird, falls der Schätzwert $\tilde{\sigma}^2 = 2$ vorliegt?

Wir verwenden CADEMO-*light*, ändern aber in der oberen Menüzeile mit dem Befehl "Moduleinstellungen" - "Fallzahlplanung" das Zielkriterium von Stichprobenumfang in Genauigkeit, wie in Abbildung 3.14 zu sehen.

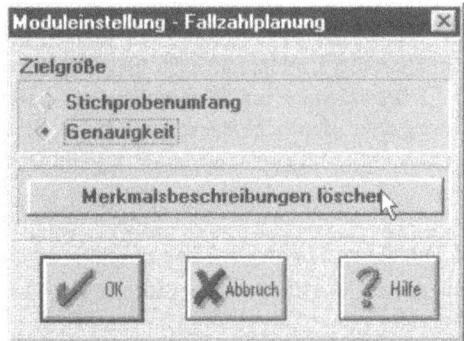

Abbildung 3.17 *Moduleinstellungen*

Dann erhalten wir nach Eingabe unserer Vorgabewerte und $n = 13$ für den Stichprobenumfang das Resultat $d = 1,2$.

Das bedeutet, dass die Gütefunktion für H_0: $\mu = 10$ bei einem Stichprobenumfang $n=13$ und der Varianz $\sigma^2 = 2$ den Wert $\alpha = 0,05$ für $\mu = 10$ und den Wert $0,8$ (= $1-\beta$) für die zwei Werte $\mu = 8,8$ und $\mu = 11,2$ annimmt. Die gesamte Gütefunktion zeigt Abbildung 3.18.

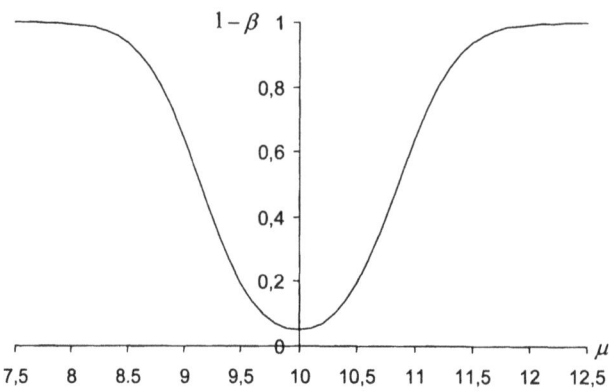

Abbildung 3.18 *Die Gütefunktion für H_0: $\mu = 10$ für $n = 13$ und $\alpha = 0,05$ und $\beta = 0,2$ falls $|\mu - 10| = 1,2$*

3.4.2 Prüfung von Hypothesen über die Mittelwertdifferenz zweier Normalverteilungen

Will man die Erwartungswerte von Normalverteilungen vergleichen, so gibt es zwei Fälle. Man kann einmal die Erwartungswerte der beiden Komponenten einer zweidimensionalen Normalverteilung vergleichen. Oder man zieht aus jeder von zwei Normalverteilungen unabhängig voneinander je eine Zufallsstichprobe - ähnlich wie das schon bei den Konfidenzintervallen in Abschnitt 3.2.2 der Fall war. Wir beginnen mit dem Fall einer zweidimensionalen Verteilung.

3.4.2.1 Gepaarte Beobachtungen

Die Ausgangssituation ist die in Abschnitt 3.2.2.1 beschriebene. Wir können in diesem Fall den t-Test für gepaarte Beobachtungen (oft irreführend auch gepaarte Stichproben genannt) verwenden. Das ist der in 3.4.1 beschriebene Ein-Stichproben-Test angewendet auf die n Differenzen zwischen den paarweisen Beobachtungswerte x und y. Tatsächlich muss man sich ja die Wertepaare (x,y) als **eine** Stichprobe aus einer zweidimensionalen Verteilung vorstellen.

Wir führen das Problem also auf den in 3.4.1 beschriebenen Fall zurück, indem wir (mit den Bezeichnung von Abschnitt 3.2.2.1) μ durch Δ, μ_0 durch 0 und σ^2 durch σ_Δ^2 ersetzen. Dies ist völlig analog zu der Konfidenzintervallkonstruktion für gepaarte Beobachtungen (Abbildung 3.11).

Den Stichprobenumfang erhalten wir aus:

$$n = \text{CEIL}\left[\frac{\sigma_\Delta^2}{d^2} \cdot \left[t(n-1;P) + t(n-1;1-\beta_0)\right]^2\right] \qquad (3.53)$$

Beispiel 3.1 - Fortsetzung

Ausgehend von Interpretation 1 wollen wir mit unseren Daten die Nullhypothese:

$\mu_1 = \mu_2$ ($\mu_x = \mu_y$) prüfen.

Das SPSS-Programm ist dasselbe wie für die Konstruktion von Konfidenzintervallen für die Differenz $\mu_1 - \mu_2$ von Erwartungswerten. Aus der SPSS-Ausgabe geben wir in Abbildung 3.19 hier nur andere Teile wieder.

Statistik bei gepaarten Stichproben

		Mittelwert	N	Standardabweichung	Standardfehler des Mittelwertes
Paaren 1	x	9,769	13	1,9868	,5510
	y	11,531	13	2,9519	,8187

Test bei gepaarten Stichproben

		T	df	Sig. (2-seitig)
Paaren 1	x - y	-1,739	12	,108

Abbildung 3.19 *Teile der SPSS-Ausgabe von Beispiel 3.1*

In deren unterem Teil finden wir den t-Wert $t = -1,739$ mit 12 Freiheitsgraden. Da der Wert von Sig in der letzten Spalte größer als $\alpha = 0,05$ ist, wird die Nullhypothese angenommen.

3.4.2.2 Unabhängige Stichproben

Hier liegt die bereits in Abschnitt 3.2.2.2 beschriebene Situation vor. Wir wollen jetzt zwei unabhängige Zufallsstichproben ($y_{11}, ..., y_{1n_1}$) bzw. ($y_{21}, ..., y_{2n_2}$) vom Umfang n_1 bzw. n_2 aus den entsprechenden Grundgesamtheiten entnehmen, um die Nullhypothese

$H_0 : \mu_1 = \mu_2$

gegen eine der folgenden ein- oder zweiseitigen Alternativhypothesen

a) $H_A : \mu_1 > \mu_2$
b) $H_A : \mu_1 < \mu_2$
c) $H_A : \mu_1 \neq \mu_2$

zu testen. Die Stichprobenumfänge n_1 und n_2 sind so zu bestimmen, dass für gegebenes Risiko erster Art α das Risiko zweiter Art β als Funktion von ($\mu_1 - \mu_2$) eine vorgegebene obere Grenze β_0 so lange nicht überschreitet, wie je nach Alternativhypothese entweder

a) $\mu_1 - \mu_2 \geq d$,
b) $\mu_1 - \mu_2 \leq -d$, oder
c) $|\mu_1 - \mu_2| \geq d$.

gilt.

Auch hier ist der Wert d die praktisch interessierende Mindestdifferenz zwischen μ_1 und μ_2.

Für den Fall gleicher Varianzen gibt es einen exakten Test, für den Fall ungleicher Varianzen einen approximativen. Daher unterscheiden sich die Stichprobenumfangsbestimmung und die Auswertung wesentlich.

Fall A: Die Varianzen sind gleich: $\sigma_1^2 = \sigma_2^2 = \sigma^2$.

Im Falle (etwa) gleicher Varianzen, testet man obige Hypothesen entweder mit dem einseitige t-Test (Fälle a) und b)) oder mit dem zweiseitigen t-Test (Fall c)). Die Tests verwenden die aus beiden Stichproben stammende "gemeinsame" Schätzung der Varianz σ^2 nämlich

$$s_p^2 = \frac{\sum_{i=1}^{n_1}(y_{1i}-\overline{y}_{1.})^2 + \sum_{i=1}^{n_2}(y_{2i}-\overline{y}_{2.})^2}{n_1 + n_2 - 2}.$$ (3.54)

Die Prüfzahl ist:

$$t = \frac{\overline{y}_1 - \overline{y}_2}{s_p}\sqrt{\frac{n_1 n_2}{n_1 + n_2}}$$ (3.55)

und H_0 wird abgelehnt
in Fall a) falls $t > t(n_1+n_2-2; 1-\alpha)$,
in Fall b) falls $t < -t(n_1+n_2-2, 1-\alpha)$ und

in Fall c) falls $|t| > t(n_1+n_2-2; 1-\frac{\alpha}{2})$ gilt und sonst angenommen.

Rechnen wir mit SPSS so verwerfen wir H_0 im Fall c), falls Sig. (2-seitig) kleiner als α ist. Im Fall a) verwerfen wir H_0, wenn Sig. (2-seitig) kleiner 2α ist. Im Fall b) verwerfen wir H_0, falls für einen negativen t-Wert Sig. (2-seitig) kleiner 2α ist. Ist der t-Wert positiv,

verwerfen wir H_0, wenn $\alpha < 1 - \frac{Sig(2-seitig)}{2}$ ist.

Beispiel 3.1 - Fortsetzung
Ausgehend von Interpretation 1 wollen wir mit den Daten der Datei Wurfgewicht II die Nullhypothese:
$\mu_1 = \mu_2$ ($\mu_x = \mu_y$) prüfen.
Das SPSS-Programm ist dasselbe wie für die Konstruktion von Konfidenzintervallen für die Differenz $\mu_1-\mu_2$ von Erwartungswerten unabhängiger Stichproben. Aus der SPSS-Ausgabe gibt Abbildung 3.20 geeignete Ausschnitte wider.

Test bei unabhängigen Stichproben

Levene-Test der Varianzgleichheit						
F	Signifikanz	T	df	Sig. (2-seitig)	Mittlere Differenz	Standardfehler der Differenz
2,601	,120	-1,785	24	,087	-1,7615	,9869
		-1,785	21,021	,089	-1,7615	,9869

Abbildung 3.20 *Ausschnitte aus der SPSS-Ausgabe des Beispiels*

In der ersten Zeile finden wir den t-Wert $t = -1,785$ mit 24 Freiheitsgraden.

Für $\alpha = 0,05$ und $f = 24$ finden wir in Tabelle A1

$t(24; 0,95) = 1,7109$

$t(24; 0,975) = 2,0639.$

Fall 1: Wir wollen H_0 gegen
  H_A: $\mu_1 > \mu_2$ testen.
Entscheidung: Nimm H_0 an, da
  $-1,78 < 1,71$

Fall 2: Wir wollen H_0 gegen
  H_A: $\mu_1 < \mu_2$ testen.
Entscheidung: Verwirf H_0, da
  $-1,78 < -1,71$

Fall 3: Wir wollen H_0 gegen
  H_A: $\mu_1 \neq \mu_2$ testen.
Entscheidung: Nimm H_0 an, da
  $|-1,78| < 2,06.$

In Fall 3 nehmen wir H_0 an, weil in der SPSS-Ausgabe Sig. (2-seitig) $= 0,087 > 0,05$ ist. In Fall 1 nehmen wir H_0 an, weil 1 - Sig. (2-seitig) $= 0,913 > 0,10$ ist. Im Fall 2 verwerfen wir H_0, weil Sig. (2-seitig) $= 0,087 < 0,10$ ist.

Wenn beide Varianzen gleich sind, führt dieser t-Test zu den kleinstmöglichen Stichprobenumfängen für eine gegebene Genauigkeitsforderung.

Ist die Gesamtanzahl von Beobachtungswerte $n_1 + n_2$ vorgegeben, so wird $\mathrm{var}(\bar{y}_1 - \bar{y}_2)$ minimal, wenn $n_1 = n_2 = n$ gilt, d.h. wenn die zwei Stichprobenumfänge gleich sind.

Den Wert von n bestimmen wir iterativ aus:

$$n = \mathrm{CEIL}\left[\frac{2\sigma^2}{d^2} \cdot \left[t(2n-2; P) + t(2n-2; 1-\beta_0) \right]^2 \right] \qquad (3.56)$$

wobei $P = 1-\alpha$ für eine einseitige Alternative und $P = 1-\alpha/2$ für die zweiseitige Alternativhypothese zu setzen ist. Falls keine Information über die gemeinsame Varianz σ^2 vorliegt, verwenden wir den bereits früher beschriebenen Algorithmus B.

Beispiel 3.10

Wir wollen den minimalen Stichprobenumfang bestimmen, um die Hypothese der Gleichheit zweier Mittelwerte von Normalverteilungen mit gleichen Varianzen gegen eine zweiseitige Alternative zu prüfen. Wir wählen $\alpha = 0,05$, $\beta = 0,1$ und $d = 3$. Ein Schätzwert für σ^2 liege mit $\tilde{\sigma}^2 = 25$ vor.

Mit CL erhalten wir das Ergebnis mit $n = 60$.

Fall B: Die Varianzen sind ungleich: $\sigma_1^2 \neq \sigma_2^2$.

Dies ist das so genannte Behrens-Fisher-Problem. Eine approximative Lösung nach WELCH (1947) ist: Verwende die Prüfzahl

$$t = \frac{\bar{y}_1 - \bar{y}_2}{\sqrt{\dfrac{s_1^2}{n_1} + \dfrac{s_2^2}{n_2}}} \tag{3.57}$$

wobei s_1^2 und s_2^2 die zwei Stichprobenvarianzen sind. Mit f^* aus (3.42) verwirf H_0
in Fall 1, falls $t > t(f^*; 1-\alpha)$,
in Fall 2 falls $t < -t(f^*; 1-\alpha)$ und
in Fall 3, falls $|t| > t(f^*; 1-\alpha/2)$ ist und nimm in allen anderen Fällen an (die Fälle 1 bis 3 entsprechen denen von Fall A für gleiche Varianzen).

Beispiel 3.1 - Fortsetzung
In SPSS-Ausgaben analog zu Abbildung 3.20 wird unabhängig davon, ob der Levene-Test auf Varianzungleichheit signifikant war oder nicht stets auch das Ergebnis des Welchtests angezeigt. Hier ergab der Levene-Test mit einem F-Wert von 2,6 und einem Signifikanzwert von 0,12 bei $\alpha = 0,05$ keine Signifikanz, der Welch-Test braucht daher nicht verwendet zu werden. Allerdings kennen wir das Risiko 2. Art dieses Tests auf Varianzengleichheit nicht (und das ist hier ja einzig relevant, siehe Kapitel 6). Daher kann man vorsichtshalber den Welch-Test dennoch anwenden. Am Ergebnis ändert sich nichts, nur die Freiheitsgrade weichen etwas ab.

Die zwei Stichprobenumfänge errechnet man aus:

$$n_1 = \mathrm{CEIL}\left[\frac{\tilde{\sigma}_1(\tilde{\sigma}_1 + \tilde{\sigma}_2)}{d^2} \left[t\left(f^*; P\right) + t\left(f^*; 1 - \beta_0\right) \right]^2 \right] \text{ und}$$

$$n_2 = \mathrm{CEIL}\left[n_1 \cdot \frac{\tilde{\sigma}_2}{\tilde{\sigma}_1} \right], \tag{3.58}$$

mit f^* aus (3.42). Die unbekannten Varianzen behandelt man getrennt mit Algorithmus B.

Beispiel 3.11
Für zwei Normalverteilungen mit ungleichen Varianzen, aus denen unabhängige Stichproben zu ziehen sind, liegen die Informationen $\tilde{\sigma}_1 = s_1 = 4$ und $\tilde{\sigma}_2 = s_2 = 5$ vor.
Wir haben H_0: $\mu_1 = \mu_2$ gegen die zweiseitige Alternative mit $\alpha = 0,05$, $\beta = 0,1$ und $d = 2$ zu testen. Wie sind die Stichprobenumfänge zu wählen?
Mit $\dfrac{\tilde{\sigma}_1(\tilde{\sigma}_1 + \tilde{\sigma}_2)}{d^2} = \dfrac{4(4 + 5)}{4} = 9$ ergibt die Iteration:

$f^{(0)} = \infty$

$n_1^{(1)} = \mathrm{CEIL}[9 \cdot [1,96 + 1,2816]^2] = \mathrm{CEIL}[94,57] = 95,$

$n_2^{(1)} = \mathrm{CEIL}[\frac{5}{4} \cdot 94,57] = 119,$

$f^{(1)} = 212$

$n_1^{(2)} = 96$

$n_2^{(2)} = 120$

und das ändert sich bei den folgenden Iterationsschritten nicht mehr. Folglich ist $n_1 = 96$

und $n_2 = 120$.

Diesen Wert erhält man schneller mit *CL* oder CADEMO-MIWA über die Befehlsfolge
Test-zweier Mittelwerte-einer Normalverteilung-Stichproben unabhängig-Varianzen unbekannt. Das Ergebnis zeigt Abbildung 3.21.

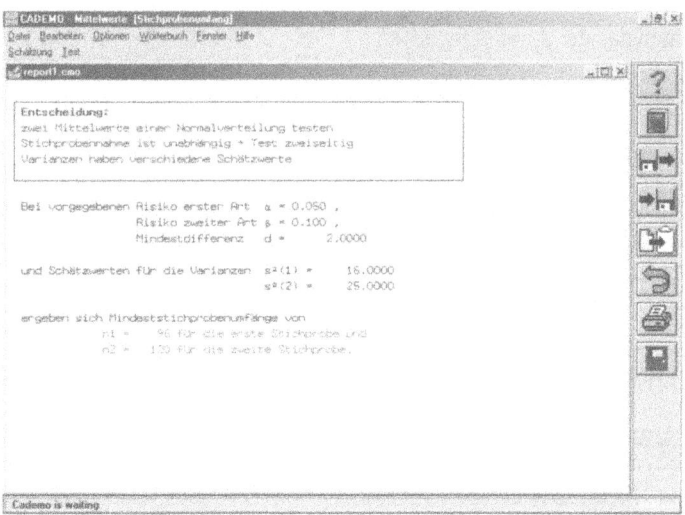

Abbildung 3.21 *Stichprobenermittlung bei ungleichen Varianzen*

An dieser Stelle wollen wir den mit oben beschriebenem Vorgehen mit festem Stichprobenumfang konkurrierenden sequentiellen Tests beschreiben. Sequentielle Verfahren wurden erstmalig von WALD (1947) publiziert. Diese Verfahren waren so genannte offene Verfahren, sie enden zwar mit Wahrscheinlichkeit 1 irgendwann, man kann aber nicht sagen, wann. Es kann unter Umständen sehr lange dauern. In unserem Mäusebeispiel müssen wir so lange messen, bis eine Entscheidung für die Null- oder die Alternativhypothese fällt. Später wurden so genannte geschlossene sequentielle Verfahren entwickelt. Bei ihnen gibt es eine obere Grenze für die Anzahl von Beobachtungen. Diese ist größer, als die für festen Stichprobenumfang erforderliche Anzahl von Messungen, wird aber selten benötigt. Im Mittel erfordern alle sequentiellen Verfahren einen geringeren als den festen Umfang. SCHNEIDER (1992) beschreibt die dem CADEMO-Modul TRIQ zu Grunde liegenden sequentiellen Dreieckstests. Wer sich für die theoretischen Hintergründe, die den Rahmen dieses Buches überschreiten, interessiert, möge dort oder bei WHITEHEAD (1992) nachlesen.

Wir wollen wieder die Nullhypothese

$$H_0 : \mu_1 = \mu_2$$

gegen eine zweiseitige Alternativhypothese

$$H_A : \mu_1 \neq \mu_2$$

-aber nun sequentiell - testen. Wir beschreiben das Vorgehen gleich an unserem Mäusebeispiel.

85

Beispiel 3.1 - Fortsetzung

Zunächst muss man in CADEMO-TRIQ die Schritte

Datei	Neu

durchführen und in der daraufhin erscheinenden Abbildung 3.22 den Skalentyp (hier quantitativ) festlegen. Dann erscheint bei jedem Skalentyp ein anderes Eingabefenster, im Falle quantitativer Daten das der Abbildung 3.23.

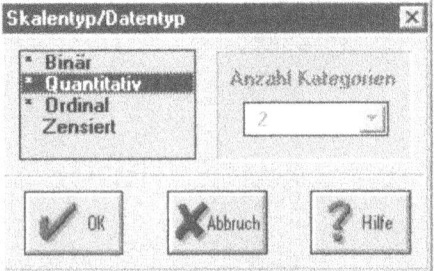

Abbildung 3.22 *Festlegung des Skalentyps in CADEMO-TRIQ*

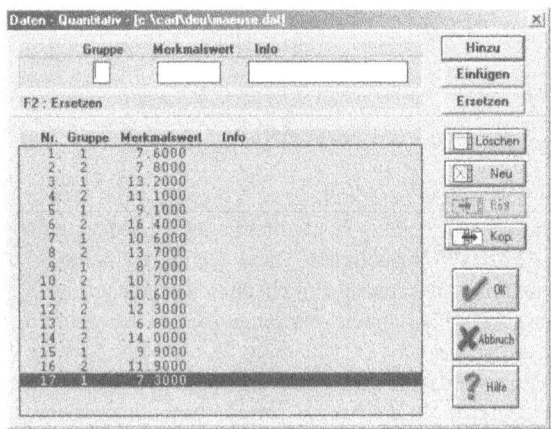

Abbildung 3.23 *Die benötigten Daten von Beispiel 3.1*

Vorhandene Daten werden danach eingegeben, ausgewertet und die Datei unter einem frei wählbaren Namen (hier maeuse.dat) abgespeichert. Wenn der Test mit den bereits verfügbaren Daten nicht abgeschlossen werden kann, erhebt man weitere Daten und ruft dann die jeweilige Datei mit

Datei
Öffnen

wieder auf, indem man sie in der erscheinenden Liste auswählt (in Abbildung 3.24 wurde die Datei des Beispiels 3.1 markiert). Die neuen Daten gibt man ein, wertet sie aus und setzt die Datenerhebung fort oder beendet die Prozedur mit einer so genannten „abschließenden Entscheidung" (d.i. eine Entscheidung für die Null- oder für die Alternativhypothese).

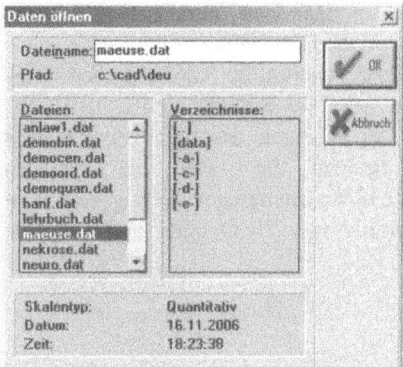

Abbildung 3.24 *Aufruf einer gewünschten Datei*

Bei einem sequentiellen Test sind zunächst wieder die Genauigkeitsangaben festzulegen. Gewöhnlich beginnt man mit je zwei Beobachtungswerten aus jeder der beiden Gruppen und beobachtet dann neue Werte, alternierend zwischen Gruppe 1 und 2. Damit ist die Zuteilungsrate zwischen den Gruppen mit 1:1 gewählt. Man kann die Zuteilungsrate selbstverständlich, zum Beispiel aus ethischen Gründen (vor allem im klinischen Bereich beim Vergleich zweier Therapien), auch anders als mit 1:1 festlegen. Das geschieht oft nach der „Gewinnerregel" (engl. „play the winner rule"), wonach eine von zwei Therapien so lange angewendet wird, wie sie erfolgreich ist. Ist sie in einem Beobachtungsfalle erfolglos, wird gewechselt.

Beispiel 3.1– Fortsetzung

Es wird α =0,05, β =0,2 und d=2,5 und als Schätzwert für σ^2 der Wert 3 vorgegeben.

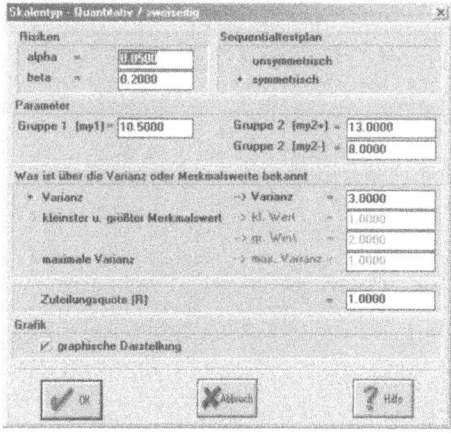

Abbildung 3.25 *Vorgabe der Genauigkeitsforderungen*

Nachdem insgesamt 17 Werte (alternierend zwischen Gruppe 1 und 2) aus Tabelle 3.1 eingegeben wurden, kommt es erstmals zu einer abschließenden Entscheidung, die Nullhypothese ist abzulehnen, da der nach den beobachteten Daten als Pfad dargestellte Beobachtungsverlauf eines der schraffierten Dreiecke der Abbildung 3.26 verlassen hat. Solange dies nicht der Fall ist, ist der Versuch fortzuführen. Hätte der Pfad das Gebiet zwischen den Dreiecken erreicht, wäre die Nullhypothese anzunehmen gewesen. Das ist

etwas schwer zu erkenne, man sollte daher immer auch den numerischen Teil der Ausgabe wie in Abbildung 3.27 ansehen, in ihm wird die Entscheidung sichtbar.
Wir wollen nicht auf alle Zahlen am Rand der Abbildung 3.26 eingehen (eine ausführliche Beschreibung und weitere Beispiele siehe bei RASCH und KUBINGER (2006), interessant ist der Wert N+ max = 24, er bedeutet, dass der Versuch nach spätestens insgesamt 24 Beobachtungen beendet ist. Für die gleichen Genauigkeitsvorgaben hätte man mit CL insgesamt 18 Beobachtungen benötigt (der Wert 16 unter fix also für festen Versuchsumfang wurde von TRIQ unter der Annahme bekannter Varianzen berechnet).

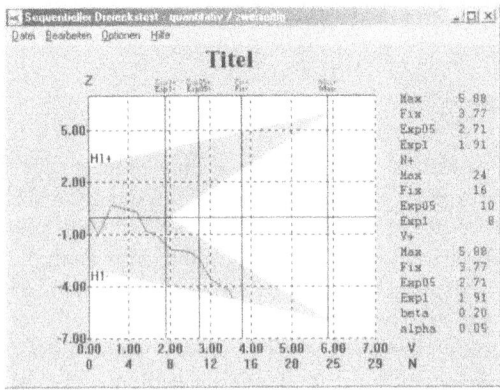

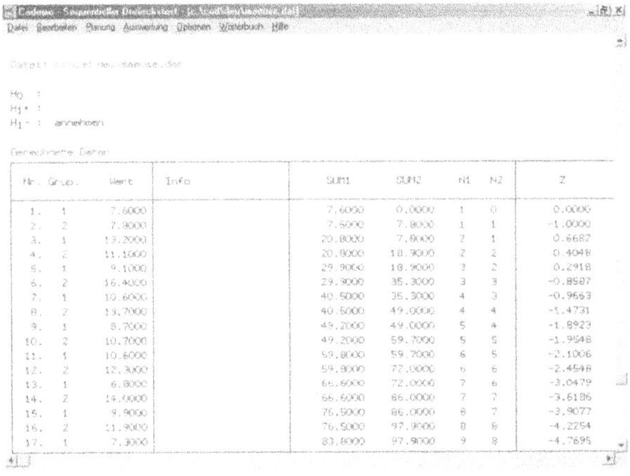

Abbildung 3.26 *Grafische Ausgabe eines sequentiellen Tests*

Nr.	Grup.	Wert	Info	SUM1	SUM2	N1	N2	Z
1.	1	7.6000		7.6000	0.0000	1	0	0.0000
2.	2	7.8000		7.6000	7.8000	1	1	-1.0000
3.	1	13.2000		20.8000	7.8000	2	1	0.6682
4.	2	11.1000		20.8000	18.9000	2	2	0.4048
5.	1	9.1000		29.9000	18.9000	3	2	0.2918
6.	2	16.4000		29.9000	35.3000	3	3	-0.8587
7.	1	10.6000		40.5000	35.3000	4	3	-0.9663
8.	2	13.7000		40.5000	49.0000	4	4	-1.4731
9.	1	8.7000		49.2000	49.0000	5	4	-1.8923
10.	2	10.7000		49.2000	59.7000	5	5	-1.9548
11.	1	10.6000		59.8000	59.7000	6	5	-2.1006
12.	2	12.3000		59.8000	72.0000	6	6	-2.4548
13.	1	6.8000		66.6000	72.0000	7	6	-3.0479
14.	2	14.0000		66.6000	86.0000	7	7	-3.6186
15.	1	9.9000		76.5000	86.0000	8	7	-3.9077
16.	2	11.9000		76.5000	97.9000	8	8	-4.2254
17.	1	7.3000		83.8000	97.9000	9	8	-4.7695

Abbildung 3.27 *Numerische Ausgabe eines sequentiellen Tests*

3.4.3 Vergleich der Varianzen zweier Normalverteilungen

Wir wollen die Varianzen σ_1^2 und σ_2^2 zweier normaler Grundgesamtheiten vergleichen und dazu jeder Grundgesamtheit eine Zufallsstichprobe vom Umfang n_1 bzw. n_2 entnehmen. Falls n_1 und n_2 frei gewählt werden können, wähle man $n_1 = n_2 = n$. Für die

Auswertung lassen wir $n_1 \neq n_2$ zu (ein Fall, der z.B. bei Ausfallern auch bei optimaler Planung auftreten kann). In den meisten Lehrbüchern wird zur Auswertung der F-Test empfohlen.

Simulationsuntersuchungen haben jedoch ergeben, dass dieser Test sehr empfindlich gegenüber auch kleineren Abweichungen von der vorausgesetzten Normalverteilung der Merkmalswerte ist. Der F-Test ist der beste (optimale) Test, wenn wirklich in beiden Grundgesamtheiten Normalverteilung vorliegt. Praktisch muss man aber immer davon ausgehen, dass die Verteilungen mehr oder weniger von der Normalverteilung abweichen. Bei Konfidenzintervallen und Tests über Erwartungswerte macht das nichts aus, diese Verfahren haben sich als äußerst robust herausgestellt. Aber beim Vergleich zweier Varianzen verwenden wir den F-Test nur zur Berechnung des Stichprobenumfanges n und verwenden für die Auswertung den Levene-Test, der auch in SPSS zu finden ist.

Versuchsplanung:

Aus zwei Grundgesamtheiten mit den Varianzen σ_1^2 und σ_2^2 sollen unabhängige Stichproben vom Umfang n gezogen werden, um die Nullhypothese

$$H_0: \sigma_1^2 = \sigma_2^2$$

gegen die Alternativhypothese

$$H_A: \sigma_1^2 \neq \sigma_2^2$$

zu prüfen. Wie ist n zu wählen, wenn bei einem Signifikanzniveau α und vorgegebenem $\tau > 1$ das Risiko 2. Art für

$$\frac{\sigma_{max}^2}{\sigma_{min}^2} \geq \tau$$

nicht größer als β_0 sein soll?

Dabei ist σ_{max}^2 die größere und σ_{min}^2 die kleinere der beiden Varianzen.

Das gesuchte n ist Lösung von

$$\tau = F(n-1; n-1; 1 - \frac{\alpha}{2}) F(n-1; n-1; 1 - \beta_0)$$

mit den Quantilen der F-Verteilung für $n-1$ und $n-1$ Freiheitsgraden. Hier nützt uns Tabelle A3 wenig, da dort nur die 95%-Quantile zu finden sind und n nur für den Fall $\alpha = 0,1$, $\beta_0 = 0,05$ berechnet werden kann.

Wir empfehlen daher die Verwendung von CADEMO-*light* CL mit der Folge Fallzahl - Zweistichprobenproblem - Varianzen oder der Tabelle 3.6, die einen Ausschnitt aus Verfahren 3/32/0102 darstellt.

Tabelle 3.6 *Werte von τ in Abhängigkeit der Stichprobenumfänge $n_1 = n_2 = n$ für den Vergleich zweier Varianzen für α = 0,05 und 3 Werte von β_0.*

n	$\beta_0 = 0,05$	$\beta_0 = 0,1$	$\beta_0 = 0,25$
3	741,0000	351,0000	117,0000
4	143,2214	83,2286	36,3666
5	61,3564	39,4486	19,8256
6	36,0915	24,6765	13,5403
7	24,9310	17,7769	10,3713
8	18,9157	13,9103	8,4968
9	15,2418	11,4789	7,2687
10	12,7983	9,8246	6,4050
11	11,0694	8,6326	5,7659
12	9,7864	7,7340	5,2728
13	8,8048	7,0377	4,8838
14	8,0245	6,4778	4,5652
15	7,3955	6,0220	4,3025
16	6,8791	5,6446	4,0822
19	5,7519	4,8096	3,5841
21	5,2351	4,4208	3,3468
25	4,5018	3,8621	2,9987
31	3,8178	3,3317	2,6594
41	3,1743	2,8233	2,3247
49	2,8616	2,5720	2,1550
61	2,5574	2,3255	1,9855
121	1,9369	1,8118	1,6210
∞	1,0000	1,0000	1,0000

Für einen nicht in Tabelle 3.6 enthaltenen Wert von β berechnen wir mit CL für $\alpha = 0,05$, $\beta_0 = 0,2$ und $\tau = 5,5$ (=Q in CL) den Wert von $n = 13$ (siehe Abbildung 3.28), der sich auch aus Tabelle 3.6 durch Interpolation ergibt.

Dies ist der Umfang in Beispiel 3.1.

```
Entscheidung:
Zweistichprobenproblem - unabhängige Stichproben
Test zweier Varianzen
Bestimmung des Stichprobenumfanges


Merkmal:
Wurfmasse

 Für die vorgegebenen Parameter
     Q = 5.5000 (Quotient der beiden Varianzen)
     α = 0.0500
     β = 0.2000
 und einem zweiseitigen Test
 ergeben sich notwendige Stichprobenumfänge von
     n₁ = 13 und
     n₂ = 13.
                    +
```

Abbildung 3.28 *CL-Ausgabe*

Auswertung

Wir unterstellen, dass wir zwei unabhängige Zufallsstichproben $(x_1, x_2, ..., x_{n_1})$ bzw. $(y_1, y_2, ..., y_{n_2})$ aus je einer kontinuierlichen Verteilung haben, wobei

$$\text{var}(x_i) = \sigma_1^2$$

und

$$\text{var}(y_j) = \sigma_2^2$$

gelten soll.

Die oben angegebene Hypothese H_0 über die Gleichheit der Varianzen wird mit dem Levene-Test geprüft, indem man mit den Realisationen x_i bzw. y_j die Größen

$$\left| x_i - \bar{x} \right| \text{ oder } u_i = (x_i - \bar{x})^2$$

bzw.

$$\left| y_j - \bar{y} \right| \text{ oder } v_j = (y_j - \bar{y})^2$$

berechnet und mit den $\left| x_i - \bar{x} \right|$ und $\left| y_j - \bar{y} \right|$ oder mit den u_i und v_j einen t-Test für unabhängige Stichproben durchführt (ersetze in Abschnitt 3.4.2.2 die x_i durch die $\left| x_i - \bar{x} \right|$ oder die u_i und die y_j durch $\left| y_j - \bar{y} \right|$ oder die v_j). SPSS führt automatisch beim Zweistichproben t-Test zum Vergleich von Mittelwerten aus unabhängigen Stichproben den Levene-Test zum Vergleich zweier Varianzen mit Hilfe der absoluten Beträge $\left| x_i - \bar{x} \right|$ bzw. $\left| y_j - \bar{y} \right|$ durch. Wenn man das nicht weiß, gibt es leider weder in den Hilfen noch in den Handbüchern einen Hinweis auf diesen Test unter dem Schlagwort "Vergleich zweier Varianzen".

Beispiel 3.1 - Fortsetzung
Wir wollen die Varianzen der Wurfgewichte zweier Mäusestämme vergleichen und dazu die Daten aus Tabelle 3.1 verwenden.
Wir berechnen (nach Abbildung 3.3) mit $\bar{x} = 9{,}769$ und $\bar{y} = 11{,}531$ zunächst die Werte u_i und v_i

i	$\left| x_i - \bar{x} \right|$	u_i	$\left| y_j - \bar{y} \right|$	v_i
1	2,169	4,7046	3,731	13,9204
2	3,431	11,7718	0,431	0,1858
3	0,669	0,4476	4,869	23,7072
4	0,831	0,6906	2,169	4,7046
5	1,069	1,1428	0,831	0,6906
6	0,831	0,6906	0,769	0,5914
7	2,969	8,8150	2,469	6,0960
8	0,131	0,0172	0,369	0,1362
9	2,469	6,0960	2,731	7,4584
10	0,631	0,3982	3,831	14,6766
11	3,531	12,4680	2,631	6,9222
12	0,231	0,0534	4,869	23,7072
13	0,269	0,0724	1,331	1,7716

und führen einen Zweistichproben t-Test mit $\alpha = 0,05$ sowohl für die Paare $\left| x_i - \bar{x} \right|$ und $\left| y_i - \bar{y} \right|$ als auch u_i und v_i durch.

Mit SPSS erhält man als Ergebnis einen $\left| t \right|$-Wert von 1,642 für die u_i und v_i und einen t-Wert von $\left| t \right| = 1,613$ für die Beträge. Der t-Wert $\left| t \right| = 1,613$ für die Beträge ist die positive Wurzel aus dem Levene F-Wert 2,601 der Abbildung 3.20.
Die Hypothese der Gleichheit beider Varianzen wird nicht verworfen.

3.4.4 Vergleich zweier Wahrscheinlichkeiten bei unabhängigen Stichproben

Zur Einführung in die Problematik verwenden wir das folgende Beispiel aus VB 3/62/2005.

Beispiel 3.12
In einem Versuch wurden die Heimfindewahrscheinlichkeiten zweier Brieftaubenrassen (B_1, B_2) verglichen. Bezeichnen wir mit A_1 die Rückkehr und mit A_2 den Verlust einer Brieftaube, so ergaben sich die Ergebnisse des folgenden Schemas, das als Vierfelder – (oder (2×2)-)Tafel bezeichnet wird.

Rassen	A_1 (Rückkehr)	A_2 (Verlust)	Summe
B_1	289	27	316
B_2	274	42	316

Wie man aus den Randsummen im Schema ersieht, wurden von jeder Rasse 316 Tauben freigelassen. Es ist zu klären, ob ein signifikanter Unterschied im Rückkehrverhalten der beiden Rassen besteht.
Im obigen Beispiel können wir davon ausgehen, dass die beiden Stichproben voneinander unabhängig sind, nur dieser Fall wird hier behandelt. Bezüglich abhängiger Stichproben verweisen wir auf den Mc Nemar Test in VB 3/62/2020.

Wir wollen die Nullhypothese

$$H_0: \quad p_1 = p_2$$

gegen eine der Alternativhypothesen:

a) $\quad$ H_A: $\quad p_1 > p_2$
b) $\quad$ H_A: $\quad p_1 < p_2$
c) $\quad$ H_A: $\quad p_1 \neq p_2$

anhand unabhängiger Stichproben aus zwei Grundgesamtheiten prüfen. In jeder Grundgesamtheit sei dabei vorausgesetzt, dass die Anzahl y_i von n_i untersuchten Elementen, die ein bestimmtes Ereignis A aufweisen mit dem Parameter p_i binomialverteilt ist. In obigen Beispiel ist A das Ereignis der Rückkehr von $n_1 = n_2 = n = 316$ freigelassenen Tauben und es gilt

$$p_1 = P(A_1|B_1), \quad p_2 = P(A_1|B_2).$$

Für die Planung eines Versuches sind außerdem n_1 und n_2 so zu bestimmen, dass vorgegebene Genauigkeitsforderungen eingehalten werden.

Im Gegensatz zu den anderen Abschnitten des Paragraphen 3.4 kann man für den Vergleich zweier Wahrscheinlichkeiten keine allgemeingültige Empfehlung für den zu verwendenden Test und die beste Formel zur Berechnung des Versuchsumfanges geben. Meist wird eine der zahlreichen z.B. von SARHAI und KURSCHID (1996) besprochenen Approximationsformeln verwendet.

Auch der Test selbst wird häufig approximativ durchgeführt (neben dem (konservativen) exakten Test von Fisher). Wir geben hier sowohl für den Test als auch für die Berechnung des Stichprobenumfangs Formeln an, die unter den Bedingungen:

$$0,05 \leq p_1, p_2 \leq 0,95$$
$$n_1 = n_2 = n$$

nach BOCK (1998) zu empfehlen sind.

Wir verallgemeinern zunächst die Vierfeldertafel des Beispiels und bezeichnen (wie im Anhang B.2.2.1) mit A ein bestimmtes Ereignis und mit $\overline{A}$ dessen komplementäres Ereignis (nicht A). Dann können die Ergebnisse eines Versuches wie folgt angeordnet werden:

	Ereignis		
Stichprobe aus:	A	$\overline{A}$	Summe
Grundgesamtheit 1	a	b	$n_1 = a + b$
Grundgesamtheit 2	c	d	$n_2 = c + d$

Schätzwerte für $p_1 = P(A|GG1)$ bzw. $p_2 = (P(A|GG2)$ [GG = Grundgesamtheit] sind dann analog zu (3.9)

$$\hat{p}_1 = \frac{a}{n_1}, \qquad \hat{p}_2 = \frac{c}{n_2}.$$

Falls die Nullhypothese $p_1 = p_2 = p$ gelten würde, würde man das gemeinsame p aus

$$\hat{p} = \frac{a + c}{n_1 + n_2}$$

schätzen. Unter der Nullhypothese ist dann

$$u = \frac{\hat{p}_1 - \hat{p}_2 + \dfrac{x}{n_1 n_2}}{\sqrt{\hat{p}(1 - \hat{p})}} \sqrt{\frac{n_1 n_2}{n_1 + n_2}} \tag{3.59}$$

näherungsweise nach $N(0;1)$ verteilt. In (3.59) ist x eine Stetigkeitskorrektur, die erforderlich ist, um die diskrete Binomialverteilung durch die kontinuierliche (d.h. stetige) Normalverteilung so approximieren zu können, dass das Risiko 1. Art in etwa eingehalten wird (beim exakten Test von Fisher wird α selten voll ausgeschöpft). Das Vorzeichen von x hängt von der Alternativhypothese ab. Wir verwenden folgende Testvorschrift:

    a) H_A: $p_1 > p_2$

Lehne H_0 ab, falls:

$$u_a = \frac{\hat{p}_1 - \hat{p}_2 - \dfrac{\min(n_1, n_2)}{2n_1 n_2}}{\sqrt{\hat{p}(1-\hat{p})}} \sqrt{\frac{n_1 n_2}{n_1 + n_2}} > u(1-\alpha)$$

gilt

b) H_A: $p_1 < p_2$

Lehne H_0 ab, falls:

$$u_b = \frac{\hat{p}_1 - \hat{p}_2 + \dfrac{\min(n_1, n_2)}{2n_1 n_2}}{\sqrt{\hat{p}(1-\hat{p})}} \sqrt{\frac{n_1 n_2}{n_1 + n_2}} < u(\alpha)$$

gilt

c)
Lehne H_0 ab, falls

$$u_c = \frac{\left|\hat{p}_1 - \hat{p}_2\right| - \dfrac{\min(n_1, n_2)}{2n_1 n_2}}{\sqrt{\hat{p}(1-\hat{p})}} \sqrt{\frac{n_1 n_2}{n_1 + n_2}} > u\left(1-\frac{\alpha}{2}\right)$$

gilt, mit den P-Quantilen $u(P)$ aus Tabelle A1.
Man kann u_c auch wie folgt schreiben

$$u_c = \frac{\left[\left|ad - bc\right| - \dfrac{\min(n_1, n_2)}{2}\right]\sqrt{n_1 + n_2}}{\sqrt{n_1 n_2 (a+c)(b+d)}}$$

Wenn es keinen Grund (ethischer oder ökonomischer Natur) gibt, aus einer der beiden Grundgesamtheiten eine größere Stichprobe als aus der anderen zu ziehen, wählt man bei der Planung des Versuches $n_1 = n_2 = n$.
Die Genauigkeitsvorgaben legen - wie auch in den früheren Abschnitten - die Werte der beiden Risiken α und β sowie eine praktisch interessierende Mindestdifferenz

$$d = p_1 - p_2 \quad \text{im Fall a)}$$
$$d = p_2 - p_1 \quad \text{im Fall b)}$$
$$d = \left|p_1 - p_2\right| \quad \text{im Fall c)}$$

fest. Daneben hängt n noch von Vorinformation über die Werte von p_1 und p_2 ab. Nach FLEISS (1981) gilt dann

$$n = \text{CEIL}\left[\frac{1}{d^2}\left[u(P)\sqrt{(p_1 + p_2)(1 - \tfrac{1}{2}(p_1 + p_2))} + u(1-\beta)\sqrt{p_1(1-p_1) + p_2(1-p_2)}\right]^2\right]$$

$$(3.60)$$

bzw. eine Modifizierung nach CASAGRANDE, PIKE und SMITH (1978) in der Form

$$n_{\text{korr}} = \text{CEIL}\left[\frac{n}{4}\left[1+\sqrt{1+\frac{4}{nd}}\right]^2\right] \tag{3.61}$$

mit n aus (3.60).

Für die Fälle a) und b) ist in (3.60) $P = 1-\alpha$ und im Falle c) ist $P = 1-\frac{\alpha}{2}$ zu setzen.

Beispiel 3.12 - Fortsetzung

Mit den Daten des Beispiels 3.12 wollen wir die Hypothese

H_0: $p_1 = p_2$ gegen
H_A: $p_1 \neq p_2$

prüfen, wobei $\alpha = 0,05$ sein soll.
Der Wert von u_c ist (nach der 2. Formel)

$$u_c = \frac{\left(\left|289\cdot42 - 27\cdot274\right| - \frac{316}{2}\right)\sqrt{632}}{316\sqrt{563\cdot69}} = 1,8495$$

und da $u_c < u(0,975) = 1,96$ ist, wird H_0 angenommen.
Wie groß müsste der Stichprobenumfang sein, wenn wir die obige Hypothese prüfen wollen und $\alpha = 0,05$, $\beta = 0,20$, $d = 0,1$ sowie $p_1 = 0,95$, $p_2 = 0,85$ gesetzt werden? Nach (3.60) ist

$$n = \text{CEIL}\left[100\left[1,96\sqrt{1,8\cdot0,1} + 0,8416\cdot\sqrt{0,95\cdot0,05 + 0,85\cdot0,15}\right]^2\right] = 141.$$

Damit wird nach (3.61)

$$n_{\text{korr}} = \text{CEIL}\left[\frac{141}{4}\left[1+\sqrt{1+\frac{4}{14,1}}\right]^2\right] = 161.$$

In CADEMO-*light* wählen wir die Befehlsfolge **Fallzahl – Zweistichprobenproblem unabhängige Stichproben – Wahrscheinlichkeiten Test** und erhalten ein Eingabefenster, in das wir obige Genauigkeitsvorgaben einfügen. Es entsteht Abbildung 3.29.

Das Ergebnis $n = 159$ nach CADEMO liegt zwischen dem korrigierten und unkorrigierten nach den Formeln (3.60) und (3.61).

Nun wollen wir den mit oben beschriebenem Vorgehen mit festem Stichprobenumfang konkurrierenden sequentiellen Test beschreiben.

In Abbildung 3.22 aktivieren wir jetzt den Zweig binär und erhalten statt Abbildung 3.23 jetzt Abbildung 3.31, in der wir die ersten Beobachtungen bereits eingegeben haben, hier bedeutet 1 „Rückkehr" und 0 „Verlust".

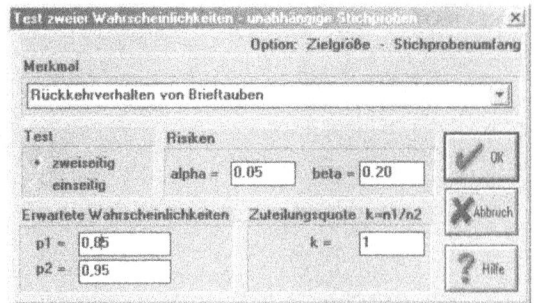

Abbildung 3.29 *Eingabefenster in CADEMO-light für Beispiel 3.12*

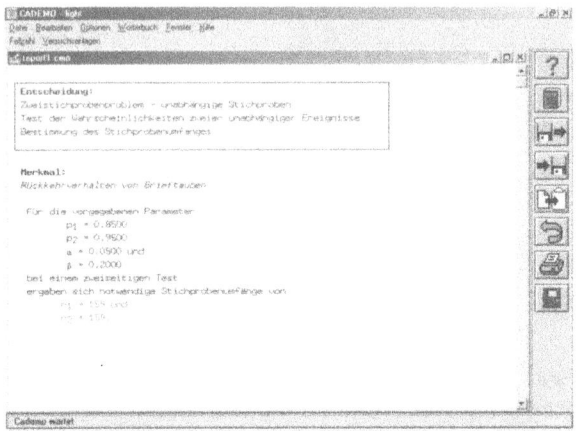

Abbildung 3.30 *Ergebnis von Beispiel 3.12*

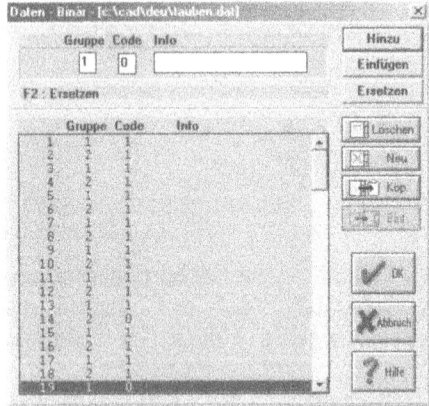

Abbildung 3.31 *Die ersten Daten von Beispiel 3.12*

Wir verzichten auf die Wiedergabe aller Eingaben, merken nur an, dass in Gruppe 1 (Rasse B_1) an der Versuchseinheit 10, 23, 29, 43, 48 und in Gruppe 2 (Rasse B_2) an der Versuchseinheit 7, 11, 14, 18, 25, 28, 31, 36, 37, 44, 46, 49, 50, 53 eine Null, sonst stets eine 1 auftrat. Mit der 53.-ten Beobachtung einer Taube aus Gruppe 2 war der sequentielle Versuch mit der Ablehnung der Nullhypothese, dass in beiden Rassen die Rückkehrwahrscheinlichkeit gleich groß ist zugunsten der einseitigen Alternative, dass Rasse B_1 eine höhere Rückkehrwahrscheinlichkeit besitzt, beendet, wie man aus Abbildung 3.32 erkennen kann.

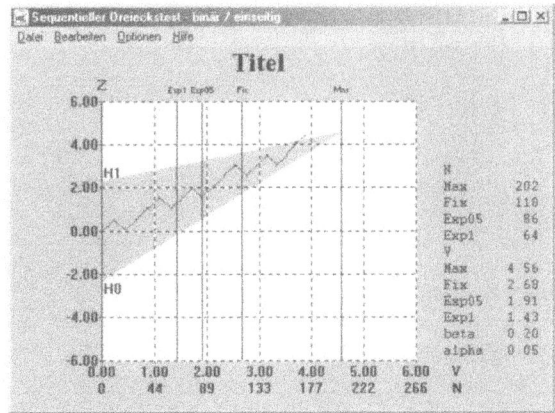

Abbildung 3.32 *Grafische Ausgabe des einseitigen sequentiellen Tests*

Hätten wir eine zweiseitige Alternativhypothese mit den in Abbildung 3.33 angegebenen Genauigkeiten formuliert, wäre der Versuch, wie aus Abbildung 3.34 zu ersehen ist noch fortzusetzen.

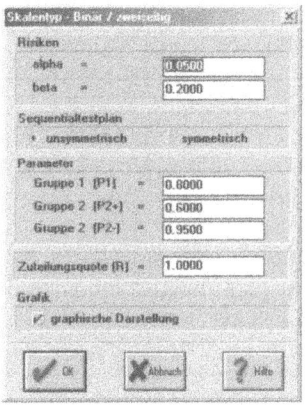

Abbildung 3.33 *Unsymmetrische Genauigkeitsvorgabe*

In Abbildung 3.33 wurden die Abstände zum angenommenen Nullhypothesewert nicht nach beiden Seiten gleich groß gewählt (unsymmetrischer Fall). Dadurch sind die beiden sich überlappenden Dreiecke nicht gleich groß. Hätten wir nach beiden Seiten eine Abweichung von 0,18 zugelassen, ergäben sich große Dreiecke, wie in Abbildung 3.35.

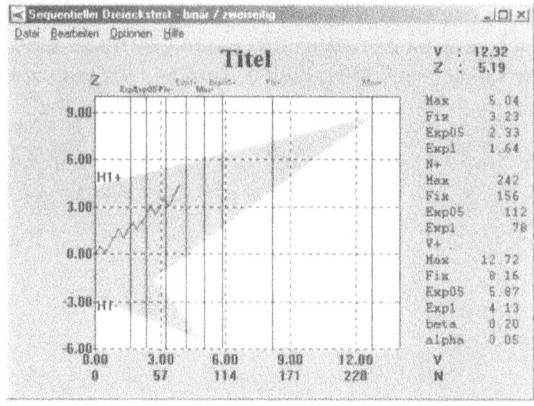

Abbildung 3.34 *Der Verlauf bei einer zweiseitigen unsymmetrischer Alternative*

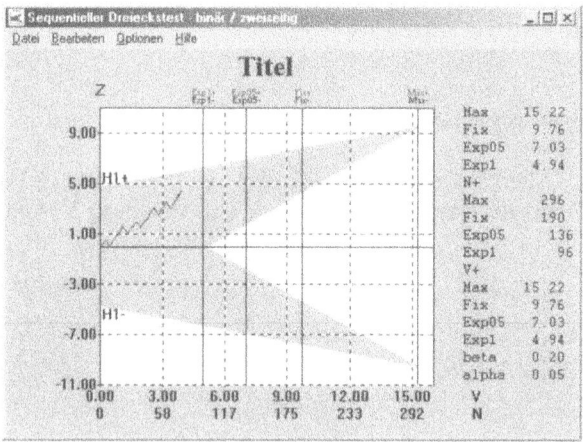

Abbildung 3.35 *Der Verlauf bei einer zweiseitigen symmetrischer Alternative*

Es ist gut zu sehen, dass der Pfad auf die mit H1+ bezeichnete Fläche gerichtet ist, das soll bedeuten, dass eine Ablehnung der Nullhypothese darauf zurückzuführen sein könnte, dass Rasse B_1 die größere Rückkehrwahrscheinlichkeit hat.

3.4.5 Äquivalenztests

In den meisten Anwendungen werden bei Testproblemen die Nullhypothesen so festgelegt, dass Gleichheit zwischen Größen unterstellt wird. Im Einstichprobenproblem für Mittelwerte von Normalverteilungen ist die Nullhypothese (bei bekannter Varianz) eine so genannte "einfache" Hypothese, die einen Punkt auf der reellen Achse enthält, während die Alternativhypothese "zusammengesetzt" ist und ein (oder zwei) Intervall(e) der reellen Achse beschreibt. Da man nun aber davon ausgehen kann, dass in der Natur nichts gleich ist, beschreiben diese Nullhypothesen praktisch unmögliche Situationen. Äquivalenztests beseitigen diese Asymmetrie, indem nach Vertauschung von Null- und Alternativhypothese der Begriff der Gleichheit durch den der "praktischen Gleichheit" oder eben der Äquivalenz ersetzt wird. Die Nullhypothese unterstellt wesentliche

Ungleichheit und die Alternative praktische Gleichheit. Dadurch ändert sich auch die Bedeutung der Risiken.

Wir wollen den Sachverhalt erläutern, indem wir von der in Abschnitt 3.4.2.2 beschriebenen Situation ausgehen. Aufgrund von zwei unabhängigen Zufallsstichproben $(y_{11}, ..., y_{1n_1})$ bzw. $(y_{21}, ..., y_{2n_2})$ vom Umfang n_1 bzw. n_2 aus den entsprechenden Grundgesamtheiten war in Abschnitt 3.4.2.2 die Nullhypothese

$$H_0 : \mu_1 = \mu_2$$

u.a. gegen die zweiseitige Alternativhypothese

$$H_A : \mu_1 \neq \mu_2$$

zu testen.

Ein entsprechender *Äquivalenztest* prüft die Hypothese

$$H_0 : \text{entweder ist } \mu_1 - \mu_2 < -d \text{ oder es ist } \mu_1 - \mu_2 > d,$$

d.h., die Nullhypothese unterstellt, dass sich die Erwartungswerte um mindestens d unterscheiden. Dies ist die symmetrische Formulierung, im unsymmetrischen Fall können obere und untere Schranke für die Differenz unterschiedlich gewählt werden. Die Alternativhypothese des Äquivalenztests lautet nun: H_0 gilt nicht, d.h.

$$H_A : -d \leq \mu_1 - \mu_2 \leq d$$

oder die Differenz liegt in der Sprache von Abschnitt 3.3 in einem Indifferenzbereich.

Das oben beschriebene Problem können wir nun einfach lösen, indem wir entsprechend Abschnitt 3.2.2.2 ein oberes und ein unteres (einseitiges) $(1-\alpha)$-Konfidenzintervall berechnen. Liegen die beiden endlichen Intervallgrenzen innerhalb des Alternativhypothesengebietes, so wird H_0 abgelehnt und die Alternativhypothese angenommen, also beide Erwartungswerte als praktisch gleich betrachtet.

In VB findet man u.a. folgende Äquivalenztests (kurz ÄQ):

6/13/5110 Einseitiger ÄQ für Mittelwerte
6/13/5120 Einseitiger ÄQ für Wahrscheinlichkeiten
6/13/5221 ÄQ für den Mittelwert einer Normalverteilung
6/13/5222 ÄQ für die Mittelwerte zweier Normalverteilungen
6/13/5230 Zweiseitiger ÄQ für Wahrscheinlichkeiten

Beispiel 3.1 - Fortsetzung

Wir berechnen je ein unteres und ein oberes 95%-Konfidenzintervall für unsere Daten nach Interpretation 2 d.h. für zwei unabhängige Zufallsstichproben (aus Normalverteilungen). Wir wissen bereits (Abbildung 3.3), dass $\bar{x} = 9{,}7692$, $\bar{y} = 11{,}5308$, $s_1^2 = 3{,}947$, $s_2^2 = 8{,}714$ gilt und wir wissen, dass $n_1 = n_2 = 13$ ist. Es gelte $\sigma_1^2 = \sigma_2^2$. Dann folgt aus (3.38) und aus (3.39) wegen $t(24; 0{,}95) = 1{,}7109$ oberes Intervall $[-3{,}45; \infty]$ und unteres Intervall $(-\infty; -0{,}073]$.

Für $d = 2$ liegt nur einer der beiden endlichen Grenzen im Intervall $-2 \leq \mu_1 - \mu_2 \leq 2$ des Alternativhypothesengebietes und H_0 wird nicht abgelehnt, die Erwartungswerte werden als nicht äquivalent eingestuft. Für $d = 4$ hätte man Äquivalenz anzunehmen (H_A).

Eine ausführliche Beschreibung von Äquivalenztests gibt WELLEK (2003).

4 Varianzanalyse

Die Varianzanalyse (VA) basiert auf linearen statistischen Modellen für die Beschreibung des Einflusses eines (oder mehrerer) qualitativen Faktors (Faktoren) auf ein quantitatives Merkmal y. Für alle Modelle der Varianzanalyse hat die Modellgleichung die Form

$$y = E(y) + e \qquad (4.1)$$

In dieser Gleichung wird durch die Zufallsvariable y das beobachtete Merkmal modelliert. Die Beobachtung y ist die Summe des Erwartungs- oder Mittelwertes $E(y)$ von y und eines Fehlergliedes e, das die Beobachtungsfehler enthält, wobei $E(e) = 0$ gilt. Die Variabilität zwischen den Versuchseinheiten hängt in $E(y)$ linear von den Modellparametern ab. Die Modelle der Varianzanalyse unterscheiden sich durch Anzahl und Art dieser Parameter.

Die Beobachtungen gehören dabei mindestens zwei Klassen an, die durch die Stufen der Faktoren definiert werden.

Jeder Faktor, der in den Modellen auftritt, hat mindestens zwei Stufen. Jedes Modell der Varianzanalyse enthält das Gesamtmittel μ, d.h. wir schreiben $E(y)$ in der Form:

$$E(y) = \mu + EK(y) \qquad (4.2)$$

wobei $EK(y)$ die Abweichung von μ innerhalb der jeweiligen Klasse ist. Bei p Faktoren heißt die Varianzanalyse p-fach.

Wir wollen nun die Modelle für die einfache und zweifache Klassifikation beschreiben und die zugehörigen Tabellen der Varianzanalyse, die wir kurz Varianztabellen nennen.

Aus (4.2) geht hervor, dass die Gesamtheit aller y_i keine Zufallsstichprobe bildet. Das liegt daran, dass nicht alle y_i den gleichen Erwartungswert haben. In den Modellen mit zufälligen Faktoren sind die y-Werte in der gleichen Klasse darüber hinaus auch nicht unabhängig. Sowohl μ als auch die Komponenten von $EK(y)$ werden nach der in 3.1.1 beschriebenen Methode der kleinsten Quadrate (MKQ) geschätzt, dabei wird diese Methode bei korrelierten Fehlergliedern verallgemeinert und als verallgemeinerte Methode der kleinsten Quadrate (VMKQ) bezeichnet.

Die theoretischen Grundlagen findet man in statistischen Lehrbüchern oder in speziellen Büchern der Varianzanalyse [wie SCHEFFÉ (1959), LINDMAN (1991), und RASCH (1995)].

Außerdem geben wir in 4.2.3 Hinweise darauf, wie der Leser Probleme bearbeiten kann, wenn mehr als 2 Faktoren in einer Varianzanalyse auftreten.

4.1 Einfache Varianzanalyse

Wird in der Varianzanalyse der Einfluss nur eines Faktors betrachtet, so haben wir den Fall der *einfachen Varianzanalyse* vorliegen. Die Anzahl der Stufen des Behandlungsfaktors ist a, der Faktor wird mit A und seine a Stufen werden mit $A_1, ..., A_a$ bezeichnet. Wir betrachten zwei Grundsituationen bezüglich der Auswahl der Stufen von A:

Situation 1: Es existieren genau a Stufen, die alle in den Versuch einbezogen werden, dies nennt man das Modell I der Varianzanalyse oder ein Modell mit festen Effekten.

Situation 2: Es existieren viele Stufen, deren Anzahl in der Theorie als unendlich groß betrachtet wird. Die in den Versuch einzubeziehenden Stufen werden zufällig aus der Grundgesamtheit der Stufen ausgewählt; wir nennen dieses das Modell II der Varianzanalyse oder Modell mit zufälligen Effekten.

In der zweifachen Klassifikation treten auch noch so genannte gemischte Modelle auf, die einen festen und einen zufälligen Faktor enthalten.

Der Unterschied zwischen Modell I und II soll an einigen Beispielen veranschaulicht werden, stets ist die praktische Situation für die Wahl des entsprechenden Modells ausschlaggebend. Ist der Behandlungsfaktor die Zeit in Jahren und soll der Unterschied in der Stahlproduktion eines Landes zwischen fünf speziell ausgewählten Jahren erfasst werden, so ist ein Modell mit festen Effekten zu wählen. Sollen andererseits die jährlichen Schwankungen der Erträge von 8 Weizensorten untersucht werden, so ist eine zweifache Varianzanalyse mit einem festen Faktor "Sorte" (da genau die 8 Sorten interessieren und keine anderen) und einem zufälliger Faktor "Jahre" (da die jährlichen Differenzen allgemein und nicht für spezielle Jahre interessieren) als Modell zu wählen.

Sowohl für Modell I als auch für Modell II wird in der Varianzanalyse eine lineare Modellgleichung der obigen Form vorausgesetzt. Die Art ihrer Parameter hängt davon ab, ob das Modell fest oder zufällig ist. Wir benutzen für die Beobachtungswerte in den Modellen mindestens zwei Indizes, z.B. i für die Faktorstufen und j für die Beobachtungen innerhalb der Stufe i. Dann läuft i von 1 bis a und j von 1 bis n_i, wobei n_i die Anzahl der Beobachtungen in der Stufe A_i ist.

Die Varianzanalyse bietet die Möglichkeit, Hypothesen zu prüfen und Parameter zu schätzen. Bezüglich fester Faktoren schätzt man deren Effekte und prüft meist die Hypothese der Gleichheit dieser Effekte. Bei zufälligen Faktoren schätzt man die Varianzkomponenten dieser Faktoren und/oder testet die Hypothese, dass diese Varianzkomponenten Null sind.

4.1.1 Einfache Varianzanalyse - Modell I

Die Modellgleichung hat die Form:

$$y_{ij} = \mathrm{E}(y_{ij}) + e_{ij} = \mu + a_i + e_{ij} \tag{4.3}$$

Die a_i heißen die Hauptwirkungen der Faktorstufen A_i, sie sind reelle Zahlen, d.h. nicht zufällig. Das Modell wird durch die folgenden Nebenbedingungen vervollständigt;
– die e_{ij} sind voneinander unabhängig,
– $\mathrm{E}(e_{ij}) = 0$, $\mathrm{var}(e_{ij}) = \sigma^2$,
– entweder die Summe der a_i oder die der Produkte $n_i a_i$ ist gleich Null.

Tabelle 4.1 ist die Varianztabelle für dieses Modell, mit $N = \sum\limits_{i=1}^{a} n_i = an$, da wir

uns auf $n_i = n$ beschränken und $\sum\limits_{i=1}^{a} a_i = 0$ [SQ = Summe der Abweichungsquadrate,

MQ = Mittlere Abweichungsquadrate].

Tabelle 4.1   *Varianztabelle: Einfache Klassifikation, Modell I ($n_i = n$).*

Variations-ursache	SQ	FG	MQ	E(MQ)
Haupteffekt von A	SQ_A $= \dfrac{1}{n}\sum\limits_{i} Y_{i.}^2 - \dfrac{Y_{..}^2}{N}$	$a-1$	$MQ_A = \dfrac{SQ_A}{a-1}$	$\sigma^2 + \dfrac{n}{a-1}\sum a_i^2$
Rest	SQ_R $= \sum\limits_{i,j} y_{ij}^2 - \dfrac{1}{n}\sum\limits_{i} Y_{i.}^2$	$N-a$	$MQ_R = \dfrac{SQ_R}{N-a}$	σ^2
Gesamt	SQ_T $= \sum\limits_{i,j} y_{ij}^2 - \dfrac{Y_{..}^2}{N}$	$N-1$		

Die Nullhypothese, die man in dem Fall, dass y normal verteilt ist, prüfen kann, lautet:

H_0:   "Es gibt keinen Einfluss des Faktors A auf die Variable y", oder anders ausgedrückt: "Alle a_i sind gleich" und falls vorausgesetzt wurde, dass die Summe der a_i gleich Null ist, bedeutet dies, "Alle a_i sind gleich Null".

Die Alternativhypothese ist:

H_A: "Mindestens zwei der a_i sind verschieden".

Die Prüfzahl des Tests ist eine Größe F mit einer F-Verteilung mit f_1 und f_2 Freiheitsgraden. Das $(1-\alpha)$-Quantil der Verteilung von $F(f_1; f_2)$ ist $F(f_1; f_2; 1-\alpha)$.

Diese Prüfzahl wird allgemein durch die folgenden 8 Schritte ermittelt. Allgemein bedeutet dabei, dass diese Schritte für alle Situationen und Modelle dieses Kapitels (und darüber hinaus) verwendbar sind.

1.   Definiere die Nullhypothese.
2.   Wähle das geeignete Modell (I, II, oder gemischt).
3.   Suche in der Varianztabelle die E(MQ)-Spalte (falls es mehrere gibt) des gewählten Modells). In unserem Fall ist das die E(MQ)-Spalte der Tabelle 4.1.
4.   Suche in der Varianztabelle die Zeile mit dem Faktor auf den sich die Nullhypothese bezieht.
5.   Verändere das E(MQ) dieser Zeile so, als wenn die Nullhypothese gelten würde.
6.   Suche in der Varianztabelle (in der gleichen Spalte), die Zeile mit dem E(MQ) das in Schritt 5 entstanden ist.
7.   Der F-Quotient is nun der Quotient aus dem MQ der Zeile, die in Schritt 4 ermittelt wurde und dem MQ aus der in Schritt 6 ermittelten Zeile.

8.   Bemerkung: Bei höheren Klassifikationen endet die Suche in Schritt 6 manchmal ergebnislos, dann verwendet man oft die sogenannte Satterthwaite-Approximation (siehe VB 3/24/2003, 3/42/3000, 3/42/3001 und 3/42/3002).

Für die Durchführung des Tests müssen wir den F-Wert mit dem $(1-\alpha)$-Quantil der F-Verteilung mit f_1 und f_2 Freiheitsgraden für das gewählte α vergleichen. Dabei ist f_1 der Wert der Freiheitsgrade, die zu dem MQ des Zählers von F und f_2 sind die Freiheitsgrade, die zu den MQ des Nenners von F gehören. Tabelle A3 enthält die 0,95-Quantile.

Die Testentscheidung ist:

Falls $F > F(f_1; f_2; 1-\alpha)$ gilt, so lehnen wir die Nullhypothese ab, ansonsten nehmen wir sie an.

An Hand der SPSS-Ausgabe lehnen wir die Nullhypothese ab, wenn die dort angegebene Signifikanz(-wahrscheinlichkeit) $P\left(F\left(f_1, f_2\right) > F\right)$ kleiner als 0,05 ist.

Wir wollen nun diese allgemeine Regel auf unseren sehr einfachen Fall anwenden. Die Nullhypothese (Schritt 1) ist bereits einleitend formuliert, unser Modell ist ein Modell I (Schritt 2). Schritt 3 ist überflüssig, es gibt in Tabelle 4.1 nur eine $E(MQ)$-Spalte, Schritt 4 führt zur Zeile "Hauptwirkung von A" von Tabelle 4.1. Gilt die Nullhypothese, dass all a_i gleich sind, so reduziert sich $E(MQ)$ dieser Zeile zu σ^2 (Schritt 5), und dies ist das $E(MQ)$ für den Rest (Schritt 6). Damit ist

$$F = \frac{MQ_A}{MQ_R}$$

nach Schritt 7 die gesuchte Prüfzahl, sie ist unter der Nullhypothese $F(a-1; N-a)$-verteilt d.h. F-verteilt mit $f_1 = a-1$ und $f_2 = N-a$ Freiheitsgraden.

Um den minimalen Versuchsumfang zu bestimmen, um obige Nullhypothese H_0 zu testen, müssen wir wie in Kapitel 3 α und β vorgeben und brauchen einen Schätzwert für σ^2. In Kapitel 3 hatten wir β für eine bestimmte (praktisch interessierende) Mindestdifferenz, die einen Abstand von H_0 definierte, festgelegt. Wenn $a=2$ ist, geht das auch in unserem Fall, dann ist aber der F-Test identisch mit dem zweiseitigen Zweistichproben-t-Test für unabhängige Stichproben in 3.4.2.2.

Die Güte des F-Tests hängt von dem Nichtzentralitätsparameter λ ab, der eine Verallgemeinerung des Quadrates von λ in (3.45) für mehr als eine Stichprobe ist. Er ist für das Modell I der einfachen Varianzanalyse dieses Abschnittes proportional zu

$$\sum_{i=1}^{a} (a_i - \bar{a})^2 \quad \text{mit} \quad \bar{a} = \frac{1}{a} \sum a_i \qquad (4.4)$$

Falls wir die Nebenbedingung $\sum_{i=1}^{a} a_i = 0$ verwenden, ist $\sum_{i=1}^{a} (a_i - \bar{a})^2 = \sum_{i=1}^{a} a_i^2$.

Unter H_0 ist λ natürlich Null. Sind nicht alle a_i gleich, so hängt der Wert von λ von deren Werten ab. Der für den erforderlichen Versuchsumfang ungünstigste Fall (er führt zur maximalen kleinsten Klassenbesetzung n) ist der Fall mit dem kleinstmöglichen λ-Wert. Ist $a_{max} = \max(a_i)$ der größte und $a_{min} = \min(a_i)$ der kleinste der Werte a_i, so wird (4.4) minimal, falls die $a-2$ übrigen Effekte gleich

$$\frac{1}{2}\left(a_{min} + a_{max}\right) \tag{4.5}$$

sind. Berechnen wir nun den minimalen Versuchsumfang so, dass Genauigkeitsforderung $a_{max} - a_{min} = d$ für diesen Fall erfüllt ist, so können wir diese Forderung immer einhalten, wir sind auf der sicheren Seite. Wir nennen den so berechneten minimalen Umfang den Maximin-Umfang. Es kann auch nützlich sein, den minimalen Umfang für den günstigsten Fall zu berechnen. Dieser liegt vor, falls a_I der a_i gleich a_{min} und a_{II} der a_i gleich a_{max} sind und $a = a_I + a_{II}$ und $|a_I\text{-}a_{II}| \leq 1$ gilt. Das bedeutet, a_I und a_{II} unterscheiden sich höchstens um 1 und für gerades a gilt dann $a_I = a_{II} = \dfrac{a}{2}$. Wir nennen den sich in diesem Fall ergebenden minimalen Umfang den Minimin-Umfang. Der Gesamtversuchsumfang ist minimal, wenn alle n_i gleich sind und damit planen wir unseren Versuch so, dass

$$n_i = n$$

gilt.

Wir bezeichnen den Minimin-Umfang mit n_u und den Maximin-Umfang mit n_o. Der Versuchsansteller kann nun die Anzahl von Beobachtungen n je Faktorstufe (Klasse genannt) zwischen der unteren Grenze n_u und der oberen Grenze n_o:

$$n_u \leq n \leq n_o \tag{4.6}$$

selbst wählen. Dazu muss er diese Grenzen n_u und n_o kennen. Da die Berechnungen schwierig sind, verweisen wir hier nur auf CADEMO-*light* (CL) (für die einfache Klassifikation) oder den CADEMO-Modul ANOV (ein- bis dreifache Klassifikation) (siehe auch Abschnitt 4.2.3). Während CADEMO-*light* Maximin- und Minimin-Umfänge berechnet, erhält man mit ANOV nur Maximin-Umfänge.

Die Schätzung der Effekte der Faktorstufen erfolgt nach der in 3.1.1 beschriebenen Methode der kleinsten Quadrate. Dabei ergeben sich folgende Gleichungen (mit $\sum a_i = 0$)

$$\hat{\mu} = \overline{y}_{..}\,; \quad \hat{a}_i = \overline{y}_{i.} - \overline{y}_{..} \ (i = 1, ..., a).$$

Beispiel 4.1

Wir wollen ein Experiment mit 4 Stufen eines festen Faktors A (vier Sorten) durchführen, um den Ertrag dt/ha zu ermitteln. Die Stufen sind die vier Sorten. Es soll die Nullhypothese

$\quad$ H_0 $\quad$ Alle Sorten haben den gleichen Ertrag, d.h.

$\qquad$ $a_1 = a_2 = a_3 = a_4$

gegen die Alternativhypothese:

$\quad$ H_A $\quad$ Mindestens zwei Sorten unterscheiden sich im durchschnittlichen Ertrag, d.h.

$\qquad$ $a_i \neq a_j$ für mindestens ein Paar $i \neq j$ geprüft werden.

Mit den Risiken $\alpha = 0{,}05$ und $\beta \leq 0{,}2$, sofern $a_{max} - a_{min} \geq 2\sigma$ soll die Anzahl n der Teilstücke je Sorte bestimmt werden.

Wir erhalten mit CL über die Befehlsfolge Fallzahl - Mehrstichprobenproblem - Mittelwerte Test und Eingabe der obigen Werte und Auswahl des F-Tests das Ergebnis der Abbildung 4.1.

```
Entscheidung:
Mehrstichprobenproblem
Test von k Mittelwerten untereinander
Bestimmung des Stichprobenumfanges

Merkmal:
Ertrag

Es sollen 4 Mittelwerte verglichen werden (F-Test).

Um die Genauigkeitsforderungen
      α     = 0.0500  (versuchsbezogen),
      β     = 0.2000  (versuchsbezogen)
      und d = 2.0000
bei einer geschätzten Varianz von s² = 1.0000 zu erfüllen, sind
            n = 7 (im ungünstigsten Fall)
            n = 6 (im durchschnittlichen Fall)
            n = 4 (im günstigsten Fall)
Messungen in jeder der 4 Grundgesamtheiten zu realisieren.

Bemerkung:
Sei A der maximale und B der minimale Mittelwert und A-B=d (=2.0000).
Dann ist im:
ungünstigen      Fall: Die restlichen k-2 = (4-2) Mittelwerte sind
                       gleich (A+B)/2
```

Abbildung 4.1 *CL- Ausgabe von Beispiel 4.1*

Wir wählen $n = 5$.

Angenommen ein Versuch mit fünf Wiederholungen wurde durchgeführt, und die Werte in Abbildung 4.2 seien die Ergebnisse.

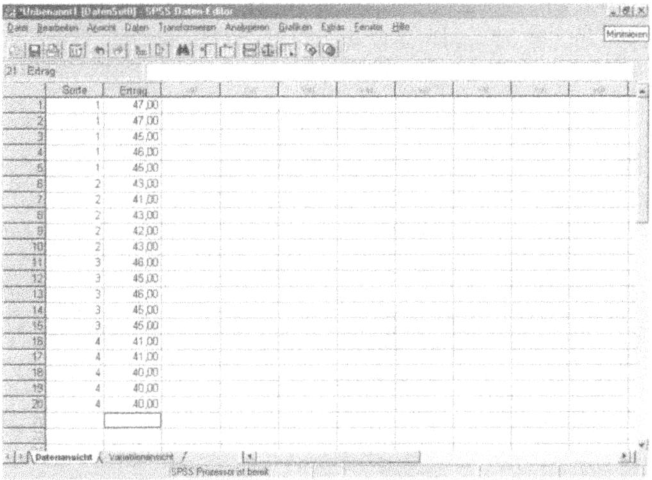

	Sorte	Ertrag
1	1	47,00
2	1	47,00
3	1	45,00
4	1	46,00
5	1	45,00
6	2	43,00
7	2	41,00
8	2	43,00
9	2	42,00
10	2	43,00
11	3	46,00
12	3	45,00
13	3	46,00
14	3	45,00
15	3	45,00
16	4	41,00
17	4	41,00
18	4	40,00
19	4	40,00
20	4	40,00

Abbildung 4.2 *Beobachtungswerte von Beispiel 4.1*

Wir können die Auswertung mit Hand oder mit SPSS mit der Befehlsfolge Analysieren - Mittelwerte vergleichen - Einfaktorielle ANOVA durchführen, wie letzteres zu geschehen hat und die Ergebnisse findet man in den Abbildungen 4.3 und 4.4.

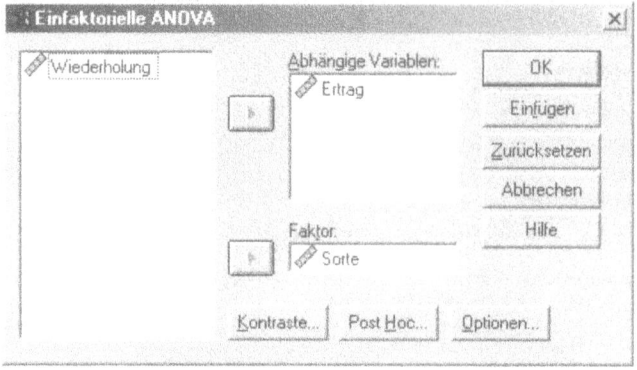

Abbildung 4.3 *SPSS Menü - Einfache Varianzanalyse*

Einfache Varianzanalyse

Ertrag

	Quadratsumme	df	Mittel der Quadrate	F	Signifikanz
Zwischen den Gruppen	103,350	3	34,450	57,417	,000
Innerhalb der Gruppen	9,600	16	,600		
Gesamt	112,950	19			

Abbildung 4.4 *VA-Tabelle für die Werte von Abbildung 4.2*

Wir finden alle Angaben aus Tabelle 4.1 ohne die Spalte E(**MQ**), die nur von theoretischem Interesse ist und für das Auffinden der Prüfzahl nach den Schritten 1 bis 7 benötigt wird, sie hängt nicht von den Daten ab. Die Prüfzahl ist

$$F = \frac{34,45}{0,6} = 57,417$$

Wir müssen sie (z.B. für $\alpha = 0,05$) mit (aus Tabelle A3) $F(3; 16; 0,95) = 3,24$ vergleichen; H_0 wird abgelehnt.

In der SPSS-Ausgabe vergleichen wir unser vorgegebenes α mit dem Signifikanzwert in der letzten Spalte der Abbildung 4.4 und lehnen die Nullhypothese ab, wenn er, wie in unserem Fall kleiner als α ist.

Für die Schätzung der festen Effekte ergeben sich nach der Methode der kleinsten Quadrate die Werte: $\hat{\mu} = 43,55$; $\hat{a}_1 = 46\text{-}43,55 = 2,45$;

$$\hat{a}_2 = 42,4\text{-}43,55 = -1,15; \quad \hat{a}_3 = 45,4\text{-}43,55 = 1,85;$$
$$\hat{a}_4 = 40,4\text{-}43,55 = -3,15; \quad (\hat{a}_1 + \hat{a}_2 + \hat{a}_3 + \hat{a}_4 = 0).$$

4.1.2   Einfache Varianzanalyse - Modell II

Die Modellgleichung hat die Form:

$$y_{ij} = \mu + a_i + e_{ij} \ (i = 1, ..., a, \ j = 1, ..., n_i) \tag{4.7}$$

Die a_i heißen wieder die Hauptwirkungen der Faktorstufen A_i; sie sind nun Zufallsvariable. Zum Modell gehören noch die Nebenbedingungen:

106

$E(a_i) = 0$, $\mathrm{var}(a_i) = \sigma_a^2$, $E(e_{ij}) = 0$, $\mathrm{var}(e_{ij}) = \sigma^2$ und die, dass alle zufälligen Größen der rechten Seite von (4.7) voneinander unabhängig sind. σ_a^2 und σ^2 heißen Varianzkomponenten.

Tabelle 4.2 ist die Varianztabelle für dieses Modell mit $n_i = n$ und $N = an$.

Tabelle 4.2 *Varianztabelle: Einfache Klassifikation, Modell II ($n_i = n$).*

Variationsursache	SQ	FG	MQ	E(MQ)
Hauptwirkung von A	SQ_A $= \dfrac{1}{n}\sum_i Y_{i.}^2 - \dfrac{Y_{..}^2}{N}$	$a-1$	$MQ_A = \dfrac{SQ_A}{a-1}$	$\sigma^2 + n\sigma_a^2$
Rest	SQ_R $= \sum_{i,j} y_{ij}^2 - \dfrac{1}{n}\sum_i Y_{i.}^2$	$N-a$	$MQ_R = \dfrac{SQ_R}{N-a}$	σ^2
Gesamt	SQ_T $= \sum_{i,j} y_{ij}^2 - \dfrac{Y_{..}^2}{N}$	$N-1$		

Die Nullhypothese lautet:

H_0: "Die Varianzkomponente des Faktors A ist gleich Null" oder $\sigma_a^2 = 0$.

H_A: "Die Varianzkomponente des Faktors A ist größer als Null" oder $\sigma_a^2 > 0$.

Die F-Prüfzahl bei normalverteilten Größen in (4.7) finden wir wie in 4.1.1 beschrieben mit Hilfe der Tabelle 4.2, sie ist mit der aus 4.1.1 identisch.

In Modell II sind wir häufig daran interessiert, die Varianzkomponenten σ^2 und σ_a^2 zu schätzen. Es gibt dafür verschiedene Methoden. Falls alle n_i gleich ($= n$) sind, sind die meisten von ihnen identisch. Wir beschreiben hier die einfachste Methode, die Varianzanalysemethode.

Hierfür benötigen wir wieder die Spalte E(MQ) in der Varianztabelle (Tabelle 4.2). In dieser Spalte ersetzen wir formal die Varianzkomponenten durch ihre Schätzwerte (σ^2 durch s^2 und σ_a^2 durch s_a^2) und setzen das Ergebnis mit den aus den Beobachtungswerten berechneten MQ aus der entsprechenden Zeile gleich.

In unserem Falle der einfachen Klassifikation ergibt dies:

$$MQ_A = s^2 + n\,s_a^2$$

$$MQ_R = s^2$$

Wir müssen diese Gleichungen nun nur noch nach den Varianzkomponenten auflösen. Dies führt zu:

$$s^2 = MQ_R \tag{4.8}$$

$$s_a^2 = \frac{MQ_A - MQ_R}{n}, \tag{4.9}$$

den Schätzwerten für σ^2 bzw. σ_a^2. Übergang zu Zufallsvariablen ergibt die Schätzfunktionen s^2 bzw. s_a^2, die beide erwartungstreu sind:

$$E(s^2) = \sigma^2$$

$$E(s_a^2) = \sigma_a^2 \,.$$

Für die Bestimmung des minimalen Versuchsumfanges müssen wir zunächst festlegen, ob wir den Umfang für die Schätzung der Varianzkomponenten oder wie in Beispiel 1.1 des Gesamtmittels oder für die Prüfung einer Hypothese berechnen wollen. Vor allem wird die Genauigkeit (in allen Fällen) durch die Anzahl a der Faktorstufen beeinflusst.

Beispiel 4.2
Angenommen, wir berechneten die SQ und MQ einer einfache Varianzanalyse mit 400 Stufen des Faktors A (Eber) aus Messwerten der Masttage (bis zur Erreichung eines bestimmten Gewichts) von 12 Nachkommen (Ferkeln) je Eber. Die Varianztabelle wird mit dem SPSS-Programm aus Beispiel 4.1 berechnet und ist als Tabelle 4.3 gegeben.

Tabelle 4.3   Varianztabelle von Beispiel 4.2.

Variationsursache	SQ	FG	MQ
Zwischen Ebern	23022,3	399	57,7
Rest	90200	4400	20,5

Nach (4.8) erhält man daraus

$$s^2 = 20,5$$

und nach (4.9)

$$s_a^2 = \frac{57,7 - 20,5}{12} = 3,1\,.$$

Die Schätzung von μ nach der Methode der kleinsten Quadrate ist $\hat{\mu} = \bar{y}_{..}$.

4.2 Zweifache Varianzanalyse

In der *zweifachen Varianzanalyse* hat die lineare Modellgleichung wieder die Form:

$$y = E(y) + e = \mu + EK(y) + e$$

Die zwei Faktoren heißen A bzw. B. Die Stufen der zwei Faktoren können auf zwei Arten kombiniert sein:

Kreuzklassifikation ($A \times B$):
Beobachtungen können (aber müssen nicht) in allen Kombinationen der A- und B-Stufen auftreten.
Treten Beobachtungen in jeder der $a \cdot b$ Faktorstufekombinationen der a Stufen A_i von A mit den b Stufen B_j von B auf, so heißt die Kreuzklassifikation vollständig (z.B. ein vollständiger Blockplan), sonst heißt die Kreuzklassifikation unvollständig (z.B. ein unvollständiger Blockplan wie ein BUB oder ein TBUB (nach 2.6.2)). Wir setzen stets voraus, dass unvollständige Kreuzklassifikationen zusammenhängend sind (siehe Abschnitt 2.6).
Ein typisches Beispiel für eine zweifache Kreuzklassifikation entsteht, wenn die Wirkung eines Behandlungsfaktors A in einem Blockversuch untersucht wird. Dann sind die Blocks die Stufen eines weiteren (Stör-) Faktors B.

Hierarchische Klassifikation:
Die Stufen von B treten in genau einer Stufe von A auf ($B \prec A$).

4.2.1 Zweifache Varianzanalyse - Kreuzklassifikation

In der zweifachen Kreuzklassifikation sind die Klassen durch die jeweilige Faktorstufenkombination (i,j) der Stufen A_i von A mit den Stufen B_j von B definiert. Bezeichnet y_{ijk} die k-te Beobachtung in der Klasse (i,j), so erhalten wir:

$$y_{ijk} = \mu + a_i + b_j + w_{ij} + e_{ijk} \ (i = 1, ..., a; \ j = 1, ..., b; \ k = 1, ..., n_{ij})$$

In dieser Gleichung bedeuten: μ das Gesamtmittel; a_i die Hauptwirkungen der Stufen A_i von A, b_j die Hauptwirkungen der Stufen B_j von B; w_{ij} die Wechselwirkungen zwischen A_i und B_j, sie sind nur dann definiert, wenn in der Klasse (i,j) Beobachtungen auftreten. k läuft in der Klasse (i,j) von 1 bis n_{ij}. Falls $n_{ij} = n$ gilt, so sprechen wir von gleicher Klassenbesetzung bzw. vom balancierten Fall. Optimale Versuchspläne in der zweifachen Varianzanalyse erfordern oft gleiche Klassenbesetzung. Die Haupt- und Wechselwirkungseffekte sind bisher weder fest noch zufällig, diese Unterscheidung erfolgt in den folgenden Paragraphen. Für alle Modelle setzen wir voraus, dass die e_{ijk} voneinander unabhängig verteilt sind mit Erwartungswert Null und der gleichen Varianz σ^2; ferner gelte $n_{ij} = n$.
Die Varianztabelle für alle Modelle (bis auf die Spalte E(MQ)) ist für den balancierten Fall, in dem wegen $n_{ij} \equiv n$ nun $N = abn$ ist, in Tabelle 4.4 gegeben.

Tabelle 4.4 *Varianztabelle für die zweifache Kreuzklassifikation ($n_{ij} = n > 1$).*

Variations-ursache	SQ	FG	MQ
Hauptwirkung von A	$SQ_A = \dfrac{1}{bn} \sum_i Y_{i..}^2 - \dfrac{1}{N} Y_{...}^2$	$a-1$	$MQ_A = \dfrac{SQ_A}{a-1}$
Hauptwirkung von B	$SQ_B = \dfrac{1}{an} \sum_j Y_{.j.}^2 - \dfrac{1}{N} Y_{...}^2$	$b-1$	$MQ_B = \dfrac{SQ_B}{b-1}$
Wechsel-wirkung $A \times B$	$SQ_{AB} = \dfrac{1}{n} \sum_{i,j} Y_{ij.}^2 - \dfrac{1}{bn} \sum_i Y_{i..}^2$ $- \dfrac{1}{an} \sum_j Y_{.j.}^2 + \dfrac{Y_{...}^2}{N}$	$(a-1) \cdot$ $(b-1)$	MQ_{AB} $= \dfrac{SQ_{AB}}{(a-1)(b-1)}$
Rest	$SQ_R = \sum_{i,j,k} y_{ijk}^2 - \dfrac{1}{n} \sum_{i,j} Y_{ij.}^2$	$ab(n-1)$	$MQ_R = \dfrac{SQ_R}{ab(n-1)}$
Gesamt	$SQ_G = \sum_{i,j,k} y_{ijk}^2 - \dfrac{1}{N} Y_{...}^2$	$N-1$	

Für den Fall, der *einfachen Klassenbesetzung* $n = 1$, kann man nur die Summe $w_{ij} + e_{ijk} = e'_{ijk}$ definieren, die einzelnen Komponenten lassen sich nicht trennen. Die Varianztabelle reduziert sich dann auf die Form der Tabelle 4.4a.

Tabelle 4.4a *Varianztabelle für die zweifache Kreuzklassifikation ($n_{ij} = 1$).*

Variations-ursache	SQ	FG	MQ
Hauptwir-kung von A	$SQ_A = \dfrac{1}{b} \sum_i Y_{i..}^2 - \dfrac{1}{N} Y_{...}^2$	$a-1$	$MQ_A = \dfrac{SQ_A}{a-1}$
Hauptwir-kung von B	$SQ_B = \dfrac{1}{a} \sum_j Y_{.j.}^2 - \dfrac{1}{N} Y_{...}^2$	$b-1$	$MQ_B = \dfrac{SQ_B}{b-1}$
Rest	$SQ_R = \sum_{i.jk} y_{ijk}^2 - \dfrac{1}{b} \sum_i Y_{i..}^2 - \dfrac{1}{a} \sum_j Y_{.j.}^2 + \dfrac{1}{N} Y_{...}^2$	$(a-1) \cdot$ $(b-1)$	$MQ_R = \dfrac{SQ_R}{(a-1)(b-1)}$
Gesamt	$SQ_G = \sum_{i,j,k} y_{ijk}^2 - \dfrac{1}{N} Y_{...}^2$	$N-1$	

Die Situation für Modell I der kreuzklassifizierten zweifachen Varianzanalyse ist folgende:
Die Modellgleichung ist bei gleicher Klassenbesetzung durch

$$y_{ijk} = \mu + a_i + b_j + w_{ij} + e_{ijk} \; (i = 1, ..., a; j = 1, ..., b; k = 1, ..., n) \tag{4.10}$$

gegeben. Alle Haupteffekte a_i und b_j und die Wechselwirkungen w_{ij} sind reelle Zahlen, d.h. sie sind nicht zufällig. Das Modell umfasst ferner die Nebenbedingungen, dass sowohl die Summen der a_i als auch der b_j und der w_{ij} (über jeden Suffix einzeln) gleich Null sind.
Die erwarteten mittleren Abweichungsquadrate findet man in Tabelle 4.5 für den Fall $n_{ij} = n > 1$.
Für die Schätzung der festen Effekte ergeben sich nach der Methode der kleinsten Quadrate folgende Gleichungen:

$$\hat{\mu} = \bar{y}_{...}, \; \hat{a}_i = \bar{y}_{i..} - \bar{y}_{...}, \; \hat{b}_j = \bar{y}_{.j.} - \bar{y}_{...}, \; \hat{w}_{i,j} = \bar{y}_{ij.} - \bar{y}_{i..} - \bar{y}_{.j.} + \bar{y}_{...}.$$

Tabelle 4.5 *Die erwarteten mittleren Abweichungsquadrate für die Modelle der zweifachen Kreuzklassifikation ($n_{ij} = n > 1$).*

	E(*MQ*)		
Variations-ursache	Modell I	Modell II	Gemischtes Modell, (*A* fest, *B* zufällig)
Hauptwirkung von *A*	$\sigma^2 + \dfrac{bn}{a-1} \sum_i a_i^2$	$\sigma^2 + n\sigma_{ab}^2 + bn\sigma_a^2$	$\sigma^2 + n\sigma_{ab}^2 + \dfrac{bn}{a-1} \sum_i a_i^2$
Hauptwirkung von *B*	$\sigma^2 + \dfrac{an}{b-1} \sum_j b_j^2$	$\sigma^2 + n\sigma_{ab}^2 + an\sigma_b^2$	$\sigma^2 + \kappa n\sigma_{ab}^2 + an\sigma_b^2$
Wechsel-wirkung *A*×*B*	$\sigma^2 + \dfrac{n}{(a-1)(b-1)} \cdot \sum_{i,j} w_{ij}^2$	$\sigma^2 + n\sigma_{ab}^2$	$\sigma^2 + n\sigma_{ab}^2$
Rest	σ^2	σ^2	σ^2

Der Wert κ in Tabelle 4.5 hängt von der Nebenbedingung über die Wechselwirkungen ab. Unter der Bedingung $\text{cov}(w_{ij}, w_{ij'}) = 0$ (für $j \neq j'$) ist $\kappa = 1$ und für die Bedingung $\sum_{i=1}^{a} w_{ij} = 0$ für jedes j ist $\kappa = 0$.
Die Nullhypothesen, die unter der Voraussetzung, dass die e_{ijk} voneinander unabhängig nach $N(0; \sigma^2)$ verteilt sind, sind:
H_{01}: "Alle a_i sind gleich Null"
H_{02}: "Alle b_j sind gleich Null"
H_{03}: "Alle w_{ij} sind gleich Null".

Um die minimale Klassenbesetzung n zu bestimmen, so dass bestimmte Genauigkeitsforderungen erfüllt sind, können wir prinzipiell wie in 4.1 beschrieben vorgehen, müssen uns aber zunächst auf eine der drei Nullhypothesen festlegen. Wir beschränken uns hier auf ein Beispiel, in dem wir das CADEMO Programm ANOV verwenden. Eine allgemeine Beschreibung gibt Abschnitt 4.2.3.

Beispiel 4.3
Wir wollen die Nullhypothese, dass sich 6 Getreidesorten nicht in ihren Erträgen unterscheiden, testen. Für diesen Versuch können wir jede der Sorten auf einer Anzahl von Teilstücken auf jeder von vier Prüfstationen anbauen. Die Sorten sind die Stufen eines festen Faktors A und die vier Prüfstationen sind die als fest betrachteten Stufen eines (Block-)Faktors B.
Wir verwenden, wie auch im Rest dieses Kapitels, den Modul ANOV von CADEMO und wählen in Abbildung 4.5 den Zweig:
Anlage - Zweifache Varianzanalyse - $A \times B$ Kreuzklassifikation und erhalten Abbildung 4.5.

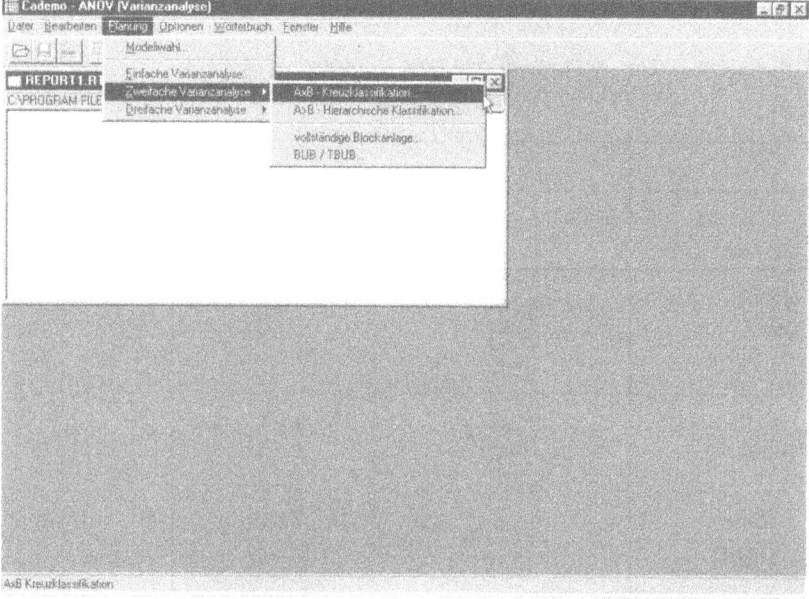

Abbildung 4.5 *Ein CADEMO ANOV-Eröffnungsbild*

112

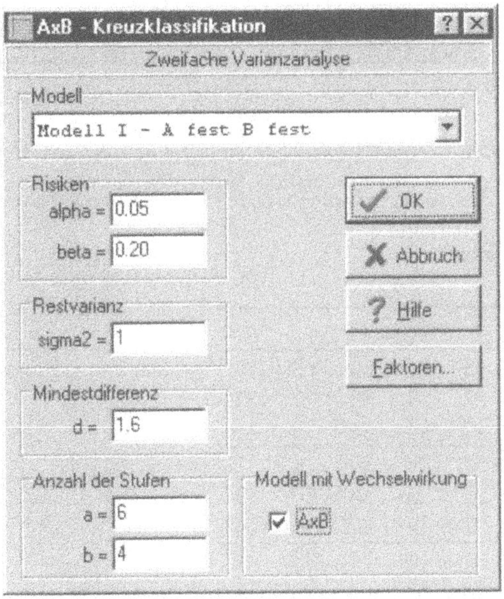

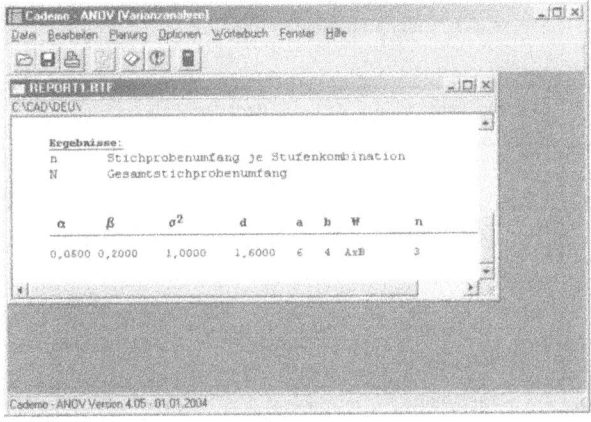

Abbildung 4.6 *Genauigkeitsvorgaben für Beispiel 4.3*

Hier müssen wir ähnlich wie in Abschnitt 4.1 α, β und einen Schätzwert $\tilde{\sigma}^2$ von σ^2, $d = a_{max} - a_{min}$, a und b eingeben. Wir setzen ferner voraus, dass wir ein Modell mit Wechselwirkungen zwischen A und B verwenden müssen. Wir haben $a = 6$, $b = 4$ und wir wählen $\alpha = 0,05$, $\beta = 0,2$ und $d = 1,6\sigma$ (wir setzen ohne Beschränkung der Allgemeinheit $\sigma^2 = 1$ und $d = 1,6$).

Abbildung 4.7 entnehmen wir, dass der Maximin-Umfang $n = 3$ ist und das bedeutet, dass 3 Teilstücke von jeder Sorte auf jeder Prüfstation (kurz Farm) anzubauen sind. Insgesamt haben wir $N = a \cdot b \cdot n = 6 \cdot 4 \cdot 3 = 72$ Teilstücke.

Abbildung 4.7 *Der Maximin-Umfang für die Genauigkeitsforderung von Abbildung 4.6*

Angenommen, auf jeder der vier Farmen wurde der Versuch als einfache Versuchsanlage (je Farm also vollständig randomisiert mit 3 Teilstücken je Sorte) angelegt mit den Beobachtungswerten in dt/ha in Tabelle 4.6.

Tabelle 4.6 *Ergebnisse eines Versuches mit 6 Sorten auf 4 Farmen und drei Wiederholungen.*

B: Farmen	Teilstücke	A: Sorten					
		1	2	3	4	5	6
1	1	32	48	25	33	48	29
	2	28	52	25	38	27	27
	3	30	47	34	44	38	31
2	1	44	55	28	39	21	31
	2	43	53	26	38	30	33
	3	48	57	33	37	36	26
3	1	42	64	40	53	38	27
	2	42	64	42	41	29	33
	3	39	64	47	47	23	32
4	1	44	59	34	54	33	31
	2	40	58	27	50	36	30
	3	42	57	32	46	36	35

Mit SPSS können wir die zweifache Varianzanalyse wie folgt berechnen:

Analysieren-Allgemeines lineares Modell-univariat mit den festen Faktoren Sorte und Farm und Ertrag als "abhängige Variable".

Die Ergebnisse findet man in Abbildung 4.8.

Tests der Zwischensubjekteffekte

Abhängige Variable: Ertrag

Quelle	Quadratsumme vom Typ III	FG	Mittel der Quadrate	F	Signifikanz
Korrigiertes Modell	7368,986(a)	23	320,391	17,436	,000
Konstanter Term	110842,014	1	110842,014	6032,218	,000
Farmen	602,708	3	200,903	10,933	,000
Sorten	5696,236	5	1139,247	62,000	,000
Farmen * Sorten	1070,042	15	71,336	3,882	,000
Fehler	882,000	48	18,375		
Gesamt	119093,000	72			
Korrigierte Gesamtvariation	8250,986	71			

a R-Quadrat = ,893 (korrigiertes R-Quadrat = ,842)

Abbildung 4.8 *Varianztabelle von Beispiel 4.3*

Obige drei Hypothesen lauten in der Fachsprache:

H$_{01}$: "Es gibt keine Ertragsunterschiede zwischen den Sorten" oder "alle a_i sind gleich Null" (unter der Modellvoraussetzung, dass die Summe der a_i gleich Null ist)

H$_{02}$: "Es gibt keine Ertragsunterschiede zwischen den Farmen" oder "alle b_j sind gleich Null" (unter der Modellvoraussetzung, dass die Summe der b_j gleich Null ist)

H$_{03}$: "Es gibt keine Wechselwirkung zwischen Farmen und Sorten" oder "alle w_{ij} sind gleich Null" (unter der Modellvoraussetzungen, dass die Summen der w_{ij} (über jeden der Suffixe) gleich Null sind).

Mit Hilfe der 7 Schritte aus 4.1 und der Tabellen 4.4 und 4.5 erhalten wir:

$$F_{01} = \frac{MQ_{Sorten}}{MQ_R} = 1139,25/18,37 = 62,00$$

$F((a\text{-}1); ab(n\text{-}1); 1\text{-}\alpha) = F(5; 48; 0,95) = 2,409$ (lineare Interpolation ergibt 2,418)

$F_{01} > F(5; 48; 0,95)$, also verwerfen wir H$_{01}$, dass keine Unterschiede im Ertrag zwischen den Sorten bestehen.

Dies folgt direkt aus Abbildung 4.8 wegen Signifikanz $< 0,05$.

$$F_{02} = \frac{MQ_{Farmen}}{MQ_R} = 200,90/18,37 = 10,93$$

$F((b\text{-}1); ab(n\text{-}1); 1\text{-}\alpha) = F(3; 48; 0,95) = 2,798$ (lineare Interpolation zwischen 40 und 60 Freiheitsgraden ergibt 2,808)

$F_{02} > F(3; 48; 0,95)$, also verwerfen wir H$_{02}$, dass keine Unterschiede im Ertrag zwischen den Farmen bestehen.

Dies folgt direkt aus Abbildung 4.8 wegen Signifikanz $< 0,05$.

$F_{03} = MQ_{Sorten \times Farmen} / MQ_R = 71,34/18,37 = 3,88$

$F((a\text{-}1)(b\text{-}1); ab(n\text{-}1); 1\text{-}\alpha) = F(15; 48; 0,95) = 1,880$ (lineare Interpolation ergibt 1,888)

$F_{03} > F(15; 48; 0,95)$, also verwerfen wir H$_{03}$, dass keine Wechselwirkung zwischen den Sorten und Farmen besteht.

Dies folgt direkt aus Abbildung 4.8 wegen Signifikanz $< 0,05$.

4.2.1.2 Zweifache Varianzanalyse - Kreuzklassifikation - Modell II

Die Situation für Modell II der kreuzklassifizierten zweifachen Varianzanalyse ist bei gleicher Klassenbesetzung folgende:

Ein Merkmal (und sein Modell, eine Zufallsvariable y) hängt von a zufällig ausgewählten Stufen A_1, ..., A_a des Faktors A, von b zufällig ausgewählten Stufen B_1, ..., B_b des Faktors B und ferner vom zufälligen Fehlerglied e durch die Gleichung

$$y_{ijk} = \mu + a_i + b_j + w_{ij} + e_{ijk} \quad (i = 1, ..., a; j = 1, ..., b; k = 1, ..., n) \qquad (4.11)$$

ab. Sowohl für die A-Stufen als auch für die B-Stufen wird die Existenz je einer Population von Faktorstufen vorausgesetzt, aus der die Stufen des Versuches als Zufallsstichprobe stammen.

Die Symbole bedeuten: μ ist das Gesamtmittel; a_i sind die Hauptwirkungen der Stufen von A, b_j die Hauptwirkungen der Stufen von B und die w_{ij} die Wechselwirkungen zwischen A_i und B_j; sie sind nur definiert, wenn Beobachtungen in (i,j) vorhanden sind.

Alle Effekte (außer μ) sind zufällig. Zum Modell gehören die Bedingungen: $E(a_i) = E(b_j)$ = $E(w_{ij}) = E(e_{ijk}) = 0$ und $\text{var}(e_{ijk}) = \sigma^2$, $\text{var}(a_i) = \sigma_a^2$, $\text{var}(b_j) = \sigma_b^2$, $\text{var}(w_{ij}) = \sigma_{ab}^2$ für alle i,j,k und die Unabhängigkeit aller zufälligen Größen der rechten Seiten der Modellgleichung σ^2, σ_a^2, σ_b^2 und σ_{ab}^2 heißen Varianzkomponenten.

Die Varianztabelle für dieses Modell ist Tabelle 4.4, Tabelle 4.5 enthält die $E(MQ)$.

Die Nullhypothesen, die unter der Voraussetzung normalverteilter zufälliger Komponenten getestet werden können, lauten:

H_{01}: " $\sigma_a^2 = 0$ "

H_{02}: " $\sigma_b^2 = 0$ "

H_{03}: " $\sigma_{ab}^2 = 0$ ".

Wir bestimmen die F-Quotiente mit den 7 Schritten aus 4.1 mit Hilfe der $E(MQ)$-Spalte für Modell II in Tabelle 4.5, es sei $n > 1$.

Gilt H_{01}, so ist $E(MQ_A)$ gleich $E(MQ_{A \times B})$ und wir prüfen H_{01} mit

$$F_A = \frac{MQ_A}{MQ_{A \times B}},$$

diese Größe ist F-verteilt mit a-1 und $(a$-1$)(b$-1$)$ Freiheitsgraden.

Analog prüfen wir H_{02} durch die Größe

$$F_B = \frac{MQ_B}{MQ_{A \times B}}$$

und diese ist F-verteilt mit b-1 und $(a$-1$)(b$-1$)$ Freiheitsgraden.

Gilt H_{03}, so ist $E(MQ_{A \times B})$ gleich $E(MQ_R)$ und folglich ist die F-Prüfzahl für H_{03}

$$F_{A \times B} = \frac{MQ_{A \times B}}{MQ_R}$$

und diese ist F-verteilt mit $(a$-1$)(b$-1$)$ und $ab(n$-1$)$ Freiheitsgraden.

Die Varianzkomponenten schätzen wir mit der Varianzanalysemethode, die in 4.1.2 erklärt wurde. Wir erhalten das Gleichungssystem:

$$s^2 + n s_{ab}^2 + bn s_a^2 = MQ_A$$
$$s^2 + n s_{ab}^2 + an s_b^2 = MQ_B$$
$$s^2 + n s_{ab}^2 = MQ_{A \times B}$$
$$s^2 = MQ_R$$

und daraus:

$$s^2 = MQ_R \tag{4.12}$$

$$s_{ab}^2 = \frac{1}{n}(MQ_{A \times B} - MQ_R) \tag{4.13}$$

$$s_b^2 = \frac{1}{an}(MQ_B - MQ_{A \times B}) \tag{4.14}$$

$$s_a^2 = \frac{1}{bn}(MQ_A - MQ_{A \times B}) \tag{4.15}$$

Bei der Planung des minimalen Versuchsumfangens muss man bei diesem Modell die Anzahl der aus der Stufengesamtheit zu entnehmenden Faktorstufen planen. Je nach Nullhypothese sind das entweder die der A- oder die der B-Stufen oder beide.
Die Schätzung von μ ist $\hat{\mu} = \bar{y}_{..}$.

Beispiel 4.4
Angenommen es wurden zufällig 20 Stufen A_i des Faktors A und zufällig 10 Stufen des Faktors B ausgewählt. Wechselwirkungen können nicht ausgeschlossen werden und werden im Modell berücksichtigt. Die minimale Klassenbesetzung sei analog zu 4.2.1.1 n = 2 Beobachtungen je Faktorstufenkombination. Als minimale Klassenbesetzung wählen wir n = 2 Beobachtungen je Faktorstufenkombination. Das gestattet uns die Schätzung und Testung von Wechselwirkungen. Wir können entsprechende Daten mit SPSS wie in 4.2.1.1 beschrieben auswerten und erhalten die Varianztabelle in Tabelle 4.7.

Tabelle 4.7   Varianztabelle von Beispiel 4.4.

Variationsursache	SQ	FG	MQ	F
Zwischen A-Stufen	1027,9	19	54,1	2,94
Zwischen B-Stufen	703,8	9	78,2	4,25
Wechselwirkung $A \times B$	3146,4	171	18,4	1,29
Rest	2860	200	14,3	

Wir schätzen zunächst die Varianzkomponenten.
Aus (4.12) erhalten wir:

$$s^2 = 14,3$$

und aus (4.13)

$$s_{ab}^2 = \frac{1}{2}(18,4 - 14,3) = 2,05.$$

Aus (4.14) folgt dann

$$s_b^2 = \frac{1}{40}(78,2 - 18,4) = 1,495$$

und aus (4.15)

$$s_a^2 = \frac{1}{20}(54,1 - 18,4) = 1,785.$$

SPSS bietet neben der Varianzanalysemethode weitere Verfahren der Varianzkomponentenschätzung an. Abbildung 4.9 enthält die Übersicht, die man nach der Folge Analysieren-allgemeines lineares Modell-Varianzkomponenten Optionen erhält.

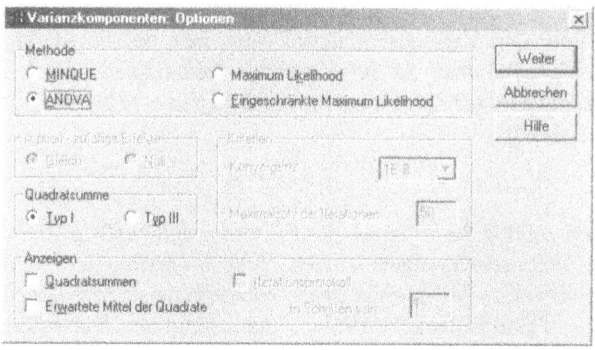

Abbildung. 4.9 *Menü zur Auswahl von Methoden der Varianzkomponentenschätzung mit SPSS*

Wir haben hier die Varianzanalysemethode (ANOVA) aktiviert, standardmäßig ist MINQUE aktiv. Eine ausführliche Beschreibung der in SPSS angebotenen und vieler weiterer Methoden der Varianzkomponentenschätzung findet man bei SARHAI and OJEDA (2004, 2005), eine knappe Übersicht mit Bewertung der Methoden bei RASCH and MAŠATA (2006).

Unter der Annahme, dass die Beobachtungen durch normal verteilte zufällige Variable modelliert werden können, testen wir die drei Hypothesen mit $\alpha = 0{,}05$ wie folgt:

H_{01}: "$\sigma_a^2 = 0$" mit

$$F = \frac{54{,}1}{18{,}4} = 2{,}94$$

und das ist größer als $F(19; 171; 0{,}95) = 1{,}648$ und wir verwerfen die Nullhypothese.

Wir testen
H_{02}: "$\sigma_b^2 = 0$" mit

$$F = \frac{78{,}2}{18{,}4} = 4{,}25$$

und dies ist größer als $F(9, 171, 0{,}95) = 1{,}935$ und wir verwerfen die Nullhypothese.

Wir testen
H_{03}: "$\sigma_{ab}^2 = 0$" mit
$$F = \frac{18{,}4}{14{,}3} = 1{,}29.$$

Hier ist Tabelle A3 wenig hilfreich. Der Wert $F(120; 120; 0,95) = 1,35$ übersteigt das berechnete F aber wir wissen nicht, ob dies auch für den Wert $F(171, 200, 0,95)$ gilt. Wir benötigen eine ausführliche Tabelle. Diese ist in VB 1/51/0042 gegeben. Dort finden wir $F(150; 200; 0,95) = 1,28$ und $F(200; 200; 0,95) = 1,26$. Der exakte Wert für $F(171; 200; 0,95)$ ist 1,2732 und die Nullhypothese wird verworfen.

Mit SPSS findet man den „Signifikanzwert wie folgt:

1. für H_{01} mit **Compute Significance = 1 – CDF.F(2.94,19,171) Execute** ergibt sich 0,00010
2. für H_{02} ergibt sich analog 0,00005
3. für H_{03} ergibt sich analog 0,04149,

so dass alle 3 Nullhypothesen abzulehnen sind.

4.2.1.3 Zweifache Varianzanalyse - Kreuzklassifikation - gemischtes Modell

Die Situation in einem gemischtes Modell der kreuzklassifizierten zweifachen Varianzanalyse ist, wenn wir ohne Beschränkung der Allgemeinheit annehmen, dass die Stufen von A fest und die von B zufällig sind, die folgende. Die Modellgleichung ist durch

$$y_{ijk} = \mu + a_i + b_j + w_{ij} + e_{ijk} \quad (i = 1, ..., a; j = 1, ..., b; k = 1, ..., n) \qquad (4.16)$$

gegeben; wenn wir gleiche Klassenbesetzungen annehmen.

Alle Effekte außer μ und den a_i sind zufällig. Das Modell besteht außerdem aus den Bedingungen: $E(b_j) = E(w_{ij}) = E(e_{ijk}) = 0$ und $\text{var}(e_{ijk}) = \sigma^2$, $\text{var}(b_j) = \sigma_b^2$, $\text{var}(w_{ij}) = \sigma_{ab}^2$, der Unabhängigkeit aller zufälligen Variablen und , dass sich die a_i zu Null aufsummieren. σ^2, σ_b^2 und σ_{ab}^2 heißen Varianzkomponenten.

Die erwarteten mittleren Abweichungsquadrate für dieses Modell findet man in Tabelle 4.5 für $n_{ij} = n$.

Der Wert κ in Tabelle 4.5 hängt von den Nebenbedingungen über die Wechselwirkungseffekte ab. Für die Bedingung $\text{cov}(w_{ij}, w_{ij'}) = 0$ (für $j \neq j'$) ist $\kappa = 1$ und für die Bedingung $\sum_{i=1}^{a} w_{ij} = 0$ für jedes j ist $\kappa = 0$.

Der Versuchsansteller muss eine dieser zwei Bedingungen wählen.

Die Nullhypothesen, die unter Annahme der Normalverteilung geprüft werden können, sind:

H_{01}: "Alle a_i sind gleich Null"

H_{02}: "$\sigma_b^2 = 0$"

H_{03}: "$\sigma_{ab}^2 = 0$".

Wir bestimmen die F-Quotienten mit den 7 Schritten aus 4.1 unter der Bedingung $\sum_{i=1}^{a} w_{ij} = 0$ für jedes j, also für $\kappa = 0$ aus der $E(MQ)$-Spalte für das gemischtes Modell (A fest, B zufällig) in Tabelle 4.5. Gilt H_{01}, so sind die $E(MQ_A)$ gleich $E(MQ_{A \times B})$ und wir testen H_{01} mit

$$F_A = \frac{MQ_A}{MQ_{A \times B}}$$

welches F-verteilt ist mit $(a\text{-}1)$ und $(a\text{-}1)(b\text{-}1)$ Freiheitsgraden.
Gilt H_{02}, so ist $E(MQ_B)$ gleich $E(MQ_R)$ und wir testen H_{02} mit

$$F_B = \frac{MQ_B}{MQ_R}$$

welches F-verteilt ist mit $(b\text{-}1)$ und $ab(n\text{-}1)$ Freiheitsgraden.
Gilt H_{03}, so ist $E(MQ_{A \times B})$ gleich $E(MQ_R)$ und der F-Quotient zur Prüfung von H_{03} ist

$$F_{A \times B} = \frac{MQ_{A \times B}}{MQ_R}$$

und F-verteilt mit $(a\text{-}1)(b\text{-}1)$ und $ab(n\text{-}1)$ Freiheitsgraden.
Für die Schätzung der festen Effekte ergeben sich nach der Methode der kleinsten Quadrate folgende Gleichungen:

$$\hat{\mu} = \bar{y}_{..} , \ \hat{a}_i = \bar{y}_{i..} - \bar{y}_{..} .$$

Für die Schätzung der Varianzkomponenten verwenden wir wieder die Varianzanalyse-methode (siehe 4.1.2). Das ergibt folgendes Gleichungssystem:

$$
\begin{aligned}
s^2 & & + \ an \ s_b^2 & = MQ_B \\
s^2 & + n \ s_{ab}^2 & & = MQ_{A \times B} \\
s^2 & & & = MQ_R.
\end{aligned}
$$

Daraus erhalten wir:

$$
\begin{aligned}
s^2 &= MQ_R \\
s_{ab}^2 &= \frac{1}{n} \left(MQ_{A \times B} - MQ_R \right) \\
s_b^2 &= \frac{1}{an} \left(MQ_B - MQ_R \right).
\end{aligned}
$$

Wir demonstrieren die Hypothesenprüfung und die Varianzkomponentenschätzung an einem Beispiel:

Beispiel 4.5
Zunächst wollen wir aus Vergleichsgründen den Maximin-Umfang für die Genauigkeitsvorgaben von Beispiel 4.3 jetzt aber für das gemischte Modell mit zufälligem Faktor B bestimmen. Wieder soll die Nullhypothese der Gleichheit der Effekte der 6 Getreidesorten geprüft werden. Wenn wir uns die entsprechende Prüfzahl F_A auf der vorigen Seite ansehen, erkennen wir, dass diese mit $a\text{-}1$ und $(a\text{-}1)(b\text{-}1)$ Freiheitsgraden F-verteilt ist, die Klassenbesetzung n die Güte des Tests also gar nicht

beeinflusst. Da $a = 6$ fest vorgegeben ist, kann eine vorgegebene Genauigkeit nur durch den Umfang b der Stichprobe der Faktorstufen von B erreicht werden. Wir rufen ANOV auf, wählen jetzt aber in Abbildung 4.6 den Zweig „gemischtes Modell – A fest, B zufällig". Dadurch ändert sich Abbildung 4.6 leicht, das Fenster zur Eingabe von b verschwindet, b soll ja gerade bestimmt werden.

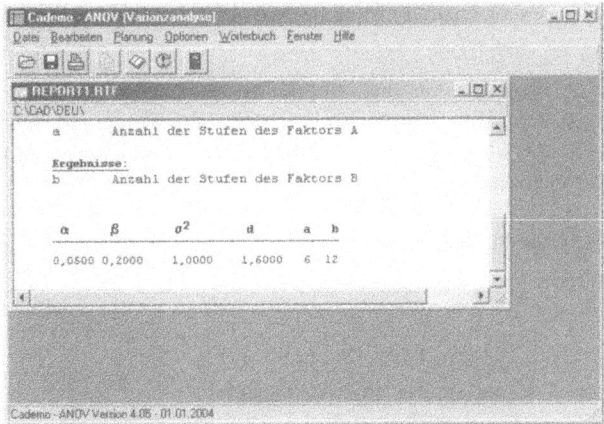

Abbildung 4.10 *Ausgabe von ANOV zu Beispiel 4.5*

Um eventuell auch noch Wechselwirkungen schätzen und testen zu können, wählen wir in den $6 \cdot 12 = 72$ Klassen jeweils $n = 2$ Beobachtungen.

Wir wollen 6 Sorten auf einer noch zu bestimmenden Anzahl von zufällig auszuwählenden Farmen auf je 3 Teilstücken testen. Wieviele Farmen benötigen wir, wenn $d = 1{,}6$; $\sigma^2 = 1$, $\alpha = 0{,}05$ und $\beta = 0{,}2$ vorgegeben wurden? Um diese Frage zu beantworten, führen wir die obigen Werte in das Eingangsbild von ANOV ein (Abbildung 4.6) und erhalten als Antwort auf unsere Frage in Abbildung 4.10 einen Maximin-Umfang von 12 Farmen. Wir wollen aber nur 4 Farmen verwenden, dies führt zu einer viel niedrigeren Genauigkeit mit einer erkennbaren Mindestdifferenz von $d = 4$, ein Ergebnis, das ebenfalls mit ANOV erhalten wird, wenn wir über „Optionen" die Zielgröße auf Genauigkeit verändern.

Die Sorten sind die Stufen eines festen Faktors A und die vier Farmen die eines zufälligen Faktors B. Wir verwenden die Daten von Beispiel 4.3. In der Varianztabelle in Abbildung 4.8 verwenden wir die SQ und MQ aber *nicht* alle F-Prüfzahlen.

Wir erhalten

$$F_A = \frac{MQ_A}{MQ_{A \times B}} = 1139{,}25 / 71{,}34 = 15{,}97 \,.$$

Wegen $F((a\text{-}1);(a\text{-}1)(b\text{-}1);1\text{-}\alpha) = F(5;15;0{,}95) = 2{,}90$ und $F_A > F(5;15;0{,}95)$, verwerfen wir H_{01}, dass kein Unterschied in den Erträgen zwischen den Sorten besteht. Mit

$$F_B = \frac{MQ_B}{MQ_R} = 200{,}90 / 18{,}37 = 10{,}93$$

und wegen $F((b\text{-}1); ab(n\text{-}1);1\text{-}\alpha) = F(3;48;0{,}95) = 2{,}798$ und $F_B > F(3;48;0{,}95)$, verwer-

121

fen wir H_{02}, dass $\sigma_b^2 = 0$ gilt, die Variabilität zwischen den Farmen ist also signifikant. Dies gilt auch für die durch die Wechselwirkungen bedingte Variabilität, denn mit

$$F_{AB} = \frac{MQ_{A \times B}}{MQ_R} = 71{,}34 / 18{,}37 = 3{,}88$$

und wegen $F((a-1)(b-1); ab(n-1); 1-\alpha) = F(15; 48; 0{,}95) = 1{,}880$ und $F_{AB} > F(15; 48; 0{,}95)$, verwerfen wir H_{03}, dass $\sigma_{ab}^2 = 0$ ist.

Die Signifikanz findet man in der der Abbildung 4.8 entsprechenden SPSS-Varianztabelle für A fest, B zufällig. Diese Tabelle erhält man, wenn man (als Übung) nach Analysieren-Allgemeines lineares modell-univariat den Faktor Sorte als fest und den Faktor Farm als zufällig eingibt.

Die Schätzwerte der Varianzkomponenten sind

$$s^2 = 18{,}37$$
$$s_{ab}^2 = (71{,}34 - 18{,}37)/3 = 17{,}66$$
$$s_b^2 = (200{,}90 - 18{,}37)/18 = 10{,}14.$$

Der Leser wiederhole das Beispiel 4.5 mit der Bedingung $\text{cov}(w_{ij}, w_{ij'}) = 0$ für $j \neq j'$.

4.2.1.4 Zweifache Varianzanalyse - Kreuzklassifikation - Blockanlagen

Wenn man einen (festen) Behandlungsfaktor in einem Blockversuch untersuchen will, verwendet man gewöhnlich eine zweifache Varianzanalyse in einer Kreuzklassifikation. In Modellen mit Wechselwirkungen benötigt man dabei eine mehrfache Klassenbesetzung. Sind die Blocks dabei bewusst ausgewählt worden, so kann man verfahren wie in Abschnitt 4.2.1.1 beschrieben wurde. Die 4 Farmen in Beispiel 4.3 könnte man als Blocks interpretieren. Sind die Blocks zufällig ausgewählt worden, so kann man nach Abschnitt 4.2.1.3 verfahren.

In vielen Anwendungen hat man es aber mit unvollständigen Blockanlagen wie den in Kapitel 2 beschriebenen BUB zu tun, d.h. einige der n_{ij} sind gleich 1 und andere gleich Null. Dann muss man auf jeden Fall die verallgemeinerte Methode der kleinsten Quadrate VMKQ verwenden, die wir im Folgenden für diesen speziellen Zweck kurz beschreiben. Diese Beschreibung verwendet die Matrizenschreibweise. Der darin ungeübte Leser kann sich in Anhang C informieren aber auch mit der beschriebenen Vorgehensweise bei Anwendung von SPSS begnügen, muss dann aber auf deren Begründung verzichten.

Wir beschränken uns auf die Beschreibung der Methode an einem Beispiel.

Beispiel 4.6
In einem Versuch soll der Einfluss von vier Ernährungsregimen A_1, A_2, A_3 und A_4 auf den Lysingehalt der Milch von Holstein-Friesen Färsen untersucht werden. Dabei soll die genetische Variabilität zwischen den Tieren durch Blockbildung ausgeschaltet werden. Genetische Identität besteht aber nur bei eineiigen Zwillingen (Mehrlinge kommen kaum vor), so dass die Blockgröße mit $k = 2$ festliegt und nur eine unvollständige Blockanlage verwendet werden kann. Zunächst bestimmen wir mit Hilfe des CADEMO-Moduls ANOV die Anzahl der Blocks einer BUB.
Für die Genauigkeitsforderung $\alpha = 0{,}05$, $\beta = 0{,}20$; $a_{max} - a_{min} \geq 2\sigma$ ergibt sich, dass wir 6

Wiederholungen je Behandlung als Maximin-Umfang und damit 12 Blocks benötigen. Folglich verwendete man 12 eineiige Zwillingspaare $B_1, B_2, ..., B_{12}$. Beobachtet wurde die Menge von Lysin in mg/100 ml Milch nach einer bestimmten Dauer des Fütterungsversuches. Die Ergebnisse sind folgende:

	B_1	B_2	B_3	B_4	B_5	B_6	B_7	B_8	B_9	B_{10}	B_{11}	B_{12}
A_1	268	279	286				293	296	292			
A_2	253			318	278		277			306	303	
A_3		262		310		314		284		302		291
A_4				280	283	311			285		299	292

Wir gehen davon aus, dass die 12 Zwillingspaare eine zufällige Stichprobe aus der Holstein-Friesen-Population darstellen, die 12 Blocks sind also zufällig und wir haben das gemischte Modell (4.16) -aber ohne Wechselwirkungen- anzusetzen.

Wir setzen voraus, dass für die dann verbleibenden Effekte die in 4.2.1.3 gemachten Voraussetzungen gelten mögen.

Wir bezeichnen nun mit $\gamma_i = \mu + \alpha_i$ die mittlere Wirkung des Ernährungsregimes A_i, damit wird das gemischte Modell zu:

$$y_{ij} = \gamma_i + b_j + e_{ij}$$

In Matrizeschreibweise (siehe Anhang C) ist dieses Modell dann gleich

$$y = X\gamma + Zb + e$$

mit $y = (y_{1,1}, ..., y_{4,12})^T$
$\gamma = (\gamma_1, \gamma_2, \gamma_3, \gamma_4)^T$, $b = (b_1, ..., b_{12})^T$ und $e = (e_{1,1}, ..., e_{4,12})^T$, X ist die (24×4)-Versuchsplanmatrix für die Ernährungsregime, Z ist die (24×12)-Versuchsplanmatrix für die Blocks.

Mit O_n bezeichnen wir einen Vector mit n Nullen, mit $O_{m \times n}$ eine $(m \times n)$-Matrix mit Nullen, E_n ist die Einheitsmatrix der Ordnung n.

Es gilt $E(b) = O_{12}$, $\text{var}(b) = \sigma_b^2 E_{12}$ wobei $\text{var}(b)$ die Varianz-Kovarianzmatrix von b ist; $E(e) = O_{24}$, $\text{var}(e) = \sigma_e^2 E_{24}$ und $E(be^T) = O_{12 \times 24}$ ist.

Damit ist die Varianz-Kovarianzmatrix von y gleich

$$\text{var}(y) = Z \text{var}(b) Z^T + \text{var}(e) = \sigma_e^2 ((\sigma_b^2 / \sigma_e^2) ZZ^T + E_{24}) = \sigma_e^2 V.$$

Die VMKQ-Lösung für den Schätzwert des Parameters γ ist die Lösung der (verallgemeinerten) Normalgleichungen:

$$X^T V^{-1} X\hat{\gamma} = X^T V^{-1} y.$$

Wegen

$$V^{-1} = ((\sigma_b^2 / \sigma_e^2) ZZ^T + E_{24})^{-1} = E_{24} - Z(Z^T Z + (\sigma_b^2 / \sigma_e^2)^{-1} E_{12})^{-1} Z^T$$

erhält man diese Lösung auch aus den so genannten "Gleichungen für gemischte Modelle"

$$\begin{pmatrix} X^T X & X^T Z \\ Z^T X & Z^T Z + \left(\sigma_b^2 / \sigma_e^2\right)^{-1} E_{12} \end{pmatrix} \begin{pmatrix} \hat{\gamma} \\ \hat{b} \end{pmatrix} = \begin{pmatrix} X^T y \\ Z^T y \end{pmatrix} \tag{4.17}$$

Für die Hypothesenprüfung und die Konstruktion von 95%-Konfidenzintervallen für die Differenzen der Effekte γ_h-γ_i müssen b und e normal verteilt sein:

$$\begin{pmatrix} b \\ e \end{pmatrix} \sim N\left(\begin{pmatrix} O_{12} \\ O_{24} \end{pmatrix} ; \begin{pmatrix} \mathrm{var}(b) & O_{12 \times 24} \\ O_{24 \times 12} & \mathrm{var}(e) \end{pmatrix} \right).$$

SPSS kann man nun wie folgt nutzen, um diese Lösung zu erhalten:
Man schreibe zunächst folgendes Modell mit festen Effekten:

$$\widetilde{y} = \widetilde{X}\,\gamma + \widetilde{Z}\,\beta + \widetilde{e} \tag{4.18}$$

mit $\quad \widetilde{y} = \begin{pmatrix} y \\ O_{12} \end{pmatrix},\ \widetilde{X} = \begin{pmatrix} X \\ O_{12 \times 4} \end{pmatrix}.$

$$\widetilde{Z} = \begin{pmatrix} Z \\ 1/\sqrt{\left(\sigma_b^2 / \sigma_e^2\right)}E_{12} \end{pmatrix};\ \widetilde{e} = \begin{pmatrix} e \\ O_{12} \end{pmatrix}.$$

Für die Auswertung mit SPSS erzeugen wir eine Datei mit drei Spalten A, B, Y in der Datenmatrix

$$
\begin{array}{ccc}
1 & 1 & 268 \\
1 & 2 & 279 \\
 & \vdots & \\
4 & 12 & 292.
\end{array}
$$

und speichern sie als 'C: Lysin.sav'.
Zunächst wollen wir die Varianzkomponenten σ_b^2 und σ_e^2 mit der in 4.2.1.3 beschriebenen Varianzanalysemethode schätzen.
Die Varianzanalysemethode ergibt $MQ(B) = 534{,}610$ mit
$E[MQ(B)] = 1{,}8182\,\sigma_b^2 + \sigma_e^2$ und $MQ(\mathrm{Rest}) = 11{,}069$ mit $E[MQ(\mathbf{Rest})] = \sigma_e^2$.
Die Varianzanalyseschätzwerte sind damit für σ_b^2 gleich
$(534{,}610\text{-}11{,}069)/1{,}8182 = 287{,}945$ und für σ^2 gleich $11{,}069$.
Mit SPSS müssen wir die Befehlsfolge Analysieren - Allgemeines lineares Modell - Varianzkomponenten wählen, ein Modell ohne Wechselwirkungen festlegen und unter Optionen die ANOVA - Methode aktivieren.
Die SPSS-Ausgabe ist für σ_b^2: $287{,}947$ und für σ_e^2: $11{,}069$.
Um das Gleichungssystem (4.17) zu lösen ersetzen wir in (4.18) die Varianzkomponenten in $1/\sqrt{(\sigma_b^2/\sigma_e^2)}$ durch ihre Varianzanalyseschätzwerte:

$$1/\sqrt{(287{,}947/11{,}069)} = 0{,}1961.$$

Die SPSS-Ausgabe enthält die geschätzten Effekte der Ernährungsregimemittelwerte (Mittel) und deren Standardfehler (*SF*) basierend auf 9 Freiheitsgraden (SPSS gibt 20 *FG* wegen der in die Datei eingefügten Nullen) die 95%-Konfidenzintervallgrenzen (*KG*) erhält man aus Mittel $\pm$ *SF* $t(9; 0{,}975)$ mit $t(9; 0{,}975) = 2{,}262$.

	Mittel	SF	untere KG	obere KG
A_1:	298,829	5,365	286,692	310,966
A_2:	287,628	5,365	275,491	299,765
A_3:	285,450	5,365	273,313	297,587
A_4:	288,427	5,365	276,290	300,564

Aus der Varianz-Kovarianz-Matrix in der SPSS-Ausgabe berechnen wir als Schätzwert der Varianz der geschätzten Behandlungsmittel 28,784 (9 *FG*!) sowie die geschätzte Kovarianz zwischen je zwei Mitteln 25,806. Damit wird die geschätzte Varianz der Differenz Mittel (A_h)–Mittel (A_i) zu $28{,}784 + 28{,}784 - 2 \cdot 25{,}806 = 5{,}956$ und der Standardfehler zu $\sqrt{5{,}956} = 2{,}4405$ (9 *FG*). Damit können wir ein 95%-Konfidenzintervall für $\gamma_h - \gamma_i$ ($h \neq i; h, i = 1, 2, 3, 4$) berechnen.

Auf die Datei 'C: Lysin.sav' ist nun SPSS- Programm 1 anzuwenden.

4.2.2 Zweifache Varianzanalyse - Hierarchische Klassifikation

Ein typisches Beispiel einer zweifachen hierarchischen Klassifikation wäre eine Erhebung in Mitgliedsstaten der UN, die die Stufen des Faktors *A* darstellen. Innerhalb dieser Staaten werden die nächsten administrativen Einheiten, wie z.B. in Deutschland die Bundesländer oder in den Niederlanden die Provinzen als Stufen des Faktors *B*, innerhalb von *A* betrachtet. Die Stufe von *A* ist bereits eindeutig durch die Stufe von *B* festgelegt. Wir schreiben *B* ist *A* untergeordnet als: $B \prec A$ (oder $A \succ B$). Wenn alle Mitgliedsstaaten der UN mit all ihren Teilstaaten in die Erhebung einbezogen werden, liegt ein Modell I vor. Wird nur eine Stichprobe aus den Mitgliedsstaaten einbezogen, in den ausgewählten Staaten werden aber in allen Teilstaaten Erhebungen durchgeführt, so haben wir (näherungsweise) ein gemischtes Modell.

Werden in einem Tierversuch Hennen an genau einen Hahn angepaart, so haben wir eine hierarchische Klassifikation, Henne $\prec$ Hahn. Werden dabei sowohl die Hähne als auch die Hennen zufällig der entsprechenden Population entnommen, so haben wir ein Modell II.

In der zweifachen hierarchischen Klassifikation sind die Klassen durch die Faktorstufenkombination (*i,j*) von Stufe A_i von *A* und Stufe B_{ij} von *B* innerhalb A_i definiert. y_{ijk} sei die *k*-te Beobachtung in der Klasse (*i,j*), d.h. in B_{ij}. Dann gilt:

$$y_{ijk} = \mu + a_i + b_{ij} + e_{ijk} \qquad (i = 1, ..., a, j = 1, ..., b_i, k = 1, ..., n_{ij}) \qquad (4.19)$$

In dieser Gleichung bedeuten: μ das Gesamtmittel; die a_i die Hauptwirkungen der *a* Stufen A_i von *A*, die b_{ij} die Hauptwirkungen der b_i Stufen B_{ij} von *B* innerhalb A_i; Wechselwirkungen gibt es in dieser Klassifikation nicht. *j* läuft in A_i von 1 bis b_i; *k* in (*i,j*) von 1 bis n_{ij}. Falls für alle (*i,j*) $n_{ij} = n$ gilt, haben wir den Fall gleicher Klassenbesetzung. Vom balancierten Fall sprechen wir, wenn außerdem noch $b_i = b$ gilt.

Optimale Versuchspläne in der zweifachen hierarchischen Varianzanalyse erfordern oft gleiche Klassenbesetzungen und gleiche b_i, also den balancierten Fall.

SPSS-Programm 1

```
COMPUTE X1=0.
COMPUTE X2=0.
COMPUTE X3=0.
COMPUTE X4=0.
EXECUTE.
COMPUTE Z1=0.
COMPUTE Z2=0.
COMPUTE Z3=0.
COMPUTE Z4=0.
COMPUTE Z5=0.
COMPUTE Z6=0.
COMPUTE Z7=0.
COMPUTE Z8=0.
COMPUTE Z9=0.
COMPUTE Z10=0.
COMPUTE Z11=0.
COMPUTE Z12=0.
EXECUTE.
IF (A=1) X1=1.
IF (A=2) X2=1.
IF (A=3) X3=1.
IF (A=4) X4=1.
EXECUTE.
IF (B=1) Z1=1.
IF (B=2) Z2=1.
IF (B=3) Z3=1.
IF (B=4) Z4=1.
IF (B=5) Z5=1.
IF (B=6) Z6=1.
IF (B=7) Z7=1.
IF (B=8) Z8=1.
IF (B=9) Z9=1.
IF (B=10) Z10=1.
IF (B=11) Z11=1.
IF (B=12) Z12=1.
EXECUTE.
SAVE OUTFILE = 'C: Lysin1.sav'.
DATA LIST FREE
  /X1 X2 X3 X4  Z1 Z2 Z3 Z4 Z5 Z6 Z7 Z8 Z9 Z10 Z11 Z12  Y.
BEGIN DATA.
0 0 0 0    0.1961 0 0 0 0 0 0 0 0 0 0 0    0
0 0 0 0    0 0.1961 0 0 0 0 0 0 0 0 0 0    0
0 0 0 0    0 0 0.1961 0 0 0 0 0 0 0 0 0    0
0 0 0 0    0 0 0 0.1961 0 0 0 0 0 0 0 0    0
0 0 0 0    0 0 0 0 0.1961 0 0 0 0 0 0 0    0
0 0 0 0    0 0 0 0 0 0.1961 0 0 0 0 0 0    0
0 0 0 0    0 0 0 0 0 0 0.1961 0 0 0 0 0    0
0 0 0 0    0 0 0 0 0 0 0 0.1961 0 0 0 0    0
0 0 0 0    0 0 0 0 0 0 0 0 0.1961 0 0 0    0
0 0 0 0    0 0 0 0 0 0 0 0 0 0.1961 0 0    0
0 0 0 0    0 0 0 0 0 0 0 0 0 0 0.1961 0    0
0 0 0 0    0 0 0 0 0 0 0 0 0 0 0 0.1961    0
END DATA.
SAVE OUTFILE = 'C: Lysin2.SAV' .

NEW FILE.
ADD FILES  FILE = 'C: Lysin1.SAV' / FILE = 'C:Lysin2.SAV'.

REGRESSION
   /VARIABLES=X1 X2 X3 X4
     Z1 Z2 Z3 Z4 Z5 Z6 Z7 Z8 Z9 Z10 Z11 Z12 Y
   /STATISTICS = R ANOVA BCOV COEFF CI
   /ORIGIN
   /DEPENDENT Y
   /METHOD = ENTER X1 X2 X3 X4
     Z1 Z2 Z3 Z4 Z5 Z6 Z7 Z8 Z9 Z10 Z11 Z12.
```

Unabhängig vom speziellen Modell gehört zur Modellgleichung die Bedingung $\text{var}(e_{ijk}) = \sigma^2$ und, dass die e_{ijk} voneinander unabhängig mit Erwartungswert Null verteilt sind.

Die Varianztabelle ist vom speziellen Modell unabhängig und in Tabelle 4.8 für den balancierten Fall ($n_{ij} = n$ und alle $b_i = b$, $\sum a_i = 0$; $\sum_j b_{ij} = 0$ für alle i) angegeben.

Tabelle 4.8 *Varianztabelle für die zweifache hierarchische Klassifikation und die E(MQ) für Modell I balancierter Fall: $n_{ij} = n$, $b_i = b$.*

Variationsur- sache	SQ	FG	MQ	E(MQ) Modell I
Hauptwirkung von A	SQ_A $= \dfrac{1}{bn}\sum_i Y_{i..}^2 - \dfrac{Y_{...}^2}{N}$	$a-1$	$MQ_A = \dfrac{SQ_A}{a-1}$	$\sigma^2 + \dfrac{bn}{a-1}\sum_i a_i^2$
Hauptwirkung von B innerhalb von Faktor A	$SQ_{B\,\text{in}\,A}$ $= \dfrac{1}{n}\sum_{i,j} Y_{ij.}^2$ $- \dfrac{1}{bn}\sum_i Y_{i.}^2$	$ab-a$	$MQ_{B\,\text{in}\,A} = \dfrac{SQ_{B\,\text{in}\,A}}{ab-a}$	$\sigma^2 + \dfrac{n}{a(b-1)}\sum_{i,j} b_{ij}^2$
Rest	SQ_R $= \sum_{i,j,k} y_{ijk}^2 - \dfrac{1}{n}\sum_{i,j} Y_{ij.}^2$	$N-ab$	$MQ_R = \dfrac{SQ_R}{N-ab}$	σ^2
Gesamt	SQ_G $= \sum_{i,j,k} y_{ijk}^2 - \dfrac{Y_{...}^2}{N}$	$N-1$		

Die Varianztabelle für den allgemeinen Fall ist Tabelle 4.9.

Tabelle 4.9 *Varianztabelle für die unbalancierte zweifache hierarchische Klassifikation*
$(B_. = \sum_i b_i, N_{i.} = \sum_j n_{ij}, N_{..} = \sum n_{ij})$.

Variationsursache	SQ	FG	MQ
Hauptwirkung von A	$SQ_A = \sum_{i=1}^{a} \dfrac{Y_{i..}^2}{N_{i.}} - \dfrac{Y_{...}^2}{N_{..}}$	$a-1$	$MQ_A = \dfrac{SQ_A}{a-1}$
Hauptwirkung von B innerhalb Faktor A	$SQ_{B \text{ in } A} = \sum_{i=1}^{a}\sum_{j=1}^{b_i} \dfrac{Y_{ij.}^2}{n_{ij}} - \sum_{i=1}^{a} \dfrac{Y_{i..}^2}{N_{i.}}$	$B_.-a$	$MQ_B = \dfrac{SQ_{B \text{ in } A}}{B_. - a}$
Rest	$SQ_R = \sum_{i=1}^{a}\sum_{j=1}^{b_i}\sum_{k=1}^{n_{ij}} y_{ijk}^2 - \sum_{i=1}^{a}\sum_{j=1}^{b_i} \dfrac{Y_{ij.}^2}{n_{ij}}$	$N_.-B_.$	$MQ_R = \dfrac{SQ_R}{N_{..} - B_.}$

In SPSS müssen wir nach **Analysieren-Allgemeines lineares Modell-univariat** beide Faktoren auf Haupteffekte setzen. Nachdem wir den Schalter Modell betätigt haben, ist unter "Quadratsumme" unbedingt "Typ 1" zu wählen. Nach "Weiter" ist im Hauptmenue mit dem Schalter "Einfügen" in der Syntax "Design a b" in "Design a b(a)" (bedeutet B in A) zu verändern und mit "Ausführen" das SPSS-Programm 2 zu starten.
SPSS-Programm 2

```
UNIANOVA
  y  BY a b
  /METHOD = SSTYPE(1)
  /INTERCEPT = INCLUDE
  /CRITERIA = ALPHA(.05)
  /DESIGN = a  b(a)  .
```

4.2.2.1 Zweifache Varianzanalyse - Hierarchische Klassifikation - Modell I

Die Situation von Modell I der zweifachen hierarchischen Varianzanalyse ist durch die Modellgleichung (4.19) charakterisiert. In unserem Falle sind alle Effekte reelle Zahlen, d.h. nicht zufällig. Zum Modell gehören die Bedingungen, dass die Summen der a_i und die der b_{ij} (für jedes i) gleich Null sind.

Tabelle 4.8. enthält die Spalte der erwarteten mittleren Abweichungsquadrate E(MQ) für Modell I.
Aus dieser Tabelle können wir mit den in 4.1 beschriebenen 7 Schritten die F-Tests für die Prüfung der verschiedenen Hypothesen ableiten, wir werden dies am Beispiel demonstrieren.
Die Schätzgleichungen für die Effekte sind nach der Methode der kleinsten Quadrate:

$$\hat{\mu} = \bar{y}_{...}, \quad \hat{a}_i = \bar{y}_{i..} - \bar{y}_{...}, \quad \hat{b}_{ij} = \bar{y}_{ij.} - \bar{y}_{i..}.$$

Die Nullhypothese, dass der Faktor A keinen Einfluss hat, prüft man mit der Prüfzahl

$$F_A = \frac{MQ_A}{MQ_R},$$

die mit mit $(a-1)$ und $(N-ab)$ Freiheitsgraden F- verteilt ist.
Die Nullhypothese, dass der Faktor B keinen Einfluss hat, prüft man mit der Prüfzahl

$$F_B = \frac{MQ_B}{MQ_R},$$

die mit mit (*ab-a*) und (*N-ab*) Freiheitsgraden *F*- verteilt ist.

Wie der Maximin-Umfang bestimmt wird, zeigen wir im Beispiel.

Beispiel 4.7

In Tabelle 4.10 findet man die Daten.

Wir betrachten ein Beispiel mit *a* = 6 Stufen des Faktors *A*, *b* = 4 Stufen des Faktors *B* innerhalb jeder Stufe des Faktors *A* und wollen die Anzahl der Beobachtungen bestimmen, die erforderlich sind, um die Nullhypothese über den Effekt des Faktors *A* so zu testen, dass α = 0,05; β= 0,2 *d*=1,3σ.

In ANOV wählen wir den Pfad, der zu Abbildung 4.11 führt, dort wurden die Genauigkeiten bereits eingegeben.

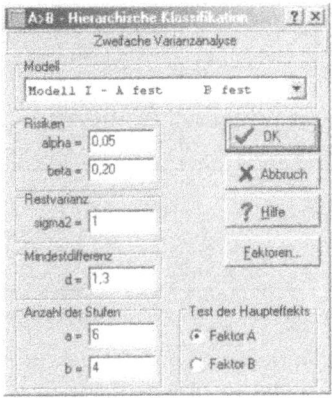

Abbildung 4.11 *Genauigkeitsvorgaben für Beispiel 4.7*

Als Ergebnis ergibt sich in Abbildung 4.12, dass wir pro Klasse 5 Beobachtungen benötigen.

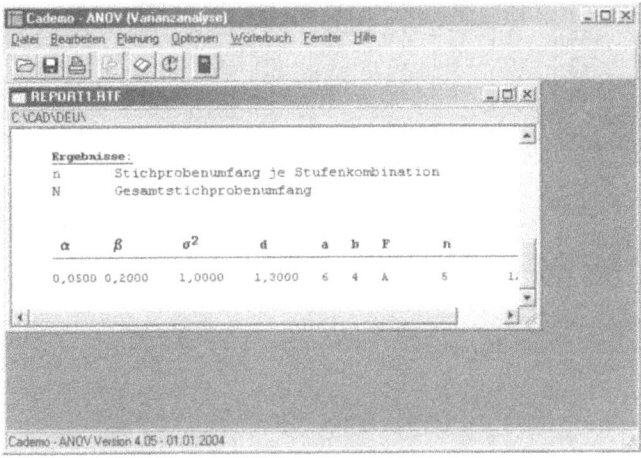

Abbildung 4.12 *Versuchsumfang für Beispiel 4.7*

Tabelle 4.10   *Beobachtungen von Beispiel 4.7.*

Beobach-tung	Stufen von A											
	A₁				A₂				A₃			
	Stufen von B											
	B₁₁	B₁₂	B₁₃	B₁₄	B₂₁	B₂₂	B₂₃	B₂₄	B₃₁	B₃₂	B₃₃	B₃₄
1	30	0	7	28	24	14	20	20	14	14	18	-25
2	-19	20	5	15	16	11	18	-12	-18	8	16	13
3	-31	32	3	20	-18	27	8	0	33	-19	7	36
4	-14	11	-5	20	11	11	32	-5	-9	6	-4	18
5	-14	13	8	-48	-10	8	-25	44	-7	-38	21	-7
$Y_{ij.}$	-48	76	18	35	23	71	53	47	13	-29	58	35
$Y_{i..}$	81				194				77			

Tabelle 4.10 - *Fortsetzung*

Beobach-tung	Stufen von A											
	A₄				A₅				A₆			
	Stufen von B											
	B₄₁	B₄₂	B₄₃	B₄₄	B₅₁	B₅₂	B₅₃	B₅₄	B₆₁	B₆₂	B₆₃	B₆₄
1	12	-9	8	2	17	-3	17	13	0	-19	-6	-11
2	2	-41	16	-20	-4	15	9	30	-15	-28	-14	-17
3	2	-34	23	11	-20	10	-29	-19	1	16	-44	2
4	7	-12	17	8	22	6	12	15	4	9	-12	-22
5	-3	-6	-7	-10	26	16	-8	8	-6	-2	-9	-45
$Y_{ij.}$	20	-102	57	-9	41	44	1	47	-16	-24	-85	-93
$Y_{i..}$	-34				133				-218			

Aus Tabelle 4.10 berechnen wir

$$\frac{1}{N}Y_{...}^2 = \frac{(233)^2}{120} = 452,4$$

$$\frac{1}{bn}\sum_i Y_{i..}^2 = \frac{1}{20}((81)^2 + (194)^2 + ... + (-218)^2) = 5824,8$$

$$\frac{1}{n}\sum_{i,j}Y_{ij.}^2 = \frac{1}{5}((-48)^2 + (76)^2 + ... + (13)^2 + (-29)^2 + ... + (-85)^2 + (-93)^2)$$

$$= 12496,6$$

$$\sum y_{ijk}^2 = \sum_{i=1}^{6}\sum_{j=1}^{4}\sum_{k=1}^{5}y_{ijk}^2 = (30)^2 + (-19)^2 + ... + (-22)^2 + (-45)^2 = 41445,0$$

und die Varianztabelle in Tabelle 4.11.

Tabelle 4.11 *Varianztabelle für Beispiel 4.7.*

Variationsursache	SQ	FG	MQ
A-Stufen	5372,4	5	1074,5
B-Stufen in A	6671,8	18	370,7
Rest	28948,4	96	301,5

In SPSS gibt es keinen direkten Zugriff zur hierarchischen Klassifikation in der Windows-Version, aber man kann die Analyse mit SPSS-Programm 2 durchführen.

Wir geben die Daten wie folgt ein:

Nr. der Beobachtung	Faktor a	Faktor b	Wert
1	1	1	30
2	1	1	-19
3	1	1	-31
4	1	1	-14
5	1	1	-14
6	1	2	0
.	.	.	.
.	.	.	.
.	.	.	.
19	1	4	20
20	1	4	-48
21	2	1	24
.	.	.	.
.	.	.	.
.	.	.	.
120	6	4	-45

Wir verfahren wie unter Tabelle 4.9 beschrieben.
Mit dem modifizierten Programm erhalten wir Abbildung 4.13.

Abhängige Variable: Wert

Quelle	Quadratsumme vom Typ I	df	Mittel der Quadrate	F	Signifikanz
Korrigiertes Modell	12044,192(a)	23	523,661	1,737	,034
Konstanter Term	452,408	1	452,408	1,500	,224
A	5372,342	5	1074,468	3,563	,005
B(A)	6671,850	18	370,658	1,229	,254
Fehler	28948,400	96	301,546		
Gesamt	41445,000	120			
Korrigierte Gesamtvariation	40992,592	119			

a R-Quadrat = ,294 (korrigiertes R-Quadrat = ,125)

Abbildung 4.13 *SPSS-Ausgabe von Beispiel 4.7*

4.2.2.2 Zweifache Varianzanalyse - Hierarchische Klassifikation - Modell II

Die Situation von Modell II der zweifache hierarchischen Varianzanalyse wird durch die Modellgleichung

$$y_{ijk} = \mu + a_i + b_{ij} + e_{ijk} \quad (i = 1, ..., a; j = 1, ..., b_i; k = 1, ..., n_{ij}) \tag{4.20}$$

charakterisiert, in der alle Effekte (außer μ) zufällig sind. Zum Modell gehören folgende Bedingungen:

$\text{var}(a_i) = \sigma_a^2$, $\text{var}(b_{ij}) = \sigma_{bina}^2$, und , dass alle Zufallsvariables voneinander unabhängig sind. σ^2, und σ_a^2 und σ_{bina}^2 heißen Varianzkomponenten.

Die Tabellen der Varianzanalyse 4.8 und 4.9 sind (ohne die Spalte mit den E(MQ)) vom Modell unabhängig, nur die E(MQ) hängen vom Modell ab. Für Modell II finden wir sie in der ersten Spalte von Tabelle 4.12. Wir werden die E(MQ) vor allem benutzen, um die Varianzkomponenten zu schätzen, wie man die entsprechenden F-Quotienten findet, wurde in den 7 Schritten in 4.1 erläutert. Wir demonstrieren die Varianzanalysemethode zur Schätzung der Varianzkomponenten zur Lösung der mit Hilfe von Tabelle 4.8 und Tabelle 4.12 erhaltenen Gleichungen für s_a^2, s_{bina}^2 und s^2 an unserem Beispiel 4.8.

Wir verwenden die E(MQ)-Spalte für Modell II der Varianztabelle in Tabelle 4.12.
In Tabelle 4.12 findet man die E(MQ) für alle Modelle mit mindestens einem zufälligen Faktor.

Dabei ist $B_. = \sum_{i=1}^{a} b_i$. Wir schätzen μ durch $\bar{y}_{..}$.

Die Faktoren λ_1, λ_2 und λ_3 in Tabelle 4.12 sind:

$$\lambda_1 = \frac{1}{a-1} \sum_{i=1}^{a} \sum_{j=1}^{b_i} n_{ij}^2 \left(\frac{1}{N_{i.}} - \frac{1}{N_{..}} \right),$$

$$\lambda_2 = \frac{1}{a-1} \left(N_{..} - \sum_{i=1}^{a} \frac{N_{i.}^2}{N_{..}} \right), \qquad (4.21)$$

$$\lambda_3 = \frac{1}{B_{.} - a} \sum_{i=1}^{a} \sum_{j=1}^{b_i} \left(n_{ij} - \frac{n_{ij}^2}{N_{i.}} \right)$$

Tabelle 4.12   *E(MQ) für gemischte Modelle und Modell II.*

	Modell II	Gemischte Modelle	
Variationsursache		A fest B zufällig	A zufällig B fest
Zwischen A-Stufen	$\sigma^2 + \lambda_1 \sigma_{bina}^2 + \lambda_2 \sigma_a^2$	$\sigma^2 + \lambda_1 \sigma_{bina}^2$ $+ \dfrac{\sum_{i=1}^{a} N_{i.} a_i^2}{a-1}$	$\sigma^2 + \lambda_2 \sigma_a^2$
B innerhalb A	$\sigma^2 + \lambda_3 \sigma_{bina}^2$	$\sigma^2 + \lambda_3 \sigma_{bina}^2$	$\sigma^2 + \dfrac{\sum_{i=1}^{a} \sum_{j=1}^{b_i} n_{ij} b_{ij}^2}{B_{.} - a}$
Rest	σ^2	σ^2	σ^2

Sind alle $n_{ij} = n$ und $b_i = b$ vereinfachen sich die Koeffizienten λ_1, λ_2, λ_3. Da $\sum_{i=1}^{a} \sum_{j=1}^{b} n^2 = abn^2$, $N_{i.} = bn$, $N_{..} = abn$ wird $\dfrac{1}{N_{i.}} - \dfrac{1}{N_{..}} = \dfrac{1}{bn} - \dfrac{1}{abn} = \dfrac{a-1}{abn}$ und damit $\lambda_1 = n$, $\lambda_2 = bn$, $\lambda_3 = n$.

Beispiel 4.8

In Tabelle 4.13 ist die Anzahl der Masttage (bis zur Erreichung einer bestimmten Masse (110 kg)) für Nachkommen zweier Eber gepaart mit je drei Sauen angegeben.

Mit SPSS verwenden wir im allgemeinen linearen Modell jetzt den Zweig "Varianzkomponenten" und aktivieren unter Optionen die ANOVA-Methode (die Quadratsumme wird dann automatisch auf Typ 1 gesetzt). Modell und Einfügen werden wie unter Tabelle 4.9 beschrieben behandelt, beide Faktoren sind zufällig. Man erhält dann die gleichen Ergebnisse wie mit der folgenden Handrechnung.

Tabelle 4.13 *Masttage von Nachkommen aus Beispiel 4.8 (E = Eber, S = Sau).*

	E_1			E_2		
	$S_{1,1}$	$S_{1,2}$	$S_{1,3}$	$S_{2,1}$	$S_{2,2}$	$S_{2,3}$
	93	107	109	89	87	81
	89	99	107	102	91	83
	97		94	104	82	85
	105		106	97		91
n_{ij}	4	2	4	4	3	4
$N_{i.}$	10			11		

Die Varianztabelle findet man in Tabelle 4.9.

Um die Varianzkomponenten σ_a^2 und σ_{bina}^2 zu schätzen, berechnen wir zunächst die Werte von λ_1, λ_2 und λ_3 in Gleichung (4.21).

Da $a = 2$, $N_{1.} = 10$, $N_{2.} = 11$, $N_{..} = 21$, $B_. = 6$ wird

$$\lambda_1 = 4^2(\frac{1}{10} - \frac{1}{21}) + 2^2(\frac{1}{10} - \frac{1}{21}) + 4^2(\frac{1}{10} - \frac{1}{21})$$

$$+ 4^2(\frac{1}{11} - \frac{1}{21}) + 3^2(\frac{1}{11} - \frac{1}{21}) + 4^2(\frac{1}{11} - \frac{1}{21})$$

$$= \frac{36}{10} + \frac{41}{11} - \frac{77}{21} = 3{,}66,$$

$$\lambda_2 = 21 - \frac{1}{21}(10^2 + 11^2) = 10{,}47$$

und

$$\lambda_3 = \frac{1}{6-2}(21 - \frac{36}{10} - \frac{41}{11}) = 3{,}42 .$$

Aus der Varianztabelle folgen die Gleichungen

$$s^2 + 3{,}66\,s_{bina}^2 + 10{,}47\,s_a^2 = 568{,}54$$
$$s^2 + 3{,}42\,s_{bina}^2 = 132{,}84$$
$$s^2 = 36{,}04 .$$

Daraus erhält man

$$s^2 = 36{,}04$$

$$s_{Sauen\,in\,Ebern}^2 = s_{bina}^2 = \frac{132{,}84 - 36{,}04}{3{,}42} = 28{,}3$$

und

$$s_{Eber}^2 = s_a^2 = \frac{568,54 - 3,66 \cdot 28,3 - 36,04}{10,47} = 40,97.$$

4.2.2.3 Zweifache Varianzanalyse - Hierarchische Klassifikation - gemischtes Modell, A fest und B zufällig

In diesem gemischten Modell hat die Modellgleichung die Form

$$y_{ijk} = \mu + a_i + b_{ij} + e_{ijk} \quad (i = 1,...,a; j = 1,...,b_i; k = 1,...,n_{ij}) \qquad (4.22)$$

die Effekte μ und a_i sind fest, die restlichen zufällig. Zum Modell gehören die Nebenbedingungen $\text{var}(b_{ij}) = \sigma_{bina}^2$, dass alle Zufallsvariables voneinander unabhängig mit Erwartungswert Null verteilt sind und , dass die a_i sich zu Null summieren.

Die Varianztabelle ist Tabelle 4.8, die erwarteten mittleren Abweichungsquadrate findet man in Tabelle 4.12.
Folgende Schätzgleichungen ergeben sich für die Schätzung der festen Effekte:

$$\hat{\mu} = \bar{y}_{...}, \hat{a}_i = \bar{y}_{i..} - \bar{y}_{...}.$$

Für die Schätzung von σ_{bina}^2 und σ^2 nach die Varianzanalysemethode ergibt sich
$$s^2 = MQ_R, \ s_{bina}^2 = (MQ_{B\,in\,A} - MQ_R)/\lambda_3.$$
Die Nullhypothese, dass alle Effekte der Stufen des Faktors A gleich sind, prüft man mit der Prüfzahl

$$F_A = \frac{MQ_A}{MQ_{B\,in\,A}},$$

die mit $(a-1)$ und $(ab-a)$ Freiheitsgraden F- verteilt ist.
Es soll auch hier der Versuchsumfang für die für das feste Modell in Abbildung 4.10 vorgegebenen Genauigkeiten für ein Modell mit zufälligen Effekten des Faktors B berechnet werden. Mit ANOV erhalten wir das Ergebnis, dass $b = 17$ Stufen des Faktors B erforderlich sind.

4.2.2.4 Zweifache Varianzanalyse - Hierarchische Klassifikation - gemischtes Modell, B fest und A zufällig

In diesem gemischtes Modell ist die Modellgleichung

$$y_{ijk} = \mu + a_i + b_{ij} + e_{ijk} \quad (i = 1,...,a; j = 1,...,b_i; k = 1,...,n_{ij}) \qquad (4.23)$$

die Effekte μ und b_{ij} sind fest, die übrigen Effekte sind zufällig. Zum Modell gehören die Bedingungen $\text{var}(a_i) = \sigma_a^2$, dass alle Zufallsvariablen voneinander unabhängig mit Erwartungswert Null verteilt sind und, dass die b_{ij} über j sich für alle i zu Null summieren.
Die Varianztabelle für dieses Modell ist wieder Tabelle 4.8, die erwarteten mittleren

Abweichungsquadrate sind in Tabelle 4.12 zu finden.

Zur Schätzung der festen Effekte verwendet man folgende Gleichungen:

$$\hat{\mu} = \bar{y}_{...}, \; \hat{b}_{ij} = \bar{y}_{ij.} - \bar{y}_{...}.$$

Für die Schätzung von σ_a^2 und σ^2 nach die Varianzanalysemethode ergibt sich

$$s^2 = MQ_R,$$
$$s_a^2 = (MQ_A - MQ_R)/\lambda_2.$$

Die Nullhypothese, dass alle Effekte der Stufen des Faktors B gleich sind, prüft man mit der Prüfzahl

$$F_B = \frac{MQ_B}{MQ_R},$$

die mit $(ab-a)$ und $N-ab$ Freiheitsgraden F- verteilt ist.

4.2.3 Hinweise zur Bearbeitung höherer Klassifikationen

Oft treten in den Anwendungen auch Varianzanalysen mit mehr als zwei Faktoren auf. Deren Behandlung überschreitet aber einen einführenden Text, da es sehr viele Fälle gibt. So treten bereits in der dreifachen Varianzanalyse neben der Kreuzklassifikation und der hierarchischen Klassifikation zwei gemischte Klassifikationen auf. Angenommen das Gewicht geschlüpfter Kücken wird beobachtet mit den Faktoren: A = Vater, B = Mutter und C = Geschlecht des Kückens. Dann ist B dem Faktor A hierarchisch untergeordnet, C ist aber mit der Kombination $A \succ B$ kreuzklassifiziert. Wir schreiben dafür $(A \succ B) \times C$. Dann kann jeder der Faktoren fest oder zufällig sein, dies alles lässt die Anzahl der Fälle schnell ansteigen. Je nachdem, welcher der Faktoren in den vier Klassifikationen $A \times B \times C$, $A \succ B \succ C$, $(A \succ B) \times C$ und $(A \times B) \succ C$ fest oder zufällig ist. In Tabelle 4.14 haben wir die Modelle aufgelistet; die zufälligen Faktoren sind fett gedruckt. Bei kreuzklassifizierten Faktoren, wurde(n) der (die) erste(n) fest gewählt, die anderen zufällig; hier kann man durch Umnummerieren stets auf diesen Fall kommen, etwas, was bei hierarchisch klassifizierten Faktoren nicht möglich ist.

In VB wurden die Fälle der dreifachen Klassifikation aufgenommen, in 1/61/0000 wird man zum gesuchten Verfahren geleitet. SPSS gestattet die Bearbeitung beliebig umfangreicher Varianzanalysen. Bei hierarchisch klassifizierten Faktoren ist wieder eine Programmänderung wie nach Tabelle 4.9 beschrieben durchzuführen. Dort, wo keine exakten Tests existieren, werden Näherungstests angeboten.

Bis einschließlich der dreifachen Varianzanalyse kann man mit ANOV den Maximin-Umfang berechnen, sofern ein exakter Test existiert. Ein solcher existiert z.B. nicht in der dreifachen Kreuzklassifikation mit A fest und B, C zufällig.

Tabelle 4.14 *Die Modelle der dreifachen Varianzanalyse*

Laufende Nummer	Modell	Laufende Nummer	Modell
1	$A \times B \times C$	14	$(A \times \boldsymbol{B}) \succ C$
2	$A \times \boldsymbol{B} \times C$	15	$(A \times \boldsymbol{B}) \succ C$
3	$\boldsymbol{A} \times \boldsymbol{B} \times C$	16	$(A \times \boldsymbol{B}) \succ \boldsymbol{C}$
4	$A \times \boldsymbol{B} \times \boldsymbol{C}$	17	$(A \times \boldsymbol{B}) \succ \boldsymbol{C}$
5	$A \succ B \succ C$	18	$(\boldsymbol{A} \times \boldsymbol{B}) \succ \boldsymbol{C}$
6	$A \succ \boldsymbol{B} \succ C$	19	$(A \succ B) \times C$
7	$A \succ \boldsymbol{B} \succ C$	20	$(A \succ \boldsymbol{B}) \times C$
8	$A \succ \boldsymbol{B} \succ \boldsymbol{C}$	21	$(A \succ \boldsymbol{B}) \times C$
9	$A \succ \boldsymbol{B} \succ C$	22	$(A \succ \boldsymbol{B}) \times C$
10	$A \succ B \succ C$	23	$(A \succ \boldsymbol{B}) \times C$
11	$A \succ \boldsymbol{B} \succ C$	24	$(A \succ B) \times \boldsymbol{C}$
12	$A \succ \boldsymbol{B} \succ C$	25	$(A \succ B) \times \boldsymbol{C}$
13	$(A \times B) \succ C$	26	$(A \succ \boldsymbol{B}) \times \boldsymbol{C}$

4.3 Multiple Mittelwertvergleiche

Wenn wir in einer ein- oder mehrfachen Varianzanalyse die Nullhypothese prüfen, dass alle Effekte der Stufen eines festen Faktors gleich sind und diese Hypothese verwerfen, akzeptieren wir die Hypothese, dass sich die Effekte von zumindest zweien der $a = k$ Faktorstufen (oder Wechselwirkungen) unterscheiden. Mitunter möchte ein Versuchsansteller dann gerne wissen, welche Stufen signifikant voneinander verschieden sind. In diesem Fall kann er die im Folgenden beschriebenen Verfahren benutzen. Ist es jedoch das Untersuchungsziel, die Stufen mit extremen (den größten oder kleinsten) Effekten herauszufinden, so sollte man überhaupt nicht testen sondern die in Abschnitt 3.3 beschriebenen Auswahlverfahren verwenden, die der Fragestellung viel besser angepasst sind und meist noch geringere Stichprobenumfänge erfordern.

Will man einige oder alle paarweisen Differenzen von $k > 2$ Erwartungswerten (Mittelwerten) gegen Null testen, so verwendet man multiple Mittelwertvergleiche.

Wir unterscheiden dabei zwei Arten von Risiken erster und zweiter Art:

Vergleichsbezogenes Risiko: Das vergleichsbezogenes Risiko bezieht sich auf jeden einzelnen Vergleich. Je größer die Anzahl paarweiser Vergleiche in einem Versuch ist, desto größer ist bei festem vergleichsbezogenem Risiko die Wahrscheinlichkeit für eine Fehlentscheidung bei wenigstens einem dieser Vergleiche.

Simultanes Risiko: Das simultane Risiko bezieht sich auf mehrere Vergleiche gleichzeitig, häufig auf alle Vergleiche im Experiment, dann nennt man es auch ein *versuchsbezogenes Risiko*. Unter der Nullhypothese H_0: $\mu_1 = \mu_2 = \ldots = \mu_k$ ist das versuchsbezogene Risiko erster Art die Wahrscheinlichkeit dafür, dass zumindest eine der Alternativhypothesen H_{Aij}: $\mu_i \neq \mu_j$ zu unrecht angenommen wird.

Bezieht sich das simultane Risiko 1. Art α^* nur auf eine Teilmenge vom Umfang $m>1$ aller $\binom{k}{2}$ paarweisen Vergleiche, so kann sein Wert aus dem des vergleichsbezogenen Risikos 1. Art α mit Hilfe der Bonferroni-Ungleichung wie folgt abgeschätzt werden

$$\alpha < \alpha^* < m\alpha \qquad (4.24)$$

Bevor man einen Versuch plant oder auswertet, muss man sich sowohl beim Risiko erster als auch zweiter Art zwischen dem versuchs- und vergleichsbezogenem Risiko entscheiden. Das versuchsbezogene Risiko auf einem bestimmten Niveau zu halten, ist eine strengere Forderung und erfordert einen größeren Versuchsumfang als das vergleichsbezogene Risiko auf eben diesem Niveau zu halten. Beim F-Test der Varianzanalyse sind sowohl das Risiko erster als auch zweiter Art versuchsbezogen definiert. Wir wählen im Folgenden das Risiko 2. Art β vergleichsbezogen und betrachten folgende Fälle.

Fall 1. Man vergleiche die Mittelwerte der $k > 2$ Grundgesamtheiten paarweise miteinander.
Methoden:
Multipler t-Test: paarweise Vergleiche mit vergleichsbezogenem Risiko erster Art
Tukey-Test: paarweise Vergleiche mit versuchsbezogenem Risiko erster Art (gleiche Klassenbesetzung).

Fall 2. Man vergleiche die Mittelwerte von k-1 Grundgesamtheiten mit einer Standard-(Kontroll-) grundgesamtheit
Methoden:
Multipler t-Test: Vergleich mit vergleichsbezogenem Risiko erster Art
Dunnett-Test: Vergleich mit versuchsbezogenem Risiko erster Art.

Weitere multiple Mittelwertvergleiche sind bei HOCHBERG and TAMHANE (1987) und in VB 3/26/0000 – 3/26/9104 beschrieben.

Die Versuchsplanung zu allen Fällen und zum F-Test in der einfachen Klassifikation findet man in den CADEMO-Module MIWA oder *light*. In MIWA wählen wir die Befehlsfolge: Test – $k > 2$ Mittelwerte und setzen im Fall 1 mit –untereinander- und im Fall 2 mit -gegen Standard oder Kontrolle – fort.

Folgende Voraussetzungen sollen für alle Fälle gelten:
– aus allen k Grundgesamtheiten werden paarweise unabhängige Zufallsstichproben entnommen, die Stichprobe aus der i-ten Grundgesamtheit bezeichnen wir mit $(y_{i1}, y_{i2}, ..., y_{in_i})$.
– Die y_{ij} ($i = 1 ...,k; j = 1, ..., n_i$) sind voneinander unabhängig nach $N(\mu_i, \sigma^2)$ verteilt mit der gleichen Varianz σ^2. $N = \sum_{i=1}^{k} n_i$ ist die Gesamtanzahl der Beobachtungswerte.

Beispiel 4.9

Wir wollen die Erwartungswerte von 9 Normalverteilungen beurteilen, gegebenenfalls ist die neunte der Standard. Wir wählen $\alpha = 0,05$, $\beta_0 = 0,20$, $d = 4$ und nehmen an, ein Schätzwert von σ^2 sei $\tilde{\sigma}^2 = 16$.

Für die Bestimmung des Stichprobenumfangs benutzen wir CADEMO-*light* mit den Optionen: "Test - $k > 2$ Mittelwerte " und entweder "Vergleich
- miteinander "(für Fall 1) oder
- mit einem Standard" (für Fall 2).

Für die Auswertung benutzen wir die Beobachtungswerte (Erträge einer Getreideart in dt/ha) der Tabelle 4.16.

Tabelle 4.16 *Beobachtungswerte (Erträge in dt/ha) von neun Sorten (T_1, ..., T_9) und ihre Stichprobenmittel.*

Teilstück	Sorte								
	T_1	T_2	T_3	T_4	T_5	T_6	T_7	T_8	T_9
1	50,1	50,0	46,8	39,0	48,6	45,4	52,8	50,2	44,7
2	45,6	55,3	39,0	31,3	56,3	64,5	46,9	54,9	60,7
3	57,6	43,1	47,1	49,0	55,8	53,8	44,8	61,4	57,9
4	48,7	48,6	49,0	52,0	45,4	58,3	44,7	53,4	47,5
5	49,9	46,1	47,6	50,3	59,8	55,6	38,8	56,7	44,6
6	56,8	48,4	45,4	47,0	53,4	49,0	46,6	46,3	53,2
7	48,9	44,3	51,1	40,1	47,7	60,4	39,2	47,8	52,2
8	48,4	55,7	47,3	42,7	50,4	53,6	40,4	47,8	46,0
9	53,5	56,8	47,3	57,0	56,7	51,5	50,9	51,9	56,3
10	45,1	43,9	48,5	41,6	56,2	46,1	52,5	54,3	50,1
Mittel	50,46	49,22	46,91	45,00	53,03	53,82	45,76	52,47	51,32

In der SPSS-Datenmatrix bezeichnen wir eine Variable mit Sorte (und geben die Zahlen 1 bis 9 ein) und die andere als Ertrag.

Wir wählen in SPSS dann die Optionen "Analysieren-Mittelwerte vergleichen-einfaktorielle ANOVA" und erhalten in der Ausgabe einen signifikanten Wert $F = 3,77$, der größer als der entsprechende Tabellenwert $F(8; 81; 0,95) = 2,055$ bzw. Signifikanz = $0,001 < 0,05$ ist. Das bedeutet, dass mindestens 2 Mittelwerte voneinander signifikant verschieden sind. Wir werden alle hier behandelten Mittelwertvergleiche mit diesen Daten durchrechnen um die Paare von Mittelwerten zu ermitteln, die signifikant verschieden sind.

4.3.1   Paarweise Mittelwertvergleiche zwischen k Grundgesamtheiten

Für **jedes** der $\binom{k}{2}$ Paare (i, j) mit $i < j$ $(i, j = 1, ..., k)$ soll die Nullhypothese

$H_{0ij} : \mu_i = \mu_j$

gegen die Alternative

$H_{Aij} : \mu_i \neq \mu_j.$

geprüft werden.

Wenn das Risiko erster Art α vergleichsweise festgelegt wird, ist die Wahrscheinlichkeit dafür, dass die Nullhypothese fälschlich verworfen wird, für jedes H_{0ij} gleich α und wir verwenden den *multiplen t-Test*.

4.3.1.1 Multipler t-Test

Stichprobenumfang

Es ist optimal, gleiche Stichprobenumfänge $n_1 = n_2 = ... = n_k = n$ für jede Behandlung zu wählen. Für vorgegebene d, α und β_0, berechnet man n aus:

$$n = \text{CEIL}\left[\frac{2\sigma^2}{d^2}\left\{t\left[f;1-\frac{\alpha}{2}\right]+t\left[f;1-\beta_0\right]\right\}^2\right]. \qquad (4.25)$$

Dabei ist $f = FG$ die Anzahl der Freiheitsgrade von MQ_R (MQ-Rest). Beispielsweise ist in der einfachen Varianzanalyse mit k Stufen $f = FG = k(n\text{-}1)$.

Beispiel 4.10

Mit den Werten von Beispiel 4.9 rechnen wir nach (4.25) mit $k = 9$, $d = 4$, eine Vorinformation für σ^2 ist mit $\tilde{\sigma}^2 = 16$ gegeben, $\alpha = 0{,}05$, $\beta_0 = 0{,}20$ und mit $n^{(0)} = \infty$ und erhalten:

$n^{(1)} = \text{CEIL}[2(1{,}9602 + 0{,}841657)^2] = \text{CEIL}[15{,}7] = 16$.

Für $f = 9{\cdot}15 = 135$ Freiheitsgrade ergibt sich:

$n^{(2)} = \text{CEIL}[2(1{,}97769 + 0{,}84429)^2] = \text{CEIL}[15{,}93] = 16$.

Damit ist $N = 9{\cdot}16 = 144$; das gleiche Ergebnis erhält man mit MIWA wie folgt: Nach der Befehlsfolge Test – $k > 2$ Mittelwerte –untereinander erscheint Abbildung 4.14

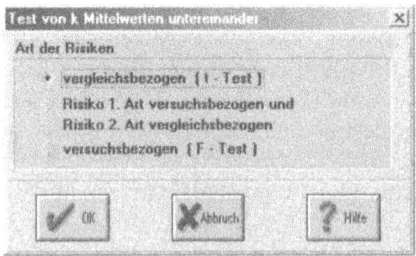

Abbildung 4.14 *CADEMO (light oder MIWA) –Verzweigung für den Vergleich von Mittelwerten untereinander*

Aus Abbildung 4.14 gelangt man entweder zum multiplen t –Test, zum Tukey-Test (2. Option) oder zum F –Test der einfachen Varianzanalyse Modell I. In unserem Fall wählen wir mit „vergleichsbezogen" den multiplen t-Test. Im erscheinenden Bild setzen wir die Genauigkeitsvorgaben, wie in Abbildung 4.15 zu sehen, ein.

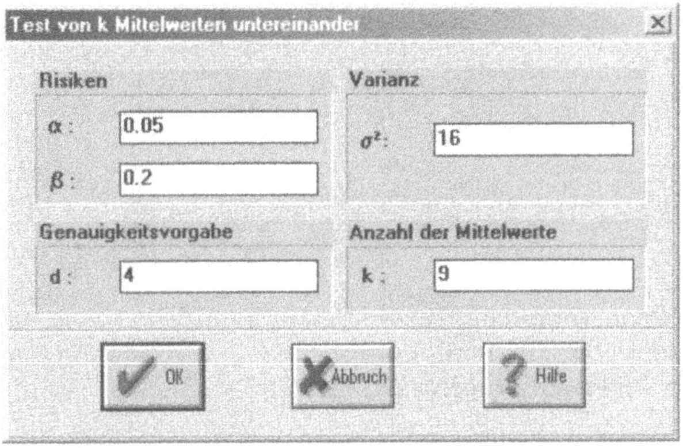

Abbildung 4.15 *Genauigkeitsvorgaben nach Beispiel 4.9 und 4.10*

Das Ergebnis ist das gleiche wie mit Handrechnung.

Auswertung

H_{0ij} wird in der **einfachen** Varianzanalyse mit der Prüfzahl

$$t_{ij} = \frac{\bar{y}_{i.} - \bar{y}_{j.}}{s} \sqrt{\frac{n_i n_j}{n_i + n_j}} \tag{4.26}$$

mit s als Wurzel aus MQ_R der Varianztabelle berechnet.

$$s^2 = \frac{1}{\sum n_i - k} \sum_{i=1}^{k} \sum_{j=1}^{n_i} (y_{ij} - \bar{y}_{i.})^2 \tag{4.27}$$

In der mehrfachen Varianzanalyse mit gleicher Klassenbesetzung (dann ist $n_i=n_j$) kann (4.26) auch verwendet werden. Bei ungleicher Klassenbesetzung verwende man den SPSS-Zweig GLM.

Wir vergleichen jeden Wert $|t_{ij}|$ mit $t(f; 1 - \frac{\alpha}{2})$ und lehnen H_0 ab, falls $|t_{ij}|$ das entsprechende Quantil (mit $f = k(n-1)$ Freiheitsgraden) überschreitet. Der Unterschied zwischen (4.26) und den t-Prüfzahlen in Kapitel 3 besteht darin, dass s aus allen $k > 2$ Stichproben geschätzt wurde (hierfür benötigte man die Voraussetzung gleicher Varianzen) und dies erhöht die Freiheitsgrade gegenüber dem t-Test im Ein- oder Zweistichprobenproblem.
In SPSS verwenden wir die Folge " Analysieren - Mittelwerte vergleichen - einfaktorielle ANOVA und aktivieren den Schalter "Post hoc... ", wir erhalten Abbildung 4.16.

Merke!

Diese Post-hoc Verfahren verwende man nur in balancierten Zwei- und Mehrfachklassifikationen. Sie arbeiten mit den einfachen Klassenmittelwerten und nicht mit den MKQ-Schätzungen.

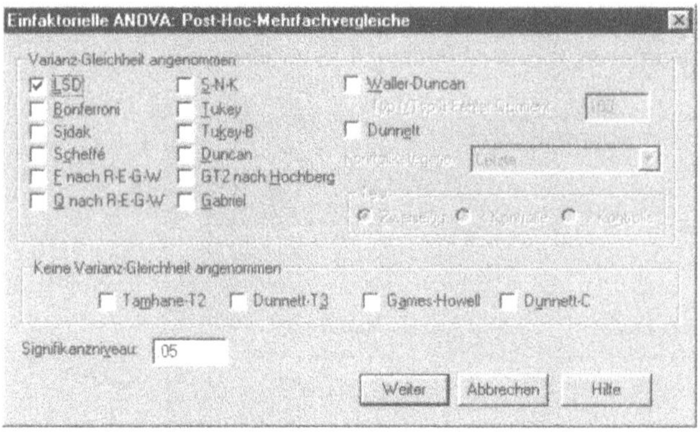

Abbildung 4.16 *Mittelwertvergleiche in SPSS*

Wir kommen auf diese Abbildung noch mehrfach zurück, für unseren derzeitigen Zweck müssen wir LSD (Least-significant difference) aktivieren. LSD bedeutet "Kleinste signifikante Differenz" (auch Grenzdifferenz genannt). Statt den t-Wert einer paarweisen Differenz mit dem Tabellenwert zu vergleichen, kann man natürlich auch jede Mittelwertdifferenz mit der Differenz Δ zwischen zwei Stichprobemitteln vergleichen, die gerade noch zur Ablehnung der Nullhypothese führt. Für unseren Fall mit $n_1 = ... = n_k = n$ ist dies der Wert Δ, für den

$$\frac{\Delta}{s}\sqrt{\frac{n}{2}} = t(f; 1 - \frac{\alpha}{2}).$$

gilt.

Beispiel 4.9 - Fortsetzung

Die SPSS-Ausgabe für die Daten von Tabelle 4.9 ist sehr umfangreich, einen Ausschnitt zeigt Abbildung 4.17, dort wurden solche Paare, deren Mittelwerte sich signifikant unterscheiden durch das Symbol * charakterisiert. Die Nullhypothese wird angenommen, wenn das Konfidenzintervall den Wert 0 enthält.

Mehrfachvergleiche

Abhängige Variable: Ertrag
LSD

(I) Sorten	(J) Sorten	Mittlere Differenz (I-J)	Standardfehler	Signifikanz	95%-Konfidenzintervall Untergrenze	Obergrenze
1	2	1,24000	2,36833	,602	-3,4722	5,9522
	3	3,55000	2,36833	,138	-1,1622	8,2622
	4	5,46000(*)	2,36833	,024	,7478	10,1722
	5	-2,57000	2,36833	,281	-7,2822	2,1422
	6	-3,36000	2,36833	,160	-8,0722	1,3522
	7	4,70000	2,36833	,051	-,0122	9,4122
	8	-2,01000	2,36833	,399	-6,7722	2,7022
	9	-,86000	2,36833	,717	-5,5722	3,8522

* Die Differenz der Mittelwerte ist auf dem Niveau .05 signifikant.

Abbildung 4.17 *SPSS-Ausgabe von Beispiel 4.9*

Wir fassen die Ergebnisse der SPSS-Ausgabe grafisch in Abbildung 4.18 zusammen. Sortenpaare, die über der gleichen Linie stehen, unterscheiden sich nicht signifikant, solche die nicht auf einer Linie gemeinsam stehen, führen zur Ablehnung der Nullhypothese.

4	7	3	2	1	9	8	5	6

Abbildung 4.18 *Ergebnisse des multiplen t-Tests*

4.3.1.2 Tukey-Test

Der Tukey-Test testet paarweise alle Mittelwertdifferenzen mit einem versuchsbezogenem Risiko 1. Art α_e (das Risiko 2. Art ist weiterhin vergleichsbezogen).
Eine Zusätzliche Voraussetzung für diesen Test ist, dass alle Mittelwerte aus gleich vielen Messwerten berechnet wurden.

Stichprobenumfang

Null- und Alternativhypothese sind die gleichen, wie beim *t*-Test. Wir setzen wieder $f = FG$, $n_1 = n_2 = ... = n_k = n$, dies ist hier nicht nur optimal sondern eine Voraussetzung für den exakten Test. In Abhängigkeit von d, α_e und β_0 ist der minimale Stichprobenumfang iterativ aus

$$n = \text{CEIL}\left[\frac{2\sigma^2}{d^2}\left(\frac{1}{\sqrt{2}}q(k;f;1-\alpha_e)+t(f;1-\beta_0)\right)^2\right] \qquad (4.28)$$

zu berechnen.
Die Quantile $q(k;f;1-\alpha_e)$ der studentisierten Spannweite für den Tukey-Test sind für $\alpha=0{,}05$ und $f = FG$ in Tabelle A 4 zu finden. Es gilt $q(2;f;1-\alpha) = \sqrt{2} \cdot t(f; 1 - \alpha/2)$.

Beispiel 4.11
In (4.28) sei $k = 9$, $d = \sigma$, $\alpha = 0{,}05$ und $\beta_0 = 0{,}20$. Mit $n^{(0)} = \infty$ erhalten wir

$$n^{(1)} = \text{CEIL}\left[2(\frac{1}{\sqrt{2}}4{,}387 + 0{,}841657)^2\right] = \text{CEIL}[31{,}106] = 32.$$

Im nächsten Iterationsschritt mit $f = 9 \cdot 31 = 279$ Freiheitsgraden wird
$n^{(2)} = \text{CEIL}[31{,}27] = 32$ so das $n = 32$ die Lösung ist. Folglich werden insgesamt
$N = 9 \cdot 32 = 288$ Versuchseinheiten benötigt.
Das gleiche Ergebnis erhält man mit CADEMO über den mittleren Ausgang in Abbildung 4.14.

Wir verwerfen H_{0ij}: $\mu_i - \mu_j = 0$ bei dem versuchsbezogenen Risiko 1. Art $\alpha = 0{,}05$, falls

$$|\bar{y}_{i.} - \bar{y}_{j.}| > \sqrt{\frac{s^2}{2}} q(k; f; 0{,}95) \sqrt{\frac{1}{n} + \frac{1}{n}} \tag{4.29}$$

gilt, mit den Quantilen $q(k; f; 0{,}95)$ aus Tabelle A4.

Beispiel 4.9 - Fortsetzung
Mit SPSS wählen wir in Abbildung 4.16 jetzt den Zweig Tukey-Test und erhalten die zusammengefassten Ergebnisse der Abbildung 4.19.

4	7	3	2	1	9	8	5	6

Abbildung 4.19 *Ergebnisse des Tukey-Tests*

Wir verwenden für Handrechnungen die Werte der Tabelle 4.16 und aus der SPSS-Ausgabe $s^2 = MQ(\text{Rest}) = 28{,}045$ mit 81 *FG*.
Wir verwerfen H_{0ij}: $\mu_i - \mu_j = 0$ bei einem versuchsbezogen $\alpha = 0{,}05$, falls

$$|\bar{y}_i - \bar{y}_j| > \sqrt{\frac{s^2}{2}\left(\frac{1}{10} + \frac{1}{10}\right)} q(9; 81; 0{,}95) \quad \text{oder}$$

$$|\bar{y}_i - \bar{y}_j| > \sqrt{\frac{28{,}045}{2}\left(\frac{2}{10}\right)} 4{,}51 = 7{,}55 \quad \text{gilt.}$$

Bemerkung: Falls $n_1 = n_2 = \ldots = n_k = n$ nicht gilt, kann man im Falle der einfachen Varianzanalyse die Tukey-Kramer-Approximation verwenden und H_{0ij}: $\mu_i - \mu_j = 0$ verwerfen, falls $|\bar{y}_{i.} - \bar{y}_{j.}| > \sqrt{\frac{s^2}{2}\left(\frac{1}{n_i} + \frac{1}{n_j}\right)} q(k; f; 1 - \alpha)$ gilt.

4.3.2 Multiple Vergleiche mit einer Standardgrundgesamtheit

Es sollen die Erwartungswerte von $k - 1 = p$ Grundgesamtheiten mit dem Erwartungswert μ_k eines so genannten Standards, bzw. einer Kontrolle verglichen werden. Wir testen also die $(k - 1 = p)$ Nullhypothesen
$\quad$ H_{0i} : $\mu_i = \mu_k$ $\quad$ $(i = 1, \ldots, k - 1 = p)$
gegen die Alternativhypothesen
$\quad$ H_{Ai} : $\mu_i \neq \mu_k$.

4.3.2.1 Multipler t-Test

Für ein vergleichsbezogenes Risiko erster Art α verwenden wir den in 4.3.1.1 beschriebenen multiplen *t*-Test.

Für den Stichprobenumfang ergibt sich hier und auch im Abschnitt 4.3.2.2 eine Besonderheit, es ist nicht länger optimal, alle Stichproben gleich groß zu wählen. Wir wählen $n_i = n$ für $i = 1, ..., k-1 = p$ und $n_k = vn$. Der Gesamtversuchsumfang N wird minimal, falls $v = \sqrt{p}$ gilt. Wir berechnen ihn iterativ aus:

$$N = \text{CEIL}\left[\left(\sqrt{p}+1\right)^2 \frac{\sigma^2}{d^2}\left(t\left[f;1-\frac{\alpha}{2}\right]+t[f;1-\beta_0]\right)^2\right] \qquad (4.30)$$

Beispiel 4.12
Wir setzen in (4.30) $d = \sigma$, $\alpha = 0,05$ und $\beta_0 = 0,20$ und beginnen mit $N^{(0)} = \infty$ wir erhalten für $k = 9, p = 8$

$$^{(1)} = \text{CEIL}[(\sqrt{8}+1)^2(1,9602+0,841657)^2] = \text{CEIL}[115,06] = 116$$

Mit $116 - 9 = 107$ Freiheitsgraden folgt

$$N^{(2)} = \text{CEIL}[(\sqrt{8}+1)^2(1,98238+0,844993)^2] = \text{CEIL}[117,17] = 118$$

und dies verändert sich im folgenden Iterationsschritt nicht. Teilen wir 118 durch $p + \sqrt{p} = 8 + \sqrt{8} = 10,82842$ ergibt sich 10,897, wir setzen $n = 11$ und

$n_9 = \text{CEIL}[(\sqrt{8})\cdot11] = \text{CEIL}[31,11] = 32$, dies ergibt $N = 8\cdot11 + 32 = 120$.
Eine andere Möglichkeit ist, $n_9 = 118 - 8\cdot11 = 30$ zu wählen, dies geschieht mit CADEMO. Nach der Befehlsfolge Test – k > 2 Mittelwerte –gegen Standard oder Kontrolle erscheint Abbildung 4.20.

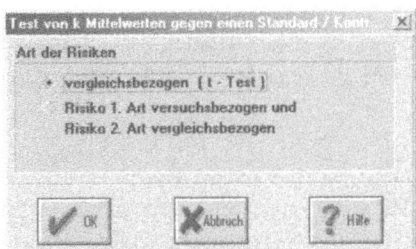

Abbildung 4.20 *Vergleiche mit einem Standard*

Aus ihr gelangt man wieder in Abbildung 4.15. Hier muss man aber nicht, wie bisher, die Anzahl aller Mittelwerte (etwa, wie hier 9) eingeben sondern die Anzahl der mit dem Standard zu vergleichenden Mittelwerte (also 8). Als Ergebnis erfahren wir, dass für den Standard 30 und für die anderen Mittelwerte 11 Beobachtungen zu wählen sind.

4.3.2.2 Dunnett-Test

Im Falle eines versuchsbezogen Risiko 1. Art α_e für die k-1 $= p$ Nullhypothesen verwendet man den *Dunnett-Test*, wir beschreiben diesen Test nur für die einfache Varianzanalyse.

Stichprobenumfang

Auch hier wählen wir $n_i = n$ für $i = 1,....,k$-1 $= p$ und $n_k = nv$ wie beim t-Test mit $v = \sqrt{p}$. Der Gesamtumfang N ergibt sich nun aus:

$$N = \text{CEIL}\left[\left(\sqrt{p}+1\right)^2 \frac{\sigma^2}{d^2}\left(d[p;f;1-\alpha_e]+t[f;1-\beta_0]\right)^2\right] \tag{4.31}$$

mit den Quantilen $d(p;f; 1-\alpha_e)$ des Dunnett-Tests für die optimale Aufteilung aus Tabelle A 5 (nach BECHHOFER und DUNNETT (1988)).

Beispiel 4.13
Wir setzen $p = k$-1 $= 8$, $d = \sigma$, $\alpha = 0,05$, $\beta = 0,2$ und erhalten mit CADEMO über den zweiten Ausgang von Abbildung 4.20, dass 45 Messungen für den Standard und je 18 für die übrigen Mittelwerte erforderlich sind. Damit ist $N = 8 \cdot 18 + 45 = 189$.

Auswertung

Wir verwerfen H_{0ik}: $\mu_i = \mu_k$ ($i = 1, ..., p = k - 1$) bei versuchsbezogenem Risiko 1.Art α_e, falls

$$\left|\overline{y}_{i.} - \overline{y}_{k.}\right| > \sqrt{s^2\left(\frac{1}{n_i} + \frac{1}{n_k}\right)} \cdot d^* \tag{4.32}$$

gilt. Der Tafelwert d^* ist für $\alpha = 0,05$, $n_1 = n_2 = ... = n_p = n$ und $n_k = n\sqrt{p}$ der Wert $d(p;f;0,95)$ aus Tabelle A5 und für $n_l = n$ ($l = 1, ..., k$) der Wert $d(p;f;0,95)$ aus Tabelle A6.

Beispiel 4.9 - Fortsetzung
Wir verwenden Tabelle 4.16 mit Sorte Nummer 9 als Standard. Es ist
$s^2 = MQ(\text{Rest}) = 28,045$ und $f = 81$. Da wir gleiche Stichprobenumfänge haben, ist Tabelle A 5 nicht brauchbar, wir müssen Tabelle A 6 verwenden, die die DUNNETT-Quantile für gleiche Klassenbesetzung enthält.
Wir verwerfen H_{0i}: $\mu_i - \mu_9 = 0$ mit dem versuchsbezogen Risiko 1. Art $\alpha = 0,05$, falls

$$\left|\overline{y}_{i.} - \overline{y}_{9.}\right| > \sqrt{s^2\left(\frac{1}{10} + \frac{1}{10}\right)} \, d(8;81;0,95) = \sqrt{28,045\left(\frac{2}{10}\right)} \, 2,71 = 6,42.$$

Mit SPSS wählen wir in Abbildung 4.16 nun "Dunnett" und erhalten die Ergebnisse in Abbildung 4.21.

146

Abhängige Variable: Ertrag

Dunnett-T (2-seitig)

(I) Sorten	(J) Sorten	Mittlere Differenz (I-J)	Standardfehler	Signifikanz	95%-Konfidenzintervall	
					Untergrenze	Obergrenze
1	9	-,86000	2,36833	1,000	-7,2814	5,5614
2	9	-2,10000	2,36833	,934	-8,5214	4,3214
3	9	-4,41000	2,36833	,311	-10,8314	2,0114
4	9	-6,32000	2,36833	,056	-12,7414	,1014
5	9	1,71000	2,36833	,978	-4,7114	8,1314
6	9	2,50000	2,36833	,854	-3,9214	8,9214
7	9	-5,56000	2,36833	,119	-11,9814	,8614
8	9	1,15000	2,36833	,998	-5,2714	7,5714

a Dunnett-T-Tests behandeln eine Gruppe als Kontrollgruppe und vergleichen alle Gruppen mit dieser Gruppe.

Abbildung 4.21 *SPSS-Ausgabe für Beispiel 4.9*

4.3.3 Übersicht über minimale Stichprobenumfänge

In Tabelle 4.17 findet man die minimalen Stichprobenumfänge für die verschiedenen Methoden für unser Beispiel zusammengefasst:

Tabelle 4.17 *Minimale Stichprobenumfänge für multiple Mittelwertvergleiche für k = 9,*
$\alpha = 0,05$; $\alpha_e = 0,05$; $\beta_o = 0,20$; $d = \sigma$.

	Vergleichsbezogenes Risiko erster Art α	Versuchsbezogenes Risiko erster Art α_e
Paarweise Vergleiche	Multipler t-Test $n = 16$ $N = 144$	Tukey-Test $n = 32$ $N = 288$
Vergleich mit einem Standard	Multipler t-Test $n_i = 11$ $(i=1, ..., 8)$ $n_9 = 32$ $N = 120$	Dunnett-Test $n_i = 18$ $(i=1, ..., 8)$ $n_9 = 45$ $N = 189$

5 Regressionsanalyse

Ziel zahlreicher Forschungen ist es, festzustellen, ob Beziehungen zwischen zwei oder mehreren Variablen bestehen. Man kann sich zum Beispiel fragen, ob eine Abgängigkeit zwischen der Schuhgröße und der Körpergröße von Menschen besteht.

Wir können uns auch fragen, ob eine Erhöhung der Düngermenge den Ernteertrag pro Hektar einer Fruchtart beeinflusst und wenn ja, welches ist die günstigste Düngermenge?

Bevor wir die Abhängigkeit zwischen zwei (oder mehr) Variablen untersuchen, sollten wir folgende Fragen beantworten:

- welche sind die Variablen?
- wie und in welcher Maßeinheit werden sie erfasst (gemessen bzw. gezählt)?
- sind beide Variablen quantitativ oder ist wenigstens eine von ihnen qualitativ?
- Falls beide Variablen quantitativ sind, sind die Variablen zufällig oder ist eine von ihnen nicht zufällig und sind ihre Werte damit Teil der Versuchsbedingungen (des Versuchsplanes)?

Wir verwenden die Symbole x und y zur Bezeichnung zweier Variablen und betrachten die folgenden Beispiele.

Beispiel 5.1

x: Schuhgröße von Studenten (in cm)
y: Körpergröße der gleichen Studenten (in cm)

Beispiel 5.2

x: Alter von Hanfpflanzen (in Wochen)
y: Höhe dieser Pflanzen (in cm)

Beispiel 5.3

y: die Strecke in cm, die ein Stein im Vakuum zurücklegt, falls
x: die Zeit des Falls in Sekunden ist

Beispiel 5.4

x: Name von Besamungsbullen
y: durchschnittliche tägliche Milchleistung der Töchter der Bullen (in kg)

Beispiel 5.5

x: Eine Variable mit zwei Ausprägungen:
x_1: ein Kalb erhält Gammaglobulin,
x_2: ein Kalb erhält kein Gammaglobulin;
y: Eine Variable mit zwei Ausprägungen:
y_1: ein Kalb stirbt im Beobachtungszeitraum
y_2: ein Kalb stirbt nicht im Beobachtungszeitraum
Bemerkung: Die gleiche Gruppe von Kälbern wird gleichzeitig nach beiden Merkmalen klassifiziert

In Beispiel 5.3 können wir (wie in der Physik üblich) annehmen, dass x und y bis auf vernachlässigbare Messfehler bestimmt werden können. Wir haben dann zwei quantitative nicht zufällige Variablen $y = h$, $x = t$ und wir wissen (seit Galileo Galilei), dass der Zusammenhang zwischen h und t durch eine Funktion der Form

$$h = \alpha\, t^2$$

beschrieben werden kann. Der Wert des Parameters α kann einfach berechnet werden, indem man die Zeit t beobachtet, die ein Stein benötigt, um h Einheiten zu durchfallen. Die Beziehung

$$h = \alpha\, t^2$$

ist eine quadratische Funktion, ihre Behandlung gehört in das Gebiet der Analysis, ein Teilgebiet der Mathematik. Der Graph einer Funktion ist eine Kurve und alle Paare $(x_i, y_i) = (t_i, h_i)$ sind Punkte genau auf dieser Kurve. Solche Fälle schließen wir im folgenden aus, da sie keine statistische Komponente enthalten.

In diesem Kapitel diskutieren wir Probleme analog zu denen der Beispiele 5.1 und 5.2, d.h. die Abhängigkeit zwischen zwei quantitativen Variablen. Bevor wir dies aber tun, wollen wir kurz noch die anderen Fälle betrachten. Beispiel 5.4 könnte man als ein Problem der einfachen Varianzanalyse mit den Bullen als Stufen eines Faktors und der Milchleistung als Beobachtungen in diesen Stufen ansehen. In Beispiel 5.5 sind die Beobachtungswerte Häufigkeiten und werden gewöhnlich als Vierfeldertafel dargestellt etwa so:

Kälber	überlebt	nicht überlebt
behandelt	f_{11}	f_{12}
nicht behandelt	f_{21}	f_{22}

Die Frage, ob die Behandlung mit Gammaglobulin einen Einfluss auf die Überlebenswahrscheinlichkeit hat, kann dann mit dem in 3.4.4 beschriebenen Test zum Vergleich zweier Wahrscheinlichkeiten beurteilt werden. In anderen Fällen und wenn x und y mehr als zwei Ausprägungen haben, kann man die Kontingenztafelanalyse verwenden.

5.1 Punktwolken

Beispiel 5.1

Wir verwenden Wertepaare (Schuhgröße, Körpergröße) von Studenten eines Wageninger Statistikkurses von 1996, die wir in Tabelle 5.1 finden.

Wir bezeichnen die Wertepaare mit (x_i, y_i) wobei i von 1 bis n (n = Anzahl der Studenten) läuft. Zunächst stellen wir diese Paare grafisch als Punktwolke dar, jeder Punkt der Punktwolke repräsentiert einen Studenten. Dabei ist die Abszisse x_i die Schuhgröße und die Ordinate y_i die Körpergröße.

Tabelle 5.1 *Schuhgröße (x in cm) und Körpergröße (y in cm) von 25 Studenten eines Kurses von 1996.*

Schuhgröße	Körpergröße	Schuhgröße	Körpergröße
42	165	40	162
43	185	41	163
43	178	40	160
41	170	38	151
39	157	42	170
44	170	41	170
36	159	43	178
40	180	42	163
40	168	38	160
39	165	39	166
42	172	40	170
40	158	42	178
43	180		

In Abbildung 5.1 findet man die Punktwolke für diese Studentengruppe.

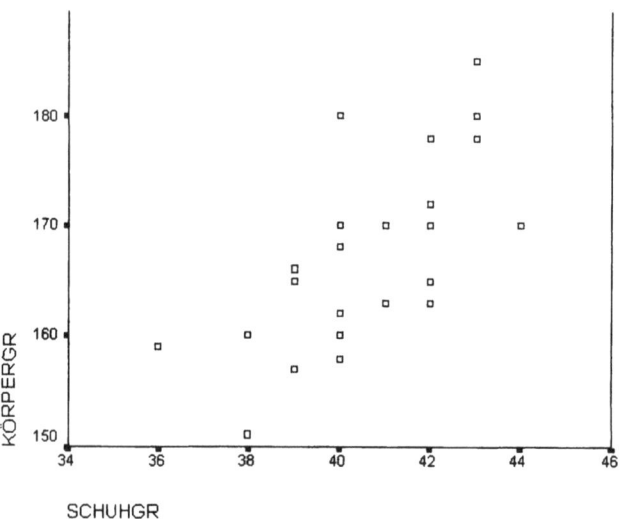

Abbildung 5.1 *Punktwolke für die Beobachtungen von Beispiel 5.1*

Um eine Punktwolke zu interpretieren, sehen wir uns zunächst ihre Gesamtstruktur an. Daraus können wir Informationen über die Richtung, Art und Stärke einer möglichen Abhängigkeit erhalten. Aus Abbildung 5.1 ist ersichtlich, dass Studenten mit einer größeren Schuhgröße tendenziell auch länger sind. Das bedeutet, dass beide quantitativen Merkmale positiv korreliert sind. Aber im Gegensatz zur Funktion in Beispiel 5.3 gibt es keinen eindeutigen Zusammenhang zwischen Schuhgröße und Körpergröße. Studenten mit der gleichen Schuhgröße weisen teilweise unterschiedliche Körpergrößen auf. Deswegen verwenden wir nicht den Ausdruck "Funktion" für eine solche Abhängigkeit sondern den Begriff Regression um eine solche unscharfe oder anders gesagt stochastische (zufällige) Beziehung zwischen zwei quantitativen Variablen zu charakterisieren. Der mittlere Zusammenhang dagegen wird durch eine Funktion beschrieben. Je enger die Punkte der Punktwolke um den Graf dieser Funktion angeordnet sind, umso strenger ist der Zusammenhang zwischen *x* und *y*.

Sind beide quantitativen Variablen zufällig und ist die Funktion linear, so wird der (Produktmoment-) Korrelationskoeffizient als Maß für die Stärke des linearen Zusammenhanges zwischen den Variablen benutzt. Ist der Zusammenhang zwar monoton aber nicht linear, so sollte man den Rangkorrelationskoeffizienten als Maß für die Stärke des (monotonen) Zusammenhanges verwenden.

Für Beispiel 5.2 verwenden wir die Daten aus Tabelle 5.2

Tabelle 5.2   *Höhe von Hanfpflanzen (y in cm) während des Wachstum (x Alter in Wochen).*

x_i	y_i	x_i	y_i
1	8,30	8	84,40
2	15,20	9	98,10
3	24,70	10	107,70
4	32,00	11	112,00
5	39,30	12	116,90
6	55,40	13	119,90
7	69,00	14	121,10

Die Punktwolke für diese Daten zeigt Abbildung 5.2.

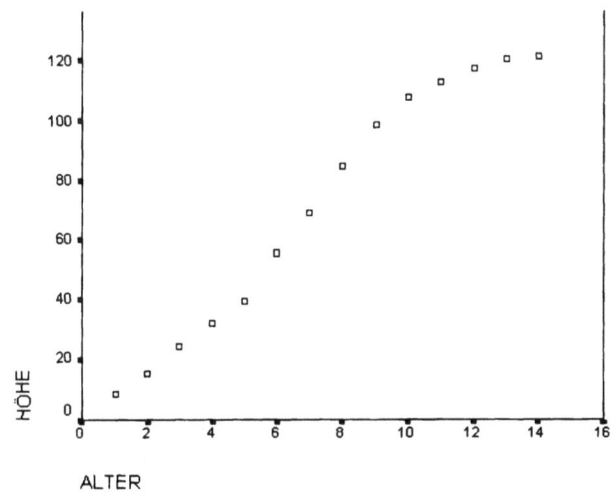

Abbildung 5.2 *Punktwolke für die Daten der Tabelle 5.2*

Gegenüber der Punktwolke in Abbildung 5.1 erkennen wir hier eine stärkere aber offensichtlich nichtlineare Abhängigkeit.

5.2   Model I und Model II der Regressionsanalyse

Die Beispiele 5.1 und 5.2 haben gemeinsam, dass beide Variablen, x und y, quantitativ sind. Es besteht jedoch ein Unterschied in der Erfassung der Beobachtungen. In Beispiel 5.1 hatten wir eine Stichprobe von n Studenten und bei jedem Studenten haben wir zwei Messwerte erfasst - die Schuhgröße x und die Körpergröße y. Wenn wir die Merkmale x und y durch zwei zufällige Variablen x bzw. y modellieren, können wir auch sagen, wir hätten eine Paar zufälliger Variablen $(x, y)^T$ n mal beobachtet (man nennt den Vektor $(x, y)^T$ auch eine zweidimensionale Zufallsvariable). Wir können dieses Regressionsmodell nun in der Form

$$y_i = f(x_i) + e_i \qquad (i = 1, ..., n) \qquad\qquad (5.1)$$

oder aber in der Form

$$x_i = g(y_i) + \varepsilon_i \qquad (i = 1, ..., n) \qquad\qquad (5.2)$$

schreiben. Die Funktion f heißt Regressionsfunktion von y auf x und analog heißt die Funktion g die Regressionsfunktion von x auf y.

Sind beide Funktionen f und g lineare Funktionen, so ergeben sich die linearen Regressionsmodelle

$$y_i = \alpha + \beta x_i + e_i \qquad (i = 1, ..., n) \qquad\qquad (5.3)$$

bzw.

$$x_i = \alpha' + \beta' y_i + \varepsilon_i \qquad (i = 1, ..., n) \qquad\qquad (5.4)$$

Mit den Nebenbedingungen, dass die e_i bzw. ε_i mit Erwartungswert 0 jeweils voneinander unabhängig verteilt sind und $\mathrm{cov}(x_i, e_i) = 0$ bzw. $\mathrm{cov}(y_i, \varepsilon_i) = 0$ gilt

Gewöhnlich unterscheiden sich die zwei Funktionen $y = \alpha + \beta x$ und $x = \alpha' + \beta' y$ voneinander (sie sind nur dann identisch, wenn der Korrelationskoeffizient $\rho = 1$ ist).

Ein Regressionsmodell der Form (5.1) oder (5.3) [oder (5.2) oder (5.4)] heißt ein Modell II der Regressionsanalyse. Der Wert von n darf dabei nie kleiner als die Anzahl p der unbekannten Parameter von f (oder g) sein.

Eine andere Situation liegt dagegen in Beispiel 5.2 vor. Die Werte von x sind hier vom Versuchsansteller vor dem Versuch vorgegeben, also bewusst gewählt. Er legte fest, wann die Höhe der Pflanzen gemessen werden sollte. Damit kann man das Merkmal x nicht durch eine zufällige Variable modellieren, man muss es durch eine nichtzufällige Größe modellieren. Für vorgegebene Werte x_i von x wird die Höhe y_i gemessen, deren Werte wird man natürlich wieder durch eine zufällige Variable y_i modellieren. Damit ergibt sich das Regressionsmodell

$$y_i = f(x_i) + e_i \qquad (i = 1, ..., n) \qquad\qquad (5.5)$$

oder im linearen Fall zu

$$y_i = \alpha + \beta x_i + e_i \qquad (i = 1, ..., n) \qquad\qquad (5.6)$$

Das Modell (5.5) (und (5.6)) heißt Modell I der Regressionsanalyse. In diesem Fall müssen mindestens p der x_i voneinander verschieden sein, wenn wir mit p die Anzahl der Parameter von f bezeichnen. In (5.6) ist $p=2$. In allen Modellen sollen die e_i

voneinander unabhängig und identisch mit Erwartungswert 0 verteilt sein.

Beispiel 5.6

Angenommen, es soll geprüft werden, ob und wie sich der Karotingehalt von Gras während der Lagerung zwischen einem Tag und 303 Tagen verändert und man weiß, dass, eine solche Abhängigkeit nur linear sein kann.

Wir verwenden Daten von STEGER und PÜSCHEL (1960) für zwei Lagerungsarten [Lagerung 1 im Glasbehälter, Lagerung 2 im Sack] wiedergegeben in Tabelle 5.3.

Tabelle 5.3 *Karotingehalt y_{1i} und y_{2i} in mg/100 g Trockenmasse von Gras in Abgängigkeit von der Lagerungsdauer x_i (in Tagen) für zwei Arten der Lagerung als SPSS-Datei (Seitenansicht)*

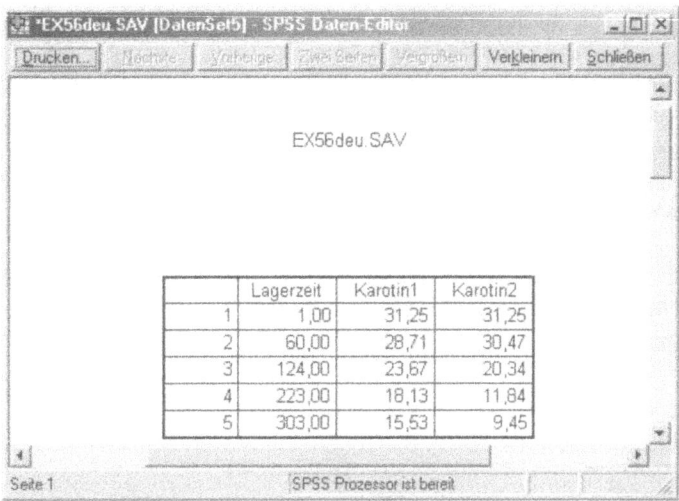

Natürlich handelt es sich hier um Modell I der Regressionsanalyse - die x_i, für die die y-Werte gemessen wurden, sind vom Versuchsansteller vorgegeben worden. Falls die Abhängigkeit linear ist, können wir die Modellgleichung (5.6) für jede Lagerungsart verwenden.

Für Art 1 schreiben wir:

$$y_{1i} = \alpha_1 + \beta_1 x_i + e_{1i} \quad (i = 1, ..., 5) \tag{5.6a}$$

mit $\mathrm{var}(e_{1i}) = \sigma_1^2$, $\mathrm{E}(e_{1i}) = 0$ und unabhängigen e_{1i}

und für Art 2 schreiben wir:

$$y_{2i} = \alpha_2 + \beta_2 x_i + e_{2i} \quad (i = 1, ..., 5) \tag{5.6b}$$

mit $\mathrm{var}(e_{2i}) = \sigma_2^2$, $\mathrm{E}(e_{2i}) = 0$ und unabhängigen e_{2i}

Die x_i-Werte sind für beide Arten gleich.

Die zwei Fehlervarianzen σ_1^2 und σ_2^2 können gleich oder verschieden sein, hier wollen wir Gleichheit voraussetzen.

153

In Modell I ist nur eines der Regressionsmodelle (5.1) bzw. (5.2) ein vernünftiges Modell, wir wollen die vorgebbare Variable immer mit x bezeichnen. Wir nennen dann x die Einflussgröße oder den Regressor und y den Regressanden.

Bei Modell I ist auch im linearen Fall (5.6) kein Korrelationskoeffizient ρ definiert, denn dieser ist ein Maß für den Zusammenhang zwischen zwei zufälligen Variablen x und y, dessen Zähler die Kovarianz zwischen x und y ist. In Modell I ist aber nur y zufällig und x nicht sondern vorgebbar. Man kann sogar den Wert des formal natürlich berechenbaren Korrelationskoeffizienten beeinflussen bzw. manipulieren.

In Modell II reduziert sich die Versuchsplanung auf die Wahl des Versuchsumfangs n für die festgelegten Genauigkeitsforderungen. In Modell I dagegen sind die x_i **und** n optimal zu wählen.

Neben den erwähnten Unterschieden haben beide Modelle aber auch einiges gemeinsam. Vor allem ist das die Form der Auswertung. Punktschätzwerte, Konfidenzintervalle und Testgrößen sind identisch (aber nicht ihre Eigenschaften). Dies ist sicher einer der Gründe, warum Statistikpakete wie SPSS zwischen den zwei Modellen nicht unterscheiden. Als eine Folge davon wird der Schätzwert r von ρ auch für Modell I berechnet. Der Leser sollte aber den Wert von r nur in solchen Fällen als Korrelationskoeffizienten interpretieren, in denen Modell II anwendbar ist und den Wert bei Modell I nicht verwenden.

5.3 Parameterschätzung mit Hilfe der Methode der kleinsten Quadrate

Wenn ein Regressionsmodell (I oder II) gewählt wurde, schreiben wir es in der Form

$$y_i = f(x_i, \theta) + e_i \qquad\qquad (i = 1, ..., n) \qquad\qquad (5.7)$$

Die Fehlerglieder e_i werden als voneinander unabhängig und identisch verteilt mit Erwartungswert $E(e_i) = 0$ und Varianz $var(e_i) = \sigma^2$ vorausgesetzt.

Dabei kann (5.7) entweder als Modellgleichung für Modell I oder in Fall von Modell II realisationweise bezüglich der x_i geschriebene Gleichung aufgefasst werden, d.h. f ist in letztem Fall der bedingte Erwartungswert

$$f(x_i, \theta) = E(y_i \mid x_i = x_i).$$

In (5.7) ist θ ein Vektor mit p reellen Komponenten $\theta_1, \theta_2, ..., \theta_p$ wobei $p < n$ gelten muss.

Die Methode der kleinsten Quadrate geht nun von $n > p$ Beobachtungen (x_i, y_i) aus, für die die Realisation von (5.7) durch

$$y_i = f(x_i, \theta) + e_i \qquad\qquad\qquad\qquad\qquad\qquad (5.8)$$

gegeben ist.

Den Parameter θ in (5.7) mit Hilfe der Methode der kleinsten Quadrate zu schätzen, bedeutet, einen Schätzwert $\hat{\theta}$ von θ so zu bestimmen, dass er die Summe der Abweichungsquadrate

$$SQ = \sum_{i=1}^{n} [y_i - f(x_i, \theta)]^2 \qquad (5.9)$$

minimiert.

Damit ist $\hat{\theta}$ eine Funktion $\hat{\theta}(x_i, y_i)$ der Beobachtungswerte.

Übergang zu zufälligen Größen y_i (und für Modell II auch x_i) in der Gleichung für den Schätzwert ergibt die "Kleinste - Quadrate - Schätzung" $\hat{\boldsymbol{\theta}} = \hat{\theta}(x_i, \boldsymbol{y}_i)$ [oder $\hat{\boldsymbol{\theta}} = \hat{\theta}(\boldsymbol{x}_i, \boldsymbol{y}_i)$].

Wir betrachten nun zunächst die einfache lineare Regression für deren Realisationen für Modell I und Modell II die Modellgleichung durch

$$y_i = \alpha + \beta x_i + e_i \qquad (i = 1, ..., n > 2) \qquad (5.10)$$

gegeben ist. Wenigstens zwei der x_i werden dabei als verschieden vorausgesetzt. SQ in (5.9) wird dann

$$SQ = \sum_{i=1}^{n} (y_i - \alpha - \beta x_i)^2 \qquad (5.11)$$

Wir schreiben im Folgenden

$$\bar{x} = \frac{1}{n} \sum_{i=1}^{n} x_i, \quad \bar{y} = \frac{1}{n} \sum_{i=1}^{n} y_i,$$

$$SP_{xy} = \sum_{i=1}^{n} (x_i - \bar{x})(y_i - \bar{y}) = \sum_{i=1}^{n} x_i y_i - \frac{1}{n} \sum_{i=1}^{n} x_i \sum_{i=1}^{n} y_i \qquad (5.12)$$

und

$$SQ_x = SP_{xx} \qquad (5.13)$$

Um das Minimum von SQ in (5.11) zu bestimmen, leiten wir SQ partiell nach α und β ab und setzen die Ableitungen gleich Null. Die Werte von α und β, die die entstehenden Gleichungen lösen, nennen wir a bzw. b.

$$-2 \sum_{i=1}^{n} (y_i - a - b x_i) = 0$$

$$-2 \sum_{i=1}^{n} (y_i - a - b x_i) x_i = 0.$$

Aus der ersten Gleichung folgt:

$$a = \bar{y} - b \bar{x} \qquad (5.14)$$

und aus der zweiten:

$$\sum_{i=1}^{n} x_i y_i \ - \ a \sum_{i=1}^{n} x_i \ - \ b \sum_{i=1}^{n} x_i^2 \ = \ 0 \,.$$

Ersetzen wir a durch die rechte Seite von (5.14), so folgt

$$b \ = \ \frac{SP_{xy}}{SQ_x} \qquad\qquad\qquad (5.15)$$

a und b ergeben wirklich das Minimum von SQ, wie man anhand der zweiten Ableitung sehen kann.

Aus diesen Schätzwerten a und b erhalten wir Schätzungen indem wir die y_i durch $\mathbf{y}_i$ und für Modell II auch die x_i durch $\mathbf{x}_i$ ersetzen. Damit wird für

Modell I $\qquad \mathbf{a} = \bar{y} - \mathbf{b}\,\bar{x}$

$$\mathbf{b} \ = \ \frac{\mathbf{SP}_{xy}}{SQ_x}$$

und für
Modell II $\qquad \mathbf{a} = \bar{y} - \mathbf{b}\,\bar{x}$

$$\mathbf{b} \ = \ \frac{\mathbf{SP}_{xy}}{\mathbf{SQ}_x}$$

Es gilt (für Modell II realisationweise)

$$\sigma_a^2 \ = \ \mathrm{var}(\mathbf{a}) \ = \ \frac{\sigma^2}{n\,SQ_x} \sum_{i=1}^{n} x_i^2 \qquad\qquad (5.16)$$

$$\sigma_b^2 \ = \ \mathrm{var}(\mathbf{b}) \ = \ \frac{\sigma^2}{SQ_x} \qquad\qquad\qquad (5.17)$$

und

$$\sigma_{ab} \ = \ \mathrm{cov}\,(\mathbf{a},\mathbf{b}) \ = \ -\frac{\sigma^2 \cdot \bar{x}}{SQ_x} \qquad\qquad (5.18)$$

Damit ergibt sich als Kovarianzmatrix von $(\mathbf{a},\mathbf{b})^T$ für Modell I

$$\mathrm{var}\begin{pmatrix} \mathbf{a} \\ \mathbf{b} \end{pmatrix} = \frac{\sigma^2}{SQ_x} \begin{pmatrix} \dfrac{1}{n}\sum_{i=1}^{n} x_i^2 & -\bar{x} \\ -\bar{x} & 1 \end{pmatrix} \qquad\qquad (5.19)$$

Ihre Determinante ist

$$D = \left| \operatorname{var} \begin{pmatrix} a \\ b \end{pmatrix} \right| = \frac{\sigma^4}{SQ_x^2} \left(\frac{1}{n} \sum_{i=1}^{n} x_i^2 - \bar{x}^2 \right) = \frac{\sigma^4}{n \sum_{i=1}^{n} x_i^2 - \left(\sum_{i=1}^{n} x_i \right)^2}$$

oder

$$D = \frac{\sigma^4}{n \, SQ_x} \tag{5.20}$$

Beispiel 5.6 - Fortsetzung

Wir wollen die Parameter der linearen Regression mit Hilfe der Daten von Beispiel 5.6. mit einem Taschenrechner schätzen, als Übung kann der Leser die Berechnung mit SPSS wiederholen.

Für die Berechnung benötigen wir die Werte von Tabelle 5.4, in der $\hat{y}_{1i} = a_1 + b_1 x_i$ und $\hat{y}_{2i} = a_2 + b_2 x_i$ ist.

Tabelle 5.4 *Schritte für die Berechnung der Regressionskoeffizienten für Beispiel 5.6.*

i	x_i^2	$x_i y_{1i}$	$x_i y_{2i}$	$\hat{y}_{1i}$	$\hat{y}_{2i}$	$y_{1i} - \hat{y}_{1i}$	$y_{2i} - \hat{y}_{2i}$
1	1	31,25	31,25	31,160	32,104	0,09	-0,854
2	3600	1722,60	1828,20	27,942	27,326	0,768	3,144
3	15376	2935,08	2522,16	24,451	22,143	-0,781	-1,803
4	49729	4042,99	2640,32	19,059	14,126	-0,92	-2,286
5	91809	4705,59	2863,35	14,686	7,648	0,844	1,802
Gesamt	160515	13437,51	9885,28	-	-	-	-

Um $\sum(y_i - \hat{y}_i)^2$ auszurechnen, verwenden wir die Beziehung

$$\Sigma(y_i - \hat{y}_i)^2 = SQ_y - \frac{SP_{xy}^2}{SQ_x}$$

Dies ergibt bei Handrechnungen weniger Rundungsfehler als beim Quadrieren der Residuen in den beiden letzten Spalten der Tabelle 5.4.

Aus Tabelle 5.4 und Tabelle 5.3 erhalten wir:

	Art 1	Art 2
SQ_x	59410,8	
SQ_y	179,5845	411,9426
SP_{xy}	-3241,128	-4811,09
$\Sigma(y_i - \hat{y}_i)^2$	2,7663	22,3403
$\bar{x}$	142,20	
$\bar{y}$	23,458	20,67

Nach (5.15) ist für Art 1 und 2

$$b_1 = \frac{-3241,128}{59410,8} = -0,0545545$$

bzw.

$$b_2 = \frac{-4811,09}{59410,8} = -0,0809801.$$

Aus (5.14) ergibt sich das Absolutglied beider geschätzter Regressionsgeraden:

$$a_1 = \bar{y}_1 - b_1\bar{x} = 31,216$$

bzw.

$$a_2 = \bar{y}_2 - b_2\bar{x} = 32,1854.$$

Damit sind die geschätzten Regressionsfunktionen

$$\hat{y}_1 = 31,216 - 0,0546x$$

bzw.

$$\hat{y}_2 = 32,185 - 0,0810x.$$

Die Differenzen $y_{1i} - \hat{y}_{1i}$ ($y_{2i} - \hat{y}_{2i}$) heißen Residuen. Die Schätzwerte der Varianzen der Parameterschätzungen und der Kovarianzen erhält man aus (5.16), (5.17) bzw. (5.18) indem wir σ_1^2 durch $s_1^2 = \frac{1}{n-2}\Sigma(y_{1i} - \hat{y}_{1i})^2$ und σ_2^2 durch $s_2^2 = \frac{1}{n-2}\Sigma(y_{2i} - \hat{y}_{2i})^2$ ersetzen. In unserem Fall ist $n=5$ wir sowie $n-2=3$ und

$$s_1^2 = \frac{2,7663}{3} = 0,9221$$

$$s_2^2 = \frac{22,3403}{3} = 7,4468$$

sind die Schätzwerte für σ_1^2 bzw. σ_2^2.

Das ergibt nun

$$s_{1a}^2 = \hat{var}(a_1) = \frac{0,9221}{59410,8} \cdot \frac{160515}{5} = 0,4983,$$

$$s_{2a}^2 = \hat{var}(a_2) = 4,0239,$$

$$s_{1b}^2 = \hat{var}(b_1) = \frac{0,9221}{59410,8} = 1,5521 \cdot 10^{-5},$$

$$s_{2b}^2 = \hat{var}(b_2) = 1,2534 \cdot 10^{-4},$$

$$s_{1ab} = \hat{cov}(a_1,b_2) = -\frac{0,9221}{59410,8} \cdot 142,2 = -2,2071 \cdot 10^{-3},$$

$$s_{1ab} = \hat{cov}(a_1,b_2) = -1,78239 \cdot 10^{-3}.$$

In Abbildung 5.3 findet man die geschätzten Regressionsgeraden. Natürlich nimmt der Karotingehalt für beide Lagerungsarten ab aber die Lagerung im Glas scheint einen geringeren Abfall zur Folge zu haben.

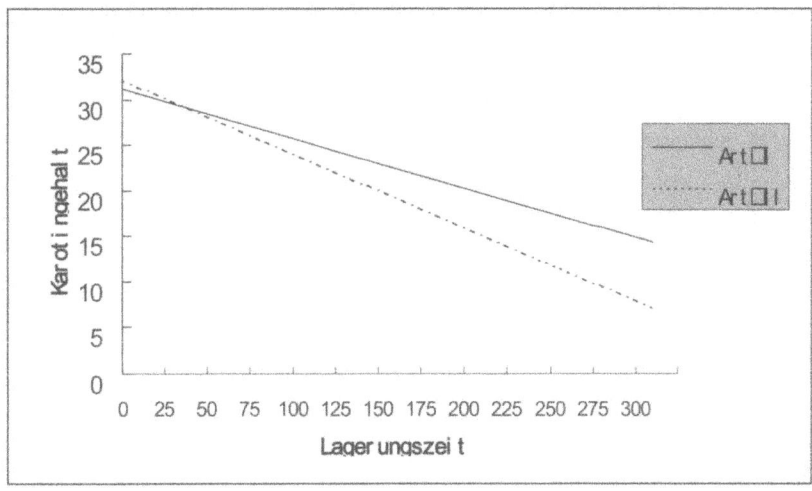

Abbildung 5.3 *Die geschätzten Regressionsgeraden von Beispiel 5.6*

5.4   Einfache lineare Regression

In diesem Abschnitt setzen wir voraus, dass die Fehlerglieder e_i in Modellgleichung (5.6) unabhängig normal - also $N(0; \sigma^2)$-verteilt sind. Dann kann man zeigen, dass die Schätzungen a und b von Abschnitt 5.3 beide normal verteilt sind (mit der dort angegebenen Kovarianzmatrix). Ferner ist $s^2(n-2)$ unabhängig von a und b Chi-Quadrat verteilt mit n-2 Freiheitsgraden. Wie bereits in Beispiel 5.6 schätzen wir σ^2 erwartungstreu durch

$$s^2 = \hat{\sigma}^2 = \frac{1}{n-2} \sum_{i=1}^{n} (y_i - \hat{y}_i)^2 \tag{5.21}$$

und erhalten Schätzungen für $\sigma_a^2 = \text{var}(a)$, $\sigma_b^2 = \text{var}(b)$ und $\sigma_{ab} = \text{cov}(a, b)$, indem wir in (5.16), (5.17) und (5.18) σ^2 durch s^2 ersetzen. Das ergibt

$$s_a^2 = \frac{s^2 \cdot \sum x_i^2}{SQ_x \cdot n} \tag{5.22}$$

$$s_b^2 = \frac{s^2}{SQ_x} \tag{5.23}$$

$$s_{ab} = -\frac{s^2 \cdot \bar{x}}{SQ_x} \tag{5.24}$$

5.4.1 Konfidenzintervalle

Ist $t(f; P)$ das P-Quantil der t-Verteilung mit f Freiheitsgraden und $\chi^2(f; P)$ das P-Quantil der Chi-Quadratverteilung mit f Freiheitsgraden so erhalten wir folgende[1] $(1-\alpha^*) \cdot 100\%$-Konfidenzintervalle; (s_a und s_b aus (5.22) bzw. (5.23))

Für α:

$$[a - t(n - 2;1 - \frac{\alpha^*}{2})s_a; a + t(n - 2;1 - \frac{\alpha^*}{2})s_a] \qquad (5.25)$$

Für β:

$$[b - t(n - 2;1 - \frac{\alpha^*}{2})s_b; b + t(n - 2;1 - \frac{\alpha^*}{2})s_b] \qquad (5.26)$$

Für σ^2:

$$\left[\frac{s^2(n-2)}{\chi^2\left(n-2;1-\frac{\alpha^*}{2}\right)}; \frac{s^2(n-2)}{\chi^2\left(n-2;\frac{\alpha^*}{2}\right)} \right] \qquad (5.27)$$

Gleichung (5.27) ist nicht die beste Lösung, es gibt ein im Mittel kürzeres Konfidenzintervall, wenn man mit $\alpha^* = \alpha_1 + \alpha_2$ positive Komponenten α_1 und α_2 optimal anstelle von $\alpha_1 = \alpha_2 = \alpha^*/2$ wählt und in (5.27) $\alpha^*/2$ durch α_1 und $1 - \alpha^*/2$ durch $1 - \alpha_2$ ersetzt. Dies liegt an der Asymmetrie der Chi-Quadratverteilung.

Für $E(y) = \alpha + \beta x$ mit x aus dem Versuchsbereich:

Man berechne zuerst für einen beliebigen x-Wert aus dem Versuchsbereich

$$K_x = \sqrt{\frac{\sum_{i=1}^{n} x_i^2 - 2x \sum_{i=1}^{n} x_i + nx^2}{nSQ_x}} = \sqrt{\frac{1}{n} + \frac{(x - \bar{x})^2}{SQ_x}}$$

und dann das $(1-\alpha^*)$-Konfidenzintervall für $\alpha + \beta x$:

$$[a + bx - t(n - 2; 1 - \frac{\alpha^*}{2})s K_x; a + bx + t(n - 2;1 - \frac{\alpha^*}{2})s K_x] \qquad (5.28)$$

Wenn wir (5.28) für jeden x-Wert aus dem Versuchsbereich berechnen und jeweils die oberen und die unteren Intervallgrenzen in einem Graphen verbinden, heißt der durch die beiden Kurven eingeschlossene Bereich der Konfidenzgürtel.

Beispiel 5.6 - Fortsetzung
Wir betrachten hier die Lagerungsart 1 (und lassen deshalb den Suffix 1 in den Symbolen weg). Die Werte in (5.21) bis (5.24) hatten wir schon früher berechnet. Wir

---

[1] Wir verwenden α^* weil α jetzt das Absolutglied der Regressionsfunktion ist.

erhalten

$$s_a = \sqrt{s_{1a}^2} = 0,7059$$

und

$$s_b = \sqrt{s_{1b}^2} = 0,0039397.$$

Wir wählen α^* gleich 0,05 und lesen aus Tabelle A1 den Wert

$$t(3; 0,975) = 3,182$$

ab und aus Tabelle A2 erhalten wir $\chi^2(3; 0,025) = 0,2158$ und $\chi^2(3; 0,975) = 9,348$.

Das (realisierte) 0,95-Konfidenzintervall für α ist somit nach (5.25)

$$[31,216 - 3,182 \cdot 0,7059 \; ; \; 31,216 + 3,182 \cdot 0,7059] = [28,97; \; 33,46].$$

Analog ergibt sich ein 95%-Konfidenzintervall für β als

$$[-0,0546 - 3,182 \cdot 0,0039397; -0,0546 + 3,182 \cdot 0,0039397] = [-0,0671; 0,0421].$$

Das 95%-Konfidenzintervall für die Varianz σ^2 ist:

$$\left[\frac{3 \cdot 0,9221}{9,348} \; ; \; \frac{3 \cdot 0,9221}{0,2158} \right] = [0,2959; 12,819].$$

Die unteren und die oberen Grenzen der 95%-Konfidenzintervalle für $\alpha + \beta x$ findet man in Tabelle 5.5.

Tabelle 5.5 *Konfidenzgrenzen ($\alpha^* = 0,05$) für $\alpha + \beta x$ und $x = x_i$*
(i = 1,...,5) für Beispiel 5.6 (Art 1).

x	$\hat{y}$	K_x	untere Grenze	obere Grenze
1	31,16	0,73184	28,92	33,40
60	27,94	0,56012	26,23	29,65
124	24,45	0,45340	23,06	25,84
223	19,05	0,55668	17,35	20,75
303	14,69	0,79701	12,25	17,13

Mit SPSS führen wir diese Auswertung wie folgt durch:
Zunächst überführen wir die Daten von Tabelle 5.3 (durch den Schalter „schließen") in die normale Datenansicht. Dann verwenden wir die Befehlsfolge "Grafiken-Streu-/Punkt-Diagramm" und wählen „Einfaches Streudiagramm" aus und definieren y_1 als Y-Achse und x als X-Achse, dies führt zu der Punktwolke von Abbildung 5.4, (SPSS

verwendet Streudiagramm für Punktwolke).

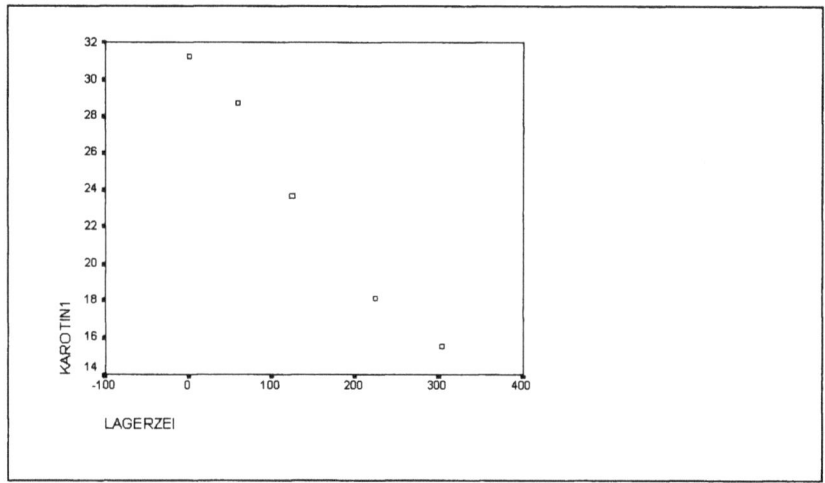

Abbildung 5.4 *Die Punktwolke für Lagerungstyp 1*

Mit SPSS führen die obige Befehlsfolge durch aber nun mit Festlegung von y_2 als Y-Achse und x als X-Achse zu der Punktwolke von Abbildung 5.5.

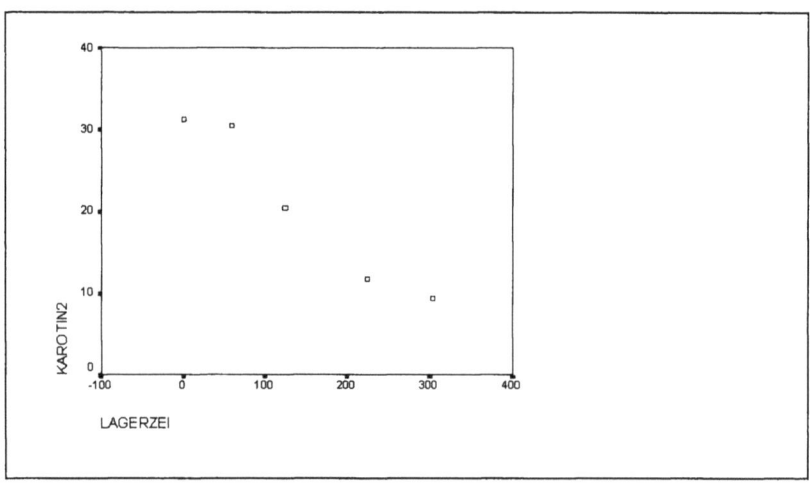

Abbildung 5.5 *Die Punktwolke für Lagerungstyp 2*

Die Befehlsfolge Analysieren-Regression-Linear mit y_1 als "abhängige" und x als "unabhängige" Variable ergibt Abbildung 5.6.

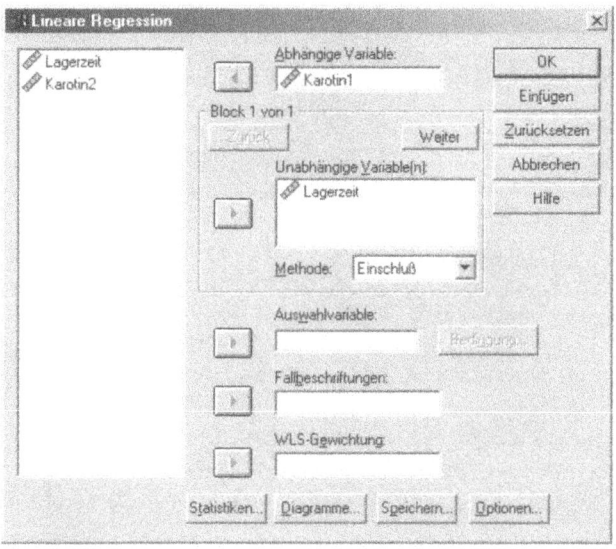

Abbildung 5.6 *Eingangsbild "Lineare Regression" für Beispiel 5.6*

Außerdem führt die Taste Statistiken zu Abbildung 5.7, in der wir "Konfidenzintervalle" aktiviert haben.

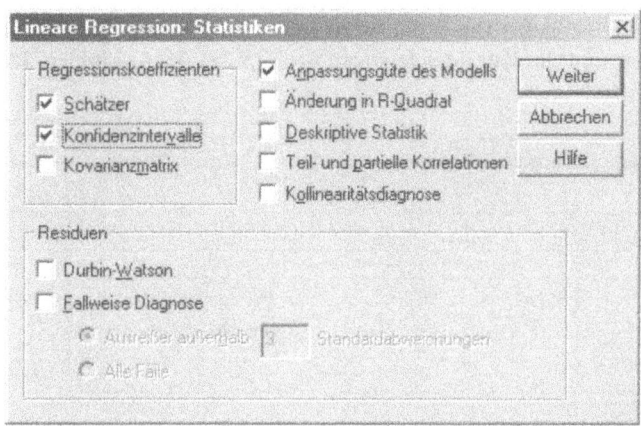

Abbildung 5.7 *Der SPSS-Zweig "Lineare Regression"*

Setzen wir dann mit der Taste "Speichern" fort so erhalten wir Abbildung 5.8.

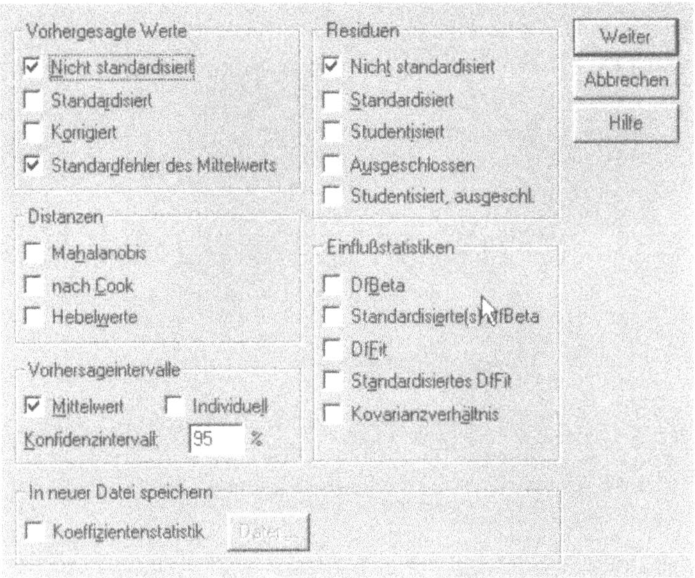

Abbildung 5.8 *Der SPSS-Zweig "Speichern"*

Hier aktivieren wir "Vorhergesagte Werte - nicht standardisiert" und "Standardfehler des Mittelwerts" sowie "Residuen" und "Vorhersageintervalle Mittelwert", werden zu den x-Werten der verwendeten Daten die Werte auf der Regressionsgerade berechnet, sowie die Residuen und die Konfidenzgrenzen nach (5.28). In Abbildung 5.9 finden wir einige Ergebnisse.

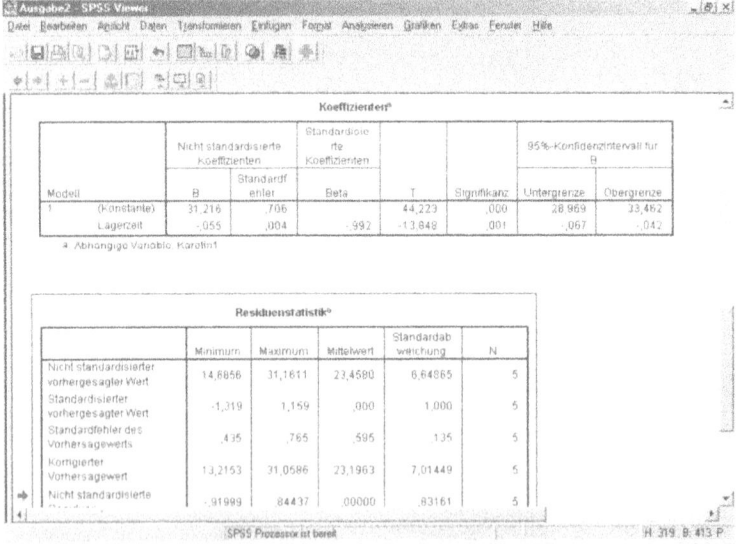

Abbildung 5.9 *SPSS-Ausgabe für Beispiel 5.6*

Das Datenfenster hat nach Ausblendung der y_2-Variablen die Form von Abbildung 5.10.

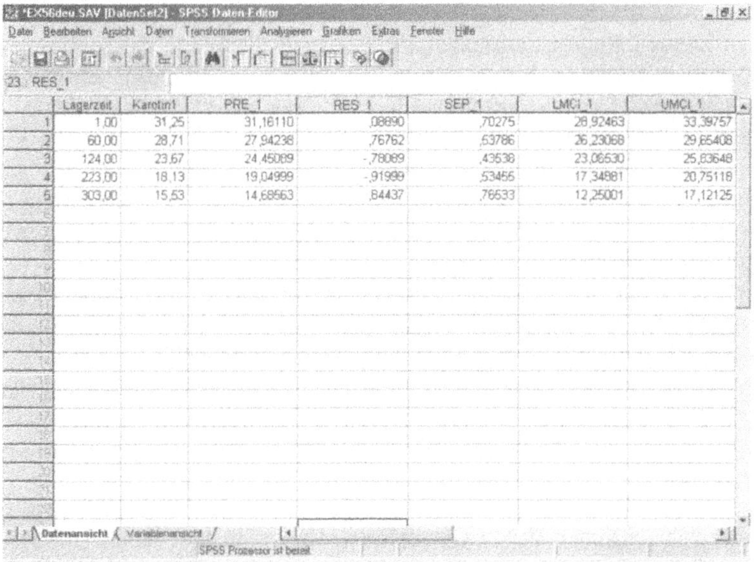

	Lagerzeit	Karotin1	PRE_1	RES_1	SEP_1	LMCI_1	UMCI_1
1	1,00	31,25	31,16110	,08890	,70275	28,92463	33,39757
2	60,00	28,71	27,94238	,76762	,53786	26,23068	29,65408
3	124,00	23,67	24,45089	-,78089	,43538	23,06530	25,83648
4	223,00	18,13	19,04999	-,91999	,53456	17,34881	20,75118
5	303,00	15,53	14,68563	,84437	,76533	12,25001	17,12125

Abbildung 5.10 *Durch die berechneten Größen erweiterte Ausgangsdatei*

Hier ist PRE_1 der Wert $a + bx$ und SEP_1 der Standardfehler dieses Vorhersagewertes. RES_1 sind die so genannten Residuen, die Differenzen $y - (a + bx)$. Ferner ist LMCI_1 die untere und UMCI_1 die obere 95%-Konfidenzgrenze für $\alpha + \beta x$.

Analog kann man mit *Karotin2* als Zielgröße verfahren. Die Ergebnisse findet man in Abbildung 5.11.

Modell		Quadratsumme	df	Mittel der Quadrate	F	Signifikanz
1	Regression	389,602	1	389,602	52,318	,005(a)
	Residuen	22,340	3	7,447		
	Gesamt	411,943	4			

a Einflußvariablen : (Konstante), Lagerzeit
b Abhängige Variable: Karotin2

Koeffizienten(a)

Modell		Nicht standardisierte Koeffizienten		Standardisierte Koeffizienten
		B	Standardfehler	Beta
1	(Konstante)	32,185	2,006	
	Lagerzeit	-,081	,011	-,973

a Abhängige Variable: Karotin2

Abbildung 5.11 *Ergebnisse für den zweiten Lagerungstyp*

5.4.2 Optimale Versuchspläne für Modell I

In einem linearen Regressionsmodell I müssen wir die Werte der Einflussgröße vor Versuchsbeginn festlegen. Es ist nahe liegend, dies so zu tun, dass wir für die Erreichung gewisser Genauigkeitsanforderungen möglichst wenige Beobachtungen benötigen. Jede Festlegung der x-Werte wird in diesem Zusammenhang ein Versuchsplan genannt. Natürlich muss man zunächst wissen, worauf sich die Genauigkeitsforderung beziehen soll; auf die Varianz einer Punktschätzung oder auf die erwartete Breite eines Konfidenzintervalls oder auf die Güte von Tests (wie die in Abschnitt 5.4.3 behandelt).

Den Wert der Genauigkeitsforderung bezeichnen wir als das Optimalitätskriterium der Versuchsplanung und ein Versuchsplan, der bei gegebenem Versuchsumfang ein solches Kriterium minimiert, heißt ein optimaler Versuchsplan.

Die meisten optimalen Versuchspläne beziehen sich auf Kriterien der Schätzung. So werden die x_i-Werte oft so gewählt, dass die Varianz einer Schätzung für eine gegebene Anzahl von Beobachtungen in der Menge aller möglichen Anordnungen minimiert wird.

Zunächst müssen wir angeben, wo diese Werte überhaupt liegen können, d.h. wir geben einen so genannten Versuchsbereich (x_u, x_o) vor, in dem gemessen werden kann oder soll. Hierbei ist x_u die untere Grenze und x_o die obere Grenze eines Intervalls auf der x-Achse.

Ein großer Nachteil optimaler Versuchspläne besteht in deren Abhängigkeit von der Modellannahme, sie sind nur dann garantiert optimal, wenn das vorausgesetzte Modell stimmt. Z.B. müssen wir für die in diesem Kapitel behandelten Fälle wissen, dass das gewählte Modell adäquat ist, d.h. dass unsere Regressionsfunktion linear ist, d.h. von dem in Gleichung (5.6) angegebenem Typ. Optimale Versuchspläne erlauben es oft nicht, die Modellannahme zu testen, z.B. erlauben die im Folgenden angegebenen Versuchspläne meist nicht, zu prüfen, ob wirklich Linearität vorliegt oder eine quadratische Funktion besser den Zusammenhang beschreiben kann.

Folgende Kriterien werden häufig verwendet:

- var(a) - (C₁-) Optimalität: minimiere var(a) in (5.16)!
- var(b) - (C₂-) Optimalität: minimiere var(b) in (5.17)!
- D-Optimalität: minimiere die Determinante D in (5.20)!
- G-Optimalität: minimiere das Maximum [in (x_u, x_o)] der erwarteten Breite von (5.28)!

Um var(b) in (5.17) zu minimieren, müssen wir SQ_x im Nenner von var(b) maximieren. Damit minimieren wir aber gleichzeitig D in (5.20). Beide Kriterien ergeben in der linearen Regression die gleiche Lösung und minimieren auch die erwartete Breite des Konfidenzintervalls für β in (5.26).

Die D-Optimalität lässt sich im Falle normalverteilter Fehlergrößen im Regressionsmodell auch so interpretieren: Konstruiert man einen Konfidenzbereich für den Vektor der Regressionskoeffizienten, so führt dies im linearen Fall zu einer Ellipse, bei mehr als zwei ($p > 2$) Koeffizienten im Regressionsmodell zu einem p-dimensionalen Ellipsoid. Der D-optimale Versuchsplan minimiert das erwartete Volumen eines solchen Ellipsoides unter allen Ellipsoiden, die bei Anwendung beliebiger Versuchspläne mit der gleichen Anzahl von Messungen entstehen. Damit ist dieses Kriterium ein mehrdimensionales Analogon zur erwarteten Breite eines

Konfidenzintervalls, jetzt aber simultan für alle interessierenden Parameter gleichzeitig.

Wir beschränken uns in diesem Kapitel auf die Kriterien der D-Optimalität und damit auch der var(b)-Optimalität und der G-Optimalität.

Wir schreiben Versuchspläne als zweizeilige Schemata (Matrizen), in der ersten Zeile stehen die x-Werte, an denen gemessen werden soll (oder gemessen wurde) und in der zweiten Zeile steht die Anzahl der Messungen, die an der darüber stehenden Stelle (dem entsprechenden x-Wert) durchzuführen sind.

Es gilt folgender Satz:

Satz 5.1

Ist der Versuchsbereich durch (x_u, x_o) gegeben und $n = 2r$ gerade, so sind der D- und der G-optimale Versuchsplan identisch, es sind je r Messungen an den beiden Grenzen des Versuchsbereiches durchzuführen.

Damit haben diese optimalen Pläne die Form.

$$\begin{pmatrix} x_u & x_o \\ r & r \end{pmatrix}$$

Ist $n = 2r + 1$ ungerade, so gibt es zwei D-optimale Pläne mit r Messungen an einer Grenze und $r + 1$ Messungen an der anderen Grenze, diese D-optimalen Pläne sind damit durch

$$\begin{pmatrix} x_u & x_o \\ r & r+1 \end{pmatrix} \quad \text{bzw.} \quad \begin{pmatrix} x_u & x_o \\ r+1 & r \end{pmatrix}$$

gegeben. Der (eindeutige) G-optimale Plan erfordert je r Messungen an den beiden Intervallgrenzen und eine Messung in der Intervallmitte. Dieser Plan hat also die Form

$$\begin{pmatrix} x_u & \frac{1}{2}(x_u + x_o) & x_o \\ r & 1 & r \end{pmatrix}.$$

Wir bestimmen nun die D- und G-optimalen Versuchspläne für Beispiel 5.6.

Beispiel 5.6 - Fortsetzung

Als Versuchsbereich wählen wir das Intervall $(1, 303)$ und wieder, wie im Beispiel, $n = 5$ Messungen. Welches ist der D-optimale Versuchsplan, der gleichzeitig die Varianz der Schätzung von β minimiert und welches ist der G-optimale Versuchsplan, der die maximale Breite von (5.28) im Versuchsbereich $(1, 303)$ minimiert? Da n eine ungerade Zahl $n = 2r+1$ mit $r = 2$ ist, folgt aus Satz 5.1, dass sowohl

$$\begin{pmatrix} 1 & 303 \\ 2 & 3 \end{pmatrix} \quad \text{als auch} \quad \begin{pmatrix} 1 & 303 \\ 3 & 2 \end{pmatrix}$$

ein D-optimaler Versuchsplan ist. Für beide Pläne ist der Wert des D-Kriteriums wegen $SQ_x(\text{optimal}) = 109444{,}8$ gleich $D = 1{,}8274 \cdot 10^{-6} \cdot \sigma^4$.

Wir bevorzugen im Allgemeinen den zweiten Plan, nach dem am Beginn drei mal und am Versuchsende zwei mal zu messen ist. Dies für den Fall, dass Teile des Versuchsmaterials während des Versuches verloren gehen.
Der G-optimale Versuchsplan ist nach Satz 5.1 durch

$$\begin{pmatrix} 1 & 152 & 303 \\ 2 & 1 & 2 \end{pmatrix}$$

gegeben. Dieser Plan ist nicht D-optimal, sein D-Wert ist wegen
SQ_x(G-optimal) = 91204 nämlich $D = 2{,}1929 \cdot 10^{-6} \cdot \sigma^4$. Dafür minimiert er aber das Maximum der erwarteten Breite

$$E[2t(n-2;1-\frac{\alpha}{2})sK_x] \approx 2\sigma \cdot t(n-2;1-\frac{\alpha}{2})K_x$$

von (5.28) und das heißt, er minimiert das Maximum von K_x (über der Formel (5.28)) im Intervall (1, 303). Nun ist bekannt, dass K_x für jeden Versuchsbereich sein Maximum am Rand annimmt, dies wird auch durch Tabelle 5.5 suggeriert. In unserem Fall ist dies entweder $x = 1$ oder $x = 303$. Wir setzen in der Formel für K_x sowohl $x = 1$ als auch $x = 303$ und erhalten SQ_x (G-optimal) = 91204 und daraus

$$\Sigma x_i^2 = 2\cdot1^2 + 152^2 + 2\cdot303^2 = 206724 \text{ und}$$
$$\Sigma x_i = 2\cdot1 + 152 + 2\cdot303 = 760.$$

Damit wird

$$K_{x=1} = \sqrt{\frac{206724 - 2\cdot760 + 5}{5\cdot91204}} = \sqrt{0{,}45} = 0{,}671$$

und

$$K_{x=303} = \sqrt{\frac{206724 - 606\cdot760 + 5\cdot303^2}{5\cdot91204}} = \sqrt{0{,}45} = 0{,}671.$$

Folglich ist die erwartete Breite von (5.28) nach Tabelle 5.5 für den G-optimalen Versuchsplan um den Faktor

$$\frac{0{,}671}{0{,}797} = 0{,}84$$

kürzer als für den im Beispiel verwendeten Versuchsplan, dessen Maximum $K_x = 0{,}797$ für $x = 303$ beträgt.
Wir berechnen nun noch die Kriteriumswerte D und G für den Originalplan aus Tabelle 5.3

$$\begin{pmatrix} 1 & 60 & 124 & 223 & 303 \\ 1 & 1 & 1 & 1 & 1 \end{pmatrix}.$$

Wir erhalten unter Verwendung des Ergebnisses $SQ_x = 59410{,}8$ aus Tabelle 5.3 die

Werte $D = 3,3664 \cdot 10^{-6} \cdot \sigma^4$.

Vergleichen wir nun die Werte von var(b) in (5.17), so ist var(b) für den Versuchsplan in Tabelle 5.3 gleich

$$\text{var}(b) = \frac{\sigma^2}{SQ_x} = \frac{\sigma^2}{59410,8} = 1,832 \cdot 10^{-5} \cdot \sigma^2 \quad \text{und var}(b) \quad \text{[für den D-optimalen}$$

Versuchsplan] ist analog var(b) $= \dfrac{\sigma^2}{114005} = 8,7715 \cdot 10^{-6} \cdot \sigma^2$. Das bedeutet, dass die

Varianz des C_2-optimalen Versuchsplanes etwa halb so groß ist, wie die des heuristisch gewählten Originalplanes des Beispiels.

5.4.3 Hypothesenprüfung

Wir setzen weiter voraus, dass die e_i in (5.6) unabhängig $N(0; \sigma^2)$-verteilt sind und wir verwenden die dort eingeführte Symbolik.

Um die Hypothese, dass α einen vorgegebenen Wert α_0 annimmt,

H_0: $\alpha = \alpha_0$

gegen die zweiseitige Alternative

H_A: $\alpha \neq \alpha_0$

zu testen, verwenden wir die Prüfzahl

$$t_\alpha = \frac{a - \alpha_0}{s_a}. \tag{5.29}$$

und verwerfen H_0 mit dem Risiko erster Art α^*, falls

$$|t_a| > t\left(n - 2; 1 - \frac{\alpha^*}{2}\right)$$

ist. Um die Hypothese, dass β einen vorgegebenen Wert β_0 annimmt,

H_0: $\beta = \beta_0$

gegen

a) H_A^+ : $\beta > \beta_0$

b) H_A^- : $\beta < \beta_0$

c) H_A: $\beta \neq \beta_0$

zu prüfen, verwenden wir die Prüfzahl

$$t_\beta = \frac{b - \beta_0}{s_b} \qquad (5.30)$$

und verwerfen H_0 mit dem Risiko erster Art α^* falls:

im Falle a) $\quad t_\beta > t(n\text{-}2; 1\text{-}\alpha^*)$
im Falle b) $\quad t_\beta < -t(n\text{-}2; 1\text{-}\alpha^*)$
im Falle c) $\quad |t_\beta| > t(n\text{-}2; 1\text{-}\dfrac{\alpha^*}{2})$

gilt.

Beispiel 5.6 - Fortsetzung

Für die Lagerungsart 1 wollen wir die zwei Hypothesen (unabhängig voneinander)

$$H_0: \alpha = 31 \qquad \text{gegen } H_A: \alpha \neq 31$$

und

$$H_0: \beta = 0 \qquad \text{gegen } H_A: \beta < 0.$$

(da eine Zunahme von Karotin während der Lagerung sachlich nicht möglich ist) prüfen.
Die Prüfzahlen sind

$$t_\alpha = \frac{31{,}216 - 30}{0{,}7059} = 1{,}7226$$

bzw.

$$t_\beta = \frac{-0{,}0546}{0{,}0039397} = -13{,}86$$

Für ein Signifikanznivau, wie das Risiko erster Art auch genannt wird, von $\alpha^* = 0{,}05$ für den Test über α benötigen wir das Quantil $t(3; 0{,}975) = 3{,}182$ und für den (einseitigen) Test über β das Quantil $t(3; 0{,}95) = 2{,}353$.
Das führt zur Annahme von $H_0: \alpha = 31$ und zur Ablehnung von $H_0: \beta = 0$, die Abnahme des Karotingehaltes während der Lagerung ist signifikant.
Man beachte, dass $H_0: \alpha = 31$ nicht zu verwerfen ist ($\alpha^* = 0{,}05$), weil das 0,95-Konfidenzintervall für α den Wert 31 enthält.

Merke!

Eine zweiseitige Alternativhypothese wird bei einem Test mit Risiko erster Art α^* verworfen, d.h. die entsprechende Nullhypothese über den Wert eines Parameters wird angenommen, solange der Nullhypothesenwert in dem (zweiseitigen) $(1\text{-}\alpha^*)$-Konfidenzintervall für diesen Parameter liegt.

Aufgrund dieses Zusammenhanges reicht die Berechnung des Konfidenzintervalls für die Auswertung aus. Bei der Bestimmung des Stichprobenumfanges geht man aber bei der Hypothesenprüfung anders vor, hier wird oft das Risiko 2. Art in die Genauigkeitsforderung eingebaut. Dies wurde bereits ausführlich in Kapitel 3 beschrieben. Mit den dort angegebenen Formeln kann man auch hier arbeiten. Wir müssen lediglich das Stichprobenmittel und dessen Standardabweichung durch den (Stichproben-) Regressionskoeffizienten und dessen Standardabweichung, auch Standardfehler genannt, ersetzen und beachten, dass wir statt $n-1$ nun $n-2$ Freiheitsgrade haben.

Die Bestimmung von n erfolgt also in Abhängigkeit von den Genauigkeitsforderungen, die analog zu Kapitel 3 für Tests über Erwartungswerte durch α^*, β_0^* und d gegeben sind und einen Schätzwert s^2 für Varianz σ^2 der Verteilung (bzw. die Anwendung von Algorithmus B).

Der optimale Stichprobenumfang wird dann iterativ mit Hilfe von Algorithmus A für den Parameter α aus

$$n = \text{CEIL}\left[\frac{\sigma^2}{d^2} \cdot \frac{\sum x_i^2}{SQ_x}\left[t(n-2; P) + t(n-2; 1-\beta_0^*)\right]^2\right] \qquad (5.31)$$

berechnet, wobei $P = 1 - \alpha^*$ für die einseitige Alternativhypothesen und $P = 1 - \alpha^*/2$ für die zweiseitige Alternative zu wählen sind. Der gesuchte minimale Umfang hängt vom Versuchsplan, also von der geplanten Lage der x-Werte ab.

Der kleinste minimale Umfang ergibt sich bei einem Test bezüglich β für den D-optimalen Versuchsplan aus Satz 5.1.

Für einen solchen Plan mit geradem n, also für $n = 2r$ erhalten wir $\bar{x} = \dfrac{x_u + x_o}{2}$ und

$SQ_x = \dfrac{n}{4}(x_o - x_u)^2$ und folglich ist

$$t = \text{CEIL}\left[\frac{4 s^2}{d^2(x_o - x_u)^2}\left[t(n-2; P) + t(n-2; 1-\beta_0^*)\right]^2\right] \qquad (5.32)$$

Will man den Anstieg zweier Regressionskoeffizienten vergleichen, so benötigt man zwei voneinander unabhängige Versuche, in jedem müssen die obigen Voraussetzungen erfüllt sein.

Wir wollen jetzt zwei unabhängige Versuchsreihen $(y_{11}, ..., y_{1n_1})$ bzw. $(y_{21}, ..., y_{2n_2})$ vom Umfang n_1 bzw. n_2 aus den entsprechenden Grundgesamtheiten entnehmen, um die Nullhypothese

$\quad$ $H_0 : \beta_1 = \beta_2$

gegen eine der folgenden ein- oder zweiseitigen Alternativhypothesen

$\quad$ a) $H_A : \beta_1 > \beta_2$

$\quad$ b) $H_A : \beta_1 < \beta_2$

$\quad$ c) $H_A : \beta_1 \neq \beta_2$

zu testen. Analog zu (5.6a) und (5.6b) gelte in Grundgesamtheit 1 das Regressionsmodell

$y_{1i} = \alpha_1 + \beta_1 x_{1i} + e_{1i}$ $(i = 1, ..., n_1)$ und in Grundgesamtheit 2 das Regressionmodell

$y_{2i} = \alpha_2 + \beta_2 x_{2i} + e_{2i}$ $(i = 1, ..., n_2)$. Die Stichprobenumfänge n_1 und n_2 sind so zu bestimmen, dass für gegebenes Risiko erster Art α^* das Risiko zweiter Art β^* als Funktion von $(\beta_1 - \beta_2)$ eine vorgegebene obere Grenze d so lange nicht überschreitet, solange je nach Alternativhypothese entweder

$\quad$ a) $\beta_1 - \beta_2 \geq d$,

b) $\beta_1 - \beta_2 \leq -d$, oder

c) $|\beta_1 - \beta_2| \geq d$

gilt.

Der Wert d ist die praktisch interessierende Mindestdifferenz zwischen β_1 und β_2.
Im Falle (etwa) gleicher Varianzen, testet man obige Hypothesen entweder mit dem einseitigen t-Test (Fälle a) und b)) oder mit dem zweiseitigen t-Test (Fall c)). Die Tests verwenden die aus beiden Stichproben stammende "gemeinsame" Schätzung der Varianz σ^2 mit Hilfe von s_1^2 bzw. s_2^2 nach (5.21) aus Stichprobe 1 bzw. 2

$$s^2 = \frac{1}{n_1 + n_2 - 4}[(n_1 - 2)s_1^2 + (n_2 - 2)s_2^2]$$

Die Prüfzahl ist $t = \dfrac{b_1 - b_2}{s_d}$ mit $s_d^2 = s^2\left[\dfrac{1}{SQ_{x1}} + \dfrac{1}{SQ_{x2}}\right]$ und SQ_x aus (5.13).

H_0 wird abgelehnt

in Fall a) falls $t > t(n_1 + n_2 - 4; 1 - \alpha^*)$,

in Fall b) falls $t < -t(n_1 + n_2 - 2; 1 - \alpha^*)$ und

in Fall c) falls $|t| > t(n_1 + n_2 - 4, 1 - \dfrac{\alpha^*}{2})$ gilt

und sonst angenommen.
Ist die Gesamtanzahl von Beobachtungswerte $n_1 + n_2$ vorgegeben, so ist es optimal, wenn die zwei Stichprobenumfänge gleich sind.
Der Wert von $n = n_1 = n_2$ ergibt sich dann iterativ aus

$$n = \text{CEIL}\left[\frac{8\sigma^2}{(x_o - x_u)^2 d^2}[t(2n - 4; P) + t(2n - 4; 1 - \beta_0^*)]^2\right] \qquad (5.33)$$

wobei $P = 1 - \alpha^*$ für eine einseitige Alternative und $P = 1 - \alpha^*/2$ für die zweiseitig Alternative ist.

Beispiel 5.6 - Fortsetzung
Für einen zukünftigen Versuch mit Lagerungsart 1 soll der minimale Umfang so bestimmt werden ($\sigma^2 \approx 1$), so dass mit einem Risiko erster Art $\alpha = 0,05$ die Nullhypothese $\beta = \beta_0$ (zu Recht) mindestens mit einer Wahrscheinlichkeit von 0,99 verworfen wird, solange $|\beta - \beta_0| > 0,01$ ist (zweiseitige Alternative).

Wir erhalten als Lösung für den D-optimalen Plan in [1, 303]

$$\begin{pmatrix} 1 & 303 \\ 6 & 6 \end{pmatrix}$$

mit 12 Beobachtungen, von denen je sechs am ersten bzw. 303-ten Tag liegen.

Um gegen eine zweiseitige Alternative zu testen, ob die Anstiege der Regressionsgeraden beider Lagerungsarten (1, 2) gleich sind (Risiko erster Art $\alpha^* = 0,05$) verwenden wir die Vorinformation ($\tilde{\sigma}_1^2 \approx 1$, $\tilde{\sigma}_2^2 \approx 7,5$), und wählen $\tilde{\sigma}_1^2 \approx \tilde{\sigma}_2^2 \approx \tilde{\sigma}^2 = 4$ und fordern, dass Differenzen von wenigstens 0,01 ($|\beta_1 - \beta_2| > 0,01$)

mit Mindestwahrscheinlichkeit 0,9 entdeckt werden, erhalten wir (wenn wir trotz der sehr unterschiedlichen Stichprobenvarianzen gleiche Varianzen in den Grundgesamtheiten voraussetzen) iterativ aus (5.33) den minimalen Umfang (für den D-optimalen Plan in [1, 303]) von $n = 38$ mit je 19 Messungen für $x = 1$ bzw. $x = 303$. Wenn wir ungleiche Varianzen annehmen, müssen wir analog zum Vergleich von Mittelwerten in Kapitel 3 einen Näherungstest verwenden. Da die Berechnungen sehr umständlich sind, verwenden wir den CADEMO-Modul REA1 (Regressionsanalyse mit einer Regressorvariablen) und erhalten mit $\tilde{\sigma}_1^2 = 1$ und $\tilde{\sigma}_2^2 = 7{,}5$ das Ergebnis

$$\begin{pmatrix} 1 & 303 \\ 10 & 10 \end{pmatrix} \text{ für Art 1}$$

und

$$\begin{pmatrix} 1 & 303 \\ 27 & 27 \end{pmatrix} \text{ für Art 2.}$$

Die höhere Anzahl (54) von Beobachtungen für Art 2 wird durch die größere Restvarianz in der zweiten Grundgesamtheit verursacht. Approximativ gilt

$$\frac{n_1}{n_2} \approx \frac{\sigma_1}{\sigma_2}.$$

5.4.4 Spezielle Probleme bei Modell II

Wir wenden uns nun solchen Fällen zu, in denen Modell (5.3) zugrundezulegen ist. Die Schätzwerte für die Parameter, die realisierten Konfidenzintervalle und die Prüfzahlen der Tests sind identisch mit denen der Abschnitte 5.4.1 und 5.4.3. Was ist zwischen Modell (5.3) und Modell (5.6) verschieden? Folgende Dinge sind unterschiedlich:
- die halbe erwartete Breite der Konfidenzintervalle
- die Güte der Tests
- die Versuchsplanungsprobleme in Abschnitt 5.4.3 bezüglich der optimalen Wahl der x-Werte bestehen nicht in Modell II aber der Versuchsumfang kann berechnet werden.
- der Korrelationskoeffizient kann für Modell (5.3) sinnvoll verwendet werden.

Der Korrelationskoeffizient

$$\rho = \frac{\sigma_{xy}}{\sigma_x \sigma_y} \tag{5.34}$$

wird geschätzt durch

$$r = \frac{SP_{xy}}{\sqrt{SQ_x \, SQ_y}} \tag{5.35}$$

Wir wählen nun eines der beiden linearen Regressionsmodelle (5.3) bzw. (5.4). Der Quotient

$$\Delta = \frac{\text{var}(\beta_0 + \beta_1 x)}{\text{var}(y)} = \frac{\text{var}(\beta_0^* + \beta_1^* y)}{\text{var}(x)}$$

heißt theoretisches Bestimmtheitsmaß. O.B.d.A. nehmen wir den ersten Quotienten

und erhalten wegen $\sigma_y^2 = \text{var}(y) = \text{var}(\beta_0 + \beta_1 x) + \sigma^2 = \beta_1^2 \sigma_x^2 + \sigma^2$ und $\beta_1^2 = \dfrac{\sigma_{xy}^2}{\sigma_x^4}$

$\Delta = \dfrac{\sigma_{xy}^2}{\sigma_x^2 \cdot \sigma_y^2} = \rho^2$. Damit entspricht ρ^2 dem Anteil an der Gesamtvarianz der durch

den linearen Zusammenhang zwischen den beiden Zufallsvariablen erklärbar ist.
Analog lässt sich zeigen, dass mit den SQ der Varianztabelle der Abbildung 5.11 gilt:

$r^2 = \dfrac{SQ_{Regression}}{SQ_{Gesamt}}$ und dieser Quotient ist das Stichprobenbestimmtheitsmaß oder kurz

Bestimmtheitsmaß.

Um die Hypothese

$H_0: \rho = 0$

gegen

$H_1: \rho \neq 0$

zu prüfen, können wir die Prüfzahl (5.30) mit $\beta_0 = 0$ verwenden und die dort beschriebenen Vorgehensweise benutzen. Die Nullhypothesen

$H_0: \rho = 0$ $\qquad\qquad\qquad (\sigma_{xy} = 0)$

und

$H_0: \beta = 0$ $\qquad\qquad\qquad (\sigma_{xy} = 0)$

sind äquivalent [da $\beta = \dfrac{\sigma_{xy}}{\sigma_x^2}$ gilt, falls (x,y) zweidimensional normal verteilt ist].

Beispiel 5.8
Wir wollen den Korrelationskoeffizienten für die Daten in Tabelle 5.1 berechnen. Es sind:

$n \qquad = 25$
$\Sigma x_i \qquad = 1018$
$\Sigma x_i^2 \qquad = 41542$
$\Sigma y_i \qquad = 4198$
$\Sigma y_i^2 \qquad = 706668$
$\Sigma x_i y_i \qquad = 171216$
$SQ_x \qquad = 89,04$
$SQ_y \qquad = 1739,84$
$SP_{xy} \qquad = 273,44$
und schließlich $r = 0,69473$.

Mit SPSS erhalten wir über die Befehle **Analysieren-Korrelation-Bivariat** die Abbildung 5.12.

Korrelationen

		Schuhgröße	Körperlänge
Schuhgröße	Korrelation nach Pearson	1	,695
	Signifikanz (2-seitig)		,000
	N	25	25
Körperlänge	Korrelation nach Pearson	,695	1
	Signifikanz (2-seitig)	,000	
	N	25	25

Abbildung 5.12 *SPSS-Ausgabe mit Korrelationskoeffizientenρ_0*

Für das Hypothesenpaar H_0: $\rho \le \rho_0$ gegen H_A: $\rho > \rho_0 > 0$ kennen wir nur einen approximativen Test mit einer asymptotisch nach N(0;1) verteilten Prüfzahl. ***u***. Sie ist wie folgt definiert. Zunächst berechne man die transformierten Größen

$$\zeta = \frac{1}{2}\ln\frac{1+\rho_0}{1-\rho_0} \text{ und } z = \frac{1}{2}\ln\frac{1+r}{1-r}. \text{ Dann ist } \boldsymbol{u} = (z-\zeta)\sqrt{n-3} \text{ die Prüfzahl des Tests.}$$

Wir lehnen H_0 ab, falls $u = (z-\zeta)\sqrt{n-3} > u(1-\alpha)$ gilt. Analog verfährt man bei zweiseitigen Alternativen. Für die einseitige Alternative haben KUBINGER et. al.. (2007) für $\alpha = 0,05$ und $\rho_0 = 0,3$ gezeigt, dass das aktuelle Risiko 1. Art α_{akt} stets über dem nominellen α_{nom} (0,05) liegt. Es sinkt von 0,0537 für $n = 10$ auf 0,0503 für $n = 1500$. Tabelle 5.6 enthält Ergebnisse dieser Arbeit für weitere Werte von ρ_0 und α.

Tabelle 5.6 *Werte von α_{akt} des approximativen Tests in Abhängigkeit von α_{akt} und ρ_0 für n = 50.*

ρ_0 \ α_{nom}	0,01	0,05	0,1
0,3	0,0117	0,0520	0,1025
0,7	0,0113	0,0545	0,1074

5.5 Mehrfache lineare Regression

Wir betrachten hier Spezialfälle des *allgemeinen Regressionsmodells*

$$y = f(x_1, ..., x_k) + e \qquad (5.36)$$

Das Merkmal y (modelliert durch eine Zufallsvariable y) möge von mindestens zwei Einflussgrößen $x_1, x_2, ..., x_k$ abhängen.

Zunächst setzen wir dabei eine lineare Abhängigkeit der Form

$f(x_1, x_2, ..., x_k) = \beta_0 + \beta_1 x_1 + ... + \beta_k x_k$ mit $k \geq 2$ voraus, so dass aus (5.36) die Gleichung

$$y_j = \beta_0 + \beta_1 x_{1j} + \beta_2 x_{2j} + ... + \beta_k x_{kj} + e_j, \ (j = 1, ..., n) \qquad (5.37)$$

wird. Dabei ist y_j der j-te Wert von y, der von den j-ten Werten $x_{1j}, ..., x_{kj}$ von $x_1, ..., x_k$ abhängt. Die e_j sind Fehlerglieder analog zum Fall der einfachen linearen Regression mit $E(e_j) = 0$, $\mathrm{var}(e_j) = \sigma^2$ (für alle j) und $\mathrm{cov}(e_{j'}, e_j) = 0$ für $j' \neq j$. Für die Konstruktion von Konfidenzintervallen und für die Prüfung von Hypothesen setzen wir außerdem voraus, dass die e_j normalverteilt sind.

Sind die Werte der $x_1, ..., x_k$ vom Versuchsansteller vorgebbar, so nennen wir (5.37) ein Modell I der mehrfachen linearen Regression; werden dagegen die $x_1, ..., x_k$ ebenso wie die y_j an den Versuchseinheiten beobachtet und sind damit zufällig, so heißt (5.37) (mit fett gedruckten x_{ij}) ein Modell II der mehrfachen linearen Regression.

Sind einige der Einflussgrößen vorgebbar und andere zufällig, so haben wir ein gemischtes Modell.

Wir wollen zunächst annehmen, dass die Daten bereits erfasst sind, der Versuch also bereits durchgeführt wurde. Auf die Versuchsplanung gehen wir dann später ein. Für die Auswertung sind folgende Probleme zu lösen:

(i)   schätze die Regressionskoeffizienten $\beta_0, \beta_1, ..., \beta_k$
(ii)   schätze y durch $\hat{y}(x_1, ..., x_k) = \hat{y}$ für vorgegebene Werte $x_1, ..., x_k$.

Weitere Probleme können unter der zusätzlichen Voraussetzung, dass die e_j normalverteilt sind, gelöst werden:

(iii) konstruiere Konfidenzintervalle für jeden Regressionskoeffizienten oder für Funktionen dieser Regressionskoeffizienten
(iv)   teste Hypothesen über die Regressionskoeffizienten.

Im Fall von Modell I können wir die x_{ij} in der Versuchsplanungsphase optimal wählen. Für jedes Modell ist die Anzahl n der Messungen in Abhängigkeit von den Genauigkeitsforderungen je nach dem Auswertungstyp (i) - (iv) festzulegen.

Beispiel 5.9
Wir betrachten Körpermaße von 30 (zufällig aus einer Population ausgewählten) Kühen. Die folgenden drei Merkmale wurden erfasst (alle in cm) :

y_j Wideristhöhe
x_{1j} Brustumfang
x_{2j} Rumpflänge.

In Tabelle 5.7 findet man die Messwerte.

Tabelle 5.7   *Messwerte in cm von Widerristhöhe (y_j), Brustumfang (x_{1j}) und Rumpflänge (x_{2j}) von 30 Kühen.*

Nummer der Kuh j	y_j	x_{1j}	x_{2j}	Nummer der Kuh j	y_j	x_{1j}	x_{2j}
1	110	143	119	16	121	170	139
2	112	156	118	17	120	160	129
3	108	151	126	18	114	156	130
4	108	148	128	19	108	155	123
5	112	144	118	20	111	150	124
6	111	150	128	21	108	149	120
7	114	156	131	22	113	145	123
8	112	145	125	23	109	146	123
9	121	155	126	24	104	132	116
10	119	157	132	25	112	148	121
11	113	159	129	26	124	154	126
12	112	144	118	27	118	156	132
13	114	145	121	28	112	151	126
14	113	139	125	29	121	155	132
15	115	149	124	30	114	140	124

In diesem Beispiel ist $k = 2$ und falls wir eine lineare Abhängigkeit voraussetzen, hat unser Modell (5.37) die Form

$$y_j = \beta_0 + \beta_1 x_{1j} + \beta_2 x_{2j} + e_j \qquad (j = 1, ..., 30) \qquad (5.37a)$$

mit $n = 30$. Dies ist natürlich ein Modell II (all drei Variablen y, x_1 und x_2 sind gemessen worden und keine von ihnen konnte festgelegt werden). Das bedeutet nun aber, dass jede dieser Variablen als Zielgröße verwendet werden kann.

5.5.1   Parameterschätzung

Unabhängig vom Modell (I, II oder gemischt) wird die Schätzung der Regressionskoeffizienten gewöhnlich nach der Methode der kleinsten Quadrate (MKQ) durchgeführt.
Wir verwenden dann diejenigen Werte b_0, b_1, ..., b_k als Schätzwerte von β_0, β_1, ..., β_k, die die Summe der quadratische Abweichungen

$$S = \sum_{j=1}^{n} (y_j - \beta_0 - \beta_1 x_{1j} - ... - \beta_k x_{kj})^2 \qquad (5.38)$$

minimieren.
Da S eine konvexe Funktion der β_i ist, erhält man die Lösung, indem man folgendes System von $k+1$ Gleichungen löst:

$$\frac{\partial S}{\partial \beta_l} = 0 \quad (l = 0, ..., k) \qquad (5.39)$$

Wir werden im folgenden die Matrizenschreibweise benutzen, um diese Lösungen aufzuschreiben.

Beispiel 5.9 - Fortsetzung

Wir schreiben zunächst (5.37a) in Matrizenschreibweise (siehe Anhang C).
Die Messwerte der Zielgröße (wir wählen zunächst die y-Werte) schreiben wir als Spaltenvektor y wobei der transponierte Zeilenvektor durch

$$y^T = (110, 112, ..., 114)$$

mit $a = n = 30$ Elementen gegeben ist,

$$y = \begin{pmatrix} 110 \\ \vdots \\ 114 \end{pmatrix}.$$

Die x_{ij} bilden eine 30×2 Matrix ($a = n = 30$, $b = k = 2$). Wir ergänzen diese um eine Spalte (als erste Spalte) mit einer Scheinvariablen $x_{0j} = 1$ ($j = 1, ...,30$). Dies ist nötig um das Absolutglied β_0 in die Matrixgleichung aufnehmen zu können.
Damit erhalten wir:

$$X = \begin{pmatrix} 1 & 143 & 119 \\ 1 & 156 & 118 \\ 1 & 151 & 126 \\ \vdots & \vdots & \vdots \\ 1 & 140 & 124 \end{pmatrix}.$$

Weiterhin definieren wir einen Spaltevektor

$$\beta = \begin{pmatrix} \beta_0 \\ \beta_1 \\ \beta_2 \end{pmatrix}$$

mit den 3 Regressionskoeffizienten bzw. schreiben $\beta^T = (\beta_0, \beta_1, \beta_2)$.

Wir wollen nun das Gleichungssystem mit n Gleichungen in (5.37a) in Matrizenschreibweise darstellen und benötigen dafür noch $e^T = (e_1, ..., e_{30})$.

Allgemein wäre

$$y^T = (y_1, ..., y_n), \quad \beta^T = (\beta_0, ..., \beta_k)$$

$$X = \begin{pmatrix} 1 & x_{11} & \cdots & x_{k1} \\ 1 & x_{12} & \cdots & x_{k2} \\ \vdots & & & \\ 1 & x_{1n} & \cdots & x_{kn} \end{pmatrix}$$

bzw.

$$e^T = (e_1, e_2, ..., e_n)$$

dann wird (5.37a) zu

$$y = X\beta + e \tag{5.37b}$$

Gleichung (5.37b) ist das allgemeine lineare Regressionsmodell.
Die Normalgleichungen zur Berechnung der Schätzwerte sind dann

$$X^T X b = X^T y \tag{5.40}$$

Beispiel 5.9 - Fortsetzung
Wir haben die Komponenten von (5.37b) für das Beispiel definiert, wenn wir $k = 2$ und
$n = 30$ setzen, z.B. ist dann $e^T = (e_1, ..., e_{30})$ die Realisationen des zufälligen
Fehlervektors.
Wir wollen zeigen, dass das Gleichungssystem (5.37a) und Gleichung (5.37b) identisch
sind.
Das erste Element (110) von y erhält man durch Multiplikation der ersten Zeile
(1, 143, 119) von X mit β und Addition von e_1.
Damit entsteht die Gleichung

$$110 = 1\beta_0 + 143\beta_1 + 119\beta_2 + e_1$$

Das entspricht (5.37a) für $j = 1$. Für $j = 10$ zum Beispiel erhalten wir für $y_{10} = 119$ Tabelle
5.7)

$$119 = 1\beta_0 + 157\beta_1 + 132\beta_2 + e_{10}$$

sowohl durch Matrixmultiplikation (bei Verwendung der 10-ten Zeile von X) oder indem
wir in (5.37a) $j = 10$ setzen.
Damit ergibt sich als Lösung (5.40) unseres MKQ-Problems der Schätzwert nach der
Methode der kleinsten Quadrate - kurz MKQ-Schätzwert (unter der Voraussetzung, dass
$(X^T X)^{-1}$ existiert, dies kann bei Modell I erreicht werden, indem man mindestens $k+1$
verschiedene Messstellen wählt, bei Modell II gilt dies fast immer oder genauer mit
Wahrscheinlichkeit 1)

$$b = \hat{\beta} = (X^T X)^{-1} X^T y \tag{5.41}$$

Die Schätzfunktion nach der Methode der kleinsten Quadrate - kurz die MKQ-Schätzung
- erhält man, indem man zu Zufallsvariablen übergeht, also y durch $\mathbf{y}$ ersetzt:

$$\mathbf{b} = (X^T X)^{-1} X^T \mathbf{y} \tag{5.42}$$

Von den Modellvoraussetzungen wissen wir, dass $E(e_j) = 0$ und folglich $E(e) = \begin{pmatrix} 0 \\ 0 \\ \vdots \\ 0 \end{pmatrix} = 0_n$

gilt. Daraus folgt mit Hilfe von (5.37b), dass

$$E(y) = E(X\beta) + E(e) = X\beta + 0_n = X\beta$$

und

$$E(b) = (X^TX)^{-1} X^T E(y) = (X^TX)^{-1} X^TX\beta = \beta$$

gilt und damit ist b eine erwartungstreue Schätzfunktion von β.
Für die Varianz von b ergibt sich die Varianzmatrix

$$\text{var}(b) = \sigma^2(X^TX)^{-1} \tag{5.43}$$

Merke, dass $(X^TX)^{-1}$ im Falle von Modell I vom Versuchsplan abhängt, die Matrix X heißt in diesem Falle die Versuchsplanmatrix. Informationen über den Faktor σ^2 dagegen erhält man aus den y-Werten.

var(b) heißt Varianzmatrix (oder Varianz-Kovarianzmatrix) der Schätzfunktion b

$$\text{var}(b) = \begin{pmatrix} \text{var}(b_0) & \text{cov}(b_0, b_1) & \cdots & \text{cov}(b_0, b_k) \\ \text{cov}(b_1, b_0) & \text{var}(b_1) & \cdots & \text{cov}(b_1, b_k) \\ \vdots & & & \vdots \\ \text{cov}(b_k, b_0) & \text{cov}(b_k, b_1) & \cdots & \text{var}(b_k) \end{pmatrix}$$

Sie ist eine symmetrische Matrix der Ordnung $k + 1$ mit den Varianzen der Schätzfunktionen $b_0, \dots, b_k$ der $k + 1$ Regressionskoeffizienten in ihrer Hauptdiagonalen.

Beispiel 5.9 - Fortsetzung
Wir wollen für Beispiel 5.9 b (Schätzwert von β) aus (5.41) und var(b) nach (5.43) aus den Werten von Tabelle 5.7 berechnen. Zunächst benötigen wir die symmetrische Matrix

$$X^TX = \begin{pmatrix} n & \sum x_{1j} & \sum x_{2j} \\ \sum x_{1j} & \sum x_{1j}^2 & \sum x_{1j}x_{2j} \\ \sum x_{2j} & \sum x_{1j}x_{2j} & \sum x_{2j}^2 \end{pmatrix} = \begin{pmatrix} 30 & 4508 & 3756 \\ 4508 & 679034 & 565251 \\ 3756 & 565251 & 471044 \end{pmatrix}$$

Im Beispiel ist (5.40) ein System von 3 Gleichungen mit 3 unbekannten Schätzwerten (b_0, b_1, b_2) der Form $(X^TX)b = X^Ty$:

$$\begin{array}{lllll}
30 & b_0 + 4508 & b_1 & + 3756 & b_2 & = 3403 & (= \Sigma y_j) \\
4508 b_0 & + 679034 b_1 & & + 565251 b_2 & & = 511971 & (= \Sigma x_{1j}y_j) \\
3756 b_0 & + 565251 b_1 & & + 471044 b_2 & & = 426491 & (= \Sigma x_{2j}y_j)
\end{array}$$

Die Lösung dieses Gleichungssystems nach (5.42) oder einer anderen Methode ist:

$b_0 = 41{,}39$, $b_1 = 0{,}2037$, $b_2 = 0{,}3309$.

Diese Schätzwerte nennt man auch Stichprobenregressionskoeffizienten, mit ihrer Hilfe können wir die Werte der Zielgröße für jedes Wertepaar (x_1, x_2) aus

$$\hat{y} = b_0 + b_1 x_1 + b_2 x_2 \text{ oder } \hat{y} = 41{,}39 + 0{,}2037 x_1 + 0{,}3309 x_2$$

vorhersagen. $\text{var}(\boldsymbol{b})$ in (5.43) schätzt man, indem man σ^2 durch s^2 aus (5.44) ersetzt.
Mit SPSS kann die Berechnung mit den Optionen Analysieren - Regression - Linear durchgeführt werden, wenn wir die "Höhe" (SPSS-Name für die Wideristhöhe) als "abhängige Variable" wählen, wie die Zielgröße in SPSS genannt wird und Umfang x_1 und Länge x_2 als Einflussgrößen im Dialogfenster festlegen. Das Ergebnis findet man in Abbildung 5.13

ANOVA[b]

Modell		Quadratsumme	df	Mittel der Quadrate	F	Signifikanz
1	Regression	269.075	2	134.538	9.653	.001[a]
	Residuen	376.292	27	13.937		
	Gesamt	645.367	29			

a. Einflußvariablen : (Konstante), LÄNGE, UMFANG

b. Abhängige Variable: HÖHE

Koeffizienten[a]

Modell		Nicht standardisierte Koeffizienten		Standardisierte Koeffizienten	T	Signifikanz
		B	Standardfehler	Beta		
1	(Konstante)	41.389	16.764		2.469	.020
	UMFANG	.204	.139	.324	1.466	.154
	LÄNGE	.331	.199	.367	1.660	.108

a. Abhängige Variable: HÖHE

Abbildung 5.13 *SPSS-Ausgabe von Beispiel 5.9*

In der SPSS-Ausgabe wird b_0 als Konstante bezeichnet.
Wir berechnen nun aus der SPSS-Ausgabe die geschätzten Varianzen der Schätzfunktionen $\boldsymbol{b}_0$, $\boldsymbol{b}_1$ und $\boldsymbol{b}_2$ durch Quadrieren der Standardfehler

von $\boldsymbol{b}_0$ (Konstante)

$$s_0^2 = 16{,}764^2 = 281{,}03,$$

von $\boldsymbol{b}_1$

$$s_1^2 = 0{,}139^2 = 0{,}01932,$$

bzw. von $\boldsymbol{b}_2$

$$s_2^2 = 0{,}199^2 = 0{,}0396.$$

Dies sind die Schätzwerte der Elemente σ_0^2, σ_1^2 bzw. σ_2^2 der Hauptdiagonalen der

Varianzmatrix.

Die Restvarianz σ^2 der e_j in Modell (5.36) wird geschätzt durch

$$s^2 = \frac{1}{n-k-1} \sum_{j=1}^{n} (y_j - b_0 - b_1 x_{1j} - \ldots - b_k x_{kj})^2$$

(5.44)

$$= \frac{1}{n-k-1} y^T (E_n - X(X^T X)^{-1} X^T) y$$

und wird benötigt, um $\sigma^2 (X^T X)^{-1}$ durch $s^2 (X^T X)^{-1}$ zu schätzen.

Beispiel 5.9 - Fortsetzung
In Beispiel 5.9 ergibt das

$$s^2 = \frac{1}{30-3} \sum_{j=1}^{30} (y_j - b_0 - b_1 x_{1j} - b_2 x_{2j})^2 = 13{,}93673 \, ,$$

diesen Wert findet man in der SPSS-Ausgabe als MQ_{Rest} in der Varianztabelle von Abbildung 5.13 oben.

5.5.2 Konfidenzintervalle und Tests

Ein (realisiertes) $(1-\alpha)$-Konfidenzintervall für β_i ($i = 0, 1, \ldots, k$) berechnet man aus den Punktschätzwerten b_i für β_i und deren Standardfehler s_{b_i} durch

$$[b_i - s_{b_i} \, t(n-k-1; \, 1-\frac{\alpha}{2}); \, b_i + s_{b_i} \, t(n-k-1; 1-\frac{\alpha}{2})]$$

(5.45)

Beispiel 5.9 - Fortsetzung
Im Beispiel ist $k = 2$ und damit $FG = 30-3 = 27$ die Anzahl der Freiheitsgrade von MQ_{Rest}. Für $\alpha = 0{,}05$ finden wir den Wert $t(27, 0{,}975) = 2{,}0518$ in Tabelle A1. Die Konfidenzintervalle ergeben sich damit:

für β_0:
$$[41{,}3888 - 16{,}764 \cdot 2{,}0518; \, 41{,}3888 + 16{,}764 \cdot 2{,}0518] = [6{,}9919; \, 75{,}7857]$$

für β_1:
$$[0{,}20372 - 0{,}13895 \cdot 2{,}0518; \, 0{,}20372 + 0{,}13895 \cdot 2{,}0518] = [-0{,}081384; \, 0{,}488820]$$

bzw.

für β_2:
$$[0{,}33093 - 0{,}19935 \cdot 2{,}0518; \, 0{,}33093 + 0{,}19935 \cdot 2{,}0518] = [-0{,}078; \, 0{,}7400].$$

Diese Konfidenzintervalle sind auch in der SPSS-Ausgabe zu finden, wenn man vor der Berechnung den Schalter "Statistik" aktiviert und "Konfidenzintervalle" wählt. Unterschiede zwischen der SPSS-Ausgabe und unseren Handrechnungen sind auf

Rundungsfehler zurückzuführen.

Um Nullhypothesen wie
$$H_{00}: \beta_0 = \beta_0'$$
$$H_{01}: \beta_1 = \beta_1'$$

oder

$$H_{0j}: \beta_j = \beta_j' \quad (j = 0, 1, ..., k)$$

jeweils gegen eine zweiseitige Hypothese

$$H_{A0}: \beta_0 \neq \beta_0'$$
$$H_{A1}: \beta_1 \neq \beta_1' \quad \text{bzw.}$$
$$H_{Aj}: \beta_j \neq \beta_j' \quad (j = 0, 1, ..., k)$$

bei einem Risiko 1. Art α zu testen, können wir, wie in Kapitel 3 für Erwartungswerte beschrieben, t-Prüfzahlen der Form: "Differenz zwischen Schätzwert und Nullhypothesenwert dividiert durch den Standardfehler des Schätzwertes" bilden ($FG = n - k - 1$)oder das entsprechende $(1-\alpha)$-Konfidenzintervall konstruieren und, falls dieses Intervall den Nullhypothesenwert enthält, die Nullhypothese annehmen und anderenfalls ablehnen.

Beispiel 5.9 - Fortsetzung
Wir wollen prüfen, ob die Regressionskoeffizienten β_0, β_1 und β_2 jeweils signifikant von $\beta_0' = \beta_1' = \beta_2' = 0$ abweichen (zweiseitige Fragestellung) mit $\alpha = 0{,}05$ wird $H_{00}: \beta_0 = 0$ abgelehnt, $H_{01}: \beta_1 = 0$ und $H_{02}: \beta_2 = 0$ werden angenommen, die entsprechenden Konfidenzintervalle für β_1 und β_2 enthalten den Wert 0.
Diese Konfidenzintervalle sind auch in der SPSS-Ausgabe der Abbildung 5.14 zu finden.

Koeffizienten(a)

Modell		Nicht standardisierte Koeffizienten		Standardisierte Koeffizienten	95%-Konfidenzintervall für B	
		B	Standardfehler	Beta	Untergrenze	Obergrenze
1	(Konstante)	41,389	16,764		6,991	75,786
	Umfang	,204	,139	,324	-,081	,489
	Länge	,331	,199	,367	-,078	,740

a Abhängige Variable: Höhe

Abbildung 5.14 *SPSS-Ausgabe zu Beispiel 5.9*

Diese erhält man, wenn man vor der Berechnung den Schalter "Statistiken" aktiviert und "Konfidenzintervalle" wählt.
Unterschiede zwischen der SPSS-Ausgabe und unseren Handrechnungen sind auf Rundungsfehler zurückzuführen.

5.5.3 Spezielle Probleme bei Modell II

Wie im Falle der einfachen linearen Regression in Abschnitt 5.1 ist die Auswertung für alle Modelle formal die gleiche. Für Modell II jedoch ist es sinnvoll, zusätzlich noch Maßzahlen für die Abhängigkeit zwischen den zufälligen Ziel- und Einflussgrößen zu berechnen (man kann diese Größen auch im Modell I berechnen, es gibt für sie dort aber keine sinnvolle Interpretation). Für jedes Paar der $k + 1$ Zufallsvariablen $(y, x_1, ..., x_k)$ ist der Korrelationskoeffizient analog zu dem Korrelationskoeffizienten ρ_{xy} in B.2.6 definiert, d.h. es ist:

$$\rho_{yx_i} = \frac{\sigma_{yx_i}}{\sigma_y \sigma_{x_i}}$$

und

$$\rho_{ij} = \rho_{x_i x_j} = \frac{\sigma_{x_i x_j}}{\sigma_{x_i} \sigma_{x_j}}$$

Man schätzt diese Parameter, indem man die Kovarianzen σ_{yx_i}, $\sigma_{x_i x_j}$, durch die geschätzten Kovarianzen s_{yx_i}, $s_{x_i x_j}$ und die Standardabweichungen σ_y, σ_{x_i} durch die geschätzten Standardabweichungen s_y und s_{x_i} ersetzt. Die Schätzwerte von ρ_{yx} und ρ_{ij} sind r_{yx} bzw. r_{ij}. Wenn wir es jedoch mit mehr als zwei Zufallsvariablen zu tun haben, können weitere Maßzahlen der Abhängigkeit definiert werden. Wir beschränken uns hier wie in Beispiel 5.9 auf 3 Zufallsvariable und nennen eine von ihnen die Zielvariable $y = x_{k+1} = x_3$ (für den Fall $k = 2$). Damit haben wir die Zufallsvariablen x_1, x_2 und x_3 mit den Korrelationskoeffizienten ρ_{12}, ρ_{13} und ρ_{23}. Wir können nun nach der (bedingten) Korrelation zwischen x_1 und x_2 für den Fall fragen, dass x_3 einen vorgegebenen Wert hat. Eine Maßzahl für eine solche (bedingte) Abhängigkeit ist der partielle Korrelationskoeffizient.

$$\rho_{12\cdot3} = \frac{\rho_{12} - \rho_{13} \cdot \rho_{23}}{\sqrt{(1 - \rho_{13}^2)(1 - \rho_{23}^2)}}, \tag{5.46}$$

der durch

$$r_{12\cdot3} = \frac{r_{12} - r_{13} \cdot r_{23}}{\sqrt{(1 - r_{13}^2)(1 - r_{23}^2)}} \tag{5.47}$$

geschätzt wird.

Wir können darüber hinaus den multiplen (Stichproben-) Korrelationskoeffizienten $R = \sqrt{B}$ aus dem Bestimmtheitsmaß $(SQ_y = SQ_{\text{Regr}} + SQ_{\text{Rest}})$

$$R^2 = \frac{SQ_{Regression}}{SQ_y} = 1 - \frac{SQ_{Rest}}{SQ_{Regresion} + SQ_{Rest}} \tag{5.48}$$

berechnen mit $SQ_{\text{Rest}} = SQ_y - \sum_{i=1}^{k} b_i SP_{x_i y}$,

SQ als Summe der Abweichungsquadrate und SP als Summe der Abweichungsprodukte der entsprechenden Variablen.

R ist gleichzeitig der Korrelationskoeffizient zwischen $\hat{y}$ und y.

Beispiel 5.9 - Fortsetzung

Wir berechnen alle partiellen Korrelationskoeffizienten und den multiplen Korrelationskoeffizienten für die Werte der Tabelle 5.7.

Die Korrelationskoeffizienten sind:

$r_{12} = r_{21} = 0{,}7468$ (zwischen Brustumfang (x_1) und Rumpflänge (x_2)),

$r_{13} = r_{31} = 0{,}5979$ (zwischen x_1 und Wideristhöhe (x_3)),

$r_{23} = r_{32} = 0{,}6087$ (zwischen x_2 und x_3).

Daraus ergibt sich der partielle Korrelationskoeffizient $r_{12.3}$ zwischen Brustumfang (x_1) und Rumpflänge (x_2) für gegebene Wideristhöhe (x_3) nach (5.47) als

$$r_{12 \cdot 3} = \frac{0{,}7468 - 0{,}5979 \cdot 0{,}6087}{\sqrt{(1 - 0{,}5979^2)(1 - 0{,}6087^2)}} = 0{,}6020.$$

Analog erhalten wir:

$$r_{13.2} = 0{,}2716$$

und

$$r_{23.1} = 0{,}3043.$$

Für die Berechnungen mit SPSS verwenden wir die Folge: "Analysieren - Korrelation" und setzen entweder mit "Bivariat" für die einfachen oder mit "Partiell" für die partiellen Korrelationskoeffizienten fort. Bei den partiellen Korrelationen muss man das Programm für jede bedingende Variable (die zunächst festzulegen ist) gesondert verwenden. In Abbildung 5.15 findet man die gewöhnlichen Korrelationskoeffizienten.

Korrelationen

		Höhe	Umfang	Länge
Höhe	Korrelation nach Pearson	1	,598	,609
	Signifikanz (2-seitig)		,000	,000
	N	30	30	30
Umfang	Korrelation nach Pearson	,598	1	,747
	Signifikanz (2-seitig)	,000		,000
	N	30	30	30
Länge	Korrelation nach Pearson	,609	,747	1
	Signifikanz (2-seitig)	,000	,000	
	N	30	30	30

Abbildung 5.15 *Die gewöhnlichen Korrelationskoeffizienten für Beispiel 5.9*

Der multiple Korrelationskoeffizient wird durch SPSS bereits im Teil "Regression-Linear" automatisch mitberechnet ohne dass eine Abfrage erfolgt, ob überhaupt ein Modell II vorliegt. Der Nutzer sollte diese Information bei Modell I einfach übergehen, auf keinen Fall publizieren oder anderweitig verwenden. Man kann diesen Wert nämlich durch geschickte Wahl der Messpunkte beeinflussen. Wir erhalten in unserem Beispiel natürlich einen sinnvollen Wert.

Wir erhalten ferner
$$R = 0,6457$$
und das Bestimmtheitsmaß (R-Quadrat in SPSS)

$$R^2 = 0,41693.$$

Wir interpretieren R^2 so, dass wir sagen, dass etwa 42% der Variabilität der Wideristhöhe, definiert durch $\sum_{j=1}^{n} (x_{3j} - \bar{x}_3)^2$, von den zwei Einflussgrößen verursacht wird.

Die Größe "Korrigiertes R-Quadrat" in der SPSS-Ausgabe ist definiert als

$$R^2_{adj} = 1 - \frac{MQ_{res.}(n-1)}{SQ_y}$$

(d.h. R^2_{adj} ist hinsichtlich der Freiheitsgrade standardisiert).

Übung
Wiederhole die Berechnungen für Beispiel 5.9, indem
  (i)   der Brustumfang
  (ii)   die Rumpflänge
als Zielgröße und die übrigen als Einflussgrößen verwendet werden.

5.5.4   Optimale Versuchspläne für Modell I

In der mehrfachen Regression wird die optimale Versuchsplanung sehr komplex. Das liegt vor allem daran, dass der Versuchsbereich (also der Bereich, in dem man vernünftigerweise messen sollte), nicht so natürlich festzulegen ist, wie in der einfachen Regression. Dort nämlich ist der Versuchsbereich meist ein Intervall. Aber schon im zweidimensionalen Fall folgt daraus nicht unbedingt, dass der Versuchsbereich das Rechteck ist, das sich ergibt, wenn man für beide Einflussgrößen den entsprechenden Versuchsbereich als Intervall wählt. Oft verbieten sich nämlich einige Kombinationen von Werten der Einflussgrößen in den Anwendungen. Ein natürlicher Versuchsbereich könnte dann beispielsweise eine Ellipse sein. Aber selbst, wenn ein Rechteck zugrunde gelegt wird, in dem dann z.B. der G-optimale Plan zu bestimmen ist, ergeben sich technische Probleme, man findet die Lösung in VB 4/31/2110.

5.6   Einfache polynomiale Regression

Wir gehen nun in Modell (5.36) wieder zum Fall $k = 1$ zurück und nennen x_1 wieder x aber verwenden für f ein Polynom in x.

$$f(x) = \beta_0 + \beta_1 x + \beta_2 x^2 + \ldots \beta_k x^k$$

Hier ist f ein Polynom k-ten Grades.
In den Anwendungen reichen quadratische ($k = 2$) oder kubische ($k = 3$) Ansätze meist aus.

Beispiel 5.10

Die (Widerist-) Höhe (in cm) von 112 weiblichen Rindern wurde in Abständen von 6 Monaten zwischen der Geburt (Alter = 0) bis zum 60-ten Lebensmonat gemessen. Tabelle 5.8 enthält die gemittelten Messwerte der 112 Tiere.

Tabelle 5.8 *Mittlere Wideristhöhe von 112 Kühen in den ersten 60 Lebensmonaten.*

j	Alter (in Monaten)	Höhe (in cm)
1	0	77,20
2	6,00	94,50
3	12,00	107,20
4	18,00	116,00
5	24,00	122,40
6	30,00	126,70
7	36,00	129,20
8	42,00	129,90
9	48,00	130,40
10	54,00	130,80
11	60,00	131,20

Abbildung 5.16 zeigt uns anhand der dort abgebildeten Punktwolke, dass der Zusammenhang zwischen Alter und Höhe nicht linear ist. Wir wollen daher ein Polynom 2. Grades also eine quadratische Funktion und ein Polynom 3. Grades, eine kubische Funktion an die Daten von Tabelle 5.8 anpassen.

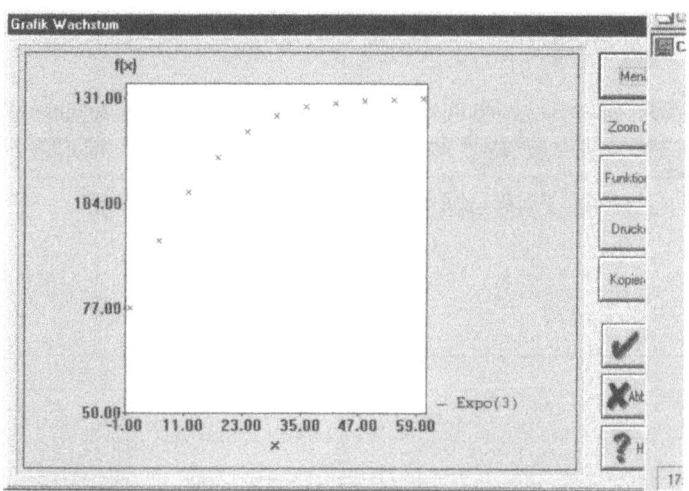

Abbildung 5.16 *Punktwolke für die Daten von Beispiel 5.10*

Mit $k = 1$ und $f(x) = \beta_0 + \beta_1 x + \beta_2 x^2$ erhalten wir aus (5.36) für die y_j die Modellgleichung

$$y_j = \beta_0 + \beta_1 x_j + \beta_2 x_j^2 + e_j \quad (j = 1, ..., n) \tag{5.49}$$

Die e_j seien voneinander unabhängig nach $N(0; \sigma^2)$ verteilt.

Das ist das Modell einer einfachen ($k = 1$ Einflussgröße) quadratischen ($k = 2$ in (5.37)) Regression. Formal kann man diesen Fall wie eine mehrfache lineare Regression mit zwei Einflussgrößen behandeln.

$$x_1 = x$$

$$x_2 = x^2 \; .$$

Dann natürlich sind für Modell II mit zufälligem x partielle Korrelationskoeffizienten nicht vernünftig definiert.

Aus (5.49) wird in Matrizenschreibweise

$$\beta^T = (\beta_0, \beta_1, \beta_2),$$

$$X = \begin{pmatrix} 1 & x_1 & x_1^2 \\ 1 & x_2 & x_2^2 \\ \vdots & \vdots & \vdots \\ 1 & x_n & x_n^2 \end{pmatrix}$$

mit e und y wie in (5.37b) und wir erhalten Gleichung (5.37a). In (5.41) haben wir nun aber

$$X^T X = \begin{pmatrix} n & \sum x_j & \sum x_j^2 \\ \sum x_j & \sum x_j^2 & \sum x_j^3 \\ \sum x_j^2 & \sum x_j^3 & \sum x_j^4 \end{pmatrix}$$

und

$$X^T y = \begin{pmatrix} \sum y_j \\ \sum x_j y_j \\ \sum x_j^2 y_j \end{pmatrix}$$

Die Struktur dieser Matrizengleichungen bleibt unverändert, wenn wir zu einem Polynom dritten Grades übergehen, lediglich die Bedeutung der X-Matrix und des Parametervektors ändern sich.

Wir wollen nun β aus den Werten von Beispiel 5.10 schätzen.

Beispiel 5.10 - Fortsetzung

Aus Tabelle 5.8 folgt

$$\Sigma x_j = 330, \Sigma x_j^2 = 13860, \Sigma x_j^3 = 653400, \Sigma x_j^4 = 32831568, \Sigma y_j = 1295,5,$$

$$\Sigma x_j y_j = 41981,4 \text{ und } \Sigma x_j^2 y_j = 1791716,4.$$

Damit ist der Schätzwert b des Parametervektors durch

$$b = \begin{pmatrix} 11 & 330 & 13860 \\ 330 & 13860 & 653400 \\ 13860 & 653400 & 32831568 \end{pmatrix}^{-1} \begin{pmatrix} 1295,5 \\ 41981,4 \\ 1791716,4 \end{pmatrix} = \begin{pmatrix} 80,76 \\ 2,28 \\ -0,0248 \end{pmatrix}$$

gegeben. Die geschätzte quadratische Regressionsfunktion ist damit

$$\hat{y} = 80,76 + 2,28x - 0,0248x^2.$$

Mit SPSS ergibt sich dieses Ergebnis nach den Optionen Analysieren - Regression - Kurvenanpassung wenn wir den Schalter "Quadratisch" (und für die kubische Regression gleichzeitig den Schalter "Kubisch") aktivieren. Das führt zu dem Ergebnis in Abbildung 5.17, in der der lineare Fall automatisch mit enthalten ist. Die Schätzwerte s^2 von σ^2 für die drei Modelle "Linear", "Quadratisch" und "Kubisch" sind:

Abhängige Variable: Höhe

Gleichung	R-Quadrat	Freiheitsgrade 1	Freiheitsgrade 2	Konstante	b1	b2	b3
Linear	,769	1	9	94,164	,787		
Quadratisch	,983	2	8	80,762	2,276	-,025	
Kubisch	1,000	3	7	77,427	3,159	-,063	,000

Die unabhängige Variable ist Alter.

Abbildung 5.17 *(Lineare) Quadratische und Kubische Regression für Beispiel 5.10*

Modell	s^2
Linear	82,0433
Quadratisch	6,6816
Kubisch	0,06258

Daraus folgt, dass die kubische Regression mit der Regressionsfunktion

$$\hat{y} = 77,43 + 3,159x - 0,06342x^2 + 0,000429x^3$$

von obigen Modellen am besten an die Daten angepasst ist. Wir kommen darauf noch einmal in Abschnitt 5.8 zurück.

D- und G-Optimale Versuchspläne für polynomiale Regressionsfunktionen kann man der

k	optimaler Plan

1 $\begin{pmatrix} a & b \\ m & m \end{pmatrix}$

2 $\begin{pmatrix} a & \dfrac{a+b}{2} & b \\ m & m & m \end{pmatrix}$

3 $\begin{pmatrix} a & 0{,}7236a + 0{,}2764b & 0{,}2764a + 0{,}7236b & b \\ m & m & m & m \end{pmatrix}$

4 $\begin{pmatrix} a & 0{,}82735a + 0{,}17265b & \dfrac{a+b}{2} & 0{,}17265a + 0{,}82735b & b \\ m & m & m & m & m \end{pmatrix}$

5 $\begin{pmatrix} a & 0{,}88255a + 0{,}11745b & 0{,}6426a + 0{,}3574b & 0{,}3574a + 0{,}6426b & 0{,}11745a + 0{,}88255b & b \\ m & m & m & m & m & m \end{pmatrix}$

Für $k = 2$ und $k = 3$ findet man ein Beispiel in Abschnitt 5.8.

5.7 Mehrfache quadratische Regression

In Kapitel 4 haben wir mit der Varianzanalyse eine Methode kennen gelernt, mit der faktorielle Versuche, wie sie in Definition 2.19 eingeführt wurden, ausgewertet werden können, sofern alle Faktoren qualitativ sind. Für den Fall, dass alle Faktoren quantitativ sind, können wir diese Faktoren als die Einflussgrößen eines Modell I der mehrfachen Regression ansehen. In den Anwendungen will man mit faktoriellen Versuchen mit quantitativen Faktoren meist das Optimum einer Wirkungsfläche suchen. Die Beschreibung solcher nichtlinearen Abhängigkeiten kann am einfachsten durch eine quadratische Funktion in den Einflussgrößen erfolgen. Mit diesem Abschnitt wollen wir die Planung und Auswertung solcher Versuche beschreiben, gleichzeitig aber auch das Vorgehen für Modell II mit zufälligen x-Werten in Gleichung (5.50) an Hand eines Beispieles demonstrieren.

In diesem Abschnitt wollen wir die Ideen der Abschnitte 5.5 und 5.6 kombinieren. Wir nehmen an, wir hätten mehr als eine Einflussgröße und eine quadratische Regressionsfunktion. Bei $k = 2$ Einflussgrößen (x_1, x_2) ist das vollständige quadratische Modell durch

$$y_j = \beta_0 + \beta_1 x_{1j} + \beta_2 x_{2j} + \beta_{11} x_{1j}^2 + \beta_{22} x_{2j}^2 + \beta_{12} x_{1j} x_{2j} + e_j \qquad (5.50)$$

gegeben. Sollte irgendeines der β_i auf der rechten Seite von (5.50) vernachlässigbar klein sein, so kann ein reduziertes Modell nach Streichung der entsprechenden Komponenten verwendet werden. Modell (5.50) ohne das Glied $\beta_{12} x_1 x_2$ heißt rein quadratisches Modell in x_1 und x_2 (ohne Wechselwirkungsglied $x_1 x_2$). Die Auswertung erfolgt analog zu der in Abschnitt 5.5 und 5.6 beschriebenen, lediglich X und der Vektor β sind entsprechend anzupassen.

Wir wollen zunächst die Auswertung der quadratischen Regression (Modell II) mit SPSS demonstrieren, wobei wir die Daten von Beispiel 5.9 verwenden.

Die Auswertung mit SPSS erfordert einen Zwischenschritt. In der Datenmatrix müssen die Funktionen (Quadrate und Produkte) der Ausgangseinflussgrößen zunächst als neue Variable berechnet werden. Wir wollen das an Beispiel 5.9 und den Daten der Datei von Tabelle 5.7 erläutern.

Beispiel 5.9 – Fortsetzung

Wir erzeugen eine neue SPSS- Datei aus der mit den Werten von Tabelle 5.7 bereits erzeugten mit den Variablen Höhe, Länge und Umfang. Wir wählen die Länge als Zielgröße und die beiden anderen Variablen als Einflussgrößen in einem vollen quadratischen Modell (5.50). Durch die Optionen "Transformieren" und "Berechnen" erzeugen wir neue Variable und zwar die Quadrate von Umfang (uu) und Höhe (hh) sowie das Produkt von beiden (hu) in der Datenmatrix. Das Ergebnis zeigt Abbildung 5.18. Mit den Optionen "Analysieren", "Regression", "Linear" kommen wir zu dem bereits bekannten Fenster der Abbildung 5.6. Wir erklären diesmal die Länge zur Zielgröße und alle nunmehr 5 übrigen Variablen zu den Einflussgrößen. Die Ergebnisse zeigt Abbildung 5.19.

1:höhe	110					
	höhe	umfang	länge	uu	hh	hu
1	110,00	143,00	119,00	20449,00	12100,00	15730,00
2	112,00	156,00	118,00	24336,00	12544,00	17472,00
3	108,00	151,00	126,00	22801,00	11664,00	16308,00
4	108,00	148,00	128,00	21904,00	11664,00	15984,00
5	112,00	144,00	118,00	20736,00	12544,00	16128,00
6	111,00	150,00	128,00	22500,00	12321,00	16650,00
7	114,00	156,00	131,00	24336,00	12996,00	17784,00
8	112,00	145,00	125,00	21025,00	12544,00	16240,00
9	121,00	155,00	126,00	24025,00	14641,00	18755,00
10	119,00	157,00	132,00	24649,00	14161,00	18683,00
11	113,00	159,00	129,00	25281,00	12769,00	17967,00

Abbildung 5.18 *SPSS-Datei mit neuen Variablen für Beispiel 5.9*

Modell		Nicht standardisierte Koeffizienten		Standardisierte Koeffizienten	95%-Konfidenzintervall für B	
		B	Standardfeh ler	Beta	Untergrenze	Obergrenze
1	(Konstante)	52,719	331,627		-631,726	737,164
	Höhe	4,381	6,131	3,952	-8,273	17,034
	Umfang	-2,990	2,472	-4,290	-8,092	2,112
	hh	-,026	,038	-5,417	-,104	,052
	uu	,007	,017	2,857	-,028	,041
	hu	,012	,045	3,347	-,080	,105

a Abhängige Variable: Länge

Abbildung 5.19 *SPSS-Ausgabe für Beispiel 5.9*

Bevor wir näher auf die spezifischen Probleme bei Modell I eingehen, wollen wir Modellgleichung (5.50) auf mehr als zwei Regressoren verallgemeinern. In Matrizenschreibweise erhalten wir dann analog zu (5.37b) das Regressonsmodell

$$y = X\beta + e \qquad (5.50a)$$

jetzt aber mit:

$$y^T = (y_1, ..., y_n),$$

$$\beta^T = (\beta_0, \beta_1, ..., \beta_k, \beta_{11}, ..., \beta_{kk}, \beta_{12}, ..., \beta_{k-1, k}),$$

$$X = \begin{pmatrix} 1 & x_{11} & \cdots & x_{k1} & x_{11}^2 & \cdots & x_{k1}^2 & x_{11}x_{21} & \cdots & x_{k-11}x_{k1} \\ 1 & x_{12} & \cdots & x_{k2} & x_{12}^2 & \cdots & x_{k2}^2 & x_{12}x_{22} & \cdots & x_{k-12}x_{k2} \\ \vdots & & & & & & & & & \vdots \\ 1 & x_{1n} & \cdots & x_{kn} & x_{1n}^2 & \cdots & x_{kn}^2 & x_{1n}x_{2n} & \cdots & x_{k-1n}x_{kn} \end{pmatrix}$$

bzw.

$$e^T = (e_1, e_2, ..., e_n).$$

Um die Regressionskoeffizenten β_i, β_{ii} und β_{hi} dieses Modells zu schätzen und um das Maximum zu bestimmen, muss man die Messpunkte (Faktorwerte) in Modell I so wählen, dass für jeden Faktors mindestens drei verschiedene Werte im Versuchsplan auftreten.

Gleichung (5.50a) der Wirkungsfunktion enthält die linearen Glieder $\{x_{ij}\}$ for $i = 1, 2, ..., k$; alle entsprechenden quadratischen Glieder $\{x_{ij}^2\}$ for $i = 1, 2, ..., k$ und alle Produkte zweier Faktorwerte $\{x_{hj} \cdot x_{ij}\}$ for $h = 1, 2, ..., k$ und $h < i$.

Die Produkte $x_{hj} \cdot x_{ij}$ entsprechen den Wechselwirkungen zwischen x_h und x_i.

Wenn die Anzahl von Einflussfaktoren wächst, ist es oft nicht möglich, alle

Faktorstufenkombinationen in ein Experiment einzubeziehen. Man wird daher die in Definition 2.19 und dem danach folgenden Text erwähnten unvollständigen faktoriellen Versuche wählen. Dabei muss in quadratischen Modellen gesichert sein, dass drei verschiedene Stufen jedes der k Faktoren auftreten. Eine besonders effiziente Art, dies zu tun ohne alle 3^k möglichen Faktorstufenkombinationen in den Versuch einzubeziehen, ist die Verwendung eines zentral zusammengesetzten Versuchsplanes zweiter Ordnung. Zweiter Ordnung deswegen, weil man für die Auswertung ein quadratisches Modell (das man auch ein Modell 2. Grades bzw. 2. Ordnung nennt) (5.50a) zugrunde legt. Zusammengesetzt wird dieser Versuchsplan aus drei Komponenten. Der Kern ist dabei entweder ein vollständiger oder bei großer Anzahl von Faktoren auch ein fraktionierter faktorieller Versuchsplan mit zwei Stufen je Faktor. Wir bezeichnen diesen Kern als 2^{k-m} Plan, wobei wir für m auch den Wert 0 zulassen, falls der Kern vollständig ist. Die Komponenten des zentral zusammengesetzten Planes sind damit:

Grundplan 1 (Würfel oder Kern) :
   2^{k-m} - Plan mit den Stufen +1 und -1 und mit n_k Wiederholungen. Bei kleinen k ist m oft 0. In vielen Anwendungen ist $n_k = 1$.

Grundplan 2 (Stern):
   Dieser Plan enthält für jeden Faktor zwei *Sternpunkte* mit den Werten $+\alpha$ und $-\alpha$ für den jeweiligen Faktor und dem Wert Null für alle anderen Faktoren. Deren Wiederholungen werden mit n_s bezeichnet, α heißt Sternpunktabstand.

Grundplan 3 (Zentrum):
   Dies ist ein Plan mit der Faktorstufenkombination (0,0,... 0) und mit n_c Wiederholungen.

Die Gesamtanzahl von Versuchseinheiten ist folglich $n = 2^{k-m} \cdot n_k + 2 \cdot k \cdot n_s + n_c$.
Die Stufen wurden hierbei als standardisierte Werte im Versuchsbereich [-1; 1] für $\alpha < 1$ bzw. $[-\alpha, \alpha]$ für $\alpha > 1$ analog zur standardisierten Bezeichnung der Faktoren mit zwei Stufen. Dabei werden die Faktoren so transformiert, dass im Kern die Werte +1 und –1 stehen. Ist $\alpha \leq 1$, so ist der standardisierte Versuchsbereich für alle Faktoren das Intervall (-1; 1) und andernfalls (-α, α). Alle Grundpläne haben ihr Symmetriezentrum im Nullpunkt, daher der Name „zentral" zusammengesetzt..
In praktischen Anwendungen wird natürlich, wie in Beispiel 5.11 demonstriert, der nicht standardisierte Plan verwendet.
Es ist vernünftig, $\alpha \neq 1$ zu wählen, denn dann wird jeder Faktor auf 5 Stufen eingestellt. Die Koeffizientenmatrix eines solchen Planes mit drei Faktoren enthält Tabelle 5.10.
Die Konstruktion optimaler Versuchspläne 2. Ordnung ist schwierig, diese Pläne erfordern außerdem relativ viele Versuchseinheiten. Deshalb verwendet man oft Pläne mit anderen nützlichen Eigenschaften anstelle von D- oder G-optimalen Plänen. Solche Eigenschaften sind die Drehbarkeit oder die Orthogonalität.
Man kann den Wert von α so wählen, dass die Varianz der Schätzung von E(y) für Versuchspunktes mit gleichem Abstand vom Zentrumspunkt (0, …, 0) gleich groß ist. Derartige Versuchspläne heißen drehbar. Man erhält einen solchen Plan, wenn

$$\alpha = \sqrt[4]{\frac{n_k}{n_s} 2^{k-m}} = \alpha_R$$

gilt. Man erhält einen orthogonalen Plan (Die Spalten der Matrix X in E(y) = $X\beta$ sind orthogonal), falls $\alpha = \dfrac{1}{\sqrt{2n_s}}\sqrt{\sqrt{n \cdot n_k \cdot 2^{k-m}} - n_k 2^{k-1}}$ gilt. Man erhält einen drehbaren

und orthogonalen Plan, wenn $\alpha = \alpha_R$ und $n_c = 4\sqrt{n_k \cdot n_s \cdot 2^{k-m}} + 2n_s(2 - k)$ ist.

Tabelle 5.10 Koeffizientenmatrix eines zentral zusammengesetzten Versuchsplanes 2. Ordnung.

I	x_a	x_b	x_c	$x_a x_b$	$x_a x_c$	$x_b x_c$	x_a^2	x_b^2	x_c^2	Komponente des Planes	Anzahl der Wiederholungen
1	1	1	1	1	1	1	1	1	1		
1	1	1	-1	1	-1	-1	1	1	1		
1	1	-1	1	-1	1	-1	1	1	1		
1	1	-1	-1	-1	-1	1	1	1	1	Kern	n_k
1	-1	1	1	-1	-1	1	1	1	1		
1	-1	1	-1	-1	1	-1	1	1	1		
1	-1	-1	1	1	-1	-1	1	1	1		
1	-1	-1	-1	1	1	1	1	1	1		
1	$-\alpha$	0	0	0	0	0	α^2	0	0		
1	α	0	0	0	0	0	α^2	0	0		
1	0	$-\alpha$	0	0	0	0	0	α^2	0	Stern	n_s
1	0	α	0	0	0	0	0	α^2	0		
1	0	0	$-\alpha$	0	0	0	0	0	α^2		
1	0	0	α	0	0	0	0	0	α^2		
1	0	0	0	0	0	0	0	0	0	Zentrum	n_c

Genauere Definitionen dieser Kriterien findet man in VB 4/33/1250. Siehe auch COCHRAN and COX (1957), KHURI and CORNELL (1987) oder MYERS (1976) als weiterführende Literatur zu Wirkungsflächen und Versuchsplänen 2. Ordnung.
Tabelle 5.11 enthält die Parameters kleinster D- und G-optimaler Pläne für $k = 2, ..., 9$, es gibt jedoch kleinere Pläne, die entweder drehbar, orthogonal oder beides sind.

Tabelle 5.11 Parameter kleinster D- und G-optimaler Versuchspläne 2. Ordnung.

k	m	n	n_c	n_k	n_s	$\alpha = \sqrt{k}$
2	0	48	8	5	5	1,414
3	0	400	40	27	24	1,732
4	0	180	12	7	7	2,000
5	1	588	28	25	16	2,236
6	1	3584	128	81	72	2,449
7	1	20736	576	245	320	2,646
8	2	900	20	11	11	2,828
9	2	38720	704	243	384	3,000

Mit CADEMO (*light* oder ANLA) kann man zentral zusammengesetzte Versuchspläne konstruieren und dabei wählen, ob sie drehbar, orthogonal oder beides sein sollen. Wir werden dies an einem Beispiel demonstrieren. Zunächst muss man aber in ANLA die

Befehlsfolge: Versuchsanlagen – zentral zusammengesetzte Pläne 2. Ordnung wählen, dies führt zu Abbildung 5.20.

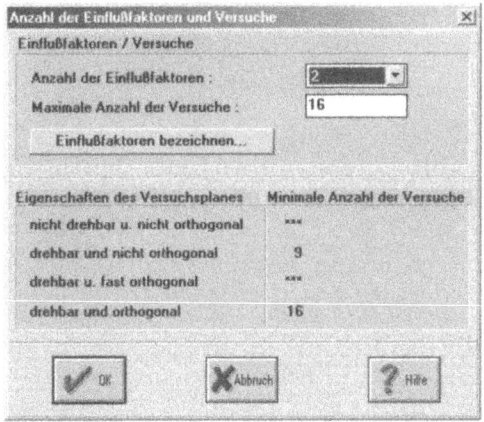

Abbildung 5.20 *Eingangsbild von CADEMO zur Konstruktion zentral zusammengesetzter Pläne*

Beispiel 5. 11
In einem Laborexperiment mit einer Mini-Egge soll der Einfluss von 5 Faktoren auf die Bodenqualität untersucht werden. Die Faktoren sind bezüglich der Egge: Geschwindigkeit (zwischen 1 und 3)), Arbeitstiefe (zwischen 10 und 30) sowie Winkel des Zahnstandes (zwischen –25 und 25) und die Bodeneigenschaften Feuchtigkeit (zwischen 5 und 20) und Dichte (zwischen 0,5 und 1,2). Für einen D-optimalen Plan brauchen wir nach Tabelle 5.11 insgesamt 588 Versuchseinheiten. CADEMO konstruiert hierfür (nicht-optimale) zentral zusammengesetzte Pläne mit 36, 27 oder 23 Versuchseinheiten. Wir müssen in Abbildung 5.20 die Anzahl der Faktoren und die verfügbare Anzahl von Versuchseinheiten sowie gegebenenfalls die Namen der Faktoren und deren Maßeinheiten eingeben. Etwa so, wie in Abbildung 5.21 zu sehen.

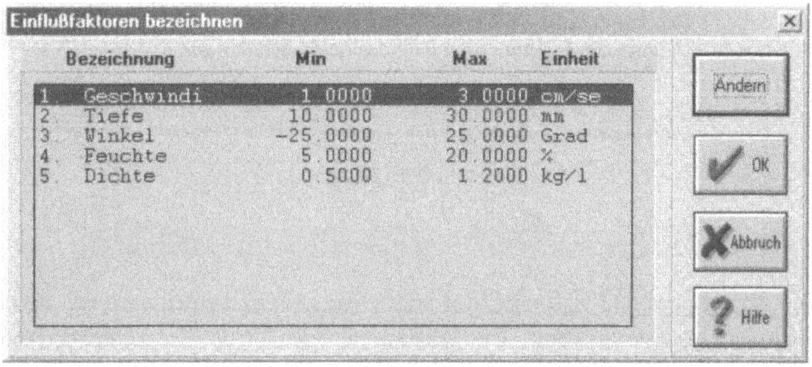

Abbildung 5.21 *CADEMO-Einstellungen für Beispiel 5.11*

Dann erhält man folgenden Versuchsplan: der Abbildung 5.22 und des daran anschließenden Schemas.

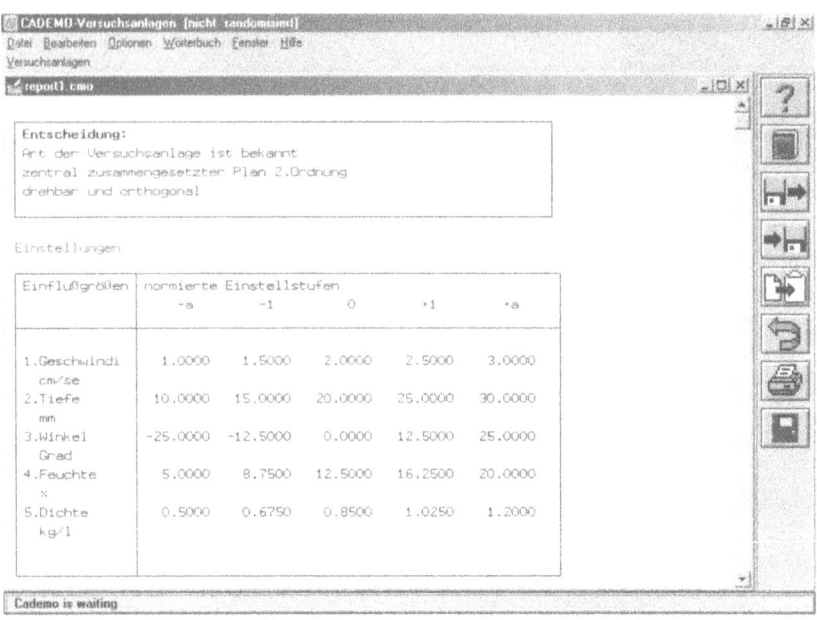

Abbildung 5.22 *Erster Teil der CADEMO-Ausgabe zu Beispiel 5.11, der Rest steht im anschließenden Text*

Man nennt den Erwartungswert $E(y_j)$ von y_j in (5.50a) die erwartete quadratische Wirkungsfläche. In einer modifzierten Schreibweise ist (5.50a) auch als

$$E(y_j) = \beta_0 + x_j^T A x_j + B^T x_j \ (j = 1, 2, ..., n) \tag{5.50b}$$

darstellbar.

Hier ist $x_j = (x_{1j}, x_{2j}, ..., x_{kj})^T$ der Vektor der k Einflussgrößen am j-ten Versuchsobjekt, A ist eine $(k \times k)$-Matrix der nichtlinearen Regressionskoeffizienten

$$A = \begin{pmatrix} \beta_{11} & \cdots & \frac{1}{2}\beta_{1k} \\ \vdots & & \vdots \\ \frac{1}{2}\beta_{k1} & \cdots & \beta_{kk} \end{pmatrix} \text{ und } B = (\beta_1, \beta_2, ..., \beta_k)^T.$$

Die Parameter von (5.50a) oder in A und B von (5.50b) werden nach der Methode der kleinsten Quadrate geschätzt. Die Schätzwerte seien $\hat{A}, \hat{B}$ und daraus berechnet man $\hat{E}(y)$. Mit Hilfe von $\hat{E}(y)$ kann man dann das Optimum als Funktion der Faktoren $x_1, x_2, ..., x_k$ bestimmen.

Versuchsplan

VPkt.   Einflussfaktoren

	Geschw. cm/se	Tiefe mm	Winkel Grad	Feuchte %	Dichte kg/l
	Würfelpunktversuche				
1	1,5000	15,0000	-12,5000	8,7500	1,0250
2	2,5000	15,0000	-12,5000	8,7500	0,6750
3	1,5000	25,0000	-12,5000	8,7500	0,6750
4	2,5000	25,0000	-12,5000	8,7500	1,0250
5	1,5000	15,0000	12,5000	8,7500	0,6750
6	2,5000	15,0000	12,5000	8,7500	1,0250
7	1,5000	25,0000	12,5000	8,7500	1,0250
8	2,5000	25,0000	12,5000	8,7500	0,6750
9	1,5000	15,0000	-12,5000	16,2500	0,6750
10	2,5000	15,0000	-12,5000	16,2500	1,0250
11	1,5000	25,0000	-12,5000	16,2500	1,0250
12	2,5000	25,0000	-12,5000	16,2500	0,6750
13	1,5000	15,0000	12,5000	16,2500	1,0250
14	2,5000	15,0000	12,5000	16,2500	0,6750
15	1,5000	25,0000	12,5000	16,2500	0,6750
16	2,5000	25,0000	12,5000	16,2500	1,0250
	Sternpunktversuche				
17	1,0000	20,0000	0,0000	12,5000	0,8500
18	3,0000	20,0000	0,0000	12,5000	0,8500
19	2,0000	10,0000	0,0000	12,5000	0,8500
20	2,0000	30,0000	0,0000	12,5000	0,8500
21	2,0000	20,0000	-25,0000	12,5000	0,8500
22	2,0000	20,0000	25,0000	12,5000	0,8500
23	2,0000	20,0000	0,0000	5,0000	0,8500
24	2,0000	20,0000	0,0000	20,0000	0,8500
25	2,0000	20,0000	0,0000	12,5000	0,5000
26	2,0000	20,0000	0,0000	12,5000	1,2000
	Nullpunktversuche				
27	2,0000	20,0000	0,0000	12,5000	0,8500

Versuchsanzahlen

Versuchspunkt	# Versuch punkte	# Versuch je VPkt	# Versuch Gesamt
Würfelpkt.	16	1	16
Sternpkt.	10	1	10
Nullpkt.	1	1	1
Total	27		27

Beispiel 5.12

In einem Laborversuch soll festgestellt werden, nach welcher Zeit t (in Minuten) und bei welcher Temperatur T (in Grad Celsius) bei einem chemischem Prozess die maximale Menge y (in Gramm) einer Chemikalie produziert wird. Wir verwenden hier die standardisierten Werte $x_1 = (t - 90 \text{ min.})/(10 \text{ min.})$ und $x_2 = (T - 145°C)/(5°C)$. Es wurde ein zentral zusammengesetzter Versuchsplan verwendet. Zunächst ein faktorieller 2^2-Versuch als Kern (Faktoren x_1 und x_2, ferner der Stern mit den 4 Sternpunkten (x_1, x_2) : $(-\sqrt{2}, 0)$, $(+\sqrt{2}, 0)$, $(0, -\sqrt{2})$ und $(0, +\sqrt{2})$ und schließlich das Zentrum $(0,0)$ mit $n_c = 4$ Wiederholungen. Damit ergibt sich als Versuchsbereich

$$(-\sqrt{2} \cdot 10 + 90; \sqrt{2} \cdot 10 + 90) = (75{,}86; 104{,}14) \text{ und}$$

$$(-\sqrt{2} \cdot 5 + 145; \sqrt{2} \cdot 5 + 145) = (137{,}93; 152{,}07).$$

Der Versuch wurde randomisiert angelegt. Der Plan ist drehbar. Die Gesamtanzahl der Versuchseinheiten ist $2^2 + 2 \cdot 2 + 4 = n = 12$. Da $n_c = 4$ ist, ist der Plan nicht orthogonal, dazu müsste $n_c^* = 4 \cdot \sqrt{1 \cdot 1 \cdot 2^2} + 2 \cdot 1 \cdot 0 = 8$ sein.

Die Beobachtungswerte sind:

j	x_{1j}	x_{2j}	y_j
1	-1	-1	78,8
2	-1	1	91,2
3	1	-1	84,5
4	1	1	77,4
5	0	0	89,7
6	0	0	86,8
7	-1,4142	0	83,3
8	0	-1,4142	81,2
9	0	1,4142	79,5
10	1,4142	0	81,2
11	0	0	87,0
12	0	0	86,0

Aus ihnen erhält man (z.B. mit SPSS, wie in Beispiel 5.9) die Schätzwerte der Regressionskoeffizienten in (5.50) $b_0 = 87{,}37$, $b_1 = -1{,}38$, $b_2 = 0{,}36$, $b_{11} = -2{,}14$, $b_{22} = -3{,}09$, $b_{12} = -4{,}88$ und die geschätzte Regressionsfunktion

$$\hat{E}(y) = 87{,}37 - 1{,}38x_1 + 0{,}36x_2 - 2{,}14 x_1^2 - 3{,}09 x_2^2 - 4{,}88x_1x_2$$

sowie $SQ_{Rest} = 24{,}0884$ mit $n - k - 1 = 12 - 6 = 6$ Freiheitsgraden. Der übliche Schätzwert von σ^2 nach Abschnitt 5.5 ist folglich

$$s^2 = \frac{24{,}0884}{6} = 4{,}0144.$$

Die Schätzwerte der Matrizen in (5.50b) sind

$$\hat{A} = \begin{pmatrix} -2{,}14 & -\dfrac{1}{2} \cdot 4{,}88 \\ -\dfrac{1}{2} \cdot 4{,}88 & -3{,}09 \end{pmatrix} \text{ und}$$

$\hat{B}^T = (-1{,}38 \quad 0{,}36)$. Das Maximum der geschätzten Wirkungsfläche liegt bei $(x_1; x_2) = (-3{,}90; 3{,}14)$.

Da dieser Punkt außerhalb des Versuchsbereiches liegt, wird ein neuer Versuch mit dem

Zentrumspunkt (-3,90; 3,14), d. h., in der Originalskala am Punkt $(-3,9 \cdot 10 + 90; 3,14 \cdot 5 + 145) = (51; 160,7)$ vorgeschlagen.

Um das Optimum mit SPSS zu finden, müssen wir das Programm nach „Einfügen" ändern in SPSS-Programm 3.

SPSS-Programm 3

```
MATRIX.
COMPUTE A = {-2.14,-2.44;-2.44,-3.09}.
COMPUTE B={-1.38;0.36}.
COMPUTE XOPT=-0.5*INV(A)*B.
PRINT XOPT.
COMPUTE EIGWERT=EVAL(A).
PRINT EIGWERT.
END MATRIX.
```

Da die zwei Eigenwerten $-0,129195$ und $-5,100805$ negativ sind, gibt es ein Maximum. Sind die beide Eigenwerten positiv dann gibt es ein Minimum. Haben die beide Eigenwerte verschiedene Vorzeichen, dann gibt es ein Sattelpunkt.

5.8 Eigentlich nichtlineare Regression

Neben den Polynomen gibt es nichtlineare Funktionen, die nicht nur in den Einflussgrößen sondern auch in den Parametern nichtlinear sind. Solche Funktionen heißen eigentlich nichtlinear, weil ihre Behandlung nicht auf die des mehrfach-linearen Falles zurückgeführt werden kann. Auch für diese Fälle wollen wir uns auf Beispiele beschränken. Folgende Funktionen spielen vor allem bei Wachstumsbeschreibungen eine Rolle:

- die Exponentialfunktion $f_E = \alpha + \beta e^{\gamma x}$
- die logistische Funktion $f_L = \alpha/[1 + \beta e^{\gamma x}]$ und

- die Gompertzfunktion $f_G = \alpha \cdot e^{\beta e^{\gamma x}}$

Vor allem in biochemischen Anwendungen wird oft

- die Michaelis-Menten Funktion $f_M = \alpha x/[1 + \beta x]$

verwendet.

Diese und weitere eigentlich nichtlineare Funktionen sind in VB 4/35/0000 - 4/35/3003 beschrieben.

Beispiel 5.10 - Fortsetzung

Wir wollen hier für die Daten von Beispiel 5.10 die Parameter dieser Funktionen schätzen und optimale Pläne konstruieren. Für die Parameterschätzung kann dies mit SPSS oder etwas einfacher (ohne Programmierung der Funktionen und der Notwendigkeit, Anfangswerte für die Parameterwerte vorgeben zu müssen) mit dem CADEMO-Modul WACH geschehen. Die optimalen Pläne geben wir hier nur an, sie wurden mit WACH berechnet.

Wir beginnen zunächst mit der Parameterschätzung und berechnen gleichzeitig die Restvarianz, um festzustellen, welches Modell sich den Daten am besten anpasst, wobei wir in diesem Vergleich die quadratische und die kubische Funktion aus Abschnitt 5.6 mit einbeziehen wollen.

Die angepassten Funktionen haben folgende Gestalt:

- die Exponentialfunktion: $\hat{y}_E = 132{,}96 - 56{,}42 e^{-0{,}0677x}$

- die logistische Funktion: $\hat{y}_L = \dfrac{131{,}62}{1 + 0.7012 e^{-0{,}0939x}}$

- die Gompertzfunktion: $\hat{y}_G = 132{,}19 \cdot e^{-0{,}5414 e^{-0{,}0808x}}$

Die geschätzten Restvarianzen sind:

Modell	s^2
Quadratisch	6,6816
Kubisch	0,06258
exponentiell	0,7606
Gompertz	0,2886
Logistisch	0,1529

Damit beschreibt die kubische Regression die Daten am besten, gefolgt von der logistischen Funktion.

Polynome sind aber ungeeignet, wenn eine Extrapolation aus dem Versuchsbereich heraus vorgenommen werden soll. Das zeigt unser Beispiel. Abbildung 5.24 zeigt die angepasste kubische Funktion extrapoliert bis zum Alter von 80 Monaten. Abbildung 5.23 zeigt die angepasste logistische Funktion extrapoliert in denselben Bereich. Es ist klar, dass Rinder zwischen 60 und 80 Monaten nicht so wachsen, wie dies durch die extrapolierte kubische Regression suggeriert wird.

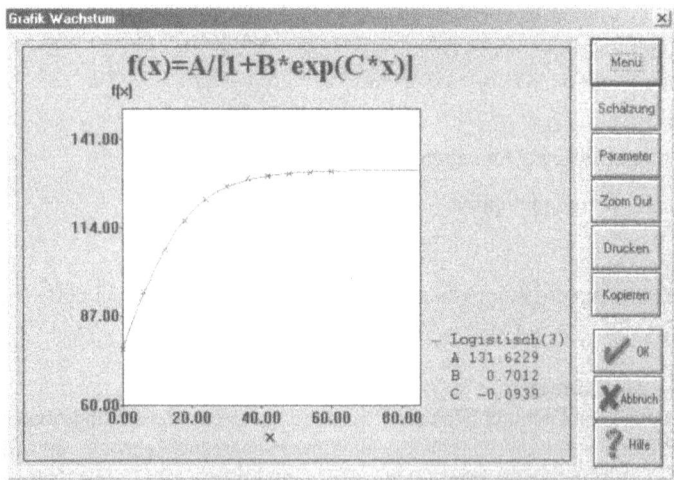

Abbildung 5.23 *Die extrapolation logistischen Funktion von Beispiel 5.10*

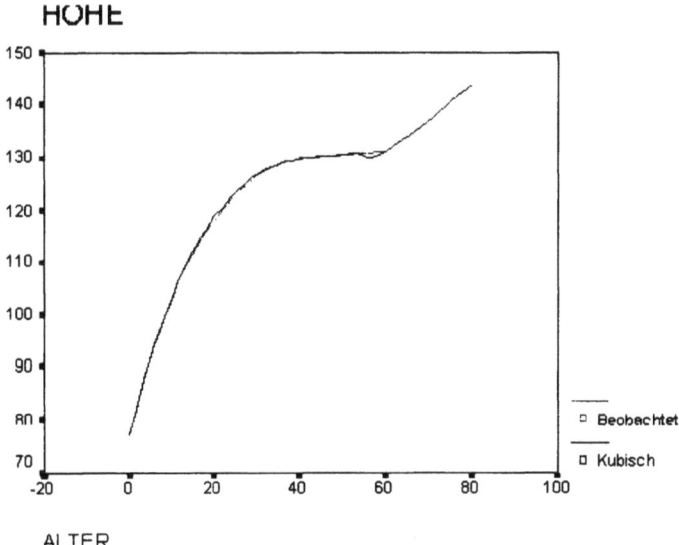

Abbildung 5.24 *Die extrapolierte kubische Funktion von Beispiel 5.10*

Tabelle 5.12 zeigt uns, wie gefährlich es sein kann, wenn ein Zusammenhang der durch Datenanpassung mit Polynomen erhalten wurde, über den Versuchsbereich hinaus extrapoliert wird. Wir wissen, dass Rinder mit 5 Jahren ausgewachsen sind und damit kaum mehr zunehmen. Damit ist die Extrapolation mit den eigentlich nichtlinearen Funktionen offensichtlich möglich.

Tabelle 5.12 *Extrapolation der an die Daten von Beispiel 5.10 angepassten nichtlinearen Funktionen*

Funktion	80 Wochen	100 Wochen
quadratisch	104,01	60,18
kubisch	143,88	188,05
exponentiell	132,71	132,90
Gompertz	132,08	132,17
logistisch	131,57	131,62

Abschließend geben wir noch die *D-optimalen Pläne* für 12 zu planende Messungen im Intervall (0; 60) an, die aus Tabelle 5.9 bzw. mit dem CADEMO-Modul WACH berechnet wurden.

Typ der Funktion:	D-optimaler Plan
Quadratisch	$\begin{pmatrix} 0 & 30 & 60 \\ 4 & 4 & 4 \end{pmatrix}$
Kubisch	$\begin{pmatrix} 0 & 16,6 & 43,4 & 60 \\ 3 & 3 & 3 & 3 \end{pmatrix}$

$$\text{exponentiell} \quad \begin{pmatrix} 0 & 13{,}7 & 60 \\ 4 & 4 & 4 \end{pmatrix}$$

$$\text{Gompertz} \quad \begin{pmatrix} 0 & 14{,}2 & 60 \\ 4 & 4 & 4 \end{pmatrix}$$

$$\text{Logistisch} \quad \begin{pmatrix} 0 & 14{,}7 & 60 \\ 4 & 4 & 4 \end{pmatrix}$$

Im folgenden Beispiel zeigen wir, wie man die Parameter einer eigentlich nichtlinearen Funktion mit SPSS schätzen kann. Hierzu muss man nach dem Einlesen der Daten die Programmfolge: **Analysieren – Regression – nichtlinear** wählen und dann die entsprechende Funktion in einem der Abbildung 5.20 entsprechenden Fenster programmieren und Anfangswerte für die Parameterschätzwerte, wie in Abbildung 5.21 gezeigt, eingeben.

Beispiel 5.13
Der Arbeit von MICHAELIS und MENTEN (1913) entnahmen wir die Werte ihrer Tabelle I aus Versuch 5, in dem die Kinetik der Invertinwirkung untersucht wurde. Tabelle 5.13 enthält diese Versuchsergebnisse (die Rotation in Grad in Abhängigkeit von der Zeit in Minuten).

Tabelle 5.13 *Beobachtungswerte aus einer Arbeit von Michaelis und Menten (obere Zeile Zeit in Minuten, untere Zeile Drehung in Grad).*

Zeit (min)   0; 1   ; 6   ; 17 ; 27 ; 38 ; 62 ; 95   ; 1372 ; 1440
Drehung (Grad) 0; 0,025; 0,117; 0,394; 0,537; 0,727; 0,877; 1,023; 1,136; 1,178

Wir lesen die Ergebnisse von Tabelle 5.13 in SPSS ein und wählen, wie oben beschrieben den Zweig Regression-nichtlinear. Das führt zu Abbildung 5.20.

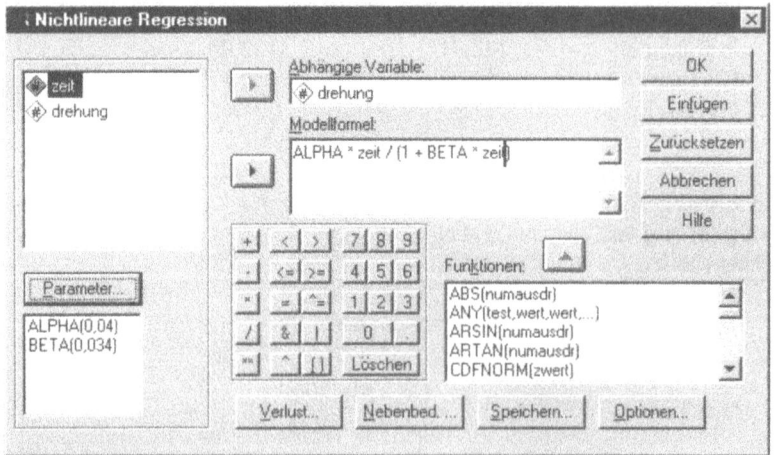

Abbildung 5.25 *SPSS-Eingabefenster Nichtlineare Regression*

Hier betätigen wir nun zunächst den Schalter „Parameter" und das führt zu Abbildung 5.21.

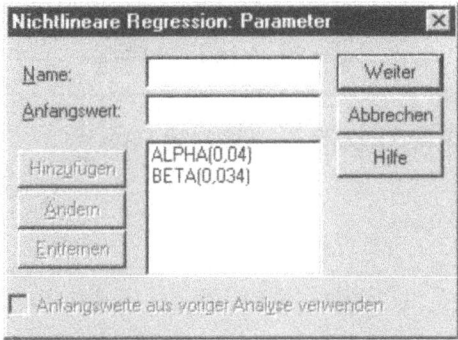

Abbildung 5.26 *Fenster für die Parametereingabe*

Hier geben wir als Parameter alpha mit dem Anfangswert 0,04 sowie beta, mit dem Anfangswert 0,034 ein, die wir der Arbeit von BOER et al. (2000) entlehnt haben.
Wir erhalten die Schätzwerte 0,04135 bzw. 0,03392. Die Werte der Tabelle 5.13 und die Kurve der an die Daten angepassten Regressionsfunktion findet man in Abbildung 5.22.

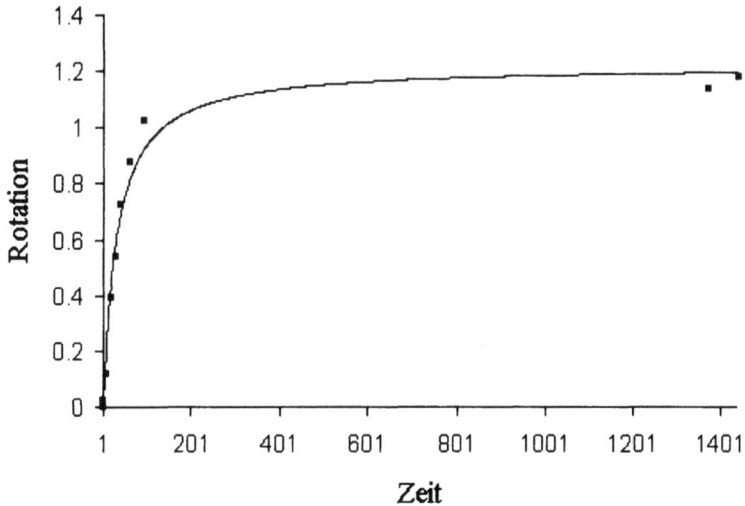

Abbildung 5.27 *Die Punktwolke der Werte aus Tabelle 5.13 und die*
angepasste Kurve

Die lokal optimalen Pläne wurden von BOER et al. (2000) für 10 Messungen berechnet. Für die uneingeschränkten Pläne war der Versuchsbereich das Intervall [0,1440] und für die wiederholungsfreien lokal optimalen Pläne wurde als Menge der Kandidatenpunkte die Menge {15(1)35; 50, 500; 800; 1000; 1200; 1300; 1435(1)1440} gewählt. Hierbei bezeichnet $a(1)b$, die Menge der ganzen Zahlen von a bis einschließlich b. Als Optimalitätskriterien wählten die Autoren die D-Optimalität sowie die C-Optimalitäten für die Schätzung der beiden Parameter. Es ergaben sich folgende Pläne:

Kriterium	Optimaler Plan	Optimaler wiederholungsfreier Plan
D	$\begin{pmatrix} 28,32 & 1440 \\ 5 & 5 \end{pmatrix}$	26,27,28,29,30,1436,1437,1438,1439,1440
C_1	$\begin{pmatrix} 21,55 & 1440 \\ 8 & 2 \end{pmatrix}$	18,19,20,21,22,23,24,25,26,1439,1440
C_2	$\begin{pmatrix} 20,29 & 1440 \\ 7 & 3 \end{pmatrix}$	18,19,20,21,22,23,24,1438,1439,1440

6. Theoretische Voraussetzungen und deren praktische Bedeutung – Robustheit von Verfahren

Mitunter liest man Begriffe wie „theoretische" (auch „mathematische") und „angewandte" Statistik In der Theorie geht es um die Herleitung neuer Erkenntnisse wie Sätze oder Verfahren, wie z.B. statistische Tests. Für deren exakte Gültigkeit sind Voraussetzungen über die Verteilung von Zufallsvariablen erforderlich. Ebendiese Voraussetzungen findet man dann auch in Anwendungsbüchern, wie auch in dem vorliegenden, wieder. Wir wollen als Beispiel den Vergleich zweier Erwartungswerte betrachten. Der Zweistichproben – t –Test basiert auf einer Prüfzahl, die mit $n_1 + n_2 - 2$ Freiheitsgraden und einem Nichtzentralitätsparameter (der bei Gleichheit der Erwartungswerte 0 ist) t–verteilt ist, falls die Zufallsvariablen der Gruppen voneinander unabhängig mit gleichen Varianzen normal verteilt sind.

Muss man nun vor der Anwendung des Tests die Normalverteiltheit und die Varianzhomogenität durch so genannte Vortests prüfen? Dagegen gibt es zwei theoretische Argumente. Weiter unten werden wir sehen, dass es noch ein empirisch durch Simulation gewonnenes drittes Argument gibt.

Gegenargument 1
Die Vortests werden meist am gleichen Material durchgeführt, mit dem dann auch der Mittelwertvergleich vorgenommen wird. Vor- und Haupttest sind damit nicht unabhängig, die Gesamtrisiken (1. und 2. Art) können nicht exakt berechnet werden. Wir wollen hier nur aufzeigen, welche Probleme es schon bei zwei hintereinander geschalteten Tests gibt. Test 1 sei der Vortest, Test 2 der eigentliche Test. Wir betrachten dazu Abbildung 6.1

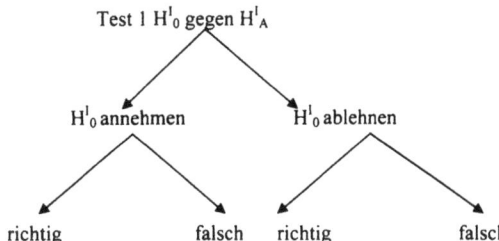

Wenn H_0^I angenommen wird, wird Test 2 durchgeführt, anderenfalls nicht. Die Risiken 1. und 2. Art von Test 2 hängen in für den Anwender nicht durchschaubarer Weise mit dem Risiko 2. Art von Test 1 zusammen. Damit sind diese Risiken streng genommen unbekannt. Fazit: Vortests am gleichen Material führen beim eigentlichen Test zu unkalkulierbaren Risiken.

Gegenargument 2
Sinn des Vortests ist es doch, den Haupttest nur durchzuführen, wenn die Nullhypothese (es liegt Normalverteilung vor und die Varianzen sind gleich) des (oder der) Vortests angenommen wird. Um das dann relevante Risiko 2. Art hinreichend niedrig zu halten, ist der Umfang entsprechend zu planen. Abgesehen von den theoretischen Schwierigkeiten, die im Falle der Verteilungsprüfung z.B. wegen der Schwierigkeiten einen „Abstand" zur Nullhypothese festzulegen auftreten, käme wegen der geringen Güte verfügbarer Tests für den Vortest ein weitaus größerer Untersuchungsumfang heraus als für den eigentlichen Test nötig. Welcher Anwender wird dies akzeptieren?

Und was geschieht mit den Beobachtungen, wenn der Vortest zur Ablehnung der Voraussetzung führt? Oft wird dann ein nicht-parametrischer Test, wie der Wilcoxon-Mann-Whitney-Test empfohlen. Dieser reagiert aber nicht nur auf Unterschiede in den Erwartungswerten sondern auf solche in allen höheren Momenten, also auch der Varianz, zeigt damit gegebenenfalls zu oft Signifikanz an, hält also das gewünschte Risiko 1. Art, das wir das nominale α_{nom} nennen, nicht ein.

Gegenargument 3 Robustheit statistischer Verfahren gegen nicht erfüllte Voraussetzungen.

Wie wir gesehen haben, ist die durch Vortests erhoffte genaue Einhaltung vorgegebener Risiken nicht erreichbar. Deshalb kann man in den Anwendungen von vorneherein auf eine genaue Festlegung dieser Risiken verzichten und wie bei RASCH and GUIARD (2004) beschrieben, folgende Definition verwenden:

Definition 6.1

Es sei d_α eine Konfidenzschätzung basierend auf einen Versuchsplan V_n vom

Umfang n bezüglich eines Parameters θ aus einer Klasse G von Verteilungen mit nominalen Konfidenzkoeffizienten 1 - α_{nom} ($0 < \alpha_{nom} < 1$) in G. Für ein Element $h \in H \supset G$ aus einer Klasse H von Verteilungen, die G umfasst, sei $1 - \alpha_{akt}(V_n, h)$ der aktuelle Konfidenzkoeffizient von d_α. Dann heißt d_α ε–robust in H falls

$$\underset{h \in H}{Max} \left| \alpha - \alpha\left(V_n, h\right) \right| \le \varepsilon \tag{6.1}$$

Analog können wir die ε – Robustheit für Tests oder Auswahlverfahren definieren. Da wir eine Nullhypothese $H_0 : \theta = \theta_0$ so prüfen können, dass wir H_0 annehmen, falls θ_0 innerhalb eines mit dem Risiko 1. Art entsprechenden Konfidenzkoeffizienten 1 - α_{nom} konstruierten Konfidenzintervalls liegt und anderweitig H_0 verwerfen, umfasst Definition 6.1 auch die ε– Robustheit von Tests hinsichtlich des Riskos 1. Art.

RASCH and GUIARD (2004) haben vor allem bis dato nicht allgemein zugängliche Ergebnisse einer über 10-jährigen Forschungsarbeit einer größeren Forschungsgruppe aus mehreren Instituten zusammengefasst und bewertet. Wir verweisen auf diesen Artikel und geben hier nur eine grobe Zusammenfassung. Wählen wir die Klasse H als Klasse der Verteilungen kontinuierlicher Zufallsvariablen und G als Klasse der Normalverteilungen und genügt es, wenn

$$\underset{h \in H}{Max} \left| \alpha_{nom} - \alpha_{akt} \right| \le 0{,}2\alpha_{nom} \tag{6.2}$$

- eine so genannte 20%-Robustheit - gilt, so haben die in RASCH and GUIARD (2004) beschriebenen umfangreichen Simulationsstudien (basierend auf 10 000 Stichproben) folgendes ergeben: Alle t–Tests (Ein- Zwei- und Mehrstichproben-problem), sowie die F–Tests der Varianzanalysen über Lageparameter sind bei hinreichend großem Stichprobenumfang 20%-robust. Das bedeutet bei $\alpha = 0{,}05$, dass $0{,}04 \le \alpha_{akt} \le 0{,}06$ gilt. Dagegen ist der F – Test für den Vergleich zweier Varianzen extrem empfindlich gegen Nichtnormalverteiltheit. Der Levene-Test, der daraufhin anstelle des ursprünglich verwendeten F – Tests nun in SPSS verwendet wird, hat sich als 20%-robust erwiesen. Im erwähnten Artikel findet man analoge Ergebnisse zu vielen weiteren Problemen, auch zur der Bedeutung der Varianzheterogenität und Hinweise darauf, wann anstelle des t –Tests der Welch-Test zu verwenden ist.

Anhang A   Symbolik

$$Y_{i.} = y_{i.} = \sum_{j=1}^{n_i} y_{ij}$$

Ein Punkt an der Stelle eines Suffix bezeichnet die Summierung über diesen Suffix. Zusätzlich kann der Buchstabe groß geschrieben werden

p — Wahrscheinlichkeit eines einzelnen Ereignisses, Grundwahrscheinlichkeit

f, FG — Freiheitsgrade

x, y, χ^2, F, s^2, r — Zufallsvariable werden fett gedruckt, ihre Realisationen durch dieselben normalen Buchstaben charakterisiert

$u = \dfrac{y - \mu}{\sigma}$ — Standardisierte Zufallsvariable

e — Zufälliger Fehler, Fehlerkomponente in Modellen

n — Stichprobenumfang, Versuchsumfang

N — Umfang einer endlichen Grundgesamtheit, Gesamtumfang mehrerer Stichproben

$\ln$ — Natürlicher Logarithmus

$f(y)$ — Dichtefunktion einer kontinuierlichen Zufallsvariablen y

$\Phi(u)$ — Verteilungsfunktion der standardisierten Normalverteilung

$\phi(u)$ — Dichtefunktion der standardisierten Normalverteilung

$N(\mu; \sigma^2)$ — Kurzbezeichnung für eine Normalverteilung mit dem Erwartungswert (Mittelwert) μ und der Varianz σ^2

$N(0;1)$ — Kurzbezeichnung für die standardisierte Normalverteilung $(\mu = 0, \sigma^2 = 1)$

$u(P)$ — P-Quantil der $N(0;1)$-Verteilung

$t(f;P)$ — P-Quantil der t-Verteilung mit f Freiheitsgraden

$\chi^2(f;P)$ — P-Quantil der χ^2-Verteilung mit f Freiheitsgraden

$F(f_1;f_2;P)$ — P-Quantil der F-Verteilung mit f_1 und f_2 Freiheitsgraden

θ — Bezeichnung für einen nicht näher festgelegten Parameter oder den Intraklasskorrelationskoeffizienten

$\hat{\boldsymbol{\theta}}$ — Schätzfunktion von (Schätzung von) θ

$\hat{\theta}$ — Schätzwert von θ (Realisation von $\hat{\boldsymbol{\theta}}$)

$E(y) = \mu_y = \mu$ — Erwartungswert (Mittelwert) der Zufallsvariablen y

$\mathrm{var}(y) = \sigma_y^2 = \sigma^2$ Varianz der Zufallsvariablen y

$$\bar{y}_. = \bar{y} = \frac{1}{n} \sum_{i=1}^{n} y_i$$ Arithmetischer Mittelwert der Stichprobenwerte

$$\bar{y}_. = \frac{1}{n} \sum_{i=1}^{n} y_i$$ Arithmetischer Mittelwert der Zufallsvariablen y_i, Schätzfunktion für μ

$s = \sqrt{s^2}$ Schätzwert von $\sigma = \sqrt{\sigma^2}$

$\sigma_y = \sigma$ Standardabweichung der Zufallsvariablen y

$s_y = s$ Schätzwert von σ_y

$\mu_r = \mathrm{E}[(y-\mu)^r]$ r-tes zentrales Moment bei eindimensionalen Zufallsvariablen

$$\boldsymbol{m_r} = \frac{1}{n} \sum_{i=1}^{n} (y_i - \bar{y}_.)^r$$ r-tes zentrales Stichprobenmoment, Schätzfunktion von μ_r

$$\gamma_1 = \frac{\mu_3}{\mu_2^{3/2}}$$ Schiefe

$$\boldsymbol{g}_1 = \frac{\boldsymbol{m}_3}{\boldsymbol{m}_2^{3/2}}$$ Stichprobenschiefe, Schätzungsfunktion von γ_1, in SPSS, siehe S. 35

$$\gamma_2 = \frac{\mu_4}{\mu_2^2} - 3$$ Exzess

$$\boldsymbol{g}_2 = \frac{\boldsymbol{m}_4}{\boldsymbol{m}_2^2} - 3$$ Stichprobenexzess, Schätzfunktion von γ_2, in SPSS, siehe S. 36

$\mathrm{cov}(x,y) = \sigma_{xy}$ Kovarianz zwischen Zufallsvariablen x und y

$s_{xy} = \hat{\mathrm{cov}}(x, y)$ Schätzfunktion von σ_{xy}

ρ Einfacher (Produkt-Moment-)Korrelationskoeffizient

r Einfacher Stichprobenkorrelationskoeffizient, Schätzfunktion von ρ

σ_a^2 Varianzkomponente des Faktors A

$s_a^2, \hat{\sigma}_a^2$ Schätzfunktion der Varianzkomponente des Faktors A

MQF   Mittlerer quadratischer Fehler $\mathrm{E}[(\hat{\theta} - \theta)^2]$

β_i Regressionskoeffizient

$b_i, \hat{\beta}_i$	Stichprobenregressionskoeffizient, Schätzung von β_i
H_0	Nullhypothese
H_A	Alternativhypothese
α	Risiko 1. Art eines statistischen Tests (Irrtumswahrscheinlichkeit)
$1-\alpha$	Konfidenzkoeffizient
β, β^*	Risiko 2. Art, Risiko bei Selektionsproblemen
β^*	Vorgegebene obere Schranke für β
$1-\beta$	Güte eines Tests, Wahrscheinlichkeit der richtigen Auswahl bei Selektionsproblemen
d	Praktisch interessierende Mindenstdifferenz bei Tests für Lageparameter, halbe erwartete Breite von Konfidenzintervallen für Lageparameter
$(a;b)$	Konfidenzintervall mit den Grenzen a und b
$(a;b)$	Realisation des Konfidenzintervalles $(a;b)$
$A \succ B, B \prec A$	Der Faktor A ist dem Faktor B hierarchisch übergeordnet, d.h., B ist A hierarchisch untergeordnet
$A \times B$	Die Faktoren A und B sind kreuzklassifiziert
SQ_x, SQ	Summe der Quadrate der Abweichungen bezüglich der Variablen x
MQ	Mittleres Abweichungsquadrat
$E(MQ)$	Erwartungswert der MQ
BUB	Balancierte unvollständige Blockanlage
TBUB	Teilweise balancierte unvollständige Blockanlage
CEIL(x)	Rundungsoperator, ist x ganzzahlig, ergibt sich x, sonst wird CEIL(x) zum ganzzahligen Anteil von $x + 1$

Anhang B Vorausgesetzte Grundkenntnisse der Stochastik

Die stochastische Mathematik wurde entwickelt, um zufällige Erscheinungen beschreiben zu können. Sie umfasst die zwei Teilgebiete Wahrscheinlichkeitsrechnung und Mathematische Statistik.

B.1 Beschreibende Statistik

Die beschreibende Statistik umfasst die Beschreibung von Daten (unabhängig davon, ob sie aus Grundgesamtheiten oder aus Stichproben stammen). Sie bildet die Grundlage der schließenden Statistik, die wir später behandeln. Die Beschreibung der Daten kann numerisch oder grafisch erfolgen.

B.1.1 Grundgesamtheit

Eine Grundgesamtheit (mitunter auch Population genannt) ist eine Menge von Elementen in einem genau festgelegten Raum (Umgebung) zu einer genau definierten Zeit. Es muss eine so genannte operationelle Definition der Grundgesamtheit geben, die es ermöglicht, festzustellen, ob ein Element zur Grundgesamtheit gehört oder nicht. Wir können bestimmte Merkmale an den Elementen der Grundgesamtheit erfassen. Solch einen Merkmalswert nennen wir einen Beobachtungswert oder auch kurz eine Beobachtung. Häufig interessiert man sich für die Menge der Messwerte, die man von den Elementen der Grundgesamtheit erhalten hat. Auch diese Menge wird als Grundgesamtheit, genauer als Grundgesamtheit der Beobachtungen, bezeichnet. Die Anzahl der Elemente in der Grundgesamtheit wird meist mit N bezeichnet und Umfang der Grundgesamtheit genannt. In praktischen Anwendungen ist der Umfang einer Grundgesamtheit endlich. In der statistischen Theorie dagegen werden Grundgesamtheiten oft als unendlich angesehen, dies ist ein gutes Modell wenn N groß ist.

B.1.2 Populationsmittel und -varianz

Zunächst möchte man eine Grundgesamtheit von N Beobachtungen $\{Y_1, Y_2, ..., Y_N\}$ zusammenfassend beschreiben.
Als Maßzahl der Lage der Verteilung dieser Beobachtungen verwendet man das Mittel der Grundgesamtheit auch Erwartungswert und Populationsmittel oder Mittelwert genannt. Es ist das arithmetische Mittel der Beobachtungswerte der (endlichen) Grundgesamtheit und wird mit dem Symbol μ bezeichnet:

$$\mu = \sum_{i=1}^{N} Y_i / N. \tag{B.1}$$

Die Verallgemeinerung für beliebige Grundgesamtheiten (Verteilungen) findet man in Abschnitt B.2.4. Eine Maßzahl der Variabilität der Verteilung der Beobachtungen ist die Varianz der Grundgesamtheit auch Populationsvarianz genannt. Sie ist das arithmetische Mittel der Quadrate der Abweichungen der Beobachtungen vom Populationsmittel. Wir bezeichnen die Varianz durch das Symbol σ^2:

$$\sigma^2 = \sum_{i=1}^{N}(Y_i - \mu)^2 / N = \left[\sum_{i=1}^{N}Y_i - \left(\sum_{i=1}^{N}Y_i\right)^2 / N\right] / N. \qquad \text{(B.2)}$$

Die Varianz hat als Dimension das Quadrat der Dimension der Messwerte. Daher verwendet man oft auch die Quadratwurzel der Varianz, die Standardabweichung. Die Standardabweichung bezeichnen wir mit σ, sie hat die gleiche Dimension wie das Merkmal.

Populationsmittel und Populationsvarianz beschreiben die Grundgesamtheit meist nicht vollständig. Zwei weitere Maßzahlen sind folgende. Einmal die Schiefe, die eine Maßzahl der Asymmetrie bezüglich des Zentrums der Verteilung, z.B. des Erwartungswertes ist. Ferner der Exzess, als Maßzahl der Hoch- oder Flachgipfligkeit der Verteilung relativ zur Normalverteilung. Diese beiden Maßzahlen werden in Abschnitt 3.1 von Kapitel 3 näher beschrieben.

Beispiel B.1

Die Grundgesamtheit sei durch {3,4,4,5,5,5,5,6,6,7} gegeben, es ist also $N = 10$. Wir fassen diese Beobachtungen in der so genannten Häufigkeitstabelle zusammen. Hierfür ermitteln wir zunächst die Werte der Grundgesamtheit, die ungleich sind. In unserem Beispiel haben wir fünf verschieden Werte nämlich 3,4,5,6 und 7. Die Anzahl der verschieden Werte der Grundgesamtheit nennen wir M, hier ist also $M = 5$.

Tabelle B.1   *Häufigkeitstabelle von Beispiel B.1.*

Y_i	f_i	f_i/N
3	1	0,1
4	2	0,2
5	4	0,4
6	2	0,2
7	1	0,1
Σ	10	1

f_i heißt Häufigkeit und ist die Anzahl des Auftretens der Beobachtung Y_i;
f_i/N heißt die relative Häufigkeit.

Wir erhalten $\mu = 5$ und $\sigma^2 = 1,2$ für diese Verteilung, da
$\sum_{i=1}^{10} Y_i = 50$, $\sum_{i=1}^{10} Y_i^2 = 262$ gilt ist $\mu = 50/10 = 5$, ferner ist

$$\sigma^2 = (262 - 50^2/10)/10 = (262 - 250)/10 = 12/10 = 1,2.$$

Die Berechnung von μ und σ^2 ist über die Häufigkeitstabelle einfacher:

$$\mu = \sum_{i=1}^{M} f_i Y_i / N \qquad \text{(B.3)}$$

$$\sigma^2 = (\sum_{i=1}^{M} f_i Y_i^2 - (\sum_{i=1}^{M} f_i Y_i)^2 / N) / N \tag{B.4}$$

mit $\quad N = \sum_{i=1}^{M} f_i$.

B.1.3 Grafische Beschreibung

Die in diesem Abschnitt beschriebenen grafischen Verfahren können gleichermaßen für die Werte einer endlichen Grundgesamtheit als auch für die Werte einer Stichprobe verwendet werden.

Die Beschreibung der Verteilung der Daten kann grafisch durch ein Streifendiagramm erfolgen; die Höhe eines Streifens ist proportional zur Häufigkeit (oder der relativen Häufigkeit) des entsprechenden Wertes. Das Streifendiagramm für die Daten von Beispiel B.1 zeigt Abbildung B.1.

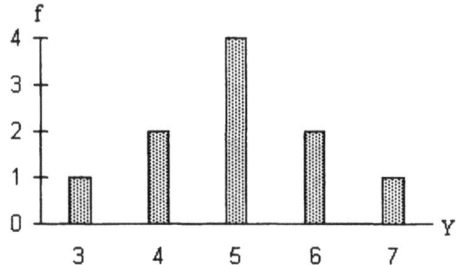

Abbildung B.1 *Streifendiagramm für Beispiel B.1*

Eine andere einfache Darstellungsmöglichkeit einer Verteilung ist das Zweigdiagramm (Zweig-Blatt-Diagramm). Hier treten alle Werte der Grundgesamtheit oder der Stichprobe im Graph auf. Ein Zweigdiagramm wird daher vor allem verwendet, wenn die Anzahl der Beobachtungen klein ist. Alle Werte sollen positiv sein. Jeden Beobachtungswert zerlegt man in den Zweigwert (oft die ersten Ziffern) und das Blatt (die letzte Ziffer). Die Zweigwerte stellt man auf einer senkrechten Gerade, dem Zweig dar (Werte von oben nach unten ansteigend). Das jeweilige Blatt wird dann vom Zweig nach rechts abgetragen. Auch die Blätter können für jeden Zweigwert der Größe nach (von links nach rechts) geordnet werden.

Beispiel B.2

In Tabelle B.2 finden wir die Widerristhöhe in cm von 30 Kälbern. Wir definieren die beiden ersten Ziffern (Hunderter und Zehner) als die Zweigwerte und die letzte Ziffer als Blätter. Die verschiedenen Zweigwerte sind dann:

9
10
11
12

Tabelle B.2   *Widerristhöhe (in cm) von 30 Holstein-Friesen-Kälbern.*

108	103	103
112	106	113
111	114	102
112	123	115
100	105	92
104	97	105
106	105	97
109	108	94
119	102	102
102	110	100

Es gibt nun vier Messwerte zwischen 90 und 100 cm, d.h. solche mit dem Zweig 9. Es sind 97, 92, 97 und 94. Die vier Blätter am Zweigwert 9, sind damit 7, 2, 7 und 4, geordnet 2, 4, 7 und 7. Diese vier Ziffern werden rechts vom Zweiwert 9 aufgeschrieben. Die erste Zeile des Zweigdiagramms ist damit 9 | 2477.

Analog erhalten wir die anderen Zeilen von Abbildung B.2.

```
 9 | 2477
10 | 00222233455566889
11 | 01223459
12 | 3
```

Abbildung B.2 *Zweigdiagramm für Beispiel B.2*

Im Zweigdiagramm erkennen wir das Zentrum der Verteilung, ihre Form und die Anzahl ihrer Gipfel. Außerdem kann man etwas über die Symmetrie erfahren.

Nehmen wir nun an, die ersten 15 Werte der Tabelle B.2 (also die erste Spalte und die ersten 5 Werte der zweiten Spalte) sind Beobachtungen von männlichen und die anderen von weiblichen Kälbern. Dann können wir die Blätter der männlichen Kälber nach links und die Blätter der weiblichen Kälber nach rechts vom Zweig abtragen. Dies ergibt weitere Informationen und führt zu Abbildung B.3 (männliche Blätter von rechts nach links geordnet).

männliche Kälber	Zweig	weibliche Kälber
	9	2477
986654320	10	02223558
94221	11	035
3	12	

Abbildung B.3 *Zweigdiagramm für Beispiel B.2 für männliche und weibliche Kälber getrennt*

Männliche Kälber scheinen etwas größer zu sein als weibliche, die Verteilung der weiblichen ist symmetrisch, die Verteilung der männlichen ist schief.

B.1.4 Faustregel

Die Bedeutung von Mittelwert μ und Standardabweichung σ zeigt folgende Aussage (Tschebyschevsche Ungleichung).
Für jede (Häufigkeits-) Verteilung ist die relative Häufigkeit für Beobachtungen im Intervall $I = [\mu - 2\sigma, \mu + 2\sigma]$ oder $I = \{\mu - 2\sigma \le Y \le \mu + 2\sigma\}$ mindestens gleich 0,75 oder anders ausgedrückt ist die relative Häufigkeit von Y-Werten außerhalb des Intervalls I höchstens gleich 0,25.
Diese Aussage ist für theoretische Zwecke gedacht, da sie für alle Verteilungen gilt aber für praktische Zwecke zu schwach. Daher verwenden wir folgende Faustregel:
Außerhalb des Intervalls $I = \{\mu - 2\sigma \le Y \le \mu + 2\sigma\}$ liegen etwa 5 Prozent der Beobachtungen oder die relative Häufigkeit von Beobachtungen $\{Y < \mu - 2\sigma$ oder $Y > \mu + 2\sigma\}$ ist etwa 0,05.

Beispiel B.2 - Fortsetzung

Für Beispiel B.2 ist $\mu = 105,97$ und $\sigma = 6,94$; also ist $\mu + 2\sigma = 119,85$ und $\mu - 2\sigma = 92,09$. In Tabelle B.2 ist ein Wert kleiner als 92,09 und einer größer als 119,85 und das ergibt 0,067 als relative Häufigkeit dafür, außerhalb des Intervalls $I = \{\mu - 2\sigma \le Y \le \mu + 2\sigma\}$ zu liegen.

B.2 Häufigkeiten und Wahrscheinlichkeiten

B.2.1 Einleitung

Wenn wir aus einer Grundgesamtheit zufällig Elemente entnehmen, sagen wir, jedes Element habe die gleiche Wahrscheinlichkeit (oder Chance), ausgewählt zu werden. Was bedeutet aber der Begriff Wahrscheinlichkeit? Wenn wir N Elemente betrachten und feststellen, wie oft bestimmte Ereignisse A_i auftreten, so heißt die Anzahl der Elemente mit dem Ereignis A_i die absolute Häufigkeit f_i von A_i. Die relativen Häufigkeiten $\frac{f_i}{N}$ haben nun in vielen praktischen Fällen die Eigenschaft, dass ihre Werte mit wachsendem

N immer weniger schwanken und nahezu konstant werden. Das führte dazu, dass man diese Konstanten die Wahrscheinlichkeiten der Ereignisse A_i nannte.

Die Wahrscheinlichkeitsrechnung hat ihre Wurzeln in der mathematischen Behandlung von Glücksspielen im 17-ten und 18-ten Jahrhundert.

Wir betrachten die Wahrscheinlichkeit eines bestimmten Ereignisses als eine mathematische Abstraktion der relativen Häufigkeit (r.H.) dieses Ereignisses. Die r.H. wird meist für Ereignisse, die weder sicher noch unmöglich sind, so genannte zufällige Ereignisse, angegeben, denn die r.H. eines sicheren Ereignisses ist stets 1 und die eines unmöglichen Ereignisses ist stets 0.

Beispiel B.3

Wir betrachten zwei solche zufälligen Ereignisse:

Ereignis A: Der Ertrag von Winterweizen (je ha) ist höher als 33 dt.

Ereignis B: Die durchschnittliche Höhe von Winterweizenpflanzen je
           Teilstück ist höher als 120 cm.

Es mögen die Resultate in Tabelle B4 beobachtet worden sein:

Tabelle B.4   *Verteilung von 1000 Teilstücken mit Winterweizen nach Ertrag und Höhe.*

Höhe (cm)	Ertrag (dt/ha)		
	$\overline{A}: \leq 33$	$A: > 33$	gesamt
$\overline{B}: \leq 120$	700	100	800
$B: > 120$	150	50	200
gesamt	850	150	1000

Wir bezeichnen mit $\overline{A}$ und $\overline{B}$ die komplementären Ereignisse von A bzw. B, wobei $\overline{A}$ "nicht A" bedeutet.

Wir bezeichnen ferner mit $f(E)$ die r.H. des Ereignisses E.

B.2.2   Rechnen mit Häufigkeiten und Wahrscheinlichkeiten

Wir erläutern zunächst die Rechenregeln für r.H. um diese dann auf Wahrscheinlichkeiten zu übertragen.

B.2.2.1 Eigenschaften relativer Häufigkeiten

Eigenschaft 1   Die r.H. eines Ereignisses E ist eine reelle Zahl zwischen 0 und 1

$$0 \leq f(E) \leq 1 \tag{B.5}$$

In Beispiel B.3 ist

$$f(A) = \frac{150}{1000} = 0{,}15 \, ,$$

$$f(B) = \frac{200}{1000} = 0{,}20 \, .$$

<u>Eigenschaft 2</u>   Die r.H. $f(\overline{E})$ des komplementären Ereignisses $\overline{E}$ von E ist

$$f(\overline{E}) = 1 - f(E) \qquad\qquad\qquad\qquad \text{(B.6)}$$

In Beispiel B.3 ist

$$f(\overline{A}) = \frac{850}{1000} = 0{,}85 = 1 - f(A) \, ,$$
$$f(\overline{B}) = \frac{800}{1000} = 0{,}8 = 1 - f(B) \, .$$

Wir lernen nun mit Ereignissen zu rechnen.

Die *Vereinigung* (oder Summe) zweier Ereignisse A und B wird mit $A{\cup}B$ bezeichnet und ist das Ereignis, dass entweder A oder B (oder beide) auftreten.

Der *Durchschnitt* (oder das Produkt) zweier Ereignisse A und B wird mit $A{\cap}B$ bezeichnet und ist das Ereignis, dass A und B gleichzeitig auftreten.

Wir bezeichnen ein Ereignis, das niemals auftritt (unmögliches Ereignis) mit U und ein Ereignis, das immer auftritt (sicheres Ereignis) mit S. Dann gilt:

$$A \cup \overline{A} = S \qquad A \cap \overline{A} = U$$

(Es ist sicher, dass entweder A auftritt oder nicht auftritt und es ist unmöglich, dass gleichzeitig A auftritt und nicht auftritt(siehe Abbildung B.4)).

Ferner gilt, dass $\overline{S} = U$ und $\overline{U} = S$.

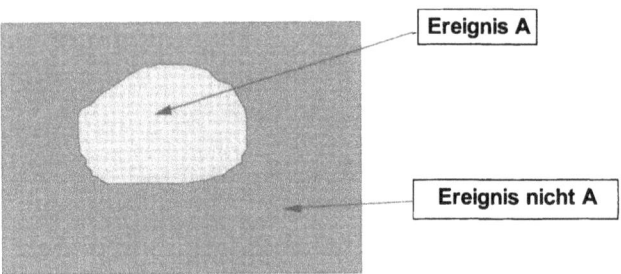

Abbildung B.4   *Ereignisse A und $\overline{A}$*

Nun ist

$$f(S) = 1$$

und damit wegen (B.6)

$$f(U) = 1 - f(S) = 0.$$

Eigenschaft 3

$$f(A \cup B) = f(A) + f(B) - f(A \cap B) \tag{B.7}$$

Ist das gemeinsame Auftreten der Ereignisse A und B ein unmögliches Ereignis, so nennt man A und B einander ausschließende Ereignisse. Schließen A und B einander aus, so vereinfacht sich (B.7) zu (B.7a)

$$f(A \cup B) = f(A) + f(B) \tag{B.7a}$$

In Beispiel B3 ist $A \cup B$ das Ereignis, dass entweder der Ertrag über 33 liegt oder die Höhe größer ist als 120. Die r.H. von Teilstücken mit $A \cap B$ (sowohl Ertrag > 33 als auch Höhe > 120) in Beispiel B.3 ist

$$f(A \cap B) = \frac{50}{1000} = 0,05.$$

Folglich wird:

$$f(A \cup B) = 0,15 + 0,20 - 0,05 = 0,30.$$

Falls ein Teilstück einen Ertrag > 33 hat, welches ist dann die r.H. von B?
Es gibt 150 Teilstücke mit Ertrag > 33, 50 davon haben eine Höhe > 120.
Folglich ist die r.H. von B, wenn A vorliegt (dieses Ereignis wird mit $B|A$ bezeichnet), gleich

$$f(B|A) = \frac{50}{150} = 0,333. \tag{B.8}$$

Die Ereignisse $A|B$ und $B|A$ heißen bedingte Ereignisse, $f(B|A)$ und $f(A|B)$ heißen bedingte r.H.

Eigenschaft 4
Falls $f(B) > 0$, gilt

$$f(A|B) = \frac{f(A \cap B)}{f(B)} \tag{B.9}$$

und falls $f(A) > 0$ analog

$$f(B|A) = \frac{f(A \cap B)}{f(A)} \tag{B.10}$$

Wir berechnen nun $f(A \cap B)$

$$f(A \cap B) = f(A|B) \cdot f(B) = f(B|A) \cdot f(A) \tag{B.11}$$

Zwei Ereignisse A und B heißen unabhängig, falls $f(B\,|\,A) = f(B)$ und $f(A\,|\,B) = f(A)$ gilt und das bedeutet, dass

$$f(A \cap B) = f(A) \cdot f(B) \tag{B.12}$$

In Beispiel B.3 ist

$$f(A \cap B) \;=\; \frac{50}{1000} \;=\; 0{,}05$$

und damit sind A und B abhängig, denn

$$0{,}05 = f(A \cap B) \neq f(A) \cdot f(B) = 0{,}15 \cdot 0{,}2 = 0{,}03.$$

Höhe und Ertrag sind nicht unabhängig.

B.2.2.2 Wahrscheinlichkeiten

Eine "verallgemeinerte r.H." oder Wahrscheinlichkeit $P(A)$ für irgendein "Ereignis" A ist eine reelle Zahl, die die Eigenschaften 1 bis 4 besitzt (exakter: (B.7a) kann auf abzählbar unendlich viele einander ausschließende Ereignisse verallgemeinert werden).

Beispiel B.4

Wir betrachten ein Gen (einen Locus) einer Population von Menschen, Tieren oder Pflanzen, das zwei Zustandsformen (Allele genannt) A und a besitzt. Am Locus mögen gleichzeitig zwei Allele auftreten, man nennt das diploid. Wir sagen A sei das Ereignis, dass A auftritt und a sei das Ereignis, dass a auftritt. Die zwei Plätze am Locus bilden, wenn sie besetzt sind, den Genotyp.

An jedem der freien Plätze kann entweder A oder a auftreten. Da es nur 2 Allele gibt, ist $a = \overline{A}$ und $A = \overline{a}$.

In Populationen mit Zufallspaarung brauchen wir nur die r.H. bzw. die Wahrscheinlichkeit $P(A)$ des Allels A in der Population zu kennen. Alles andere, wie z.B. die Genotypwahrscheinlichkeiten können wir daraus mit Hilfe der vier Regeln berechnen. Wir nehmen an, es sei $P(A) = 0{,}7$. Bei Zufallspaarung ohne Inzucht sind die Ereignisse, dass ein Nachkomme ein Allel vom Vater oder von der Mutter erhält, unabhängig. Es seien A_V, a_V die Allele A und a, die vom Vater stammen und A_M, a_M die Allele, die von der Mutter stammen. Ein Nachkomme erhält ein Allel von der Mutter und ein Allel vom Vater.

Der Genotyp AA ist $A_V \cap A_M$ und wegen $P(A_V) = P(A_M) = P(A) = 0{,}7$ erhalten wir aus (B.12) (Unabhängigkeit!)

$$P(AA) = P(A_V \cap A_M) = 0{,}7 \cdot 0{,}7 = 0{,}49.$$

Der Genotyp Aa ist

$$Aa = (A_V \cap a_M) \cup (A_M \cap a_V)$$

und aus $P(a) = 1 - P(A) = 0{,}3$ (nach (B.6))und weil sich die beiden Komponenten der Vereinigung ausschließen, folgt aus (B.7a)

$$P(Aa) = P(A_V \cap a_M) + P(A_M \cap a_V) = 0{,}7 \cdot 0{,}3 + 0{,}7 \cdot 0{,}3 = 0{,}42.$$

Der Genotyp aa ist

$$aa = a_V \cap a_M$$

und damit ist

$$P(aa) = P(a_V \cap a_M) = 0{,}3 \cdot 0{,}3 = 0{,}09.$$

Weil $AA \cup Aa \cup aa = S$ berechnen wir als Probe

$$1 = P(S) = P(AA) + P(Aa) + P(aa) = 0{,}49 + 0{,}42 + 0{,}09.$$

Das Prinzip der unabhängigen Segregation in der Genetik besagt, dass die Eltern zufällig eines ihrer zwei Allele an einen Nachkommen übertragen. Damit ist bei der Paarung $Aa \cdot Aa$ die Wahrscheinlichkeit dafür, dass der Vater A an den Nachkommen überträgt gleich $1/2$ und die Wahrscheinlichkeit dafür, dass die Mutter A überträgt ebenfalls gleich $1/2$ also ist die Wahrscheinlichkeit dafür, dass der Nachkomme den Genotyp AA hat:

$$P(\text{Nachkomme ist } AA) = P(\text{vom Vater } A) \cdot P(\text{von der Mutter } A)$$
$$= 1/2 \cdot 1/2 = 1/4.$$

In einer Population mögen wir folgende Genotypenverteilung haben:

Genotyp	AA	Aa	aa
Wahrscheinlichkeit	p	$2q$	r

Werden zufällig zwei Individuen gepaart, welches ist dann die Wahrscheinlichkeit dafür, dass die Paarung vom Typ $Aa \cdot Aa$ ist und der Nachkomme den Genotyp AA hat? Das Ereignis $Aa \cdot Aa$ nennen wir E und das Ereignis dass der Nachkomme AA ist, nennen wir Ereignis F. Dann gilt $P(E \cap F) = P(E) \cap P(F \mid E)$.
Nun folgt aber aus unseren Regeln: $P(E) = P(Aa \cap Aa) = P(Aa) \cdot P(Aa) = 2q \cdot 2q = 4q^2$.
Die Wahrscheinlichkeit dafür, dass aus $Aa \cdot Aa$ ein Nachkomme mit AA hervorgeht ist $1/4$; d.h. $P(F \mid E) = 1/4$.
Damit ist $P(E \cap F) = P$ (Paarung ist $Aa \cdot Aa$ und Nachkomme ist AA) $= 4q^2 \times 1/4 = q^2$.

B.2.3 Wahrscheinlichkeitsverteilungen

B.2.3.1 Definitionen

In diesem Abschnitt beschreiben wir den Zusammenhang zwischen zufälligen Ereignissen und zufälligen Variablen.

Beispiel B.4 - Fortsetzung
Ein Nachkomme zweier Eltern mit Aa kann einen der folgenden Genotypen haben, deren Auftreten Ereignisse sind:

$E =$ (Nachkomme ist *AA* oder hat $x = 2$ *A* Allele)
$F =$ (Nachkomme ist *Aa* oder hat $x = 1$ *A* Allel)
$G =$ (Nachkomme ist *aa* oder hat $x = 0$ *A* Allele).

Die Wahrscheinlichkeiten sind $P(E) = 1/2 \cdot 1/2 = 1/4$; $P(F) = 2 \cdot 1/2 \cdot 1/2 = 1/2$ und $P(G)$ $= 1/2 \cdot 1/2 = 1/4$. Grafisch dargestellt ergibt das Abbildung B.5.

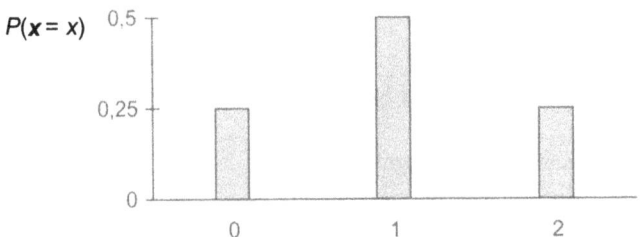

Abbildung B.5 *Wahrscheinlichkeiten der Verteilung der Anzahl von A-Allelen*

Wir haben also die drei Ereignisse durch die Anzahl der *A*-Allele und damit numerisch statt durch Worte beschreibend dargestellt.

Allgemein nennen wir solch eine zufällige numerische Funktion des Ergebnisses eines Versuchs eine Zufallsvariable und symbolisieren sie durch einen fett gedruckten Buchstaben. In obigem Beispiel ist die Zufallsvariable x, die Anzahl der *A*-Allele und die möglichen Werte von x sind: $x = 0$, $x = 1$ oder $x = 2$. (Den Wert, den die Zufallsvariable x annimmt, bezeichnen wir mit demselben aber nicht fett gedruckten Buchstaben x). Eine Zufallsvariable heißt diskrete Zufallsvariable, wenn sie eine endliche (oder abzählbar unendliche) Anzahl verschiedener Werte annehmen kann.

In Abbildung B.5 findet man den Graph der Wahrscheinlichkeitsfunktion von x, d.h. von $P(x = x)$ für alle möglichen Werte von x; also $P(x = 0) = 1/4$, $P(x = 1) = 1/2$, $P(x = 2) = 1/4$.

Für eine Zufallsvariable x definieren wir die Verteilungsfunktion $F(x)$ als $F(x) = P(x \le x)$. In Beispiel B.4 mit der diskreten Variablen x hat die Verteilungsfunktion die Werte:
$F(0) = P(x \le 0) = P(x = 0) = 1/4$;
$F(1) = P(x \le 1) = P(x = 0) + P(x = 1) = 3/4$ und
$F(2) = P(x \le 2) = P(x = 0) + P(x = 1) + P(x = 2) = 1$.

Die Verteilungsfunktion $F(x)$ kann man u.a. dazu verwenden, um die Wahrscheinlichkeit dafür, dass eine Zufallsvariable zwischen zwei Werten liegt, zu berechnen:
$P(a < x \le b) = P(x \le b) - P(x \le a) = F(b) - F(a)$.
Häufig tritt folgender Typ einer Zufallsvariablen auf: Wir betrachten n identische, unabhängige Durchführungen eines Versuches und es sei p die Wahrscheinlichkeit dafür, dass ein bestimmtes Ereignis E auftritt. Das Ereignis E heißt oft "Erfolg". Die Anzahl der Erfolge ist eine Zufallsvariable x mit möglichen Werte 0, 1, ..., n, und die Wahrscheinlichkeitsfunktion ist definiert durch:

$$P(k \text{ Erfolge in } n \text{ Durchführungen}) = P(x = k) = \binom{n}{k} p^k(1-p)^{n-k}, \quad \text{für } k = 0, 1, 2, \ldots, n,$$

(B.13)

mit

$$\binom{n}{k} = \frac{n \cdot (n-1)\ldots(n-(k-1))}{k \cdot (k-1)\ldots 1} = \frac{n!}{(n-k)!k!}$$

und $k! = k \cdot (k-1) \cdot (k-2) \ldots 1$ und $0! = 1$.

Wir betrachten alle möglichen Folgen von E's und Nicht-E's; die Wahrscheinlichkeit für eine Folge mit genau k E's ist dann gleich $p^k(1-p)^{n-k}$. Alle der $\binom{n}{k}$ Folgen mit genau k E's ergeben den Wert k der Zufallsvariablen x und die Wahrscheinlichkeit des Wertes k ist die Summe aller dieser $\binom{n}{k}$ Ausdrücke $p^k(1-p)^{n-k}$.

Eine Variable x mit der Wahrscheinlichkeitsfunktion $P(x = k) = \binom{n}{k} p^k(1-p)^{n-k}$, $k = 0,1,2,\ldots,n$, $0 < p < 1$ heißt binomial verteilt mit den Parametern n und p, oder man sagt, x folge einer Binomialverteilung.

Beispiel B.5

Angenommen, wir ziehen zufällig und mit Zurücklegen 6 Karten aus einem Kartenspiel. Die Wahrscheinlichkeit dafür, in einem Zug eine Herzkarte zu ziehen, ist 1/4. Die Anzahl k der Herzkarten in den 6 Zügen ist dann binomialverteilt mit den Parametern $n = 6$ und $p = 1/4$;

$$P(k = 0) = \binom{6}{0}\left(\frac{1}{4}\right)^0\left(\frac{3}{4}\right)^6 = \left(\frac{3}{4}\right)^6 = \frac{729}{4096} = 0{,}1780$$

$$P(k = 1) = \binom{6}{1}\left(\frac{1}{4}\right)^1\left(\frac{3}{4}\right)^5 = 6\left(\frac{1}{4}\right)\left(\frac{3}{4}\right)^5 = \frac{1458}{4096} = 0{,}3560$$

$$P(k = 2) = \binom{6}{2}\left(\frac{1}{4}\right)^2\left(\frac{3}{4}\right)^4 = 15\left(\frac{1}{4}\right)^2\left(\frac{3}{4}\right)^4 = \frac{1215}{4096} = 0{,}2966$$

$$P(k = 3) = \binom{6}{3}\left(\frac{1}{4}\right)^3\left(\frac{3}{4}\right)^3 = 20\left(\frac{1}{4}\right)^3\left(\frac{3}{4}\right)^3 = \frac{540}{4096} = 0{,}1318$$

$$P(k = 4) = \binom{6}{4}\left(\frac{1}{4}\right)^4\left(\frac{3}{4}\right)^2 = 15\left(\frac{1}{4}\right)^4\left(\frac{3}{4}\right)^2 = \frac{135}{4096} = 0{,}0330$$

$$P(k = 5) = \binom{6}{5}\left(\frac{1}{4}\right)^5\left(\frac{3}{4}\right)^1 = 6\left(\frac{1}{4}\right)^5\left(\frac{3}{4}\right) = \frac{18}{4096} = 0{,}0044$$

$$P(k = 6) = \binom{6}{6}\left(\frac{1}{4}\right)^6\left(\frac{3}{4}\right)^0 = \left(\frac{1}{4}\right)^6 = \frac{1}{4096} = 0{,}0002$$

Gesamt   1,0000

Wir sehen, dass $k = 1$ die am häufigsten zu erwartende Anzahl gezogener Herzkarten ist, da $P(k = 1)$ die größte Wahrscheinlichkeit ist, der häufigste Wert heißt Modalwert einer Verteilung.

Allgemein mögen in n unabhängigen "Versuchen" t mögliche Ergebnisse, $E_1, E_2, ..., E_t$ mit Wahrscheinlichkeiten $p_1, p_2, ..., p_t$ und $\sum_{j=1}^{t} p_j = 1$ auftreten. Die Wahrscheinlichkeit dafür, dass wir n_1 mal E_1, n_2 mal E_2, usw. erhalten ist dann:

$$\frac{n!}{n_1! n_2! ... n_t!} p_1^{n_1} p_2^{n_2} ... p_t^{n_t} \ , \ n_1 + n_2 + ... + n_t = n.$$

Dies ergibt (B.13) für $t = 2$, $n_1 = k$, $n_2 = n-k$, $p_1 = p$, $p_2 = 1-p$.
Die Binomialverteilung ist eine diskrete Verteilung, sie hat endlich viele mögliche Werte (0, 1, 2, ..., n). Es gibt auch diskrete Verteilungen mit abzählbar unendlich vielen Werten. Die bekannteste ist die Poissonverteilung mit Parameter λ und der Wahrscheinlichkeitsfunktion

$$P(x = k) = \frac{\lambda^k \cdot e^{-\lambda}}{k!} \ (\lambda > 0, k = 0, 1, 2, ...)$$

Eine Binomialverteilung mit großem n und kleinem p, kann durch eine Poisonverteilung mit $\lambda = np$ approximiert werden.
Nicht alle Variablen sind diskret und haben ganzzahlige Werte. Das Gewicht eines Steines, die Regenmenge je Quadratmeter eines Regenschauers, die Dichte eines speziellen Materials sind alles kontinuierliche Zufallsvariable. Die Anzahl der möglichen Werte, ist theoretisch (überabzählbar) unendlich auch wenn bedingt durch die Messmethode und die Genauigkeit der Messinstrumente dies praktisch nicht ersichtlich ist. Die Wahrscheinlichkeit eines einzelnen dieser unendlichen Anzahl möglicher Ereignisse ist Null. Jedoch die kumulative Wahrscheinlichkeit bis zu einem bestimmten Wert kann wie für diskrete Zufallsvariable durch $F(x) = P(x \leq x)$ angegeben werden.
Die Verteilungsfunktion $F(x)$ für eine kontinuierlich Zufallsvariable ist stetig und ein typischer Graph ist in Abbildung B.6 zu finden.

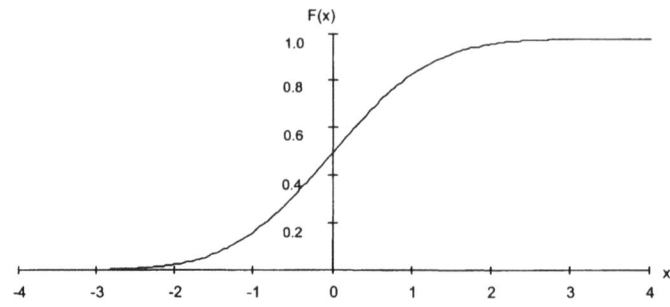

Abbildung B.6 *Graph einer Verteilungsfunktion*

Falls $F(x)$ stetig ist und für alle x-Werte eine Ableitung nach x besitzt, so heißt die Funktion $f(x) = \dfrac{dF(x)}{dx}$ die Dichtefunktion von x. Durch Integration erhält man aus der Dichtefunktion $f(x)$ die Verteilungsfunktion $F(x)$.

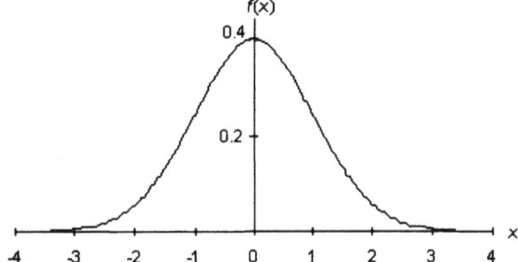

Abbildung B.7 *Graph einer Dichtefunktion*

Eine Dichtefunktion definiert (ebenso, wie die Verteilungsfunktion) eine Wahrscheinlichkeitsverteilung im Definitionsbereich einer kontinuierlichen Zufallsvariable. Jede stetige Funktion $f(x)$, die nichtnegativ ($f(x) \geq 0$) ist und die Eigenschaft hat, dass die Fläche zwischen ihrem Graph und der x-Achse gleich 1 ist.

$$\int_{-\infty}^{+\infty} f(x)dx = 1.$$

Mit Hilfe einer Dichtefunktion kann die Wahrscheinlichkeit eines Ereignisses E für die Zufallsvariable x der Form $P(E) = P(x$ nimmt Werte im Intervall E an$)$ = Fläche unter dem Graph von $f(x)$ über E berechnet werden.

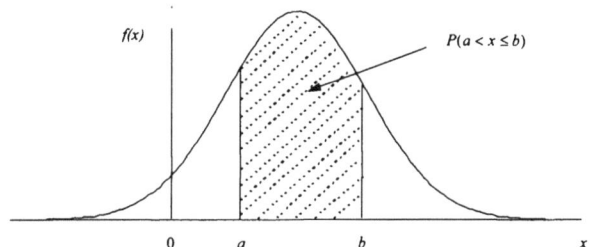

Abbildung B.8 *Grafische Darstellung der Wahrscheinlichkeit des Ereignisses*
$a < x \leq b$

Die folgenden Eigenschaften sind offensichtlich:

1. $0 \leq P(E) \leq 1$, für irgendein Ereignis E;
2. P (Definitionsbereich) = 1;
3. $P(E \cup F) = P(E) + P(F)$ für sich ausschließende E, F;
4. $P(x = a) = 0$ für jede Zahl a, falls x kontinuierlich ist.

Eigenschaft 1 bedeutet, dass die Fläche zwischen $f(x)$ und der x-Achse für keinen Teil des Definitionsbereiches größer als 1 sein kann und nach Eigenschaft 2 für den gesamten Definitionsbereich gerade gleich 1 ist. Eigenschaft 3 bedeutet, dass die Fläche über zwei sich nicht überlappenden Intervallen gleich der Summe der Flächen über den beiden Intervallen ist. Allgemeiner gilt:

Eigenschaft 3 $P(E_1$ oder E_2 oder ...) $= P(E_1) + P(E_2) + ...$, wenn sich alle E's nicht überlappen. Eigenschaft 4 bedeutet, dass Punkte als "Intervalle der Länge Null", einer Fläche vom Inhalt Null entsprechen.

Die bekannteste kontinuierliche Verteilung ist die normale oder Gauss- Verteilung. Deren Dichtefunktion ist:

$$f(y) = \frac{1}{\sigma\sqrt{2\pi}} \exp\{-\frac{1}{2\sigma^2}(y - \mu)^2\}, \quad (\sigma > 0) \tag{B.14}$$

und ihren Graph findet man in Abbildung B.9 (e ist die Basis des natürlichen Logarithmus, $e = 2,7183$; $\exp(y) = e^y$).

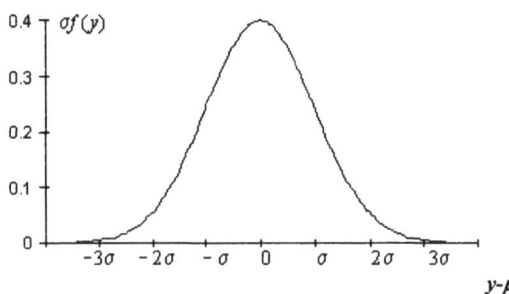

Abbildung B.9 *Graph der Dichtefunktion einer Normalverteilung*

Die Dichtefunktion der Standardnormalvariablen x ($\mu = 0$, $\sigma = 1$) ist:

$$\phi(x) = \frac{1}{\sqrt{2\pi}} \exp(-x^2/2).$$

Die Verteilungsfunktion der Standardnormalverteilung ist:

$$\Phi(z) = \int_{-\infty}^{z} \frac{1}{\sqrt{2\pi}} \exp(-x^2/2)dx = P(x \le z).$$

Ist x standardnormalverteilt, so hat $y = \mu + \sigma x$ die Dichtefunktion

$$f(y) = \frac{1}{\sigma\sqrt{2\pi}} \exp(-\frac{1}{2\sigma^2}(y - \mu)^2).$$ Wir sagen, x sei $N(0; 1)$-verteilt; y sei $N(\mu; \sigma^2)$-verteilt.

Die Normalverteilung ist bedeutsam, weil:

1. In vielen Grundgesamtheiten der realen Welt haben Merkmale eine Verteilung, die gut durch Normalverteilung approximiert werden kann.

2. Grenzverteilungen (im mathematischen Sinne) vieler Verteilungen sind Normalverteilungen. So strebt die t-Verteilung gegen die Normalverteilung, wenn die Freiheitsgrade sehr groß werde. Ähnliches gilt für die Chi-Quadrat-Verteilung. Aber auch diskrete Verteilungen streben gegen die Normalverteilung. Wird bei einer Binomialverteilung n sehr groß, so strebt die Wahrscheinlichkeit dafür, dass eine binomialverteilte Variable k mit Parametern n und p kleiner oder gleich einer Zahl k ist näherungsweise gegen die Wahrscheinlichkeit dafür, dass eine

standardnormalverteilte Variable x kleiner gleich $(k - np)/\sqrt{(np(1 - p))}$ ist, d.h.

$P(k \leq k) = P(x \leq (k - np)/\sqrt{(np(1 - p))})$.

3. Ist y die Summe einer Anzahl unabhängiger Zufallsvariablen, so strebt sie unter wenig einschränkenden Bedingungen mit zunehmender Anzahl von Summanden gegen eine normalverteilte Variable. Mit anderen Worten: Selbst wenn die Verteilung in der Grundgesamtheit nicht normal ist, strebt die Verteilung der Summe und damit des Mittelwertes der Stichprobe unter sehr allgemeinen Bedingungen mit wachsendem Stichprobenumfang gegen eine Normalverteilung, dies folgt aus dem so genannten "zentralen Grenzwertsatz".

Weitere häufig in der Statistik auftretende kontinuierliche Verteilungen sind die für die Konstruktion von Konfidenzintervallen und für statistische Tests auftretenden Verteilungen:

Zentrale (und nichtzentrale) t – Verteilung mit f Freiheitsgraden als Parameter
Zentrale (und nichtzentrale) χ^2 – Verteilung mit f Freiheitsgraden als Parameter
Zentrale (und nichtzentrale) F – Verteilung mit f_1 und f_2 Freiheitsgraden als Parameter.

Die nichtzentralen Versionen dieser Verteilungen haben jeweils einen Nichtzentralitätsparameter als weiteren Parameter. Dichtefunktionen, Momente und mehr über diese 3 Verteilungen findet man in VB, 1/41/0020, 1/41/0030 bzw. 1/41/0040 (in obiger Reihenfolge).

B.2.3.2 Quantile

Das P-Quantil $(0 < P < 1)$ x_p einer kontinuierlichen Verteilung mit Verteilungsfunktion $F(x)$ ist der x-Wert, für den F gerade gleich P ist.
Das P-Quantil ist damit definiert durch

$$F(x_p) = P.$$

Abbildung B.10 veranschaulicht dies

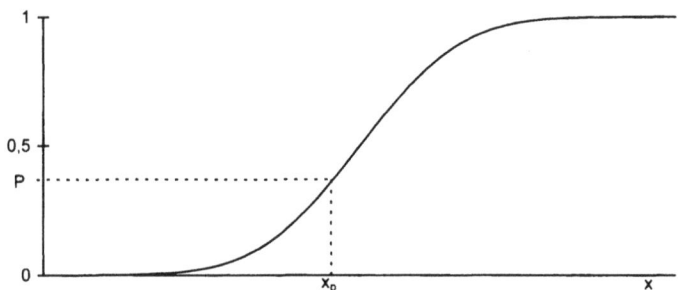

Abbildung B.10 *Die P-Quantile x_p einer kontinuierlichen Verteilung mit Verteilungsfunktion F(x)*

Für die Dichtefunktion $f(x)$ einer Verteilung ist das P-Quantil der Wert x_p für den die Fläche unter dem Graph von $f(x)$ links von x_p gleich P ist, d.h. für den

$$\int\limits_{-\infty}^{x_p} f(x)dx = F(x_p) = P,$$

siehe Abbildung B.11

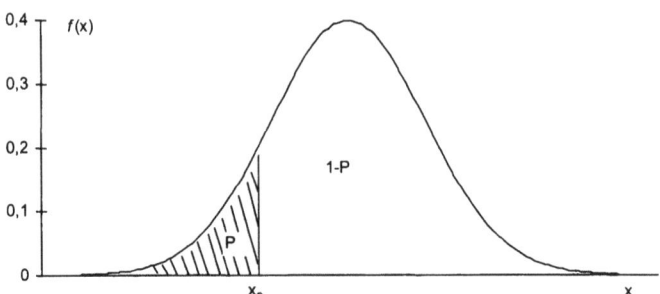

Abbildung B.11 *Das P-Quantil x_p und die Dichtefunktion f(x)*

Damit ist die Fläche unter $f(x)$ rechts von x_p gleich $1-P$, weil

$$1 - F(x_p) = 1 - P$$

gilt. In diesem Buch benötigen wir die Quantile folgender Verteilungen:

Normalquantile *u(P)*

Da die Normalverteilung symmetrisch um μ ist, ist μ das 0,5-Quantil. Für die Standard-Normalverteilung gilt damit:

$$\Phi(0) = 0,5.$$

Das P-Quantil $u(P)=z(P)$ einer Standard-Normalverteilung ist allgemein durch

$$\Phi(u(P)) = P$$

definiert.

Für kleine α-Werte benötigen wir $u(\alpha)$ und $u(1-\alpha)$ oder $u\left(\dfrac{\alpha}{2}\right)$ und $u\left(1-\dfrac{\alpha}{2}\right)$.

Für $\alpha = 0,05$ ist $\Phi(u(0,05)) = 0,05$.

Wie finden wir diesen Wert mit Hilfe der Tabelle A1?
Aus der Symmetrie der Normalverteilung folgt:

$$\Phi(u) = 1 - \Phi(-u).$$

Damit ist $u(0.05)$ sicher negativ [$\Phi(0) = 0.5$!]. Wir erhalten:

$$1 - \Phi(u(-0,05)) = 0,05 \text{ bzw. nach Subtraktion von 1}$$
$$-\Phi(-u(0,05)) = -0,95 \text{ oder}$$

$$\Phi(u(0{,}05)) = 0{,}95 = \Phi(u(0{,}95))$$

so dass $-u(0{,}05) = u(0{,}95)$.

Den Wert von $u(0{,}95)$ finden wir in Tabelle A1 für unendlich viele Freiheitsgrade in der letzten Zeile der Tabelle A1:

$$u(0{,}95) = 1{,}6449.$$

Damit ist $u(0{,}05) = -1{,}6449$.

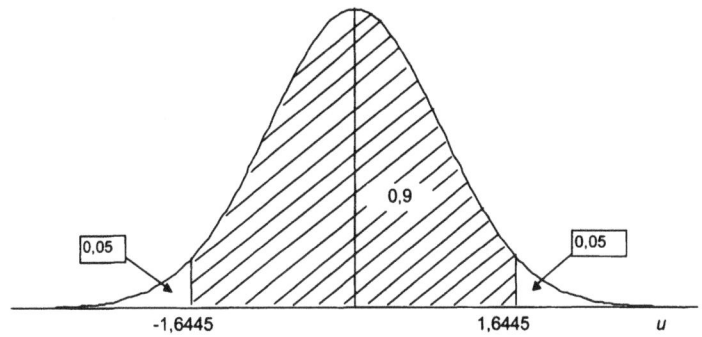

Abbildung B.12 *Flächen unter der Dichte der Standardnormalverteilung*

Ganz analog ist $u(0{,}975) = 1{,}96$ und damit $u(0{,}025) = -1{,}96$.

t-Quantile *t(f; P)*

Die *t*-Verteilung (Student-Verteilung) ist symmetrisch (um 0) und hängt von einem Parameter *f*, Freiheitsgrad genannt, ab. Die *t*-Verteilung mit *f* Freiheitsgraden, *t(f)*, ist definiert als Quotient *u* / *Z* von unabhängigen Zufallsvariablen *u* und *Z*, wobei *u* $N(0; 1)$ verteilt ist und *Z* die Wurzel von $\chi^2(f)/f$, mit $\chi^2(f)$ aus einer Chi-Quadrat Verteilung mit *f* Freiheitsgraden.

Aus Tabelle A1 wollen wir $t(3; 0{,}05)$, $t(10; 0{,}95)$ ind $t(75; 0{,}95)$ bestimmen. In Zeile 3 und Spalte 0,95 finden wir $t(3; 0{,}95) = 2{,}3534$ so dass $t(3; 0{,}05) = -2{,}3534$ ist.

In Zeile 10 finden wir $t(10; 0{,}95) = 1{,}8125$.

Für $f = 75$ gibt es keine Zeile aber wir interpolieren zwischen Zeile 70 und Zeile 80 wie folgt:

$$t(75; 0{,}95) = t(80; 0{,}95) + \frac{t(70;\ 0{,}95)\ -\ t(80;\ 0{,}95)}{2}$$

$$= 1{,}6641 + \frac{1{,}6669 - 1{,}6641}{2} = 1{,}6655,\ \text{so dass}$$

$t(75; 0{,}95) = 1{,}6655$ ist.

Mit *f* gegen Unendlich (∞), strebt *t(f; P)* gegen *u(P)*.

Chi-Quadrat-Quantile $\chi^2(f; P)$

Diese Quantile $\chi^2(f; P)$ findet man in Tabelle A2. Die Werte dieser Verteilung sind alle positiv und es gibt keine Symmetrie. Die Chi-Quadrat Verteilung mit f Freiheitsgraden, $\chi^2(f)$, ist definiert als Summe $u_1^2 + u_2^2 + \dots + u_f^2$ von f unabhängigen $N(0; 1)$ verteilten Zufallsvariablen u_i ($i = 1, \dots, f$).
Wir finden z.B. den Wert $\chi^2(10; 0,05) = 3,94$ in Zeile 10 und der Spalte für 0,05 und in Spalte 0,95 der gleichen Zeile den Wert $\chi^2(10; 0,95) = 18,21$.

F-Quantile $F(f_1; f_2; P)$

Die F-Verteilung mit f_1 und f_2 Freiheitsgraden , $F(f_1, f_2)$, ist definiert als Quotient $(V/f_1) / (W/f_2)$, wobei V bzw. W unabhängig voneinander nach $\chi^2(f_1)$ bzw. $\chi^2(f_2)$ verteilte Zufallsvariablen sind.
Die F-Quantile hängen von zwei Parametern, den Freiheitsgraden f_1 und f_2 ab. Zwischen den 0,05-Quantilen und den 0,95-Quantilen besteht der Zusammenhang:

$$F(f_1; f_2; 0,05) = \frac{1}{F(f_2; f_1; 0,95)}. \tag{B.15}$$

Die P-Quantile für $P = 0,95$ findet man in Tabelle A3.
In Tabelle A3 ist in $F(a; b; P)$ stets $a = f_1$ und $b = f_2$.
Wir wollen $F(5; 20; 0,05)$ bestimmen. Zuerst lesen wir $F(20; 5; 0,95)$ in Spalte 20 ($= f_1$ nicht f_2!) und Zeile 5 ($= f_2$) ab. Das ist gleich 4,56, dann berechnen wir

$$F(5; 20; 0,05) = \frac{1}{4,56} = 0,219.$$

Zwischen F-Quantilen für $f_1 = 1$ und t-Quantilen gilt die Beziehung:

$$F(1; f_2; 1-\alpha) = t^2(f_2; 1-\frac{\alpha}{2}) \tag{B.16}$$

Zum Beispiel ist $F(1;2; 0,95) = 18,51$, und $t(2; 0,975) = 4,3027$ und $4,3027^2 = 18,51$.

B.2.4   Der Erwartungswert

Es sei x eine diskrete Zufallsvariable mit den Werten $x_1, x_2, \dots$ und entsprechenden Wahrscheinlichkeiten $p_1, p_2, \dots$ (also $P(x = x_i) = p_i$).
Der *Erwartungswert* von x ist folgende gewogene Summe:

$$E(x) = x_1 p_1 + x_2 p_2 + \dots = \sum_j x_j p_j.$$

Er wird auch kurz *Populationsmittelwert* von x oder kurz *Mittelwert* von x genannt. Da er von der Wahrscheinlichkeitsverteilung von x abhängt, wird er auch Mittelwert der Verteilung von x genannt. Die Erwartungswert $E(x)$ wird meist mit μ bezeichnet. Der

Erwartungswert E(x) beschreibt die Lage des Zentrums der Verteilung von x.

Beispiel B.6

Die Wahrscheinlichkeitsverteilung von y von Beispiel B.1 ist:

$P(y = 3) = 0,1$ $3 \cdot 0,1 = 0,3$
$P(y = 4) = 0,2$ $4 \cdot 0,2 = 0,8$
$P(y = 5) = 0,4$ $5 \cdot 0,4 = 2,0$
$P(y = 6) = 0,2$ $6 \cdot 0,2 = 1,2$
$P(y = 7) = 0,1$ $7 \cdot 0,1 = 0,7$

Gesamt   1,0   Gesamt   5,0

Der Mittelwert ist folglich:

$$E(y) = 3 \cdot 0,1 + 4 \cdot 0,2 + 5 \cdot 0,4 + 6 \cdot 0,2 + 7 \cdot 0,1 = 5,0.$$

Beispiel B.7

In Beispiel B.5 betrachteten wir die Anzahl k gezogener Herzkarten unter 6 zufällig gezogenen Karten, E(k) ist zu berechnen.

$$E(k) = 0 \cdot \frac{729}{4096} + 1 \cdot \frac{1458}{4096} + 2 \cdot \frac{1215}{4096} + 3 \cdot \frac{540}{4096} + 4 \cdot \frac{135}{4096} +$$

$$5 \cdot \frac{18}{4096} + 6 \cdot \frac{1}{4096} = \frac{6144}{4096} = 1,5.$$

Der Erwartungswert dieser binomialverteilten Variable k mit $n = 6$ und $p = \dfrac{1}{4}$ ist also

$$E(k) = 6 \cdot \frac{1}{4} = 1,5.$$

Allgemein ist der Erwartungswert einer Binomialverteilung mit Parametern n und p:

$$E(k) = \sum_{j=0}^{n} jP(k = j) = \sum_{j=0}^{n} j \binom{n}{j} p^{j}(1 - p)^{n-j} = np.$$

Für eine kontinuierliche Zufallsvariable x ist der Erwartungswert E(x) definiert als

$$E(x) = \int_{-\infty}^{+\infty} xf(x)dx.$$

Beispiel B.8

Für die standardnormalverteilte Variable x ist der Erwartungswert:

$$E(x) = \int_{-\infty}^{+\infty} x \frac{1}{\sqrt{2\pi}} \exp(-x^2/2)dx = 0.$$

Für die normalverteilte Variable $y = \mu + \sigma x$ ist der Erwartungswert:

$$E(y) = \int_{-\infty}^{+\infty} y \; \frac{1}{\sigma\sqrt{2\pi}} \; \exp(-(y-\mu)^2/2\sigma^2)dy = \mu \; .$$

Der Erwartungswert für die Funktion $g(x)$ einer Zufallsvariable x ist

$$E[g(x)] = \sum_j g(x_j)p_j \quad \text{für diskrete und} \quad E[g(x)] = \int_{-\infty}^{+\infty} g(x)f(x)dx \quad \text{für kontinuierliche}$$

Zufallsvariable.

Für Erwartungswert gelten folgende Regeln:

E1. $E(x + b) = E(x) + b$ b ist eine Konstante.

Ist $b = -\mu$, so folgt daraus $E(x - \mu) = 0$.

E2. $E(ax) = aE(x)$ a ist eine Konstante.

Regeln E1. und E2. zusammen ergeben

$$E(ax + b) = aE(x) + b.$$

E3.   Sind $g(x)$ und $h(x)$ zwei Funktionen einer Zufallsvariablen x, so ist
$E[g(x) + h(x)] = E[g(x)] + E[h(x)]$.

Beispiel B.9

Für die Wahrscheinlichkeitsverteilung von Beispiel B.6 ist $E(y) = 5$. Den Erwartungswert von $y + 3$, erhalten wir entweder direkt über

$$E(y + 3) = \sum_i (y_i + 3)p_i = (3 + 3) \cdot 0,1 + (4 + 3) \cdot 0,2 + (5 + 3) \cdot 0,4 + (6 + 3) \cdot 0,2 +$$

$(7 + 3) \cdot 0,1 = 8$ oder nach Regel E1.: $E(y + 3) = E(y) + 3 = 8$. Den Erwartungswert von $2y$ berechnen wir direkt:

$$E(2y) = \sum_i (2 y_i) p_i = (2 \cdot 3) \cdot 0,1 + (2 \cdot 4) \cdot 0,2 + (2 \cdot 5) \cdot 0,4 +$$

$(2 \cdot 6) \cdot 0,2 + (2 \cdot 7) \cdot 0,1 = 0,6 + 1,6 + 4,0 + 2,4 + 1,4 = 10$
oder nach Regel E2.: $E(2y) = 2E(y) = 2 \cdot 5 = 10$.
Den Erwartungswert von y^2 können wir mit unseren Kenntnissen nur direkt ausrechnen:

$$E(y^2) = \sum_i y_i^2 p_i = 3^2 \cdot 0,1 + 4^2 \cdot 0,2 + 5^2 \cdot 0,4 + 6^2 \cdot 0,2 + 7^2 \cdot 0,1 = 26,2.$$

Man beachte, dass $E(y^2) = 26,2$ etwas anderes bedeutet als $(E(y))^2 = 5^2 = 25$!

B.2.5   Die Varianz

Eine Maßzahl für die Variabilität der Verteilung von x um den Erwartungswert $E(x)$ ist die Varianz, die als $\text{var}(x) = E(x - \mu)^2$, mit $\mu = E(x)$ definiert ist. Die Varianz einer Zufallsvariable ist also die mittlere quadratische Abweichung von x von dem Mittelwert und wird mit σ^2 bezeichnet. Es gilt: $\sigma^2 = E(x - \mu)^2 = E(x^2) - \mu^2$. Die Standardabweichung von x ist $\sqrt{\text{var}(x)}$ und wird mit σ bezeichnet, sie ist das eigentliche Maß der Variabilität, es hat im Gegensatz zur Varianz die gleiche Dimension wie die Zufallsvariable. Die Varianz spielt aber in der mathematischen Statistik eine wichtige Rolle.

Wegen $E(x - \mu) = 0$, konnte man nicht einfach die Abweichungen mitteln, man musste also erst quadrieren und aus den gemittelten Quadraten dann die Wurzel ziehen.

Für die Varianz einfacher Funktionen von x gilt:

V1. $\text{var}(x + b) = \text{var}(x)$ b ist eine Konstante,

V2. $\text{var}(ax) = a^2 \, \text{var}(x)$ a ist eine Konstante.

Die Regeln V1. und V2. zusammen ergeben

$$\text{var}(ax + b) = a^2 \, \text{var}(x) = a^2 \sigma^2.$$

Beispiel B.10

Wir betrachten wie in Beispiel B.9 die Verteilung von x von Beispiel B.6.

Die Varianz von x ist $E(x - 5)^2$, da nach Beispiel B.9 $E(x) = 5$ ist.

Direkte Berechnung ergibt:

$$E(x - 5)^2 = \sum_i (x_i - 5)^2 p_i = (3 - 5)^2 \cdot 0,1 + (4 - 5)^2 \cdot 0,2 + (5 - 5)^2 \cdot 0,4 +$$

$$(6 - 5)^2 \cdot 0,2 + (7 - 5)^2 \cdot 0,1 = 0,4 + 0,2 + 0 + 0,2 + 0,4 = 1,2.$$

Andererseits ist $\text{var}(x) = E(x^2) - (E(x))^2 = E(x^2) - 5^2 = 26,2 - 25 = 1,2$ (in Beispiel B.9 war $E(x^2) = 26,2$).

Satz B.1

Für eine binomialverteilte Variable k mit den Parametern n und p gilt:

$$E(k) = np, \tag{B.17}$$

und

$$\text{var}(k) = E(k - np)^2 = \sum_{j=0}^{n} (j - np)^2 \binom{n}{j} p^j (1 - p)^{n-j} = np(1 - p). \tag{B.18}$$

Beispiel B.11

In Beispiel B.5 ist die Varianz von k wegen $E(k) = 1,5$; $\text{var}(k) = E(k - 1,5)^2$,

$$\text{var}(k) = (0 - 1,5)^2 \cdot \frac{729}{4096} + (1 - 1,5)^2 \cdot \frac{1458}{4096} + (2 - 1,5)^2 \cdot \frac{1215}{4096}$$

$$+ (3 - 1,5)^2 \cdot \frac{540}{4096} + (4 - 1,5)^2 \cdot \frac{135}{4096} + (5 - 1,5)^2 \cdot \frac{18}{4096}$$

$$+ (6 - 1,5)^2 \cdot \frac{1}{4096} = \frac{4608}{4096} = 1,125.$$

Nach Satz B.1 ist die Varianz von k mit $n = 6$ und $p = \dfrac{1}{4}$ auch aus

$$\text{var}(k) = 6 \cdot \frac{1}{4} \cdot \frac{3}{4} = \frac{18}{16} = 1,125 \quad \text{zu berechnen.}$$

Satz B.2

Eine standardnormalverteilte Zufallsvariable x hat den Erwartungswert $E(x) = 0$ und die Varianz

$$\text{var}(x) = E(x - 0)^2 = \int_{-\infty}^{\infty} x^2 \frac{1}{\sqrt{2\pi}} \exp(-\frac{x^2}{2}) dx = 1.$$

Damit hat die normalverteilte Variable $y = \mu + \sigma x$ nach den Regeln E.1 und E.2 den Erwartungswert $E(y) = \mu$ und nach den Regeln V.1 und V.2 die Varianz $\text{var}(y) = E(y - \mu)^2 = \sigma^2$.

B.2.6 Die Kovarianz

Bisher haben wir nur eine Zufallsvariable betrachtet. Wenn wir an den Objekten einer Zufallsstichprobe mehrere Merkmale erfassen, modellieren wir diese durch mehrere Zufallsvariable. Z.B. könnten wir die Körperlänge (x) und die Schuhgröße (y) von Studenten erfassen.

Die Werte von einem Paar diskreter Zufallsvariablen (x, y) sind Paare von Zahlen. Die Wahrscheinlichkeitsverteilung der Menge von möglichen Paaren ist durch eine Wahrscheinlichkeitsfunktion mit zwei Argumenten: $p(x,y) = P(x = x$ und $y = y)$ gegeben.

Diese Funktion kann man als Tabelle darstellen, ihre Zeilen entsprechen den möglichen Werten von x und ihre Spalten den möglichen Werten von y.

	y_1	y_2	...
x_1	$p(x_1, y_1)$	$p(x_1, y_2)$	...
x_2	$p(x_2, y_1)$	$p(x_2, y_2)$	...
.	.	.	
.	.	.	
.	.	.	

Einfache Funktionen $g(x, y)$ der zwei Zufallsvariablen sind $g(x, y) = x + y$ oder $g(x, y) = x \cdot y$. Der Erwartungswert solch einer Funktion ist:

$$E\{g(x,y)\} = \sum_{xy}\sum g(x,y)p(x,y).$$

Für ein Paar von kontinuierlichen Zufallsvariablen (x, y) benötigen wir deren gemeinsame Dichtefunktion $f(x,y)$. Der Erwartungswert einer Funktion $g(x, y)$ ist dann:

$$E\{g(x,y)\} = \int_{-\infty}^{+\infty}\int_{-\infty}^{+\infty} g(x,y)f(x,y)dxdy.$$

Allgemein gilt:
$$E(x + y) = E(x) + E(y) \text{ und}$$

$$E(ax+by) = aE(x) + bE(y)$$

für beliebige Konstanten a und b.

Wenn wir die Varianz von $x + y$ berechnen wollen, verwenden wir:

$$
\begin{aligned}
\text{var}(x+y) \quad &= \quad E\{(x+y) - E(x+y)\}^2 = E\{(x+y) - (E(x) + E(y))\}^2 = \\
&= \quad E\{(x - E(x)) + (y - E(y))\}^2 = E\{(x - E(x))^2 + \\
&\quad\quad 2(x - E(x))(y - E(y)) + (y - E(y))^2\} \\
&= \quad E\{(x - E(x))^2\} + 2E\{(x - E(x))(y - E(y))\} + E\{(y - E(y))^2\} = \\
&= \quad \text{var}(x) + 2\text{cov}(x,y) + \text{var}(y).
\end{aligned}
$$

Die Größe $\text{cov}(x, y) = E\{(x - E(x))(y - E(y))\}$ nennen wir die Kovarianz von x und y. Es gilt $\text{cov}(x, y) = E(x \cdot y) - E(x)E(y)$. Die Kovarianz von x und y ist das mittlere Produkt der Abweichungen von x und y von ihrem jeweiligem Mittelwert. Besteht zwischen den zwei Zufallsvariablen ein positiver (negativer) Zusammenhang, so werden große Werte von x in der Tendenz mit großen (kleinen) Werten von y verbunden sein. Die Kovarianz ist dann positiv (negativ). Sind die Zufallsvariablen statistisch unabhängig, so ist $P(x = x \cap y = y) = P(x = x)P(y = y)$, und wir sehen, dass $E(x \cdot y) = E(x) \cdot E(y)$; so dass die Kovarianz $\text{cov}(x, y) = E(x \cdot y) - E(x)E(y) = 0$ ist.

Ist dagegen für zwei Zufallsvariable die Kovarianz Null, muss das nicht immer bedeuten, dass sie auch unabhängig sind. Sind jedoch zwei Zufallsvariable unabhängig, ist ihre Kovarianz immer Null. Ist $\text{cov}(x, y) = 0$, so heißen die Zufallsvariablen x und y unkorreliert. Ein Maß für die Stärke des (linearen) Zusammenhangs zwischen zwei Zufallsvariablen ist der Korrelationskoeffizient:

$$\rho_{xy} \;=\; \rho(x,y) \;=\; \frac{\text{cov}(x,y)}{\sqrt{\text{var}(x)\,\text{var}(y)}} \;, \quad \text{wobei } -1 \leq \rho(x,y) \leq 1. \tag{B.19}$$

Folgende Rechenregeln gelten für Varianzen und Kovarianzen:

C1. $\text{var}(x+y) = \text{var}(x) + \text{var}(y) + 2\text{cov}(x, y)$

C2. $\text{var}(x-y) = \text{var}(x) + \text{var}(y) - 2\text{cov}(x, y)$

C3. $\text{cov}(x, y) = \text{cov}(y, x)$

C4. $\text{cov}(ax, y) = a\,\text{cov}(x, y); \; \text{cov}(x+b, y) = \text{cov}(x, y)$

C5. $\text{cov}(x, x) = \text{var}(x)$

C6. Sind x und y unabhängig, so gilt $\text{var}(x+y)=\text{var}(x)+\text{var}(y)$ und $\text{var}(x-y) = \text{var}(x) + \text{var}(y)$

C7. Sind $x_1, x_2, ..., x_n$ unabhängig, so gilt $\text{var}(x_1 + x_2 + ... + x_n) = \text{var}(\Sigma x_i) = \text{var}(x_1) + \text{var}(x_2) + ... + \text{var}(x_n) = \Sigma\,\text{var}(x_i)$.

Beispiel B.13

In einer (abstrakten) Zufallsstichprobe sind die n Elemente $x_1, x_2, ..., x_n$ unabhängig voneinander mit der gleichen Verteilung verteilt. Insbesondere haben sie alle den Erwartungswert $E(x_i) = \mu$ und die Varianz $\text{var}(x_i) = \sigma^2$. Das arithmetische Mittel $\bar{x} = \dfrac{x_1 + x_2 + ... + x_n}{n}$ dieser zufälligen Komponenten ist ebenfalls eine Zufallsvariable. Die Erwartungswert von $\bar{x}$ ist

$$E(\bar{x}) = E[(x_1 + x_2 + ... + x_n)/n] = \frac{1}{n}\{E(x_1 + x_2 + ... + x_n)\} =$$

$$\frac{1}{n} \{E(x_1) + E(x_2) + ... + E(x_n)\} = \frac{1}{n} (\mu + \mu + ... + \mu) = \frac{1}{n} (n\mu) = \mu.$$

Die Varianz von $\bar{x}$ ist nach C6. und C7. $\text{var}(\bar{x}) =$

$$\text{var}(\bar{x}) = \text{var}(\frac{x_1 + x_2 + ... + x_n}{n}) = \frac{1}{n^2}\text{var}(x_1 + x_2 + ... + x_n)$$

$$= \frac{1}{n^2}(\text{var}(x_1) + \text{var}(x_2) + ... + \text{var}(x_n))$$

$$= \frac{1}{n^2}(\sigma^2 + \sigma^2 + ... + \sigma^2) = \frac{1}{n^2}(n\sigma^2) = \frac{\sigma^2}{n}.$$

B.3   Stichprobenverteilungen

B.3.1   Das Stichprobenmittel $\bar{x}$

Oft kann man nicht alle Werte einer Grundgesamtheit messen, man entnimmt ihr dann eine zufällige Stichprobe von n Elementen. Dabei wird vorausgesetzt, dass die Grundgesamtheit entweder sehr groß ist (mehr als 1000 Elemente) oder, dass die Stichprobennahme mit Zurücklegen erfolgt. Aus dieser Stichprobe wird der Stichprobenmittelwert der Beobachtungen berechnet. Wir wollen nun an einem Beispiel die Verteilung dieser aus den Stichprobenelementen berechneten Zufallsvariablen betrachten.

Beispiel B.14
Die Grundgesamtheit bestehe aus den 5 Elementen 1,2,3,4,5. Aus dieser Grundgesamtheit werden zufällig 2 Elemente mit Zurücklegen entnommen. Von allen möglichen verschieden Stichproben berechnen wir den Stichprobenmittelwert. Es sei x_1 der erste Wert und x_2 der zweite Wert der Stichprobe. $\bar{x}$ bezeichne den Stichprobenmittelwert. Die Wahrscheinlichkeitsfunktion von x, einem zufällige entnommenen Element der Grundgesamtheit, ist gegeben durch:

$$P(x=1) = P(x=2) = P(x=3) = P(x=4) = P(x=5) = 1/5 = 0,2.$$

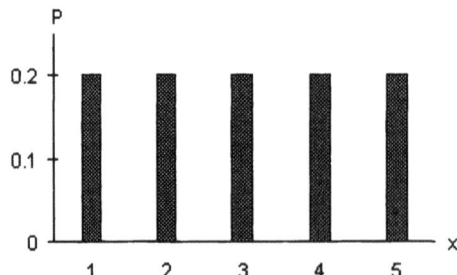

Abbildung B.13 *Histogramm für Beispiel B.14*

Für x erhalten wir:

$$E(x) = 1 \cdot 0,2 + 2 \cdot 0,2 + 3 \cdot 0,2 + 4 \cdot 0,2 + 5 \cdot 0,2 = 3$$
$$E(x^2) = 1^2 \cdot 0,2 + 2^2 \cdot 0,2 + 3^2 \cdot 0,2 + 4^2 \cdot 0,2 + 5^2 \cdot 0,2 = 11$$
$$\text{var}(x) = E(x^2) - (E(x))^2 = 11 - 3^2 = 2.$$

Die möglichen Stichproben (x_1, x_2) und deren Stichprobenmittel $\bar{x}$ sind:

(x_1, x_2)	$\bar{x}$	(x_1, x_2)	$\bar{x}$
(1,1)	1	(3,4)	3,5
(1,2)	1,5	(3,5)	4,0
(1,3)	2,0	(4,1)	2,5
(1,4)	2,5	(4,2)	3,0
(1,5)	3,0	(4,3)	3,5
(2,1)	1,5	(4,4)	4,0
(2,2)	2,0	(4,5)	4,5
(2,3)	2,5	(5,1)	3,0
(2,4)	3,0	(5,2)	3,5
(2,5)	3,5	(5,3)	4,0
(3,1)	2,0	(5,4)	4,5
(3,2)	2,5	(5,5)	5,0
(3,3)	3,0		

Da x_1 und x_2 unabhängig sind, gilt $P(x_1=i, x_2=j) = P(x_1=i) \cdot P(x_2=j) = 1/5 \cdot 1/5 = 1/25$. Die Wahrscheinlichkeitsverteilung von $\bar{x}$, die so genannte *Stichprobenverteilung* von $\bar{x}$ ist also:

$\bar{x}$	$P(\bar{x} = \bar{x})$		
1	1/25	=	0,04
1,5	2/25	=	0,08
2,0	3/25	=	0,12
2,5	4/25	=	0,16
3,0	5/25	=	0,20
3,5	4/25	=	0,16
4,0	3/25	=	0,12
4,5	2/25	=	0,08
5,0	1/25	=	0,04

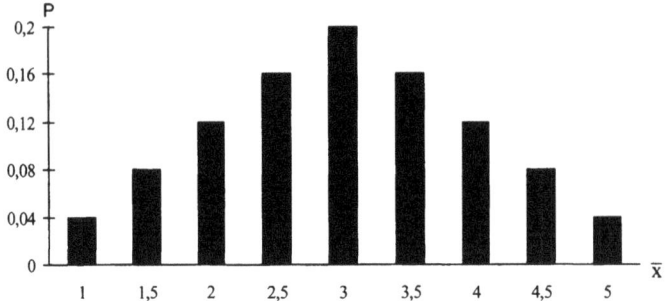

Abbildung B.14 *Graph der Verteilung von $\bar{x}$*

Wir erhalten
$E(\bar{x}) = 1\cdot0{,}04 + 1{,}5\cdot0{,}08 + 2{,}0\cdot0{,}12 + 2{,}5\cdot0{,}16 + 3{,}0\cdot0{,}20 + 3{,}5\cdot0{,}16 + 4{,}0\cdot0{,}12 + 4{,}5\cdot0{,}08$
$+ 5{,}0\cdot0{,}04 = 3$.
Ferner ist
$E(\bar{x}^2) = 1^2\cdot0{,}04 + 1{,}5^2\cdot0{,}08 + 2{,}0^2\cdot0{,}12 + 2{,}5^2\cdot0{,}16 + 3{,}0^2\cdot0{,}20 + 3{,}5^2\cdot0{,}16 + 4{,}0^2\cdot0{,}12 +$
$4{,}5^2\cdot0{,}08 + 5{,}0^2\cdot0{,}04 = 10$
$\operatorname{var}(\bar{x}) = E(\bar{x}^2) - (E(\bar{x}))^2 = 10 - 3^2 = 1$.

Wir sehen die Übereinstimmung mit dem Ergebnis von Beispiel B.13. Dort wurde gezeigt, dass für n unabhängige Wiederholungen eines Versuches mit den Ergebnissen: $x_1, x_2,...,x_n$, die alle den Erwartungswert $E(x_i) = \mu$ und die Varianz $\operatorname{var}(x_i) = \sigma^2$ haben, der Stichprobenmittelwert den Erwartungswert $E(\bar{x}) = \mu$ und die Varianz $\operatorname{var}(\bar{x}) = \sigma^2/n$ hat. In Beispiel B.14 führt zufälliges Ziehen mit Zurücklegen zu $n = 2$ unabhängigen Messungen mit $E(x_i) = \mu = 3$ und $\sigma^2 = 2$; folglich ist $E(\bar{x}) = 3$ und $\operatorname{var}(\bar{x}) = \sigma^2/2 = 2/2 = 1$. Man kann zeigen, dass die Stichprobenverteilung von $\bar{x}$ mit wachsendem n schnell symmetrisch wird und gegen eine Normalverteilung mit Mittelwert μ und Varianz σ^2/n strebt. Analog strebt die Stichprobensumme $n\bar{x}$ mit wachsendem n gegen eine normale Variable mit Mittelwert $n\mu$ und Varianz $n\sigma^2$ (siehe den zentralen Grenzwertsatz in Abschnitt B.2.3.1). Dabei wurde nicht vorausgesetzt, dass die Messwerte selbst aus einer Normalverteilung stammen, sie müssen nur unabhängig sein und die gleiche Verteilung haben.

Merkmale wie Länge oder Gewicht von Objekten sind oft das Ergebnis des Zusammenwirkens vieler zufälliger Komponenten. Selbst, wenn jede dieser Komponenten nicht normal verteilt ist, ist das Merkmal selbst oft sehr gut durch eine Normalverteilung beschreibbar.
Ist bereits die Verteilung von x_i normal, so ist der Stichprobenmittelwert $\bar{x}$ von n unabhängigen x_i's ebenfalls normal verteilt mit Mittelwert μ und Varianz σ^2/n. Im Gegensatz zu obiger allgemeinen Aussage gilt dies jetzt für jedes n, also auch für kleine Werte und nicht nur als Aussage für wachsende n. Allgemein ist jede Linearkombination

$\sum\limits_{i=1}^{n} a_i x_i$ von unabhängig normal verteilten Zufallsvariablen $x_1, x_2, ..., x_n$ eine normalver-

teilte Variable mit Mittelwert $\sum\limits_{i=1}^{n} a_i \mu_i$ und Varianz $\sum\limits_{i=1}^{n} a_i^2 \sigma_i^2$, wobei

$E(x_i) = \mu_i$ und $\text{var}(x_i) = \sigma_i^2$ ist.

B.3.2 Die Stichprobenvarianz s^2

Eine weitere Stichprobenverteilung ist die der **Stichprobenvarianz**

$$s^2 = \frac{\sum\limits_{i=1}^{n} (x_i - \bar{x})^2}{n-1} = \frac{\sum\limits_{i=1}^{n} x_i^2 - (\sum\limits_{1}^{n} x_i)^2/n}{n-1} \qquad (B.20)$$

Beachte:
Für $n = 2$ ist

$$s^2 = \sum_{i=1}^{2} (x_i - \bar{x})^2/(2-1) = \sum_{i=1}^{2}\left(x_i - \frac{x_1+x_2}{2}\right)^2 = \left(\frac{x_1-x_2}{2}\right)^2 + \left(\frac{x_2-x_1}{2}\right)^2 = (x_1 \cdot x_2)^2/2.$$

Beispiel B.14 - Fortsetzung

Für die Verteilung in Beispiel B.14 berechnen wir die Stichprobenverteilung von s^2 für $n = 2$. Die möglichen Stichproben (x_1, x_2) und s^2 sind:

(x_1, x_2)	s^2	(x_1, x_2)	s^2
(1,1)	0,0	(3,4)	0,5
(1,2)	0,5	(3,5)	2,0
(1,3)	2,0	(4,1)	4,5
(1,4)	4,5	(4,2)	2,0
(1,5)	8,0	(4,3)	0,5
(2,1)	0,5	(4,4)	0,0
(2,2)	0,0	(4,5)	0,5
(2,3)	0,5	(5,1)	8,0
(2,4)	2,0	(5,2)	4,5
(2,5)	4,5	(5,3)	2,0
(3,1)	2,0	(5,4)	0,5
(3,2)	0,5	(5,5)	0,0
(3,3)	0,0		

Die Wahrscheinlichkeitsverteilung von s^2, die Stichprobenverteilung von s^2 ist also:

s^2	$P(s^2 = s^2)$
0,0	$\dfrac{5}{25} = 0,2$
0,5	$\dfrac{8}{25} = 0,32$
2,0	$\dfrac{6}{25} = 0,24$
4,5	$\dfrac{4}{25} = 0,16$
8,0	$\dfrac{2}{25} = 0,08$

Der Erwartungswert von s^2 ist $E(s^2) = 0{,}0 \cdot 0{,}20 + 0{,}5 \cdot 0{,}32 + 2{,}0 \cdot 0{,}24 + 4{,}5 \cdot 0{,}16 + 8{,}0 \cdot 0{,}08 = 2 = \text{var}(x) = \sigma^2$.

Allgemein ist der Mittelwert von s^2 gleich der Varianz $\text{var}(x)$ oder

$$E(s^2) = \sigma^2. \tag{B.21}$$

Anhang C   Matrizen

Eine Matrix ist ein rechteckiges Schema mit $a \geq 1$ Zeilen und $b \geq 1$ Spalten, eine sogenannte $(a \times b)$-Matrix. Ist $a = b$, so heißt die Matrix eine quadratische Matrix der Ordnung a. Ist $b = 1$, so heißt die Matrix ein (Spalten-) Vektor. Für $a = b = 1$ ist die Matrix eine reelle Zahl, auch Skalar genannt. Matrizen bezeichnen wir mit Großbuchstaben wie A, B, X und ihre Elemente durch entsprechende indizierte Kleinbuchstaben wie a_{ij}, b_{ij} bzw. x_{ij}. Wir verwenden auch die Bezeichnung $X = (x_{ij})$; $i = 1, ..., a, j = 1, ..., b$ oder

$$X = \begin{pmatrix} x_{11} & \cdots & x_{1b} \\ x_{21} & \cdots & x_{2b} \\ \vdots & \vdots & \vdots \\ x_{a1} & \cdots & x_{ab} \end{pmatrix}.$$

Dann ist x_{ij} das Element in der i-ten Zeile und in der j-ten Spalte von X. Für $b = 1$, also bei einem Spaltenvektor, verändern wie die Bezeichnung, wir bezeichnen ihn durch einen kleinen Buchstaben und der Spaltenindex wird bei den Elementen weggelassen

$$X = x = \begin{pmatrix} x_{11} \\ x_{21} \\ \vdots \\ x_{a1} \end{pmatrix} = \begin{pmatrix} x_1 \\ x_2 \\ \vdots \\ x_a \end{pmatrix}.$$

Die Transponierte (transponierte Matrix) X^T einer Matrix X erhält man, indem man in X Zeilen und Spalten vertauscht:

$$X^T = \begin{pmatrix} x_{11} & \cdots & x_{a1} \\ x_{12} & \cdots & x_{a2} \\ \vdots & \vdots & \vdots \\ x_{1b} & \cdots & x_{ab} \end{pmatrix}.$$

Transponieren wir einen Spaltenvektor

$$x = \begin{pmatrix} x_1 \\ \vdots \\ x_a \end{pmatrix},$$

so entsteht ein Zeilenvektor $x^T = (x_1, ..., x_a)$.
Ist die transponierte Matrix A^T einer quadratischen Matrix A gleich A $(A^T = A)$, so heißt A eine symmetrische Matrix.

Wir wollen nun Rechenoperationen für Matrizen einführen. Dabei beschränken wir uns auf den Fall, dass alle Elemente reelle Zahlen sind auch wenn allgemeinere Definitionen möglich sind.

Addition: Zwei Matrizen A und B kann man addieren, falls die Anzahl der Zeilen beider Matrizen einerseits und die Anzahl der Spalten beider Matrizen andererseits gleich sind . Die Summe $A+B$ erhält man dann durch elementweise Addition der Elemente von A und B.
Damit gilt:

$$A + B = B + A$$

Multiplikation mit einer reellen Zahl:

Eine Matrix A wird mit einer reellen Zahl c multipliziert, indem man jedes Element von A mit c multipliziert .

$$cA = (ca_{ij})$$

Subtraktion von Matrizen:

Matrizen kann man voneinander subtrahieren, wenn sie die Bedingungen für die Addition erfüllen. Eine Matrix B wird von der A subtrahiert, indem man $-B$ zu A addiert.
$A-B = (a_{ij}-b_{ij})$
Beachte, dass $-B$ gleich B multipliziert mit der reellen Zahl -1 ist; so dass $A-B = A + (-B)$ gilt.

Multiplikation von Matrizen:

Eine $(a \times b)$ Matrix A kann mit einer $(c \times d)$-Matrix B multipliziert werden $(A \cdot B)$, falls die Anzahl b der Spalten von A gleich der Anzahl c der Zeilen von B $(b = c)$ ist. Das Produkt ist eine $(a \times d)$-Matrix C mit Elementen

$$c_{ij} = \sum_{k=1}^{b} a_{ik} b_{kj} \quad i = 1, ..., a, \ j = 1, ..., d$$

Als Beispiel multiplizieren wir die Matrizen

$$A = \begin{pmatrix} 3 & 2 & 1 \\ 1 & 4 & 5 \end{pmatrix} \text{ und } B = \begin{pmatrix} 1 & 0 & 1 & 0 \\ 3 & 1 & 0 & 0 \\ 1 & 2 & 0 & 1 \end{pmatrix}$$

A ist eine (2×3)-Matrix und B eine (3×4)-Matrix. Das Produkt $A \cdot B$ ist damit eine (2×4)-Matrix.

$$AB = A \cdot B = \begin{pmatrix} 10 & 4 & 3 & 1 \\ 18 & 14 & 1 & 5 \end{pmatrix}$$

Wir berechnen das erste Element von $AB = A \cdot B$; die erste Zeile von A muß mit der ersten Spalte von B kombiniert werden und wir erhalten

$$3 \cdot 1 + 2 \cdot 3 + 1 \cdot 1 = 10$$

In diesem Beispiel ist das Produkt $B \cdot A$ nicht definiert, da B 4 Spalten und A 2 Zeilen hat. Reduziere wir die Matrix B um die Spalten 3 und 4, entsteht eine Matrix, für die beide Produkte mit der Matrix A existieren.

Zunächst multiplizieren wir

$$A = \begin{pmatrix} 3 & 2 & 1 \\ 1 & 4 & 5 \end{pmatrix} \text{ mit } B = \begin{pmatrix} 1 & 0 \\ 3 & 1 \\ 1 & 2 \end{pmatrix}$$

Das Produkt

$$AB = \begin{pmatrix} 10 & 4 \\ 18 & 14 \end{pmatrix}$$

ist eine (2×2)-Matrix.

Wir können aber auch

$$B \cdot A = \begin{pmatrix} 3 & 2 & 1 \\ 10 & 10 & 8 \\ 5 & 10 & 11 \end{pmatrix}$$

bilden und das ergibt eine (3×3)-Matrix.

Merke: Verwechsle nicht AB mit BA; nicht immer existieren beide Produkte und selbst wenn, müssen sie nicht gleich sein.

Determinanten:

Die Determinante $|A|$ einer quadratischen Matrix A (nur quadratische Matrizen haben eine Determinante) ist eine reelle Zahl. Ist die Ordnung der quadratischen Matrix A gleich 2, so ist die Determinante $|A|$ von

$$A = \begin{pmatrix} a_{11} & a_{12} \\ a_{21} & a_{22} \end{pmatrix}$$

$|A| = a_{11} \cdot a_{22} - a_{12} \cdot a_{21}$.

Für die Matrix $AB = \begin{pmatrix} 10 & 4 \\ 18 & 14 \end{pmatrix}$ ergibt sich

$|AB| = 10 \cdot 14 - 4 \cdot 18 = 68$.

Ist die Ordnung einer quadratischen Matrix A gleich 3, so ergibt sich die Determinante $|A|$ von

$$A = \begin{pmatrix} a_{11} & a_{12} & a_{13} \\ a_{21} & a_{22} & a_{23} \\ a_{31} & a_{32} & a_{33} \end{pmatrix}$$

wie folgt. Wähle irgendeine Zeile oder Spalte und halte sie für die folgenden Berechnungen fest, wir nehmen hier die erste Zeile. Dann erhält man $|A|$ durch Multiplikation jedes Elementes dieser Zeile mit der Determinante der Matrix der Ordnung 2, die verbleibt, wenn die Zeile und die Spalte des jeweiligen Elementes weggelassen wird. Also ist

$$P_1 = a_{11} \begin{vmatrix} a_{22} & a_{23} \\ a_{32} & a_{33} \end{vmatrix}$$

$$P_2 = a_{12} \begin{vmatrix} a_{21} & a_{23} \\ a_{31} & a_{33} \end{vmatrix}$$

und

$$P_3 = a_{13} \begin{vmatrix} a_{21} & a_{22} \\ a_{31} & a_{32} \end{vmatrix}.$$

Die Produkte P_1, P_2, P_3 werden linear kombiniert mit wechselnden Vorzeichen:
$(-1)^{1+1}P_1 + (-1)^{1+2}P_2 + (-1)^{1+3}P_3 = P_1 - P_2 + P_3 = |A|$
Die Exponenten von (-1) sind die Summen der Koeffizienten a_{1j} in P_j.

In obigem Beispiel ist BA eine quadratische Matrix der Ordnung 3 und

$$P_1 = 3 \cdot \begin{vmatrix} 10 & 8 \\ 10 & 11 \end{vmatrix}, \ P_2 = 2 \cdot \begin{vmatrix} 10 & 8 \\ 5 & 11 \end{vmatrix}, \ P_3 = 1 \cdot \begin{vmatrix} 10 & 10 \\ 5 & 10 \end{vmatrix}$$

und damit

$$|BA| = 3 \cdot (110\text{-}80) - 2 \cdot (110\text{-}40) + 1 \cdot (100\text{-}50) = 3 \cdot 30 - 2 \cdot 70 + 50 = 0.$$

Also ist $|AB| = 68$, aber $|BA| = 0$. Eine Matrix deren Determinante gleich Null ist, heißt singulär.
Natürlich muß dieses Prinzip auf quadratische Matrizen höherer Ordnung verallgemeinert werden, dies würde hier aber zu weit führen.

Die Inverse A^{-1} von A: "Matrizendivision", wird Matrizeninversion genannt, sie ist für quadratische Matrizen definiert, deren Determinante nicht Null ist.
Wir definieren zunächst die Einheitsmatrix E_a der Ordnung a als eine quadratische Matrix der Ordnung a der Form

$$E_a = \begin{pmatrix} 1 & 0 & \cdots & 0 \\ 0 & 1 & & 0 \\ \vdots & & \ddots & \vdots \\ 0 & \cdots & \cdots & 1 \end{pmatrix}$$

d.h. alle Elemente mit Zeilennummer gleich Spaltennummer (diese bilden die Hauptdiagonale der Matrix) sind gleich 1 und all anderen Elemente sind gleich Null.

Man sieht, dass, falls A und E_a quadratische Matrizen der gleichen Ordnung sind, $A\,E_a = E_a\,A = A$ gilt.

Die Inverse A^{-1} einer quadratischen Matrix A der Ordnung a ist die (eindeutig definierte) quadratische Matrix der Ordnung a so, dass

$$AA^{-1} = A^{-1}A = E_a\,.$$

Um A^{-1} zu berechnen, verwendet man meist eine Technik, die die Determinante von A verwendet, wir brauchen darauf aber nicht näher einzugehen, da man ohnehin dafür Programme benutzt. Ist die Determinante von A gleich Null, so existiert die Inverse von A nicht.

Ist A eine quadratische Matrix der Ordnung $a > 1$, so heißt jeder Wert λ der Lösung der Gleichung (und damit Wurzel eines Polynoms a-ten Grades) $|A - \lambda E_a| = 0$ ist ein Eigenwert von A. Ist A symmetrisch, so sind alle Eigenwerte von A reell. Die Spur einer symmetrischen Matrix A ist die Summe und ihre Determinante ist das Produkt ihrer Eigenwerte.

Tabellen

Tabelle A1 P-Quantile der t-Verteilung mit f Freiheitsgraden (für f = ∞, P-Quantile der Standardnormalverteilung).

f	P								
	0.60	0.70	0.80	0.85	0.90	0.95	0.975	0.99	0.995
1	0.3249	0.7265	1.3764	1.9626	3.0777	6.3138	12.7062	31.8205	63.6567
2	0.2887	0.6172	1.0607	1.3862	1.8856	2.9200	4.3027	6.9646	9.9248
3	0.2767	0.5844	0.9785	1.2498	1.6377	2.3534	3.1824	4.5407	5.8409
4	0.2707	0.5686	0.9410	1.1896	1.5332	2.1318	2.7764	3.7469	4.6041
5	0.2672	0.5594	0.9195	1.1558	1.4759	2.0150	2.5706	3.3649	4.0321
6	0.2648	0.5534	0.9057	1.1342	1.4398	1.9432	2.4469	3.1427	3.7074
7	0.2632	0.5491	0.8960	1.1192	1.4149	1.8946	2.3646	2.9980	3.4995
8	0.2619	0.5459	0.8889	1.1081	1.3968	1.8595	2.3060	2.8965	3.3554
9	0.2610	0.5435	0.8834	1.0997	1.3830	1.8331	2.2622	2.8214	3.2498
10	0.2602	0.5415	0.8791	1.0931	1.3722	1.8125	2.2281	2.7638	3.1693
11	0.2596	0.5399	0.8755	1.0877	1.3634	1.7959	2.2010	2.7181	3.1058
12	0.2590	0.5386	0.8726	1.0832	1.3562	1.7823	2.1788	2.6810	3.0545
13	0.2586	0.5375	0.8702	1.0795	1.3502	1.7709	2.1604	2.6503	3.0123
14	0.2582	0.5366	0.8681	1.0763	1.3450	1.7613	2.1448	2.6245	2.9768
15	0.2579	0.5357	0.8662	1.0735	1.3406	1.7531	2.1314	2.6025	2.9467
16	0.2576	0.5350	0.8647	1.0711	1.3368	1.7459	2.1199	2.5835	2.9208
17	0.2573	0.5344	0.8633	1.0690	1.3334	1.7396	2.1098	2.5669	2.8982
18	0.2571	0.5338	0.8620	1.0672	1.3304	1.7341	2.1009	2.5524	2.8784
19	0.2569	0.5333	0.8610	1.0655	1.3277	1.7291	2.0930	2.5395	2.8609
20	0.2567	0.5329	0.8600	1.0640	1.3253	1.7247	2.0860	2.5280	2.8453
21	0.2566	0.5325	0.8591	1.0627	1.3232	1.7207	2.0796	2.5176	2.8314
22	0.2564	0.5321	0.8583	1.0614	1.3212	1.7171	2.0739	2.5083	2.8188
23	0.2563	0.5317	0.8575	1.0603	1.3195	1.7139	2.0687	2.4999	2.8073
24	0.2562	0.5314	0.8569	1.0593	1.3178	1.7109	2.0639	2.4922	2.7969
25	0.2561	0.5312	0.8562	1.0584	1.3163	1.7081	2.0595	2.4851	2.7874
26	0.2560	0.5309	0.8557	1.0575	1.3150	1.7056	2.0555	2.4786	2.7787
27	0.2559	0.5306	0.8551	1.0567	1.3137	1.7033	2.0518	2.4727	2.7707
28	0.2558	0.5304	0.8546	1.0560	1.3125	1.7011	2.0484	2.4671	2.7633
29	0.2557	0.5302	0.8542	1.0553	1.3114	1.6991	2.0452	2.4620	2.7564
30	0.2556	0.5300	0.8538	1.0547	1.3104	1.6973	2.0423	2.4573	2.7500
40	0.2550	0.5286	0.8507	1.0500	1.3031	1.6839	2.0211	2.4233	2.7045
50	0.2547	0.5278	0.8489	1.0473	1.2987	1.6759	2.0086	2.4033	2.6778
60	0.2545	0.5272	0.8477	1.0455	1.2958	1.6706	2.0003	2.3901	2.6603
70	0.2543	0.5268	0.8468	1.0442	1.2938	1.6669	1.9944	2.3808	2.6479
80	0.2542	0.5265	0.8461	1.0432	1.2922	1.6641	1.9901	2.3739	2.6387
90	0.2541	0.5263	0.8456	1.0424	1.2910	1.6620	1.9867	2.3685	2.6316
100	0.2540	0.5261	0.8452	1.0418	1.2901	1.6602	1.9840	2.3642	2.6259
300	0.2536	0.5250	0.8428	1.0382	1.2844	1.6499	1.9679	2.3451	2.5923
500	0.2535	0.5247	0.8423	1.0375	1.2832	1.6479	1.9647	2.3338	2.5857
∞	0.2533	0.5244	0.8416	1.0364	1.2816	1.6449	1.9600	2.3263	2.5758

Tabelle A2 P-Quantile $\chi^2(f;p)$ der χ^2-Verteilung (kritische Werte des Chi-Quadrat-Tests) mit f Freiheitsgraden.

f	0.005	0.010	0.025	0.050	0.100	0.250	0.500	0.750	0.900	0.950	0.975	0.990	0.995
1	$3927 \cdot 10^{-8}$	$1571 \cdot 10^{-7}$	$9821 \cdot 10^{-7}$	$3932 \cdot 10^{-6}$	0.01579	0.1015	0.4549	1.323	2.706	3.841	5.024	6.635	7.879
2	0.01003	0.02010	0.05064	0.1026	0.2107	0.5754	1.386	2.773	4.605	5.991	7.378	9.210	10.60
3	0.07172	0.1148	0.2158	0.3518	0.5844	1.213	2.366	4.108	6.251	7.815	9.348	11.34	12.84
4	0.2070	0.2971	0.4844	0.7107	1.064	1.923	3.357	5.385	7.779	9.488	11.14	13.28	14.86
5	0.4117	0.5543	0.8312	1.145	1.610	2.675	4.351	6.626	9.236	11.07	12.83	15.09	16.75
6	0.6757	0.8721	1.237	1.635	2.204	3.455	5.348	7.841	10.64	12.59	14.45	16.81	18.55
7	0.9893	1.239	1.690	2.167	2.833	4.255	6.346	9.037	12.02	14.07	16.01	18.48	20.28
8	1.344	1.646	2.180	2.733	3.490	5.071	7.344	10.22	13.36	15.51	17.53	20.09	21.96
9	1.735	2.088	2.700	3.325	4.168	5.899	8.343	11.39	14.68	16.92	19.02	21.67	23.59
10	2.156	2.558	3.247	3.940	4.865	6.737	9.342	12.55	15.99	18.21	20.48	23.21	25.19
11	2.603	3.053	3.816	4.575	5.578	7.584	10.34	13.70	17.28	19.68	21.92	24.72	26.76
12	3.074	3.571	4.404	5.226	6.304	8.438	11.34	14.85	18.55	21.03	23.34	26.22	28.30
13	3.565	4.107	5.009	5.892	7.042	9.299	12.34	15.98	19.81	22.36	24.74	27.69	29.82
14	4.075	4.660	5.629	6.571	7.790	10.17	13.34	17.12	21.06	23.68	26.12	29.14	31.32
15	4.601	5.229	6.262	7.261	8.547	11.04	14.34	18.25	22.31	25.00	27.49	30.58	32.80
16	5.142	5.812	6.908	7.962	9.312	11.91	15.34	19.37	23.54	26.30	28.85	32.00	34.27
17	5.697	6.408	7.564	8.672	10.09	12.79	16.34	20.49	24.77	27.59	30.19	33.41	35.72
18	6.265	7.015	8.231	9.390	10.86	13.68	17.34	21.60	25.99	28.87	31.53	34.81	37.16
19	6.844	7.633	8.907	10.12	11.65	14.56	18.34	22.72	27.20	30.14	32.85	36.19	38.58
20	7.434	8.260	9.591	10.85	12.44	15.45	19.34	23.83	28.41	31.41	34.17	37.57	40.00

Tabelle A2 *Fortsetzung*

f	P												
	0.005	0.010	0.025	0.050	0.100	0.250	0.500	0.750	0.900	0.950	0.975	0.990	0.995
21	8.034	8.897	10.28	11.59	13.24	16.34	20.34	24.93	29.62	32.67	35.48	38.93	41.40
22	8.643	9.542	10.98	12.34	14.04	17.24	21.34	26.04	30.81	33.92	36.78	40.29	42.80
23	9.260	10.20	11.69	13.09	14.85	18.14	22.34	27.14	32.01	35.17	38.08	41.64	44.18
24	9.886	10.86	12.40	13.85	15.66	19.04	23.34	28.24	33.20	36.42	39.36	42.98	45.56
25	10.52	11.52	13.12	14.61	16.47	19.94	24.34	29.34	34.38	37.65	40.65	44.31	46.93
26	11.16	12.20	1384	15.38	17.29	20.84	25.34	30.43	35.56	38.89	41.92	45.64	48.29
27	11.81	12.88	14.57	16.15	18.11	21.75	26.34	31.53	36.74	40.11	43.19	46.96	49.64
28	12.46	13.56	15.31	16.93	18.94	22.06	27.34	32.62	37.92	41.34	44.46	48.28	50.99
29	13.12	14.26	16.05	17.71	19.77	23.57	28.34	33.71	39.09	42.56	45.72	49.59	52.34
30	13.79	14.95	16.79	18.49	20.60	24.48	29.34	34.80	40.26	43.77	46.98	50.89	53.67
40	20.71	22.16	24.43	26.51	29.05	33.66	39.34	45.62	51.80	55.76	59.34	63.69	66.77
50	27.99	29.71	32.36	34.76	37.69	42.94	49.33	56.33	63.17	67.50	71.42	76.15	79.49
60	35.53	37.48	40.48	43.19	46.46	52.29	59.33	66.98	74.40	79.08	83.30	88.38	91.95
70	43.28	45.44	48.76	51.74	55.33	61.70	69.33	77.58	85.53	90.53	95.02	100.42	104.22
80	51.17	53.54	57.15	60.39	64.28	71.14	79.33	88.13	96.58	101.88	106.63	112.33	116.32
90	59.20	61.75	65.65	69.13	73.29	80.62	89.33	98.65	107.56	113.14	118.14	124.12	128.30
100	67.33	70.06	74.22	77.93	82.36	90.13	99.33	109.14	118.50	124.34	129.56	135.81	140.17

Tabelle A3   *95%-Quantile der F-Verteilung mit f_1 und f_2 Freiheitsgraden.*

f_1 / f_2	1	2	3	4	5	6	7	8	9
1	161.4	199.5	215.7	224.6	230.2	234.0	236.8	238.9	240.5
2	18.51		19.16			19.33		19.37	19.38
3	10.13	19.00	9.28	19.25	19.30	8.94	19.35	8.85	8.81
4	7.71	9.55	6.59	9.12	9.01	6.16	8.89	6.04	6.00
5	6.61	6.94	5.41	6.39	6.26	4.95	6.09	4.82	4.77
6	5.99	5.79	4.76	5.19	5.05	4.28	4.88	4.15	4.10
7	5.59	5.14	4.35	4.53	4.39	3.87	4.21	3.73	3.68
8	5.32	4.74	4.07	4.12	3.97	3.58	3.79	3.44	3.39
9	5.12	4.46	3.86	3.84	3.69	3.37	3.50	3.23	3.18
10	4.96	4.26	3.71	3.63	3.48	3.22	3.29	3.07	3.02
11	4.84	4.10	3.59	3.48	3.33	3.09	3.14	2.95	2.90
12	4.75	3.98	3.49	3.36	3.20	3.00	3.01	2.85	2.80
13	4.67	3.89	3.41	3.27	3.11	2.92	2.91	2.77	2.71
14	4.60	3.81	3.34	3.18	3.03	2.85	2.83	2.70	2.65
15	4.54	3.74	3.29	3.11	2.96	2.79	2.76	2.64	2.59
16	4.49	3.68	3.24	3.06	2.90	2.74	2.71	2.59	2.54
17	4.45	3.63	3.20	3.01	2.85	2.70	2.66	2.55	2.49
18	4.41	3.59	3.16	2.96	2.81	2.66	2.61	2.51	2.46
19	4.38	3.55	3.13	2.93	2.77	2.63	2.58	2.48	2.42
20	4.35	3.52	3.10	2.90	2.74	2.60	2.54	2.45	2.39
21	4.32	3.49	3.07	2.87	2.71	2.57	2.51	2.42	2.37
22	4.30	3.47	3.05	2.84	2.68	2.55	2.49	2.40	2.34
23	4.28	3.44	3.03	2.82	2.66	2.53	2.46	2.37	2.32
24	4.26	3.42	3.01	2.80	2.64	2.51	2.44	2.36	2.30
25	4.24	3.40	2.99	2.78	2.62	2.49	2.42	2.34	2.28
26	4.23	3.39	2.98	2.76	2.60	2.47	2.40	2.32	2.27
27	4.21	3.37	2.96	2.74	2.59	2.46	2.39	2.31	2.25
28	4.20	3.35	2.95	2.73	2.57	2.45	2.37	2.29	2.24
29	4.18	3.34	2.93	2.71	2.56	2.43	2.36	2.28	2.22
30	4.17	3.33	2.92	2.70	2.55	2.42	2.35	2.27	2.21
40	4.08	3.32	2.84	2.69	2.53	2.34	2.33	2.18	2.12
60	4.00	3.23	2.76	2.61	2.45	2.25	2.25	2.10	2.04
120	3.92	3.15	2.68	2.53	2.37	2.17	2.17	2.02	1.96
∞	3.84	3.07	2.60	2.45	2.29	2.10	2.09	1.94	1.88
		3.00		2.37	2.21		2.01		

Tabelle A3   Fortsetzung

f_2 \ f_1	10	12	15	20	24	30	40	60	120	∞
1	241.9	243.9	245.9	248.0	249.1	250.1	251.1	252.2	253.3	254.3
2	19.40	19.41	19.43	19.45	19.45					
3	8.79	8.74	8.70	8.66	8.64	19.46	19.47	19.48	19.49	19.50
4	5.96	5.91	5.86	5.80	5.77	8.62	8.59	8.57	8.55	8.53
5	4.74	4.68	4.62	4.56	4.53	5.75	5.72	5.69	5.66	5.63
6	4.06	4.00	3.94	3.87	3.84	4.50	4.46	4.43	4.40	4.36
7	3.64	3.57	3.51	3.44	3.41	3.81	3.77	3.74	3.70	3.67
8	3.35	3.28	3.22	3.15	3.12	3.38	3.34	3.30	3.27	3.23
9	3.14	3.07	3.01	2.94	2.90	3.08	3.04	3.01	2.97	2.93
10	2.98	2.91	2.85	2.77	2.74	2.86	2.83	2.79	2.75	2.71
11	2.85	2.79	2.72	2.65	2.61	2.70	2.66	2.62	2.58	2.54
12	2.75	2.69	2.62	2.54	2.51	2.57	2.53	2.49	2.45	2.40
13	2.67	2.60	2.53	2.46	2.42	2.47	2.43	2.38	2.34	2.30
14	2.60	2.53	2.46	2.39	2.35	2.38	2.34	2.30	2.25	2.21
15	2.54	2.48	2.40	2.33	2.29	2.31	2.27	2.22	2.18	2.13
16	2.49	2.42	2.35	2.28	2.24	2.25	2.20	2.16	2.11	2.07
17	2.45	2.38	2.31	2.23	2.19	2.19	2.15	2.11	2.06	2.01
18	2.41	2.34	2.27	2.19	2.15	2.15	2.10	2.06	2.01	1.96
19	2.38	2.31	2.23	2.16	2.11	2.11	2.06	2.02	1.97	1.92
20	2.35	2.28	2.20	2.12	2.08	2.07	2.03	1.98	1.93	1.88
21	2.32	2.25	2.18	2.10	2.05	2.04	1.99	1.95	1.90	1.84
22	2.30	2.23	2.15	2.07	2.03	2.01	1.96	1.92	1.87	1.81
23	2.27	2.20	2.13	2.05	2.01	1.98	1.94	1.89	1.84	1.78
24	2.25	2.18	2.11	2.03	1.98	1.96	1.91	1.86	1.81	1.76
25	2.24	2.16	2.09	2.01	1.96	1.94	1.89	1.84	1.79	1.73
26	2.22	2.15	2.07	1.99	1.95	1.92	1.87	1.82	1.77	1.71
27	2.20	2.13	2.06	1.97	1.93	1.90	1.85	1.80	1.75	1.69
28	2.19	2.12	2.04	1.96	1.91	1.88	1.84	1.79	1.73	1.67
29	2.18	2.10	2.03	1.94	1.90	1.87	1.82	1.77	1.71	1.65
30	2.16	2.09	2.01	1.93	1.89	1.85	1.81	1.75	1.70	1.64
40	2.08	2.00	1.92	1.84	1.79	1.84	1.79	1.74	1.68	1.62
60	1.99	1.92	1.84	1.75	1.70	1.74	1.69	1.64	1.58	1.51
120	1.91	1.83	1.75	1.66	1.61	1.65	1.59	1.53	1.47	1.39
∞	1.83	1.75	1.67	1.57	1.52	1.55	1.50	1.43	1.35	1.25
						1.46	1.39	1.32	1.22	1.00

Tabelle A4 95%-Quantile der studentisierten Spannweite in Abhängigkeit von a (Anzahl der Population) und f (Freiheitsgrade).

a / f	2	3	4	5	6	7	8	9	10
1	17.97	26.98	32.82	37.08	40.41	43.12	45.40	47.36	49.07
2	6.085	8.331	9.798	10.88	11.74	12.44	13.03	13.54	13.99
3	4.501	5.910	6.825	7.502	8.037	8.478	8.853	9.177	9.462
4	3.927	5.040	5.757	6.287	6.707	7.053	7.347	7.602	7.826
5	3.635	4.602	5.218	5.673	6.033	6.330	6.582	6.802	6.995
6	3.461	4.339	4.896	5.305	5.628	5.895	6.122	6.319	6.493
7	3.344	4.165	4.681	5.060	5.359	5.606	5.815	5.998	6.158
8	3.261	4.041	4.529	4.886	5.167	5.399	5.597	5.767	5.918
9	3.199	3.949	4.415	4.756	5.024	5.244	5.432	5.595	5.739
10	3.151	3.877	4.327	4.654	4.912	5.124	5.305	5.461	5.599
11	3.113	3.820	4.256	4.574	4.823	5.028	5.202	5.353	5.487
12	3.082	3.773	4.199	4.508	4.751	4.950	5.119	5.265	5.395
13	3.055	3.735	4.151	4.453	4.690	4.885	5.049	5.192	5.318
14	3.033	3.702	4.111	4.407	4.639	4.829	4.990	5.131	5.254
15	3.014	3.674	4.076	4.367	4.595	4.782	4.940	5.077	5.198
16	2.998	3.649	4.046	4.333	4.557	4.741	4.897	5.031	5.150
17	2.984	3.628	4.020	4.303	4.524	4.705	4.858	4.991	5.108
18	2.971	3.609	3.997	4.277	4.495	4.673	4.824	4.956	5.071
19	2.960	3.593	3.977	4.253	4.469	4.645	4.794	4.924	5.038
20	2.950	3.578	3.958	4.232	4.445	4.620	4.768	4.896	5.008
24	2.919	3.532	3.901	4.166	4.373	4.541	4.684	4.807	4.915
30	2.888	3.486	3.845	4.102	4.302	4.464	4.602	4.720	4.824
40	2.858	3.442	3.791	4.039	4.232	4.389	4.521	4.635	4.735
60	2.829	3.399	3.737	3.977	4.163	4.314	4.441	4.550	4.646
120	2.800	3.356	3.685	3.917	4.096	4.241	4.363	4.468	4.560
∞	2.772	3.314	3.633	3.858	4.030	4.170	4.286	4.387	4.474

Tabelle A4 *Fortsetzung*

k / f	11	12	13	14	15	16	17	18	19
1	50.59	51.96	53.20	54.33	55.36	56.32	57.22	58.04	58.83
2	14.39	14.75	15.08	15.38	15.65	15.91	16.14	16.37	16.57
3	9.717	9.946	10.15	10.35	10.53	10.69	10.84	10.98	11.11
4	8.027	8.208	8.373	8.525	8.664	8.794	8.914	9.028	9.134
5	7.168	7.324	7.466	7.596	7.717	7.828	7.932	8.030	8.122
6	6.649	6.789	6.917	7.034	7.143	7.244	7.338	7.426	7.508
7	6.302	6.431	6.550	6.658	6.759	6.852	6.939	7.020	7.097
8	6.054	6.175	6.287	6.389	6.483	6.571	6.653	6.729	6.802
9	5.867	5.983	6.089	6.186	6.276	6.359	6.437	6.510	6.579
10	5.722	5.833	5.935	6.028	6.114	6.194	6.269	6.339	6.405
11	5.605	5.713	5.811	5.901	5.984	6.062	6.134	6.202	6.265
12	5.511	5.615	5.710	5.789	5.878	5.953	6.023	6.089	6.151
13	5.431	5.533	6.625	5.711	5.789	5.862	5.931	5.995	6.055
14	5.364	5.463	5.554	5.637	5.714	5.786	5.852	5.915	5.974
15	5.306	5.404	5.493	5.574	5.649	5.720	5.785	5.846	5.904
16	5.256	5.352	5.439	5.520	5.593	5.662	5.727	5.786	5.843
17	5.212	5.307	5.392	5.471	5.544	5.612	5.675	5.734	5.790
18	5.174	5.267	5.352	5.429	5.501	5.568	5.630	5.688	5.743
19	5.140	5.231	5.315	5.391	5.462	5.528	5.589	5.647	5.701
20	5.108	5.199	5.282	5.357	5.427	5.493	5.553	5.610	5.663
24	5.012	5.099	5.179	5.251	5.319	5.381	5.439	5.494	5.545
30	4.917	5.001	5.077	5.147	5.211	5.271	5.327	5.379	5.429
40	4.824	4.904	4.977	5.044	5.106	5.163	5.216	5.266	5.313
60	4.732	4.808	4.878	4.942	5.001	5.056	5.107	5.154	5.199
120	4.641	4.714	4.781	4.842	4.898	4.950	4.998	5.044	5.086
∞	4.552	4.622	4.685	4.743	4.796	4.845	4.891	4.934	4.974

Tabelle A5   Quantile $d[p; f; 1-\alpha_e]$ mit $\alpha_e = 0,05$ für den zweiseitigen Dunnett-Test zum Vergleich von p Behandlungen mit einer Kontrolle in einer optimalen Anlage mit $n_i = n$ für $i = 1, \dots, k-1 = p$ und $n_k \approx n \sqrt{p}$.

f	p = 2	3	4	5	6	7	8	9	10	11	12	14	16	18	20
2	5.47	6.19	6.72	7.13	7.46	7.74	7.98	8.20	8.38	8.55	8.71	8.98	9.21	9.42	9.60
3	3.90	4.34	4.66	4.92	5.12	5.30	5.45	5.58	5.70	5.80	5.90	6.07	6.22	6.35	6.46
4	3.33	3.68	3.93	4.12	4.28	4.42	4.53	4.64	4.73	4.81	4.89	5.02	5.14	5.24	5.33
5	3.05	3.34	3.56	3.72	3.86	3.97	4.07	4.16	4.24	4.31	4.38	4.49	4.59	4.68	4.75
6	2.88	3.14	3.33	3.48	3.60	3.71	3.80	3.88	3.95	4.01	4.07	4.17	4.26	4.34	4.40
7	2.77	3.01	3.19	3.32	3.43	3.53	3.61	3.68	3.75	3.81	3.86	3.96	4.04	4.11	4.17
8	2.69	2.92	3.08	3.21	3.31	3.40	3.48	3.55	3.61	3.66	3.71	3.80	3.88	3.95	4.01
9	2.63	2.85	3.00	3.13	3.23	3.31	3.38	3.45	3.50	3.56	3.60	3.69	3.76	3.82	3.88
10	2.58	2.79	2.94	3.06	3.16	3.24	3.31	3.37	3.42	3.47	3.52	3.60	3.67	3.73	3.78
11	2.55	2.75	2.89	3.01	3.10	3.18	3.25	3.31	3.36	3.41	3.45	3.53	3.59	3.65	3.70
12	2.52	2.71	2.86	2.97	3.05	3.13	3.20	3.25	3.31	3.35	3.39	3.47	3.53	3.59	3.64
13	2.49	2.68	2.82	2.93	3.02	3.09	3.15	3.21	3.26	3.31	3.35	3.42	3.48	3.54	3.59
14	2.47	2.66	2.80	2.90	2.99	3.06	3.12	3.18	3.22	3.27	3.31	3.38	3.44	3.49	3.54
15	2.45	2.64	2.77	2.87	2.96	3.03	3.09	3.14	3.19	3.24	3.27	3.34	3.40	3.46	3.50
16	2.44	2.62	2.75	2.85	2.94	3.00	3.06	3.12	3.16	3.21	3.25	3.31	3.37	3.42	3.47
17	2.42	2.60	2.73	2.83	2.91	2.98	3.04	3.09	3.14	3.18	3.22	3.29	3.35	3.40	3.44
18	2.41	2.59	2.72	2.82	2.90	2.96	3.02	3.07	3.12	3.16	3.20	3.26	3.32	3.37	3.42
19	2.40	2.58	2.70	2.80	2.88	2.95	3.00	3.06	3.10	3.14	3.18	3.24	3.30	3.35	3.39
20	2.39	2.57	2.69	2.79	2.87	2.93	2.99	3.04	3.08	3.12	3.16	3.22	3.28	3.33	3.37
21	2.38	2.56	2.68	2.78	2.85	2.92	2.97	3.02	3.07	3.11	3.14	3.21	3.26	3.31	3.35
22	2.37	2.55	2.67	2.76	2.84	2.91	2.96	3.01	3.05	3.09	3.13	3.19	3.25	3.29	3.34
23	2.37	2.54	2.66	2.75	2.83	2.90	2.95	3.00	3.04	3.08	3.12	3.18	3.23	3.28	3.32
24	2.36	2.53	2.65	2.75	2.82	2.88	2.94	2.99	3.03	3.07	3.10	3.17	3.22	3.27	3.31
25	2.35	2.52	2.64	2.74	2.81	2.88	2.93	2.98	3.02	3.06	3.09	3.15	3.21	3.25	3.30
26	2.35	2.52	2.64	2.73	2.80	2.87	2.92	2.97	3.01	3.05	3.08	3.14	3.20	3.24	3.28
27	2.34	2.51	2.63	2.72	2.80	2.86	2.91	2.96	3.00	3.04	3.07	3.13	3.19	3.23	3.27
28	2.34	2.51	2.63	2.72	2.79	2.85	2.91	2.95	2.99	3.03	3.07	3.13	3.18	3.22	3.26

Tabelle A5 *Fortsetzung*

f	p = 2	3	4	5	6	7	8	9	10	11	12	14	16	18	20
29	2.33	2.50	2.62	2.71	2.78	2.85	2.90	2.94	2.99	3.02	3.06	3.12	3.17	3.21	3.25
30	2.33	2.50	2.61	2.70	2.78	2.84	2.89	2.94	2.98	3.02	3.05	3.11	3.16	3.20	3.24
35	2.31	2.48	2.59	2.68	2.75	2.81	2.86	2.91	2.95	2.99	3.02	3.08	3.13	3.17	3.21
40	2.30	2.46	2.58	2.66	2.73	2.79	2.84	2.89	2.93	2.96	3.00	3.05	3.10	3.14	3.18
45	2.29	2.45	2.57	2.65	2.72	2.78	2.83	2.87	2.91	2.95	2.98	3.03	3.08	3.12	3.16
50	2.29	2.44	2.56	2.64	2.71	2.77	2.82	2.86	2.90	2.93	2.96	3.02	3.07	3.11	3.15
60	2.27	2.43	2.54	2.63	2.69	2.75	2.80	2.84	2.88	2.91	2.94	3.00	3.04	3.09	3.12
80	2.26	2.42	2.52	2.61	2.67	2.73	2.78	2.82	2.85	2.89	2.92	2.97	3.02	3.06	3.09
100	2.25	2.41	2.51	2.59	2.66	2.71	2.76	2.80	2.84	2.87	2.90	2.95	3.00	3.04	3.07
120	2.25	2.40	2.51	2.59	2.65	2.71	2.75	2.79	2.83	2.86	2.89	2.94	2.99	3.03	3.06
200	2.24	2.39	2.49	2.57	2.64	2.69	2.74	2.78	2.81	2.84	2.87	2.92	2.97	3.00	3.04
∞	2.22	2.37	2.47	2.55	2.61	2.66	2.71	2.75	2.78	2.81	2.84	2.89	2.93	2.97	3.00

Tabelle A6 Quantile $d[p; f; 1-\alpha_e]$ mit $\alpha_e = 0.05$ für den zweiseitigen Dunnett-Test zum Vergleich von p Behandlungen mit einer Kontrolle in einer balancierten Anlage mit $n_i = n$ für $i = 1, ..., k = p + 1$.

f	$p=2$	3	4	5	6	7	8	9	10	11	12	14	16	18	20
2	5.42	6.06	6.52	6.85	7.12	7.35	7.54	7.71	7.85	7.98	8.10	8.31	8.49	8.64	8.77
3	3.87	4.26	4.54	4.75	4.92	5.06	5.18	5.28	5.37	5.45	5.53	5.66	5.77	5.87	5.95
4	3.31	3.62	3.83	3.99	4.13	4.23	4.33	4.41	4.48	4.55	4.60	4.71	4.79	4.87	4.94
5	3.03	3.29	3.48	3.62	3.73	3.82	3.90	3.97	4.03	4.09	4.14	4.23	4.30	4.37	4.42
6	2.86	3.10	3.26	3.39	3.49	3.57	3.64	3.71	3.76	3.81	3.86	3.94	4.00	4.06	4.11
7	2.75	2.97	3.12	3.24	3.33	3.41	3.47	3.53	3.58	3.63	3.67	3.74	3.81	3.86	3.91
8	2.67	2.88	3.02	3.13	3.22	3.29	3.35	3.41	3.46	3.50	3.54	3.61	3.67	3.72	3.76
9	2.61	2.81	2.95	3.05	3.14	3.20	3.26	3.32	3.36	3.40	3.44	3.51	3.56	3.61	3.65
10	2.57	2.76	2.89	2.99	3.07	3.14	3.19	3.24	3.29	3.33	3.36	3.43	3.48	3.53	3.57
11	2.53	2.72	2.84	2.94	3.02	3.08	3.14	3.19	3.23	3.27	3.30	3.36	3.42	3.46	3.50
12	2.50	2.68	2.81	2.90	2.98	3.04	3.09	3.14	3.18	3.22	3.25	3.31	3.36	3.41	3.45
13	2.48	2.65	2.78	2.87	2.94	3.00	3.06	3.10	3.14	3.18	3.21	3.27	3.32	3.36	3.40
14	2.46	2.63	2.75	2.84	2.91	2.97	3.02	3.07	3.11	3.14	3.18	3.23	3.28	3.32	3.36
15	2.44	2.61	2.73	2.82	2.89	2.95	3.00	3.04	3.08	3.12	3.15	3.20	3.25	3.29	3.33
16	2.42	2.59	2.71	2.80	2.87	2.92	2.97	3.02	3.06	3.09	3.12	3.18	3.22	3.26	3.30
17	2.41	2.58	2.69	2.78	2.85	2.90	2.95	3.00	3.03	3.07	3.10	3.15	3.20	3.24	3.27
18	2.40	2.56	2.68	2.76	2.83	2.89	2.94	2.98	3.01	3.05	3.08	3.13	3.18	3.22	3.25
19	2.39	2.55	2.66	2.75	2.81	2.87	2.92	2.96	3.00	3.03	3.06	3.11	3.16	3.20	3.23
20	2.38	2.54	2.65	2.73	2.80	2.86	2.90	2.95	2.98	3.02	3.05	3.10	3.14	3.18	3.22
21	2.37	2.53	2.64	2.72	2.79	2.84	2.89	2.93	2.97	3.00	3.03	3.08	3.13	3.17	3.20
22	2.36	2.52	2.63	2.71	2.78	2.83	2.88	2.92	2.96	2.99	3.02	3.07	3.11	3.15	3.19
23	2.36	2.51	2.62	2.70	2.77	2.82	2.87	2.91	2.95	2.98	3.01	3.06	3.10	3.14	3.17
24	2.35	2.51	2.61	2.70	2.76	2.81	2.86	2.90	2.94	2.97	3.00	3.05	3.09	3.13	3.16
25	2.34	2.50	2.61	2.69	2.75	2.81	2.85	2.89	2.93	2.96	2.99	3.04	3.08	3.12	3.15
26	2.34	2.49	2.60	2.68	2.74	2.80	2.84	2.88	2.92	2.95	2.98	3.03	3.07	3.11	3.14
27	2.33	2.49	2.59	2.67	2.74	2.79	2.84	2.88	2.91	2.94	2.97	3.02	3.06	3.10	3.13
28	2.33	2.48	2.59	2.67	2.73	2.78	2.83	2.87	2.90	2.93	2.96	3.01	3.05	3.09	3.13

Tabelle A6   *Fortsetzung*

f	p = 2	3	4	5	6	7	8	9	10	11	12	14	16	18	20
29	2.32	2.48	2.58	2.66	2.73	2.78	2.82	2.86	2.90	2.93	2.96	3.00	3.05	3.08	3.11
30	2.32	2.47	2.58	2.66	2.72	2.77	2.82	2.86	2.89	2.92	2.95	3.00	3.04	3.08	3.11
35	2.30	2.46	2.56	2.64	2.70	2.75	2.79	2.83	2.86	2.89	2.92	2.97	3.01	3.05	3.08
40	2.29	2.44	2.54	2.62	2.68	2.73	2.77	2.81	2.84	2.87	2.90	2.95	2.99	3.02	3.05
45	2.28	2.43	2.53	2.61	2.67	2.72	2.76	2.80	2.83	2.86	2.89	2.93	2.97	3.01	3.04
50	2.28	2.42	2.52	2.60	2.66	2.71	2.75	2.79	2.82	2.85	2.87	2.92	2.96	2.99	3.02
60	2.27	2.41	2.51	2.58	2.64	2.69	2.73	2.77	2.80	2.83	2.86	2.90	2.94	2.97	3.00
80	2.25	2.39	2.49	2.56	2.62	2.67	2.71	2.75	2.78	2.81	2.83	2.88	2.92	2.95	2.98
100	2.24	2.39	2.48	2.55	2.61	2.66	2.70	2.74	2.77	2.79	2.82	2.86	2.90	2.93	2.96
120	2.24	2.38	2.47	2.55	2.60	2.65	2.69	2.73	2.76	2.79	2.81	2.86	2.89	2.93	2.95
200	2.23	2.37	2.46	2.53	2.59	2.64	2.68	2.71	2.74	2.77	2.79	2.84	2.87	2.91	2.93
∞	2.21	2.35	2.44	2.51	2.57	2.61	2.65	2.69	2.72	2.74	2.77	2.81	2.85	2.88	2.91

Literatur

Bechhofer, R. E. (1954) A Single Sample Multiple Decision Procedure for Ranking Means of Normal Populations with Known Variances. Ann. Math. Statist., 25, 16-39.

Bechhofer, R. E. and Dunnett, C. W. (1988) Percentage points of multivariate t distribution. Selected Tables in Mathematical Statistics, Vol. II, American Mathematical Society, Providence, Rhode Island.

Bock, J. (1998) Bestimmung des Stichprobenumfanges für biologische Experimente und kontrollierte klinische Studien. R. Oldenbourg Verlag München Wien.

Boer, E.P.J, Rasch, D.A.M.K. and E.M.T. Hendrix (2000) Locally optimal Designs in Non-linear Regression: A Case Study of the Michaelis-Menten Function. In: Balakrishnan, N., Ermakov, S.M., and Melas, V.B. (eds.) „Advances in Stochastic Simulation Methods". Birkhäuser, Boston.

Casagrande, J.T., Pike, M.C. and Smith, P.G. (1978) An Improved Approximate Formula for Calculating Sample Sizes for Comparing Two Binomial Distributions. Biometrics, 34, 483-486.

Cochran, W. G., Cox, G. M. (1957) Experimental Designs. 2nd ed.., John Wiley & Sons, New York.

Fleiss, J.L. (1981) Statistical Methods for Rates and Proportions. 2nd ed.. John Wiley & Sons, New York.

Freund, J. E. (1992) Mathematical Statistics. Prentice-Hall International, Englewood Cliffs, London, Sydney, Toronto, New Delhi, Tokyo. 5th ed..

Guiard, V. (1996) Different definitions of Δ-correct Selection for the indifference zone formulation. In *Miescke, K. and Rasch, D. (Eds.)* Special issue on 40 years of Statistical Selection Theory. J. Statist. Planning and Inference, 54, Part I, 175-199.

Gupta, S. S., Panchapakesan, S. (1972) On multiple decision procedures. J. Math. Phys. Sciences, 6, 1-72.

Gupta, S. S., Panchapakesan, S. (1979) Multiple Decision Procedures: Theory and Methodology of Selecting and Ranking Populations. John Wiley & Sons, New York.

Herrendörfer, G., Schmidt, J. (1978) Estimation and Test for the Mean in a Model II of Analysis of Variance. Biom. J., 20, 355-361.

Hinkelmann, K., Kempthorne, O. (1994) Design and Analysis of Experiments. John Wiley & Sons, New York.

Hochberg, Y. and Tamhane, A. C. (1987) Multiple Comparison Procedures. John Wiley & Sons, New York, Chichester, Brisbane, Toronto, Singapore.

Kubinger, K-D.; Rasch, D. and Šimečková, M (2007) Better to use H_0 $\rho \le \lambda$ than H_0 $\rho = 0$ when testing a correlation coefficient's significance. Psychology Science, in print.

Linder, A. (1959) Planen und Auswerten von Versuchen. Birkhäuser, Basel-Stuttgart. 2. Auflage.

Lindman, H. R. (1991) Analysis of Variance in Experimental Design. Springer, New York.

Khuri, A. I. and Cornell, J. A. (1987) Response Surfaces: Design and Analysis. Marcel Dekker, Inc. New York and Basel.

Michaelis, L. und Menten, M.L. (1913) Die Kinetik der Inverteinwirkung. Biochem. Z., 49, 333 – 369.

Miescke, K. and Rasch, D. (Eds.) (1996) Special Issue on 40 years of Statistical Selection Theory. Journal of Statist. Planning and Inference, vol. 54, part I, part II.

Myers, R.H. (1976) Response Surface Methodology. Edwards Brothers (distributors), Ann Arbor.

Rasch, D., Tiku, M. L., Sumpf, D. (Eds.) (1994) Elsevier's Dictionary of Biometry. Elsevier Science. B.V., Amsterdam - London - New York - Tokyo.

Rasch, D. (1995) Einführung in die Mathematische Statistik. Johann Ambrosius Barth, Heidelberg - Leipzig.

Rasch, D. (1996) Software for Selection Procedures. In *Miescke, K. and Rasch, D. (Eds.)*, Special Issue on 40 Years of Statistical Selection Theory. J. Statist. Planning and Inference., vol. 54, Part II, 345-358.

Rasch, D., Verdooren L.R. and Gowers, J.I. (1999) Fundamentals in the Design and Analysis of Experiments and Surveys - Grundlagen der Planung und Auswertung von Versuchen und Erhebungen. R. Oldenbourg Verlag München Wien.

Rasch, D. and Guiard, V. (2004) The Robustness of Parametric Statistical Methods. Psychology Science, 46; 175-208.

Rasch, D. und Kubinger, K.D. (2006) Statistik für das Psychologiestudium – Mit Softwareunterstützung zur Planung und Auswertung von Untersuchungen sowie zu sequentiellen Verfahren. Spektrum Akademischer Verlag Elsevier GmbH München.

Rasch, D. and Mašata, O. (2006) Methods of Variance Component Estimation. Czech J. of Animal Science, 51, 227-235.

Rasch, D., Herrendörfer, G., Bock, J., Victor, N., & Guiard, V. (2007) Verfahrensbibliothek Versuchsplanung und - auswertung, 2. verbesserte Auflage in einem Band mit CD. R. Oldenbourg Verlag München Wien.

Rasch, D. and Šimečková, M (2007) Determining the size of experiments for the one-way ANOVA model I for ordered categorical data. In: *Lopez-Fidalgo.J.; Rodriguez, Diaz J.M.; Torsney B. (eds.)* MODA 8 - Advances in Model-Oriented Design and Analysis. Springer-Verlag, Heidelberg, 175 – 182.

Sarhai, H. and Kurschid, A. (1996) Formulae and Tables for the Determination of Sample Sizes and Power in Clinical Trials for Testing Differences in Proportions for the Two-Sample Design: a Review. Statistics in Medicine, 15, 1-21.

Sarhai, H. and Ojeda, M.M. (2004) Analysis of Variance for Random Models, Balanced Data. Birkhäuser Boston, Basel, Berlin.

Sarhai, H. and Ojeda, M.M. (2006) Analysis of Variance for Random Models, Unbalanced Data. Birkhäuser Boston, Basel, Berlin.

Scheffé, H. (1959) The Analysis of Variance. John Wiley & Sons, New York.

Schneider, B. (1992) An interactive computer program for design and monitoring of sequential clinical trials. In Proceedings of the XVIth international biometric conference (S. 237–250). Hamilton, New Zealand.

Steger, H. und Püschel, F. (1960) Der Einfluß der Feuchtigkeit auf die Haltbarkeit des Carotins in künstlich getrocknetem Grünfutter. Die Deutsche Landwirtschaft, 11, 301-303.

Stein, Ch. (1945) A Two Sample Test for a Linear Hypothesis whose Power is

Independent of the Variance. Ann. Math. Statist., 16, 243-258.

Thomas, E. (2006) Feldversuchswesen. Verlag Eugen Ulmer Stuttgart.

VB   = *Rasch et al.*(2007).

Wald, A. (1947) Sequential analysis. New York: Wiley.

Welch, B. L. (1947) The Generalisation of "Student's" Problem when Several Different Population Variances are involved. Biometrika , 34, 28-35.

Wellek, St. (2003) Testing Statistical Hypotheses of Equivalence. Boca Raton: Chapman & Hall /CRC Press.

Whitehead, J. (1992) The Design and analysis of Sequential Clinical Trials, 2nd ed.. Wiley, New York.

Sachwortverzeichnis

(a-1)-dimensionale Normalverteilung 70
A priori Information 15
absolute Häufigkeit 211
Absolutglied 158
abstrakte Zufallsstichprobe 9ff
Äquivalenztest 98ff
Algorithmus A 49
Algorithmus B 49
allgemeines Regressionsmodell 176
Alternativhypothese 73ff
Auswahlverfahren 68ff

balancierte unvollständige Blockanlage
 27ff
bedingter Erwartungswert 154
Behandlung 16
Behandlungsfaktor 14
Behrens-Fisher Problem 83
Beschränkung der Varianz einer
 Schätzung 39ff
Bestimmtheitsmaß 174, 184
Bestimmung des Stichprobenumfangs
 39, 47ff, 70, 77ff
Binomialverteilung 221
Block 15ff
Blockanlage 18ff
Blockbildung 14ff
Blockfaktor 14
blockgleich 25
Blockgröße 17
Blockversuch *siehe* Blockanlage
Bonferroni-Ungleichung 138
BUB 27ff
 - Existenz 27

C_1-Optimalität 166
C_2-Optimalität 166
CADEMO 1, 32
CEIL 39
Chi-Quadrat-Quantil 228, 245
Chi-Quadrat-Verteilung 228

Dichtefunktion 223ff
diskretes Merkmal 6
diskrete Zufallsvariable 220
D- Optimalität 166
drehbarer Versuchsplan 193
Drehbarkeit 193

Dreieckstest 87ff, 97ff
drittes Moment 35
drittes Stichprobenmoment 35
Dunnett-Test 146ff
Durchschnitt von Ereignissen 216

einfache Klassenbesetzung 111
einfache lineare Regression 159ff
einfache Regression 159ff
einfache Varianzanalyse 101ff
Einflussgröße 145
einseitige Alternativhypothese 75
ε-robust 205ff
Ereignis 212ff
erwartete Breite (Länge) 49ff,
 siehe auch halbe erwartete Breite
 (Länge) *und*
 Konfidenzintervall für Mittelwerte
erwartungstreue Schätzung 37ff
Erwartungswert 228ff
 - der Binomialverteilung 229
Exzess 35

Faktor 5, 14, 30
Faktorieller Versuch 30ff
Faktorstufen 14
Familie von Normalverteilungen 34
Familie von Verteilungen 34
Fehler erster Art 73
Fehler zweiter Art 73
Fishersche Ungleichung 27
F-Quantil 228, 247
fraktionierter faktorieller Versuch 30
Freiheitsgrade 227ff

gemeinsame Varianzschätzung 65, 82ff
gemischtes Modell 119ff, 135ff
Genauigkeitsforderung *siehe auch*
 Genauigkeitsvorgabe
Genauigkeitsvorgabe 3, 38
 - für Auswahlverfahren 71ff
 - für Konfidenzintervalle 53ff
 - für Punktschätzungen 39ff
 - für Tests 75ff
 - in der Regressionsanalyse 171
 - in der Varianzanalyse 104
G - Optimalität 166
geschätzte Regressionsfunktion 158

geschichtete Stichprobenauswahl 22
Grundgesamtheit 4
Gütefunktion 74ff

halbe erwartete Breite (Länge) 49ff
Häufigkeit 211
- absolute 211
- relative 211
Häufigkeitstabelle 211
hierarchische Klassifikation 125ff, 135ff
Histogramm 234ff
Hypothese 73ff
- Alternativhypothese 73ff
- Nullhypothese 73ff
Hypothesenprüfung *siehe unter* Test

Indifferenzbereich 70ff
Intervallschätzung 46ff
Intraklasskorrelationskoeffizient 53
Inzidenzmatrix 25

Kleinste-Quadrate-Methode 38 100, 104, 108, 111, 122, 154, 177, 196
Kleinste-Quadrate-Schätzung 39ff
Kleinste-Quadrate-Schätzwert 38ff
Komplementäres Ereignis 216
Konfidenzintervall 47ff
- für Mittelwerte 47ff
- für Mittelwertdifferenzen 62ff
- - gepaarte Stichproben 62
- - unabhängige Stichproben 64
- - - gleiche Varianzen 65
- - - ungleiche Varianzen 66
- - für Regressionskoeffizienten 160ff
- für eine Varianz 56ff
- für eine Wahrscheinlichkeit 58ff
Konfidenzkoeffizient 46
Konstantfaktor 14
kontinuierliches Merkmal 5
kontinuierliche Zufallsvariable 222
Korrelationskoeffizient 151, 233
- multipler 185
- partiell 184ff
Kostenfunktion 8
Kovarianz 233ff
Kovarianzmatrix 62, 156ff
Kreuzklassifikation 109ff

Levene-Test 89ff

lineares Regressionsmodell 152ff

Maximin-Umfang 104, 113, 120ff, 129, 136
Maximum-Likelihood-Methode 38, 41
mehrfache Messung 10
mehrfache Regression 176ff
Merkmal 4, 5, 6, 58, 176
Messung 6
- mehrfache 10
Methode der kleinsten Quadrate 38 100, 104, 108, 111, 122, 154, 177, 196
minimaler Stichprobenumfang 4, 52, 64, 67, 79, 83
minimaler Versuchsumfang 98
Minimin-Umfang 104,
Mittelwert 10, 38, 41ff, 47, 56, 75, 228ff, 234
mittlere Abweichungsquadrate 102ff
mittlere quadratische Abweichung 37
MKQ-Schätzung 39, 141, 179
MKQ-Schätzwert 38, 179
Modalwert 222
Modell I der Regressionsanalyse 31, 144
Modell I der Varianzanalyse 31, 101ff
Modell I der Regressionsanalyse 152, 156ff, 166
Modell II der Regressionsanalyse 152,
Modell II der Varianzanalyse 53, 101ff, 173
Modell mit festen Effekten 101
Modell mit zufälligen Effekten 101
Modellwahl 8, 14, 189, 200
Moment 35ff, 41, 208ff
MQA-optimal 40ff
multiple (Mittelwert-)Vergleiche 137ff,
- mit einem Standard 138ff
multipler Korrelationskoeffizient 184
multipler *t*-Test 140ff
mZ *siehe* Stichprobenerhebung mit Zurücklegen

nichtlineare Abhängigkeit 151, 186ff
nichtparametrische Verfahren 4
nicht-zentrale *t*-Verteilung 77
Nichtzentralitätsparameter 74, 77, 103, 205
nominales Merkmal 6
Normalquantil 226, 244

Nominalskala 6
normalverteilte Zufallsvariable 224ff
Normalverteilung 4, 35, 74ff, 214ff,
224, 244
- Dichtefunktion 224ff
- standardisierte 227
Nullhypothese 72ff

optimaler Versuchsplan 166ff, 201ff
- wiederholungsfreier 203
Optimalitätskriterium 8, 166, 203
ordinales Merkmal 6
Orthogonalität 193
oZ *siehe* Stichprobenerhebung ohne
Zurücklegen

Parameter 4, 33, 42, 209
Parameterraum 34,
Parameterschätzung 34, 37ff, *siehe auch*
Methode der kleinsten Quadrate *und*
Maximum-Likelihood-Methode
Parametervektor 33ff
parametrisches Verfahren 4
partieller Korrelationskoeffizient 184ff
Planfaktor 14
Population 210 *siehe auch*
Grundgesamtheit
Populationsmittelwert 210
Populationsumfang 210
praktisch interessierende
Mindestdifferenz 75, 78
Problemformulierung 8
Prüfzahl 74ff
Punktschätzung 34ff *siehe auch*
Parameterschätzung
Punktwolke 150ff, 162

quadratische Regression 187
qualitativer Faktor 15
qualitatives Merkmal 6
Quantil 225ff
- der Chiquadrat - Verteilung 228,
245
- der *F*-Verteilung 228, 247
- der Normalverteilung 226, 244
- der t-Verteilung 227, 244
quantitativer Faktor 15
quantitatives Merkmal 6

Randomisation 5ff

Randomisierung 6, 11, 13ff, 19ff
- in Versuchsanlagen 23
Rangkorrelationskoeffizient 151
Realisation einer Zufallsvariablen 5, 7,
33
Regressand 154
Regression 148ff
- einfache 159ff
- - eigentlich nichtlineare 199ff
- lineare 159
- polynomiale 186ff
- quadratische 187ff
- lineare 151ff, 159, 176
- mehrfache 176ff
- - lineare 176ff
- - quadratische 190ff
- Modell I 152ff, 166, 186
- Modell II 152ff, 173, 184
- nichtlineare 151, 187, 199
Regressionsfunktion 152
- geschätzte 158
Regressionsmodell 152
Regressor 154
relative Häufigkeit 211ff
Residuen 164
Restfaktor 14
Restvarianz 53, 173, 182, 199ff
r. H. *siehe* relative Häufigkeit
Risiko erster Art 73
Risiko zweiter Art 73
Robustheit 205

Schätzfunktion 36ff
Schätzung 36ff
Schätzwert 37
Schätzwert nach der Methode der
kleinsten Quadrate 38ff, 156
Schichtung 14, 22
Schiefe 35
sequentiell 4, 89, 100
sequentieller Dreieckstest 89, 100
sequentieller Test 89, 100
sequentieller Versuch 3, 5
sicheres Ereignis 216
Signifikanzniveau 73
SPSS 1, 32
SPSS Datei 32
Standardabweichung 230
Standardnormalverteilung 224 , 227
standardisiertes Moment 35

statistische Auswahlverfahren 68ff
statistischer Test 72ff
statistischer Versuchsplan 15
statistisches Modell 16
Stichprobe 19
Stichprobenbestimmtheitsmaß 174
Stichprobeneinheit 5
Stichprobenerhebung 5
- mit Zurücklegen 42
- ohne Zurücklegen 42
Stichprobenexzess 36
Stichprobenmittelwert 35
Stichprobenmoment 35
Stichprobenregressionskoeffizient 181
Stichprobenschiefe 35
Stichprobenumfang 10
Stichprobenvarianz 35
Stichprobenverteilung 234ff
Streifendiagramm siehe Histogramm
Störfaktor 14
Stufen eines Faktors 14, 100ff
Summe der Abweichungsquadrate 38,
102

Teilmengenauswahl 68
Test einer Hypothese 72ff
- für Mittelwerte siehe t-Test und
multiple Vergleiche
- für Regressionskoeffizienten 169ff
- für Varianzen 88ff
- für Wahrscheinlichkeiten 92ff
- sequentieller 85ff, 95ff
t-Quantil 227, 244
t-Verteilung 227
Tschebyschevsche Ungleichung 214
t-Test
- für Mittelwerte 76
- - Einstichprobenproblem 76
- - multipler 140ff
- - Zweistichprobenproblem 80ff
- - - gepaarte Stichproben 80
- - - unabhängige Stichproben 81
- - - gleiche Varianzen 81
- - - ungleiche Varianzen 83
- für Regressionskoeffizienten 169,
183
Tukey-Test 143ff

unabhängige Zufallsstichproben 81ff
uneingeschränkte Randomisierung 23

uneingeschränkte Zufallsstichprobenverfahren 20
unkorrelierte Zufallsvariable 233
unmögliches Ereignis 216
Untersuchung 5
Untersuchungsumfang 31
unvollständige Blockanlage 18ff
unzusammenhängende unvollständige
Blockanlage 27

Varianz 230ff
- einer Schätzfunktion 37
Varianzanalyse 100ff
- einfache 101ff
- gemischtes Modell 119, 135
- hierarchische 125ff
- Kreuzklassifikation 109ff
- Modell I 111, 128
- Modell II 115, 132
- zweifache 109ff
Varianzkomponenten 101
Varianz-Kovarianzmatrix 180
Varianzmatrix 180
Varianztabelle 102ff
verallgemeinerte Methode der kleinsten
Quadrate 100, 122
Vereinigung von Ereignissen 215
vergleichsbezogenes Risiko 138ff
Vergleich von Wahrscheinlichkeiten
92ff
Vermengen 30
Versuch 5
Versuchsbedingungen 5
Versuchsbereich 160
versuchsbezogenes Risiko 138ff
Versuchseinheit 5
Versuchsplan 3ff, 166ff, 201ff
Versuchsplanmatrix 123, 180
Versuchsplanung 2ff
Versuchsumfang siehe
Untersuchungsumfang
Verteilung 219ff
Verteilungsfunktion 222ff
- der Standardnormalverteilung 226ff
Vierfeldertafel 93
viertes Moment 35
viertes Stichprobenmoment 35
vollständig randomisierte
Versuchsanlage 23
vollständige Blockanlage 18ff

vollständiger faktorieller Versuch 30
Vortest 205ff

Wahrscheinlichkeit 218ff
- Schätzung 40
- Konfidenzintervall 58ff
- Vergleich zweier 62ff
Wahrscheinlichkeit einer falschen
  Auswahl 68ff
Wahrscheinlichkeitsfunktion 220ff
Wahrscheinlichkeitsverteilung 219ff
Wechselwirkung 29ff, 137ff
Wiederholung 10ff
  - in Blockanlagen 10
wiederholungsgleich 25
Wirkungsfläche 196

zentral zusammengesetzte Pläne
  2. Ordnung 193ff
zentralen Grenzwertsatz 225
zufällige Variable *siehe* Zufallsvariable
Zufallsstichprobe 14ff, 19
Zufallsstichprobenverfahren 20
Zufallsvariable 7, 220ff
zusammenhängende unvollständige
  Blockanlage 26
zweidimensionale Zufallsvariable 152
zweifache Kreuzklassifikation 111ff
zweifachen hierarchischen
  Klassifikation 125ff
zweifachen Varianzanalyse 109ff
zweiseitige Alternative 76
Zweigdiagramm 213

Lightning Source UK Ltd.
Milton Keynes UK
UKHW031815301218
334781UK00005B/367/P